제2판

처음 만난 관광학

조명환 최규환
황영현 김도훈
고한익 정선자
김희진 김민형
조장현 이도헌
김영태 공저

기문사
www.kimoonsa.co.kr

P·r·e·f·a·c·e

머리말

관광관련 학자들 사이에서 관광학은 종합사회과학, 응용사회과학, 종합문화과학이라고 관광학의 학문적 성격을 규정해왔다. 이런 주장은 틀린 말이 아니다.

그런데 실상은 어떠한가? 관광이라는 용어를 앞이나 가운데 아니면 맨 뒤에 붙여 누가 봐도 이 책에서 무엇을 다루고 있는지 쉽게 이해가 안 되는 경우가 너무 많은 실정이다. 관광이란 용어를 붙이면 만병통치약이 되는 것처럼 인식하고 있는 학자들의 태도가 문제라고 생각한다. 이러한 행태는 우리가 연구하고 있는 관광학문의 질을 저하시키는 결과가 된다. 우리나라 대학에서 관광관련 학과가 개설된 지 50여 년의 세월이 지났다면, 이 시점에서 관광학의 이론적 성격과 다루어야 할 범위가 어디까지인지를 연구자들 사이에서 진지한 고민이 필요하다.

국내의 관광학 서적의 목차들을 살펴보면 예외 없이 앞부분은 관광의 정의 및 중요성, 관광발달사, 관광관련 산업, 관광자원개발, 관광정보, 관광정책 등으로 구성된 게 보통이다. 특히 우리나라 관광학 개론서들은 앞부분은 관광의 정의, 관광발달사 등을 다루면서, 뒷부분의 대부분을 관광관련 사업유형들을 다루고 있다. 관광사업 관련해서는 1970년대, 1980년, 1990년대까지만 해도 관광사업론, 관광산업경영론 등의 명칭이 붙여진 서적들에서 다루었던 내용들이었으나 관광학이라는 과목과의 경계가 애매하여 이들 과목은 점차 사라지고 있다.

지금까지 관광관련학자들의 수많은 고민의 결과로 관광학의 양적 질적 발전을 거듭해온 것은 사실이다. 그러나 관광학에서 무엇을 교육할 것인가 물으면 머뭇거리는 게 본서를 집필한 집필자들만의 고뇌는 아닐 것이다.

본서도 이미 발간된 관광학이라는 명칭을 붙인 서적들의 내용적 범주를 크게 벗어나지 못할 수도 있을 것이다. 그러나 본서에서는 관광학의 학문적 배경을 강화시켰고, 수많은 관광사업유형들 중에서도 전통적으로 다루어왔던 것들과 그러면서도 최근 시대적 상황을 반영한 최소한의 것들로 구성되었으며 특히, 관광관련 대학생들의 졸업 후 진로영역과 그 분야로 진출하기 위해선 어떤 인재상을 갖추어야 하며, 관광관련 대학이나 학과에서 이러한 진로교육 시스템이나 매체를 통해서 관광교육이 이루어지고 있는지를 상세하게 다루고 있는 점은 이 책의 장점이라 생각한다.

그리고 강의를 담당할 교강사들에게 강의할 때 보다 편의를 제공하기 위해 강의자료 작성에 최대한의 심혈을 기울였다는 점도 밝혀두고자 한다.

개인의 인생살이도 수많은 시행착오를 겪으면서 성숙한 인간이 되어가듯, 하나의 학문이 제자리를 잡아가는데도 이와 비슷하리라 판단된다. 현재 관광관련 대학에 몸담고 있는 학자들은 물론 후학들은 학문적으로 관광(tourism)의 이론적 체계와 그 범주가 선명하여 누구나가 인식을 같이 할 지향점(utopia)을 합성한 관광연구지향점(tourismtopia) 제시에 매진해야 할 것이다.

끝으로 현재 전자출판시대를 맞이하여 출판업계가 날로 경영이 어려운 가운데서도 본서 출판을 기꺼이 수락해 준 기문사 한인환 사장에게 진심으로 감사의 인사를 드린다.

2018년 2월

저자 일동

C·o·n·t·e·n·t·s

차례

제1장

관광의 개념, 본질 및 범위

제1절 관광의 사회적 · 경제적 의미에서의 중요성

제2절 관광의 어원

제3절 관광의 정의

제4절 관광의 가치

학습목표

♣ 관광의 개념, 범위에 관해 알아본다.

♣ 동 · 서양의 관광 어원에 관해 살펴본다.

♣ 시대별 관광의 정의가 어떻게 달라지고 있는지 규명해본다.

♣ 관광이 가지는 정신적 가치는 무엇인지 알아본다.

제1장

관광의 개념, 본질 및 범위

제1절 관광의 사회적 · 경제적 의미에서의 중요성

1. 관광의 사회사적 의미에서의 중요성

인류 역사상 초기 몇 천 년간은 극히 일부 계층의 사람들이 여행을 하였다. 농업사회에서 산업사회로 진입하면서 여행현상이 나타나기 시작한다. 산업사회의 주요 특징 중의 하나는 기계, 기술의 발달로 사람들을 도시로의 이동을 초래하였다. 사람들의 도시 이동으로 종교조직과 시골의 친족관계 시스템은 레크리에이션 집단의 형태로 진화하였다. 사람들의 여가활동 추구는 산업사회의 새로운 양상이 되어, 게으른 정신은 악마의 소굴이라는 생각에서부터 여가활동 추구는 인간의 권리라는 의식의 대변화를 초래하였다. 그리고 제2의 산업혁명이라고 부르는 컴퓨터 사용은 노동시간의 획기적 단축과 대량생산을 가능케 하였다. 그 결과 보다 많은 여가와 소득의 증대도 가져왔다. 이 과정에서 일에 대한 윤리와 자유 시간에 대한 태도가 변화되어 열심히 일하고 열심히 놀아야 한다는 일과 여가의 중요성을 대등하게 인식하기 시작했다.[1]

Krippendorf는 산업사회 여가관련 연구에서 사람들은 일(work)과 거주 공간, 여가에 관심을 가지게 되고, 후기산업사회가 되면 생활의 기준을 설정하기에 앞서 개인 삶의 질을 생각하고 세상을 살아가는 처세술에 관심을 보이며, 자유 · 참여 · 자아실현

욕구충족과 같은 것에 우선순위를 부여한다. 그리고 전문직, 안전, 급여에 대해서는 중요성이 덜하며, 돈과 소유에 과잉반응을 보이지만 시간이 충분하지 못함을 깨닫고, 시간의 의미를 재발견하게 된다는 주장을 한다.[2]

한편 미래학자 Elvin Toffler는 미래의 충격(The Future Shock)에서 1970년대 후반, 1980년대 초반의 에너지 위기와 경제 침체기 동안 관광은 미래성장산업(a growth industry of the future)으로 그 중요성을 부각시켰다. 또한 그는 현대 기업관련 종사자와 휴가여행자를 신유목민(neo nomads)이라 불렀다. 그리고 그는 1981년 제3의 물결(The Third Wave)에서 산업사회가 해체되고 개체화(demassification)가 진행되어 대규모 정부와 산업들은 보다 작은 형태를 띠는 유연한 조직들로 바뀌어 갈 것으로 예견하였다. 이 과정에서 임금노동자 절반 이상은 1주일에 3~4일 일하게 될 것이며, 기회가 되면 6개월 혹은 1년을 자기 자신을 위해 교육, 레크리에이션 목적으로 직장을 쉬려고 할 것이며, 특히 맞벌이 가정에는 더욱더 그럴 것이라는 주장이다.[3]

이처럼 산업사회의 발명과 기술혁신은 사회제도의 변화를 가져와 사람들은 보다 많은 여가를 가지게 되고, 일과 여가추구라는 노동윤리에도 변화를 가져와 삶의 질과 여가추구라는 대등한 관계로 발전하고 있다.

2. 관광의 산업적 측면에서의 중요성

1979년 UN세계관광회의에서 국제적 차원에서의 관광산업의 경제적 사회적 중요성을 논의하게 된다. 이 회의결과 보고서에 따르면, 관광은 세계 노동자들과 그들의 가족들 약 5억 명 이상 유급휴가를 즐길 정도의 철강산업, 군비산업보다 규모가 큰 산업으로 인식되었다. 그리고 1980년 UN의 세계관광마닐라회의에서는 관광이 국가경제와 세계무역을 증대시키는 경제적 효과뿐만 아니라 그 밖의 잠재적 효과가 큼을 처음으로 선언하게 되는데, 그 내용을 살펴보면 관광은 국가와 국제관계에서 사회적, 문화적, 교육적, 경제적 부문에 직접적 효과를 미치기 때문에 개인들의 삶에 없어서는 안 될 필수적 활동(an activity essential to life)으로 인식했다.[4]

관광이 실제 경제 분야에 어느 정도 기여했는지를 가장 최근의 자료를 통해 살펴보자. 2016년도의 경우, 관광의 세계 GDP 기여도는 3.1%의 직접효과와 총 효과 9.8%로 나타났다. 여기서 직접효과는 관광객과 직접 대면하는 관광산업기여도를 의미하며, 총 효과는 간접적으로 기여하는 관광공급업자들(식재료 납품업자, 투어조직자, 관광출판물 등)과 계획 · 개발 분야까지 종합한 결과이다. 고용기여도 면에서는 직접고용자수가 1억 9백여만 명, 직접효과는 3.6%, 총 고용자수는 2억 8천9백여만 명, 총 효과는 9.6%를 차지하는 것으로 밝혀졌다. 그리고 관광이 GDP 기여도, 고용기여도 면에서 가장 큰 나라와 지역들을 보면, GDP기여도가 제일 높은 나라는 마카오로 직접효과 34.5%, 총 효과는 70.9%로 나타나 나라 규모도 작고 기간산업이 빈약한 실정에서 카지노라는 특수경기가 이 나라 경제성장에 결정적 역할을 하고 있음을 알 수 있다. 고용도 기여도가 제일 높은 지역은 서남아시아로 2천7백여만 명이고, 직접효과가 가장 높은 곳은 마카오로 32.6%, 총 고용효과 역시 마카오로 61.7%로 나타났다.

우리나라의 경우는 GDP 기여도에서 직접효과 1.8%, 총 효과 5.1%이고, 고용기여도에서 직접고용자수는 5십9만 3천 명, 직접효과는 2.3%, 총 고용자수는 1백5십만여 명, 총 효과는 5.8%로 나타났다.[5]

관광이 경제적 기여도에 미친 결과를 정리해보면, 관광의 국가경제기여도는 그 나라가 가지고 있는 관광자원의 보유 정도, 관광관련정보, 기술의 발달 정도, 관광관련 전문 인력 양성 정도, 그리고 기존의 산업구조에 따라 달라질 수 있다는 점과 외환 부족을 겪고 있는 국가들에게는 외래 관광객 유치를 통한 선 관광산업육성 후 타 산업 파급효과 극대화라는 과정을 거쳐 왔고, 우리나라도 이 과정을 거쳐 왔다. 이제는 관광이 후진국에만 그 중요성이 인정되고 선진국은 그렇지 않다고 얘기할 수 없다. 그 예로 우리와 가까운 일본은 자국민을 해외에 내보내는 일방정책(one-way)에서 외국인관광객도 적극 유치하는 쌍방향정책(two-way)을 실시한지 오래되었다.

제2절 관광의 어원

1. 일상용어로서의 관광

일상용어로서의 관광은 국어사전에서 ① 다른 나라의 문물, 제도를 시찰하는 것 ② 다른 지방이나 나라의 아름다운 풍경 · 풍습 등을 구경하며 유람하는 것으로 풀이하고 있다. 그리고 백과사전에서는 보양, 유람 등의 위락 목적으로 여행하는 것이라 설명하고 있다.

그 밖에 외국의 백과사전에서는 관광을 즐거움을 위한 여행(travelling for pleasure)으로 정의하고 있다. 그러나 다른 학문 분야의 경우와 마찬가지로 관광의 개념을 규정하는 데 있어서 몇 가지 점을 고려하는 것이 바람직하다. 첫째, 가급적 일상적인 용어법에서 어긋나지 않도록 개념을 규정하고 둘째, 동서고금의 저명학자가 정립한 개념규정을 충분히 참고해야 하며 셋째, 규정된 개념이 이용되기 쉽도록 고려해야 한다. 우리들 일상생활에서의 관광이란 정형화된 일상생활을 벗어나 비일상공간에서 그곳의 문물들을 즐거운 마음으로 보고, 느끼고, 이해하여, 일상거주지를 떠나기 전보다는 견문을 넓혀 일상생활권으로 되돌아오는 것으로 볼 수 있다.

2. 관광의 어원

가. 중국에서 관광의 어원

관광이란 용어가 동 · 서양에서는 그 어원을 어떻게 달리해 왔는가를 살펴보자. 먼저 동양의 경우 중국에서는 「주역(周易)」의 역경(易經) 속에 '관국지광이용빈우왕(觀國之光利用賓于王)' 이라는 글귀가 있는데 여기서 관광이라는 용어가 처음 나오게 된다.

이때 관광은 다른 나라의 문물을 살펴보러 오는 사람들에 대해서는 나라의 임금을 모시듯 환대했다는 의미로 사용되었다. 이 당시 유교주의적 사고방식으로는 국내의 문화와 풍속의 정도는 선 · 악의 통치자인 군주의 통치능력에 달려 있다고 믿었을 정도로 군주를 신성시했다. 따라서 국가가 번창한다는 것은 군주의 성덕(盛德)에 의한 것이고, 군주의 위광(威光)도 동시에 증대시키는 결과를 가져온다. 그리고 나라의 빛을 본다는 것은 일국이 가지고 있는 볼거리와 유 · 무형자원 모두를 포함하며, 군주의 경우는 손님들에게 그런 볼거리들을 통해 뭔가 유익함을 깨닫도록 하는 게 중요하다. 일본인 학자 다카이 가오루(高井薰)에 의하면, 진정한 관광객이 되기 위해선 멀리서 조망하든, 그늘진 곳을 들여다보든 관광객 자신의 생활에 대한 반성이 전제되어야 함을 강조하고 있다.[6] 따라서 「주역」의 역경에서의 '관광이란 일국의 문화 및 풍속으로부터 그 나라 임금의 덕을 간파할 정도로 혜안을 가진 자가 그 나라 전체의 빛을 보고 이해함'을 의미한다.

나. 우리나라에서 관광의 어원

우리나라에서 관광이란 용어가 공식적으로 사용되었던 시기는 고려시대로, 고려 예종 11년(1115) 송나라에 갔던 사신이 조서(詔書)를 가지고 귀국하였는데 거기에 "오래된 풍습과 생활 자취를 가지고 있는 상국을 관광케 하여 낡은 습관을 버리고, 새로운 풍습을 익히도록…"(…有古遺風, 乃遺諸生, 觀光上國, 盡損宿習, 欲見天地之全, 於變華風…)으로 기록되어 있다(「국역고려사절요」 제8권).

이 당시 관광은 사회문화적으로 상국이라 할 수 있는 중국에 갈 수 있는 사람들은 사신 자격 아니면 귀족계층의 자녀들이 유학목적으로, 아니면 종교목적의 승려들이 주류를 이루었다고 볼 수 있다. 그 후 1385년 정도전의 「삼봉집(三峰集)」에는 중국 북경 신년 가정사(賀正使)의 여행기 제목을 "관광집(觀光集)"으로 소개하고 있으며, 「조선왕조실록」 "태조 권9 및 세종 권148편"에서는 "조선 건국 시 한성의 북부에 10개의 방(坊)을 설치하면서 그중 하나를 관광방(觀光坊)으로 하였다"는 기록이 있고, 1910년에 유길준이 「관광약기(觀光略記)」를 저술하여 오늘날의 여행기행문 내지는 답사기에 해당하는 기록물을 남겼다.[7]

다. 서양에서의 관광의 어원

관광에 관한 서양에서의 어원을 살펴보면, 투어리즘(tourism)은 여러 나라를 순회여행한다는 뜻이다. 1811년 The Sporting Magazine이라는 잡지에서 이 용어를 처음 사용하였다. 투어리즘은 '짧은 기간 동안의 여행'을 뜻하는 투어(tour)의 파생어이다. 그리고 어원적으로는 그리스어의 토노스(tornos)가 라틴어의 토누스(tornus)를 거쳐, 영어의 tour로 발전된 것으로 볼 수 있다.

영어에서 tour 이외에도 여행 또는 관광을 의미하는 몇 개의 단어가 있는데, 이들에 대한 의미 차이를 분명히 할 필요가 있다. 이를 테면 journey는 한 지역에서 다른 지역으로 이동해가면서 여행하는 것을 의미하는 반면, travel은 포괄적 의미의 여행을 뜻하고, trip은 1박 정도의 단기여행을, sightseeing은 단순히 보는 것을 강조할 때 사용되고, voyage는 항해여행을 의미한다.

그리고 tour와 tourism의 의미 차이를 살펴보면, tour는 폭넓게 행해지는 사회현상으로서의 관광 즉, 하나의 단위 행위라고 말할 수 있으며, 거시적 사회현상으로 파악할 때는 tourism을 사용한다. 따라서 tour는 협의의 관광으로 ① 사람들이 일상생활권을 떠나서 ② 다시 돌아올 목적으로 이동하여 ③ 영리를 목적으로 하지 않고 ④ 풍물 등을 관람하는 것이고, 광의의 tourism은 그와 같은 행위에 의해서 발생하게 되는 사회현상의 총체로 보는 것이다.[8)]

제3절 관광의 정의

1. 관광의 개념화 과정

관광이라는 용어는 지금까지도 레저, 행락, 여행과 혼재되어 사용되고 있다. 사람들은 때때로 자신이 살고 있는 지역 또는 다른 장소에서 관광객이라고 생각할 수 있는 방문객들을 보곤한다. 사람들은 휴일을 맞이했을 때 자신을 관광객으로 인식하곤 한다. 이처럼 관광은 자신의 관점에서나 타인의 관점에서 보았을 때 서로 다르게 인식될 수 있으므로 누구에게나 객관적인 현상으로 이해할 필요성이 대두되고 있다. 특정 현상의 객관화는 학문 연구의 출발점이 된다.

관광을 학문적으로 연구하기 위해서는 많은 사람들이 수긍할 만한 정의를 내리는 것이 무엇보다 중요하다. 관광의 개념화는 제2차 세계대전 전에 처음으로 시도되었으며, 국제관광전문가협회(IASET : International Association of Scientific Experts in Tourism)는 스위스의 장크트가렌 대학의 Hunziker 교수와 스위스 베른대학의 Krapf 교수가 1941년에 제안한 관광의 정의를 채택하게 된다. 이들 두 학자들은 "관광이란 영구거주나 수입활동과 관련되지 않고 그곳에 거주하지 않는 사람이 여행 및 체류함으로써 발생하는 현상이나 관계의 총칭"이라 정의하고 있다.[9]

그 이후 관광의 개념은 다양한 형태의 상업 및 직업적 여행까지 포함하는 데까지 확대되었다. 왜냐하면 이러한 여행은 영구거주도 아니고, 방문목적지에서의 수입목적의 고용도 아니기 때문이다. 여행자는 단지 소비자일 뿐이다. 그러나 관광을 정의하는 데 다음의 3가지 요소는 고려해야 할 필요가 있다.

첫째, 방문목적이 있어야 한다. 이는 관광동기를 말한다. 사업목적, 친구 · 친척 방문 및 기타 등으로 관광동기를 분류할 수 있다. 여행이나 관광동기를 알게 되면 관광기업경영자들은 물론 관광학 연구자들에게는 관광대상 개발은 물론 관광촉진에 있어서 효과적인 전략수립이 가능해지며, 관광관계 당국에서는 효과적인 관광정책 수립이 가능해진다.

둘째, 시간적 요소를 정의 속에 포함시키는 것이 필요하다. 어떤 목적으로 일상거주지를 떠나 있는 기간이나 특정 방문지에 체류하는 최소 · 최대의 기간을 규정해야 한다. 규정된 최소기간보다 짧은 여행이나 체류 이를테면 24시간 이내의 경우는 관광에서 제외할 수 있다. 마찬가지로 가정을 떠나 어느 장소에서 너무 오래 체류하여 관광객으로서 성격을 상실하는 경우도 있다. 예를 들면 1년 동안과 같이 최대기간을 정할 것을 의미한다.

셋째, 특정목적에서 비롯된 특정상황도 고려하여야 한다. 예를 들면 순항(巡航)과 통과 수요와 같은 상황이 관광으로 간주될 수 있는지를 결정해야 한다. 이상에서처럼 관광을 정의할 때 기본적으로 고려할 요인과 그리고 시대적 상황변화를 반영한 동서양학자들의 관광의 정의를 살펴보기로 한다.

2. 관광관련 유사 개념

가. 레저의 개념

친구와 함께 연휴를 이용하여 등반을 갔다왔다면 이는 관광활동인가? 스포츠인가? 이같이 특정활동 참가와 체험을 목적으로 반복적인 여행을 단순히 관광이라 할 수 있겠는가? 요즈음 사회 전반에서 이러한 유형의 여가활동을 레저(leisure)라고 부른다. 엄서호와 박창규(1997)는 레저를 "참가의 주된 목적이 의식주 문제의 해결이 아닌 집을 떠나 행해지는 자발적인 여가활동"으로 정의하고 있으며 레저의 구성요소로는 첫째 여가에 발생하며, 둘째 집을 떠나 일어나며, 셋째 참가의 주된 목적이 의식주 문제의 해결이 아니어야 하며, 넷째 자발적으로 결정된 행동이고, 마지막으로 적극적 참여를 요구하는 활동이라는 점이다.[10)]

여기서 레저란 영어 Leisure의 우리말 의미인 여가활동과는 다른 의미로 쓰이고 있다. 불과 수년 전만 하더라도 레저는 특수한 장비, 기술, 큰 비용이 요구되는 일부 옥외 체험활동으로 인식되어 왔으나, 현재는 그 범위가 점차 확장되고 있으며 참가대상도 보다 일반화되고 있어 지금까지의 사치스럽고 일부 계층만이 향유할 수 있는 여가활동의 의미로부터 해외여행에서부터 신종스포츠를 포함한 각종 여가활동까지 포함시키고 있는 추세이다.

레저의 개념을 여가의 개념과 비교해보면, 여가는 레저나 놀이가 발생할 수 있는 기회 즉, 자유 시간을 제공하며, 선진사회일수록 여가의 많은 부분을 레저에 할애하고 있다. 그러므로 여가는 레저의 상위개념이고, 레저의 필요조건인 것이다. 이를 쉽게 표현하면 우선 여가가 확보되어야 하고, 확보된 여가에 어떤 레저 활동을 할 것인지 결정하여야 하고, 그 결과 관광활동을 하는 경우이다.

나. 여행

관광은 본질적으로 여행(travel)의 한 형태이다. 따라서 여행은 대체로 다음과 같이 정의된다. 여행자는 출발지 원점으로 되돌아오거나 그렇지 않아도 되며, 어떤 목적을 가지고 교통수단에 의존하여 한 장소에서 다른 장소로 이동하는 행위로 관광과는 달리 뚜렷한 목적이나 동기에 관계없이도 행하여진다.

여행(travel)이라는 단어는 고난(hardship), 고생(trouble), 위험(danger)이라는 라틴어의 travail에서 발전되었다.[11] 실제 여행은 인간이 이 지구상에 출현한 이후부터 지금까지 모험을 수반하는 것으로 인식되어 왔다. 고속도로변의 약탈자, 노상강도, 해적, 기타 다른 나쁜 요소들이 여행자에게 위해를 가하거나 소지품을 약탈하거나, 심지어 살인까지도 감행한다. 불편한 교통수단과 쾌적하지 못한 숙박시설들이 여행자들의 재난을 가중시킨다. 불편한 여행은 원시적 조건들과 자연의 재앙에 의해 야기되지만, 최악의 문제들은 인간들의 야만주의적 성향 때문이다. 이런 위험들을 극복하기 위해 사람들은 단체로(groups), 여행대(旅行隊, caravans)의 형태를 띠고, 그들의 가이드(guide)로서 명사수를 동반하게 된다. 오늘날 역시 사회경제적 여유가 없으면 단체로 여행하는데 그 기원은 초기 여행의 여러 가지 어려움들을 극복하기 위한 데서부터라고 할 수 있겠다. 그러나 오늘날의 여행은 기쁜 경험을 얻기 위해서, 그러면서도 무난하고 즐거운 여행을 예상하고 있다. 물론 오늘날 여행에도 불유쾌한, 기억하기 싫은 경험을 하는 경우도 있기 때문에 여전히 여행에는 고통스러운 요소들이 존재하고 있다. 따라서 여행과 관광의 관계는 여행〉관광으로 여행의 범위가 넓고, 역사적으로 봐도 여행이라는 용어가 먼저 나오고 제2차 세계대전 후 관광이라는 용어가 보편적으로 쓰이기 시작한 것으로 볼 수 있다.

3. 관광의 정의

가. 경제적 관점에서의 정의

관광이란 사회현상에 대한 최초의 연구는 관광통계로부터 출발하였다고 볼 수 있다. 1899년 이탈리아 정부통계국의 Bodio가 잡지에 발표한 "이탈리아에서 외국인 이동 및 소비된 금전에 관한 연구"가 오늘날 가장 오래된 연구이고, 이와 유사한 연구가 1923년 Niceforo가 발표한 "이탈리아에서 외국인 이동" 및 1926년 Benini의 "관광객 이동의 계산 방법 개선에 관한 연구"가 있다.[12] 이들 관광통계 관련 논문들의 핵심 주제는 관광객의 수, 체재기간, 소비액과 같은 경제적 측면과 관련된 것들이었다.

관광 관련 정의 가운데 가장 오래된 것으로, 1911년 Schulern은 "관광이란 일정한 지역 · 주 또는 나라를 방문하여 체재하고, 다시 돌아가는 외래객의 유입 · 체재 및 유출이라는 형태를 취하는 모든 현상과 그 현상에 직접 관련된 모든 사상(事象), 그 가운데서도 특히 경제적인 사상을 나타내는 개념"으로 정의하였다.

영국의 Ogilvie와 같은 학자는 1933년 「관광이동론」에서 관광객을 "귀환할 의사를 가지고 일시적으로 거주지를 떠나 1년 이상을 초과하지 않고 여행 중 소비하는 금전은 거주지에서 취득했을 때"로 규정하고 있다. 관광 현상에서 경제적 측면을 강조하는 경향은 지금도 경제적으로 선진국이든 후진국이든 정도의 차이는 있지만 하나의 산업으로서 경제적 파급 효과를 강조해 오고 있다.

나. 사회문화적 관점의 정의

독일의 Bormann은 1931년 「관광론」을 통해 "관광은 직장에의 통근과 같이 정기적 왕래를 제외하고 휴양의 목적이나 유람, 상용 또는 특수한 행사의 참여나 기타의 사정 등에 의하여 정주지역에서 일시적으로 떠나는 여행"이라 정의하고 있다. Glücksmann의 경우도 1935년 그의 저서 「일반관광론」에서 "관광은 체재지에 일시적으로 체재하고 있는 사람과 그 지역주민 사이의 제 관계 총체"로 보았다.

다. 여가활동 관점에서의 정의

1966년 메드상(Médecin)은 "관광이란 사람의 기분을 전환시키고, 휴식을 취하며, 또한 인간활동의 새로운 여러 국면이나 미지의 자연경관에 접촉함으로써 그 경험과 교양을 넓히기 위한 여행을 한다든가, 거주지를 떠나 체재하는 등으로 이루어지는 여가활동의 한 유형"으로 보고 있다. 제2차 세계대전 이후 현대사회로 접어들면서 관광이 여가활동의 한 유형으로서 삶의 질을 강조한 것으로 풀이할 수 있다. 세계관광기구(WTO)는 "관광을 여가, 사업, 그리고 기타 목적으로 1박 이상 1년 미만의 기간 동안 비일상적인 곳에서 여행하고 체재하는 사람들의 활동"으로 정의하고 있다.[13)]

라. 시스템적 관점에서의 정의

McIntosh와 Goeldner, 그리고 Ritchie(1990)는 관광을 "관광객들과 기타 방문객들을 유치하고 접대하는 과정에서 관광객, 관광기업, 관광목적지 정부, 지역사회와의 상호작용 과정에서 발생하는 현상과 관계들의 총체"로 정의하고 있다. 그리고 이들은 관광을 교통체계나 서비스 공급자, 레크리에이션 시설, 숙박업체, 소비제품, 그리고 전문 서비스를 포함하는 거대 복합기업적 성격이 강하다는 주장을 하고 있다.[14)]

Leiper(1990)는 관광을 관광, 여행발생지역, 관광목적지, 관광목적지와 관광송출지 사이의 관광여행 통과 루트, 여행과 관광산업(예 : 숙박, 교통, 관광객에게 공급하는 서비스 및 제품 관련 기업과 조직)의 구성으로 보았다.[15)] [그림 1-1]은 관광객송출지역과 목적지를 연계시켜 주는 관광시스템의 통합을 이동체계의 형태로 나타낸 것이

[그림 1-1] **관광개념의 구성요소**

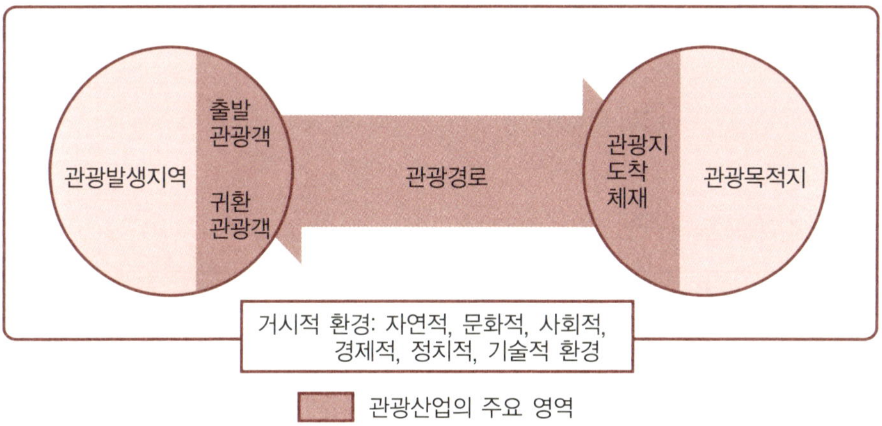

출처 : Chris Cooper, John Fletcher, David Gilbert, and Stephen Wanwill, Tourism: Principles and Practices, London : Pitman Publishing, 1993. p. 3.

다. 관광시스템은 공급자와 구매자 관점에서 관광여행 전 과정을 이해가능하게 해준다. 그리고 관광이 이루어지는 구성개념을 이해하는 데도 도움을 주게 된다.

시스템적 관점에서 관광객에게 직간접 공헌도에 따라 여행관련 산업들을 제시한 경우도 있다. Gee, Choy, Makens는 여행산업(travel industry)을 여행객들의 요구에 부응하기 위한 제품과 서비스의 개발, 생산, 마케팅을 포함한 공적, 사적 혼합조직으로 정의하였다. [그림 1-2]와 같이 여행산업의 직간접 구성요소들을 제시하고 있다. 이 그림에서 여행산업을 3가지 범주로 나누고 있다.[16)]

제1의 영역은 서비스 혹은 제품을 제공하는 조직들(예 : 호텔 객실, 식사, 항공권, 수영복, 택시 등)로서 여행객에 직접적으로 관련이 있다.

제2의 영역은 약간 복잡하다. 제품과 서비스를 판매하는 조직에게 제품과 서비스를 직접적으로 제공하지만 관광객들에게는 제공하지 않는다. 예를 들면, 호텔과 계약을 맺은 세탁서비스업소는 지역민들뿐만 아니라 호텔에도 서비스를 제공한다. 또 다른 예는 여행도매업자는 여행 상품을 일반대중들에게 판매하기보다는 여행사를 통해 판매하기 위해 준비하는 경우이다.

여행사는 그들을 통해 구매 가능한 상품과 서비스에 대해 브로슈어와 팸플릿을 준비한다. 따라서 관광객은 이런 지원업체들로부터 직접적으로 서비스를 제공받게 된다.

제3의 영역은 관광개발로서 위의 두 영역에 직간접적으로 그리고 여행객에게도 영향을 미친다. 정부관련기구 혹은 계획부서는 주요관광자원 및 그 주변의 토지사용계획을 제한할 수 있다. 이 계획에는 소매활동, 지원서비스는 허용하고 어떤 개발은 금지한다는 내용도 포함한다. 이 같은 결정은 관광객과 관광공급업자에게도 영향을 미

[그림 1-2] 여행산업의 직간접적 구성요소

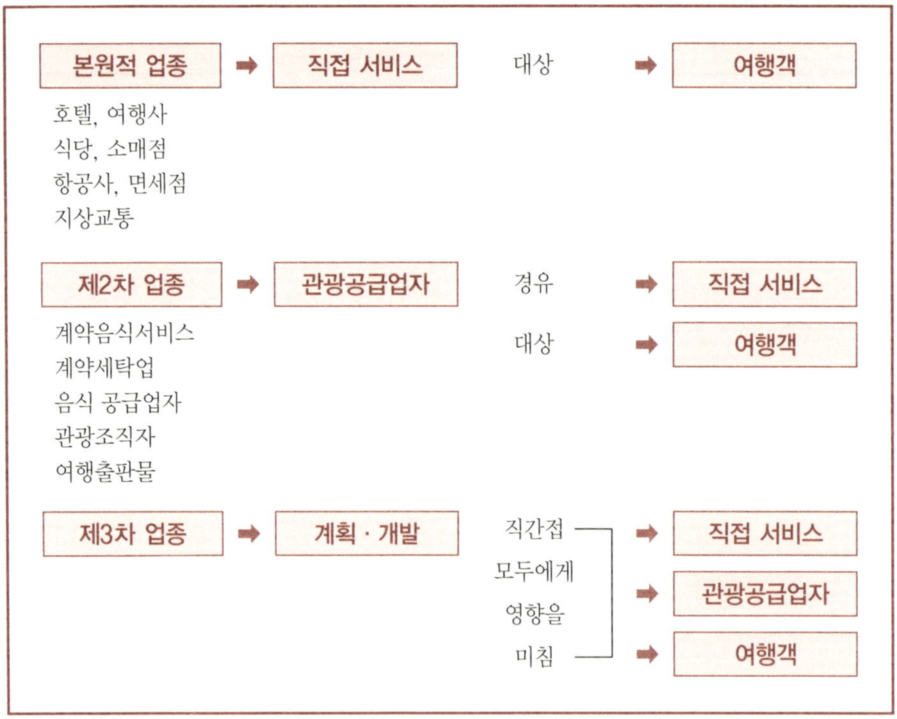

출처 : Chuck Gee, Dexter Choy, and James Makens, The Travel Industry, Westport: The AN Publishing, 1984, p.12.

칠 수 있다. 따라서 제1의 영역, 제2의 영역은 정부기구와 계획가들의 결정을 따를 수 밖에 없다.

Mill과 Morrison도 관광을 하나의 산업이라기보다는 하나의 시스템으로 보아야 한다는 주장을 하고 있다. 그 이유들로는 관광을 위한 독립된 산업분류가 없다는 것이다. 그 이유는 많은 상품이나 서비스업자가 관광객은 물론 지역주민에게도 그들의 상품을 제공하고 있기 때문이다. 이 같은 사실은 우리나라의 경우도 마찬가지이다. 한국표준산업분류표에 관광이라고 독립되어 나타나지 않고 관련산업을 망라하여 관광의 중요성과 파급효과 범위가 넓은 것으로 주장하고 있는 실정이다.

Mill과 Morrison은 관광시스템으로 4개의 파트-관광송출시장(market), 여행(travel), 목적지(destination), 마케팅(marketing)으로 구성하고 있다.[17]

관광송출시장은 사람들이 여행을 할 때 어떤 요소들이 기본적 요구(basic needs)를 만족시켜 줄 것인지를 결정하는 부문이다. 이 결정이 이루어진 후 언제, 어디로, 어떻게 여행할 것인가를 고려해야 한다. 여기서 일련의 다른 요소들인 사회적, 심리적, 그리고 경제적 특징 등도 이해할 필요가 있다. 이 모든 결정요인들의 고려 결과는 여행 흐름 패턴을 결정한다. 이런 패턴들은 여행의 추세를 이해하는데 도움을 준다. 두 번째 주요파트는 여행 그 자체로서 여행을 통해 육체적, 정신적 회복 및 자아실현 등이 이루어지는 과정을 의미한다.

관광시스템에서 세 번째 주요파트는 목적지와 목적지개발과정이다. 여기에서는 관광지의 장점과 단점, 관광을 촉진시키기 위한 정책, 요구되는 촉진 정도를 포함한다.

네 번째 요인은 마케팅이다. 여행공급업자들이 그들의 서비스를 어떻게 판매할 것이며, 유통 채널별 효과성은 어떻게 다를 것인지를 다루게 된다.

이상에서의 내용을 토대로 하여 관광의 정의를 요약해본다면, 초기에는 관광현상을 경제적 중요성 차원에서 인식하게 되었고, 그 이후는 경제발달로 인한 가처분 소득 증대, 주변 환경의 악화, 가중된 스트레스 해소와 같은 인간의 생존과 관련한 여가생활의 한 유형으로 파악하기에 이르렀다. 특히 20세기 후반에 접어들면서부터 관광을 하나의 산업적 관점 즉, 수요와 공급차원에서 접근을 시도하고 있는데, 이때는 관광을 시스템적으로 접근해야 한다는 주장이 그 타당성을 확보해 가고 있다. 본서에서는 관광의 본질적 요소라 할 수 있는 이동과 즐거움을 바탕으로 관광을 "개인이 다시 돌아올 목적으로 거주지를 떠나 다른 나라, 다른 지역의 관광대상을 보고, 듣고, 이해하고, 즐기는 여가활동의 한 형태"로 정의하고자 한다.[18)]

제4절 관광의 가치

1967년 국제연합에 의해 국제관광의 해(International Tourist Year)를 정하면서 '관광은 세계평화에 이르는 패스포드' 라는 슬로건을 내걸고 세계의 관광 왕래를 가일층 촉진시키는 제반정책이 세계 각국에 의해 실시되었다. 그리고 1967년 4월 18일부터 21일까지 4일간 Vatican에서 개최된 '관광의 정신적 가치' 에 관한 회의에서 토의된 내용들을 살펴보면 다음과 같다.

국제관광이 모든 무역거래 가운데 국제거래의 제1위라는 사실로부터 경제적 의의만을 중시하여, 정신적 가치를 비교적 가볍게 다루어왔음을 지적하고 있다. 오늘날 우리들이 일상용어로 사용하고 있는 관광이란 용어를 단순히 '즐거움을 위한' 여행으로 생각한다면, 그 역사는 대개 인류의 기원과 함께할 정도로 오래되었다고 할 수 있을 것이다. 그러나 관광이 오늘날과 같은 형태를 띠게 되는 것은 그리스시대에 접어들면서부터이다. 고대 그리스 시대에 있어서 사람들은 여행자를 제우스 신의 보호를 받는 '성스러운 사람' 으로 생각하면서부터, 여행자에게 하룻밤을 머물게 하여 환대하는 것을 최고의 매력으로 인식하게 되었다. 특히 Hellenism 시대는 Arnold Joseph Toynbee의 말처럼, "인간존중의 정신이 지배적인 시대이고, 이 시대는 관광의 기본적인 성격을 환대(hospitalitas)정신"이라 할 수 있다. 그 이후의 시대에서도 종교, 교육, 보양, 체육과 같은 목적으로 관광은 계속되었다. 특히 종교 목적의 관광은 교회가 관광문제에 대해 적극적인 관심을 보이기 시작하는 계기가 되었다.

Vatican 회의에서 채택된 내용을 요약하면 ① 오늘날 관광은 단순히 사회적, 경제적 관점뿐만 아니고 문화적, 정신적 가치라는 측면으로부터 가정생활에 영향을 줄 만큼 강한 힘을 가지고 있다는 점과 ② 관광은 인류 공동의 재산인 정신적 가치를 모든 사람들에게 나누어 줌으로써 인류 통합을 촉진하고 ③ 관광은 사람이 예속과 비인간적인 노동으로부터 해방시키는 의미를 내포하고 있고 ④ 관광은 서로 다른 문명 및 서로 다른 사회적, 경제적 발전의 수준에 속해 있는 사람들 간에 서로를 알게 하는 유효한 수단이 되고 ⑤ 관광은 그 기능의 철학적, 심리학적 연구를 통해서 사회교육의 한 가지 수단이 되며 ⑥ 관광은 가족 간의 휴양과 대화의 기회를 부여함으로써 가족 유대관계를 강화시키는 요인이 되고 ⑦ 관광은 인간의 정신적 후생에 종사하는 사람들로 하여금 그 구성, 방법, 언어 등에 대해 재검토하게 하는 효과가 있다는 것 등이다.[19]

여기서 구성, 방법, 언어에 관해 보충설명을 하면, 먼저 관광의 구성이라 함은 관광객을 만족시키기 위해 관광자원들에 대한 우선순의를 부여함을 의미하며, 방법이라 함은 단순히 보게 할 것인지 아니면 체험하게 할 것인지를 의하며, 언어는 관광객과 의사소통하기 위해 관광업 종사자들의 해당국 언어실력을 향상시키는 것을 의미한다.

관광의 사상이나 철학은 무엇이며, 무엇이 본질이고 비본질인가? 관광은 현대 복합사회의 문화를 겨냥하는 일종의 의례(rite)라 할 수 있는데, 인간은 일차적으로 의식주와 같은 요구 충족적인 생의 본능을 추구하지만 결코 이러한 만족에 그치지 않고 그 바탕 위에서 좀 더 좋은 삶의 추구와 빛(光 : 眞理) 즉, 문화의 발견을 마지막으로 확보하는 것이 인간의 바람직한 삶의 경지이며, 또한 차원 높은 즐거움(pleasure)이 되는 것이다.[20] 인간에게는 낙천적(hedonic) 성향이 있다. 오늘날 세계는 날로 축소되어 인간사회의 다원성 · 다문화성 · 상호의존성이 높아가고 있다. 따라서 관광의 본질은 바로 이러한 문화행동과 문화접촉이라는 차원에서 한 인간집단의 행동과 사고에서 나타나는 생활양식을 관찰대상으로 한다. 관광은 더 이상 도피의 사적 수단이 아니고, 타인에게 개방하기 위한 준비(열린 사회)이며, 인류사회의 유대관계를 돈독히 하기 위한 모형이기도 하다. 휴가(vacation)가 라틴어 vacare에서 파생된 것으로 집을 비우고 떠난다는 뜻으로 사용되고 있는 것처럼, 관광도 일상의 동물적 생활에서 진실된 삶으로 진화하는 것에 비유할 수 있다.[21] 인간이 인간답게 살기 위해서, 그리고 생존하기 위해서는 관광하지 않을 수 없으며, 관광 본래의 모습은 순례와 탐구와 같은 신성한 영역이며, 자유와 평화를 찾는 기회이기도 하다. 따라서 관광의 본질은 문화요, 궁극적 이념은 개인적으로는 마음의 안락인 즐거움 추구 행동이며, 다른 사람들과의 관계는 평화라고 할 수 있는 성숙된 인간관계를 구축하는 것이다.

토론주제

- ♣ 관광의 정의가 시대에 따라 왜 달라지고 있는가?
- ♣ 교회가 관광의 가치에 관해 관심을 가지게 된 배경은 무엇인가?
- ♣ 관광의 물질적, 정신적, 궁극적 가치가 무엇인가?

참|고|문|헌 >>>

1) Lloyd E. Hudman and Donald E. Hawkins, Tourism in Contemporary Society: An Introductory Text, Prentice-Hall, Inc., 1989, pp.3-4.

2) Jost Krippendorf, Tourism in the system of industrial society, Annals of Tourism Research, 1986, Vol.13, No.4, pp.517-532.

3) Alvin Toffler, The Third Wave, NY. Bantam, 1981.

4) United Nations General Assembly, World Tourism Conference : Report of the Economic and Social Change, New York. UN, 1979, p. 5.

5) 관광지식정보시스템(www.tour.go.kr)

6) 高井薫, 『觀光の構造－その人間學的 考察』, 日本: 行路社, 1997.

7) 박호표, 『신관광학의 이해』, 서울: 학현사, 2004. pp. 3-4.

8) 鈴木忠義 編, 『現代觀光論』, 日本: 有斐閣雙書, 1974, p. 4.

9) Hunziker and Krapf, Tourism, 1941, Google Custom Search.

10) 엄서호, 『관광레저연구』, 서울: 백산출판사, 1998, pp. 9-17.

11) J. Patrick and T. Curran, Principles and Procedures of Tour Management, Boston : CBI Publishing Company, INC., 1978, pp. Xi-Xiii.

12) 鈴木忠義 編, 『現代觀光論』, 日本: 有斐閣雙書, 1974, p. 15.

13) Paul S. Biederman, Lai Jun, Jukka M, Laitamaki, Hannah R. Messerli, Peter D. Nyheim, and Stanley C. Plog, Travel and Tourism : An Industry Primer, New York: Prentice-Hall, 2008. p. 5.

14) R. McIntosh,C. Goeldner, and J. R. Ritchie, Tourism: Principles, Practices, Philosophies, NY: John Wiley & Sons, 2008, p. 2.

15) Stephen Page, Tourism Management: Managing for Change(2nd ed.), UK: Butterworth-Heinemann Ltd., 2007, p. 13.

16) Chuck Gee, Dexter Choy, and James Makens, The Travel Industry, Westport: The AVI Publishing, 1984, p. 12.

17) Robert Christie Mill and Alastair M. Morrison, The Tourism System: An Introductory Text, New Jersey: Prentice-Hall, Inc., 1982, p. 2.

18) 조명환, 『관광학총론: 관광의 기초개념』, 서울: 백산출판사, 2009, p. 30.

19) 鹽田正志, 『觀光學硏究』. 日本: 學術選書, 1987, pp. 103-106.

20) 손대현, 『관광학 어떻게 볼 것인가－관광론』, 서울: 일신사, 1989, pp. 70-71.

21) Stanley Parker, The Sociology of Leisure, NY: International Publications Services, 1976, pp. 29-34.

제2장

관광의 발전사

학습목표

- ♣ 관광의 역사를 시대별로 살펴본다.
- ♣ 오늘날 관광의 모습을 역사 속 여행의 형태에서 재발견해본다.
- ♣ 관광의 역사를 통하여 관광의 미래를 예측해본다.

제2장

관광의 발전사

제1절 관광의 발전단계

관광현상의 역사적 발자취는 인류역사와 함께 존재해 왔다. 미래를 알고 싶어 하는 욕망은 인간의 근원적인 욕망이었기에 미래예측은 역사 속에서 여러 가지 모습으로 나타난다고 할 수 있다. 미래의 모습이 과거와 동일하지는 않지만 그 깊숙한 바탕에는 과거라는 뿌리가 존재하고 있는 것이다. 관광현상 또한 변천과정을 살펴봄으로써 관광의 개념을 규정지을 수 있다. 그렇다면 관광역사를 어떻게 나누어 살펴보고 있는가?

첫번째는 관광의 발전단계를 시대에 따라 나누어보는 시각이 있다. 관광을 시대를 통틀어 살펴본다고 하여 관광통사(觀光通史)라고 한다. 두번째는 관광현상과 관련된 사항을 살펴보는 것이다. 즉, 관광유형, 관광숙박, 관광교통 등이 그것이다. 세 번째는 현대 선진국들의 경우 관광정책적 중요성을 인식하여 경제, 복지 등의 측면에서 관광의 역할을 중시하여 행정적 접근에 의하여 구분하는 방법들이 있다.[1)]

관광의 일반적인 관광 발전단계를 관광내용, 즉 관광객층, 관광동기, 조직자, 조직동기 등으로 구분하여 tour 시대, tourism 시대, mass tourism 시대, new tourism 시대로 구분하여 설명하고 있다. 따라서 구체적인 내용을 아래와 같이 살펴볼 수 있다.

1. Tour 시대

tour의 시대는 고대부터 19세기의 30년대 말까지(1830년)를 총칭한다.[2] 이 시대의 관광객층은 귀족과 승려, 기사 등이 속하는 유한계층이 종교와 신앙심의 향상을 위한 교회중심의 개인활동으로서 여행을 하였고, 여행과 관련된 사업은 자연발생적 단계의 특징을 지니고 있다. 이 시기는 원시적인 관광의 시대라고 할 수 있다.

그리스 시대는 올림피아(Olympia)에서 열렸던 경기대회 참가를 위한 여행행위나 신전참배 등의 종교활동과 환자의 치료에는 휴식과 기분전환이 중요한 것을 알고 맑은 공기와 물이 있는 치료목적의 해수욕의 요양목적이 여행의 주를 이루었다.

로마 시대에는 역사와 종교에 관심이 많아 탐구여행 및 종교 · 예술활동을 위한 여행, 식도락 여행 등의 형태로 발전하였다. 부유한 로마인들에게는 소아시아도 특별한 여행 목적지였는데 올림픽경기, 치료목적의 해수욕, 해변휴양지, 연극, 축제, 스포츠 경기 등 때문이었다.

중세 시대에는 성지순례와 십자군 원정으로 종교적 관광이 가능하였고, 이 시기의 종교는 절대적 기구였으며, 국가 간에 인정되는 유일한 기관이였다. 중세 초기 성지로의 여행은 오랜 기간이 걸리고 비용도 많이 들며 위험했기 때문에 극소수만이 가능했다. 또한 십자군 원정은 관광사적으로 보면 국제여행의 기회제공이라고 볼 수 있다.

2. Tourism 시대

tourism의 시대는 19세기의 40년대 초부터(1840년) 제2차 세계대전 전까지를 말한다.[3] 이 시대는 영국의 산업혁명 이후 귀족과 부유한 평민의 지적욕구를 충족시키기 위한 형태와 단체여행이 시작되었다.

1800년대에는 미지의 세계에 대한 동경심을 가지게 된다. 자연에 대한 감정을 담은 당시의 낭만주의 예술가들이 여행의 선구자가 되었다. 이들은 자연과 인간 본연에 대한 호기심을 자극하였으며, 사람들은 그것을 실제로 경험하기 위하여 여행을 떠나게 된다.

이에 따라 순례를 중심으로 한 관광여행에서 교회가 숙박지로 운영이 되었으나 이후 여관이 등장하여 이익을 추구하는 숙박형태가 존재하게 되었다.

또한 이윤추구를 목적으로 하는 기업이 등장함으로써 중간매체적인 서비스 사업이 태동하게 되었고, 영국의 토마스 쿡이 도입한 여행 알선업이 그 시초가 되었다.

토마스 쿡이 1841년에 단체 전세열차를 운행하면서 처음으로 관광여행자를 모객한 것이 오늘날 여행사에 의하여 단체관광이 판매되는 효시가 되었다. 또한 이 시기에 교통 · 통신의 발달로 기차, 자동차, 선박여행이 시작되었다.

3. Mass Tourism 시대

대중관광의 시대는 mass tourism과 social tourism의 시대라고 지칭하는데, 제2차 세계대전 이후부터 현재까지의 시대로,[4] 세계전쟁은 무기개발에 대한 관심 때문에 기술적인 진보를 급속도로 이룩하게 되었다. 이것은 관광발전에 크게 기여함으로써 전쟁과 관광의 아이러니컬한 상관관계를 가지게 된다. 전쟁으로 인한 항공의 지식과 기술 및 인력이 항공여행을 발전시키는 기회가 되었으며, 자동차의 출현은 도로와 숙박시설의 개선으로 나타나게 되어 이 시대는 영리성과 공공성을 갖춘 종합관광형태라고 할 수 있다. 교통수단과 정보제공으로 대량수송과 대중화를 도모하는 시기에 대중을 포함한 전 국민, 전 계층의 국민을 대상으로 한 관광형태를 보이게 된다.

한편으로는 여행할 만한 여유가 없는 계층을 위해 정부나 공공기관이 적극 지원함으로써 국민복지 증진이라는 목적을 위해 복지관광(social tourism)운동의 이념을 확산 수용하여 적극석인 관광정책을 추진하기에 이르렀다.

4. New Tourism 시대

1990년대 이후부터 현재까지의 시기를 new tourism이라고 부르는데,[5] mass tourism 시대와는 상이한 특징을 보이고 있다. 이른바 모더니즘에서 포스트 모더니즘 이행으로 인한 관광객들의 사고변화가 그 원인이 될 수도 있다.

기존의 질서를 거부하고, 정해진 답을 거부하며, 세상을 상대적으로 보려는 시도이다. 비약적인 발전으로 인하여 소비자의 욕구가 다양화되고 개성이 중시되는 현상이 나타나면서 관광에서도 일률적인 것을 거부하고 다양성을 강조하여 개성이 넘치고 자율적이며 다양함을 요구하게 되었다. 최근 관광을 통해 자신의 개성을 표현하려는 계층이 늘어남으로 인해 평범한 패키지 관광에서 벗어난 다양한 형태의 관광이 시도되는 것도 또한 이러한 현상에서 기인하는 것이다. 관광이 생활에 목적적 가치를 갖게 되면서 개성을 추구하고 또한 문화관광, 공정관광, 생태관광, 의료관광 등 특정 주제하에서 다양한 형태의 관광을 추구하게 되었다.

[표 2-1] **관광의 발전단계**

시대구분	시기	관광객층	관광동기	조직자	조직동기
tour	고대~ 1830년대 말	귀족, 승려, 기사 등 특권계층 및 일부평민	종교심	교회	종교심 향상
tourism	1840년대~ 제2차 세계대전	특권계급 및 일부 부유한 평민	지식욕	기업	이윤의 추구
mass tourism	제2차 세계대전 이후~1980년대	대중을 포함한 전 국민	보양, 오락	기업 공공단체 국가	이윤의 추구 복지증대
new tourism	1990년대 이후~ 현재	신세대를 포함한 일반대중과 전 국민	개성추구 다양화	기업 공공단체 중앙정부 지방정부	개성추구 특정한 주제

제2절 서구의 관광 발전과정

서양(유럽)의 관광역사에서 관광의 태동은 구석기 시대 후반 인류의 불의 발견에서부터 의미를 찾아볼 수 있다. 인류가 불을 발견하고 도구를 사용하면서 새로운 은신처를 발견하는 등 이동의 공간적 범위와 기간이 확대되었다는 것이다.

신석기 시대에는 농경문화의 시작과 가축을 사육하면서 이를 운송수단으로 사용하게 되면서 이전보다 이동이 자유로워졌다. 원시 농경사회로의 발달은 여분의 식량공급과 생활안정으로 일정한 주거지에서 식량과 사냥을 위한 이동과 이후 종교적 목적의 이동으로 고대의 관광역사의 의미를 찾아볼 수 있다.

서양의 관광역사는 고대 이집트 · 그리스 · 로마, 중세, 근세, 근대의 산업혁명과 현대의 관광으로 구분하여 설명할 수 있다.

1. 고대의 관광

가. 이집트

고대문명 발상지인 이집트는 B.C 5000년경부터 나일강 유역을 중심으로 이룩된 국가로서, 이집트 문명은 태양신을 바탕으로 영혼불멸 사상을 숭배하고 있었으며, 그에 따라 신관(神官)의 권력이 매우 절대적인 부분이 있었다. 그 절대적인 권력을 이용하여 상징적은 종교문화와 건축물을 만들어낼 수 있었다.

그 이전 B.C 4000년 전 이전부터 존재했던 수메르는 티그리스강과 유프라테스강 사이에 메소포타미아 문화를 형성하였으며, 화폐, 바퀴, 마차를 발명하고, 쐐기문자를 사용하고, 무역을 실시하였다.

세계 최초 여행작가인 헤로도투스는 이집트인들의 축체참여에 대한 내용과 이때 소비되는 포도주량이 상당했음을 기록하였다.[6] 당시 선박도 상당히 발달하였으며, 지중해 전체 무역센터를 세워 중개인 활동을 하면서 여객을 수송하였다.

[표 2-2] **이집트 시대 여행의 특징**

① 중앙집권체제의 공적 업무와 상업적 교역으로 여행이 이루어짐
② 다신교의 영향에 따른 종교적 신전참배, 요양과 축제참가
③ 권력층과 부유층을 중심
④ 숙박시설의 미발달로 주로 민박이나 성지의 신전을 이용
⑤ 여행자는 신으로부터 보호받는 사람으로 여겨 환대(hospitality)하는 관습

[그림 2-1] **이집트 역사물**

스핑크스

피라미드

출처 : 네이버

나. 그리스

고대의 역사에서 관광이 본격적인 형태로 나타난 것은 그리스 시대로 볼 수 있다. 그리스 시대는 B.C 2000년 미케네 문명 이후 BC 8세기부터 존재하였다. 그리스 시대에는 BC 4세기부터 사람들이 불편과 위험을 무릅쓰고 여행을 하였다. 그러나 부유층만의 여행이 대부분이었고, 일반 여행객은 장사, 치료, 축제참여를 위한 여행을 하였다.

개인적인 성향에서 여행을 즐기는 이는 어려움을 감수하고 여행하였으나 여행작가 헤로도투스와 같은 사람은 극소수였다.

신전참배를 위한 여행이 성행하여 제우스신전이 참배지로 가장 인기가 있었으며, 고대 그리스의 종교상의 중심지인 올림피아에서는 4년에 한번씩 고대 올림픽이라 불리는 스포츠 축전인 올림피아제(祭)가 개최되었다.[7] BC 776년 초 도시국가의 시민들은 제우스신을 기리기 위해 체육경기에 참여하여 제물을 바치고 기도를 하였다. 고대

그리스인들은 환자의 치료에 휴식과 기분전환이 중요한 것을 알고 맑은 공기와 물이 있는 치료의 신을 찾는 여행을 하였다.

[표 2-3] **그리스 시대 여행의 특징**

① 도시국가체제로 공적 업무 여행의 비중은 비교적 낮음
② 도시의 발달과 고대 올림픽의 개최는 그리스가 여행의 중심지가 되게 함
③ 종교적인 목적의 여행
④ 지중해의 광범위한 지역에 걸쳐 치료와 보양목적의 여행

[그림 2-2] **고대 그리스 역사물**

제우스 신전

바빌론의 공중정원

출처 : 네이버

다. 로마

고대 로마 시대는 6세기 말경에 왕정의 시대가 지배권을 잃고 공화징과 제정의 시대를 통하여 국가의 법체계가 정비되었고 이로 인하여 사회적인 기반이 안정되면서 관광은 한층 번성하게 되었다.[8] 이 시대의 관광동기 및 목적은 올림픽 경기, 치료목적의 해수욕, 해변휴양지, 연극, 축제, 스포츠 경기 등이었는데, 이는 관광활성화를 도모하는데 기여하였다.

로마 사회는 대단히 위계적이며 계급을 의식하는 사회였다. 최하층은 노예(servi), 그 위로는 피해방인(해방노예, liberti), 그리고 위에는 자유 시민(cives)이 있었다. 자유 시민은 또 일정한 계층으로 분류되었다. 귀족과 나머지 평민으로 구분할 수 있었는데, 귀족이건 평민이건 누구나 자신의 가족에서 집정관에 오르면 신귀족(nobilis, 新貴族)으로 인정받았다.[9] 이러한 자유시민들은 연간 3분의 1의 시간을 자유재량으로 활용할 수 있었기 때문에 화려한 여가생활을 누릴 수 있었다. 여행은 물론이며, 예술, 음악, 문화 및 다양한 오락활동을 즐길 수 있었다.

특히 이 시대에는 도로망과 교통수단은 군사적 필요에 의하여 운송기술이 발전하였지만, 일반 시민들에게는 여행을 가능하게 하였다는 점에서 그 의의가 크다고 할 수 있다. 숙박시설은 오래전부터 민가를 개조한 여인숙 정도에 불과했지만, 관광이 번창함에 따라 장거리 여행객을 위하여 당시에는 우체국으로 불렸던 호텔도 건설되었다.[10]

[표 2-4] **로마 시대 관광의 특징**

① 종교, 요양, 식도락 예술활동 참가
② 여가의 증대와 경제적 부의 축적
③ 여행지식 수준의 향상과 학문의 발달
④ 군사 목적을 위한 교통의 발달
⑤ 여행자의 편의를 제공하기 위한 숙박시설 발달
⑥ 화폐경제의 발달
⑦ 치안 상태의 안정

[그림 2-3] **고대 그리스 역사물**

콜로세움

포로로마노

출처 : 네이버

2. 중세의 관광

로마제국의 몰락은 여행에 많은 영향을 미쳐 유럽에서는 여행과 관광도 재앙을 맞게 된다. 시간적으로는 거의 1000년이고 공간적으로는 유럽 대륙 전체다.

암흑의 시대라 불리는 이 시대는 여행에 대한 안전성, 서비스 그리고 여행의 안락성은 기대할 수 없었으며, 사람들은 여가를 세속적인 즐거움이 아니라, 종교적인 시각에서 신에 대한 보답으로 생각하였다.

중세시대의 여행에 가장 큰 영향을 미친 것은 종교였다. 성지순례와 십자군 원정으로 종교적 관광이 가능하였다.

가. 성지순례

중세 유럽의 관광은 중세 세계의 로마법을 중심으로 한 기독교 문화공동체였던 탓에 종교관광이 성황을 이루었다. 이들의 종교 관광지는 성지 예루살렘과 교황청이었고, 사도 베드로나 바울 등이 순교한 땅이기도 한 로마와 스페인의 산티아고였다.

이와 같은 중세 유럽의 관광은 순례여행의 형태를 취하였고 그들은 수도원에서 숙박하였다. 이 시기 교회가 최초의 호텔체인을 운영한 것으로도 볼 수 있을 만큼 여행산업의 발달에 중요한 역할을 하였다.

나. 십자군 원정

십자군 원정은 11세기부터 13세기까지 감행된 중세 서유럽의 로마 가톨릭 국가들이 중동의 이슬람 국가에 대항하여 성지(聖地) 예루살렘을 탈환하는 것을 목적으로 행해진 대규모의 군사 원정을 가리킨다.[11] 십자군 원정은 이슬람교로부터 신성한 땅을 정벌하기 위하여 시도한 카톨릭의 군대 원정이였지만, 귀국한 병사들의 동서양 풍물에 관한 소개, 귀국하면서 가져온 인도의 향로나 페르시아의 카펫 등은 동양에 대한 여행을 촉진시키는 계기가 되었다.

이러한 의미에서 보면 십자군 원정은 시간이 지나면서 순수하게 기독교적 동기로만 볼 수가 없는 것이다. 십자군 원정은 관광사적으로 보면 성지탈환이라는 성전의 의

미만이 아니라, 성직자, 군인, 상인, 일반여행자들에게 성지순례라는 국제여행의 기회를 제공하였다.

[표 2-5] 중세 관광의 특징

① 불안정한 유럽사회로 여행이 극히 제한됨 ② 종교순례를 통하여 여행을 가능하게 함 ③ 십자군 원정은 이슬람 문화의 접촉, 상공업 발달, 농노해방과 봉건사회몰락을 가져옴 ④ 마르코 폴로의『동방견문록』- 당시 유럽인들의 호기심을 자극

[그림 2-4] 중세의 역사물

13세기 스코틀랜드의 성

출처 : chosun.com

템플 기사단

출처 : 어메이징코리아

3. 근세의 관광

근세는 중세의 억압적 분위기를 극복하고 자유주의와 합리주의가 성장한 시기라 할 수 있으며, 여행의 역사에서 관광의 역사로 전환하는 시기라고도 할 수 있다. 16세기에 들어와서 종교개혁의 영향으로 성지순례는 감소하고, 르네상스의 영향으로 지식욕을 위한 관광이 성행하게 되었다. 대부분 개인여행자, 학자, 작가 등의 지식인들이 여행에 참가하였다. 특히 이 시대는 그랜드 투어(Grand Tour)와 온천해변휴양 시대로 이어지게 된다.

가. 그랜드 투어

17세기 중반에서 19세기 초 영국인의 유럽여행 형태의 하나로 특히 부유한 영국 상류층의 대학졸업생이 주류를 이루었다. 호기심과 교육을 위한 여행 사상은 18세기에 나타났다. 대부분 특권층 젊은이들은 그랜드 투어를 하였고, 그 후 18세기 후반에는 젊은 여성에게도 유행이 되었다.[12)]

파리에서 프랑스어, 댄스, 펜싱, 승마 등을 통해 프랑스 상류층의 말과 행동을 배우고, 이탈리아에서는 예술을 배우고, 로마에서는 고대 유적을 보고, 나폴리에서 음악을, 폼페이에서 고고학을 배우면서 최고의 현장 교육을 받는 것이다. 고전적 그랜드 투어(classical grand tour : 17~18세기)는 문화에 관심을 두는 것이였으며, 낭만적 그랜드 투어(romantic grand tour : 18~19세기)는 유럽의 문화보다는 자연경관에 더 많은 관심을 두었다.[13)]

나. 온천 및 해변휴양

18세기에는 건강과 즐거움이 여행의 가장 큰 동기가 되었다. 그랜드투어에서 가족이나 친구들과의 여행을 즐기고 건강과 사교 및 친구를 만나기 위하여 온천장으로 가기도 했다. 미국의 경우 독립전쟁 전에 유럽처럼 해변이나 온천으로 여행을 가게 된다.

1800년까지 미국의 온천은 확장되고 보편화되었다. 또한 청교도들의 영향력이 감소되어 편안한 여행을 금기시하던 관습이 사라져가고 있었다. 19세기에 들어서면서 온천지를 중심으로 호화로운 객실과 오락시설을 갖춘 곳이 나타나 이를 호텔(hotel)이라 부르게 되었다.

[표 2-6] **근세 관광의 특징**

① 유럽중심의 세계관의 변화로 세계관이 확대됨
② 종교적인 목적이 줄어들고 지식욕을 위한 관광이 성행
③ 영국을 중심으로 그랜드 투어가 시작
④ 가족 중심의 온천 · 해변여행은 호화로운 호텔을 건설하게 함

[그림 2-5] 근세 관광관련 사진

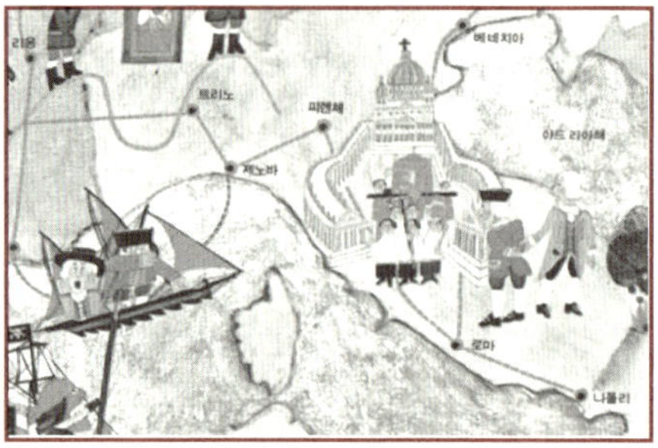

그랜드 투어 코스

출처 : chosun.com

겔레르트 온천

출처 : travel bike news

4. 근대의 관광

산업시대의 국가경제는 시골 농업에서 도시중심의 산업으로 옮겨졌으며, 직업과 계층 및 부의 구조도 바뀌었다. 근대의 경제적 풍요로움이 배경이 되어 관광은 비약적인 발전을 하였다.

근대 이후 관광이 더욱더 확대된 계기는 19세기 말 이후의 여행조건의 비약적인 향상을 들 수 있는데 교통의 혁신적 발전, 숙박시설의 정비 및 관광관련 산업의 복합화와 발전 등을 들 수 있다.

가. 교통수단과 근대 호텔기업

산업시대에서 여행이 크게 발달한 원인 중의 하나는 교통수단의 향상이다. 증기선과 기차의 탄생은 관광의 새로운 시대를 열었다. 철도의 확장은 관광과 상용 목적의 여행수요를 증가시키는데 많은 영향을 미쳤고, 아프리카, 북아메리카, 남아메리카 그리고 아시아와 같은 새로운 대륙으로 여행범위를 넓혀나갔으며, 여객선의 등장으로 해로를 이용한 여행을 더욱 편리하게 만들었다.

또한 영국에서 근대 호텔기업을 발전시킬 수 있는 터전이 마련되기는 하였으나, 크게 성장하지 못하고 미국에서 오히려 융성한 발전을 가져와 오늘날 호텔기업의 본 고장으로 평가받고 있다.

근대에는 미국의 호텔이 유럽의 호텔보다 더 큰 발전을 하게 된 이유는 첫째는 미국의 숙박업경영자들이 유럽의 숙박업경영자들보다 개성 면에서 진취적이고 투기적이며 확장주의적이였으며, 둘째는 유럽의 귀족적 냄새를 풍기며 화려하고 안정적인 특성을 보이는 반면 미국은 대중적 취향의 운영형태를 보였다는 점이다.[14]

나. 토마스 쿡 여행사

산업혁명이 가져온 기술혁신의 하나인 철도의 발달은 특히 영국에서 두드러져서 1850년에는 주요 철도망이 거의 완성돼 있었다. 이와 같은 시대상황에 등장한 사람이 토마스 쿡(Thomas Cook)인데, 그는 관광분야 최초로 여행업을 창설한 인물로 단체관광을 처음으로 시도하였다. 여행일정에 따른 모든 경로를 기차티켓을 패키지로 만들어 판매하였으며, 쿡 쿠폰을 도입하여 투숙한 호텔의 객실과 식사에 대한 요금을 지불하는데 편리하게 사용하였다.[15] 쿡 쿠폰은 여행자수표의 초기 단계였으며, 새로운 형태의 관광은 오늘날의 단체요금 할인제도의 시초가 되었다.

[표 2-7] 근대 관광의 특징

① 산업혁명이후 일반대중이 관광에 참여할 수 있는 기회조성
② 숙박시설이 가족경영체제에서 근대적 경영기업으로 전환
③ 증기선과 철도의 발달은 관광 활동의 공간적 범위 확대
④ 여행사의 등장 : 토마스 쿡은 최초의 단체여행을 기획 실시하는데 성공

[그림 2-6] 근대 관광관련 사진

증기기관

1865년 영국 런던 세계 최초 그랜드 호텔
더 랭함 호텔

출처 : Google 이미지

5. 현대의 관광

제2차 세계대전 이후 항공기, 기차, 선박, 자동차 등의 교통수단의 발달과 더불어 교통기관의 설비능력이 개선 · 발전됨에 따라 대량수송체계를 갖추기 시작하였고, 제2차 세계대전 이후 경제회복으로 국민소득이 증대함에 따라 관광량이 증가하기 시작하였다.

한편 도시의 인구집중과 그에 따른 도시확장 및 인간성의 상실, 고도성장의 부산물인 공해의 유발 등은 인간으로 하여금 자연에의 도피욕구를 자극하였다. 이와 같은 배경하에 제2차 세계대전 이후 선진국에서는 대중에 의한 관광시대, 이른바 매스 투어리즘(mass tourism) 시대를 맞이하게 되었다.

가. 대중관광

제2차 세계대전(1939~1945) 이후의 폐허에서 부흥한 이른바 선진국에서는 1960년대부터 대중관광의 시대를 맞이하게 된다. 대중관광이란 관광이 대중화되어 대량의 관광객이 발생하는 현상을 말하는데, 미국, 일본 그리고 서유럽의 국가들을 중심으로 대중관광이 시작되었다. 초기 대중관광은 패키지 투어(package tour)에 의한 단체여행으로 실현되었고, 국제적인 차원에 있어서의 대중관광 역시 단체여행의 형태를 띠고 있었다. 이러한 대중관광의 출현과 국제적인 현상을 살펴보면 다음과 같다.

첫째는 교통기술의 발전이다. 특히 자동차의 출현은 관광역사상 기술 면에서 가장 혁명적인 진보를 이룩한 교통수단 중의 하나이다. 자동차 때문에 도로와 숙박시설의 개선이 필요하였고 항공여행이 큰 호응을 얻게 되었다.

둘째는 세계경제 부흥 및 유급휴가제도의 실시이다. 전후(戰後) 유럽 국가는 전쟁의 잿더미 속에서 1947년 미국의 마셜플랜 등으로 경제부흥의 기틀을 마련하였고 국제경제는 미국의 고도성장에 힘입어, 일본과 독일 등의 국가가 함께 보조적 역할을 하였다. 이러한 국제경제의 부흥과 함께 대중관광의 활성화 계기는 유급휴가 제도였다.

셋째는 관광진흥정책 실시이다. 관광산업이 부가가치가 높고 외화획득이 타 산업보다 용이하다는 인식이 퍼지면서 관광산업을 지원하는 정책을 실시하였다.

마지막으로 국제정치적, 문화적 교류의 증대이다. 1990년 세계대전 전승국(戰勝

國)들이 독일의 통일을 인정함으로써 동서 냉전 체제는 사실상 막을 내리면서 국가 간 교류가 더욱 활발하게 진행되었다.[16]

나. 대중관광의 폐해와 비판

1970년대에 들어오면서 국제대중관광 확대에 따른 문제점이 제기되기 시작하였는데, 지구의 북반부에 위치하고 있는 경제 선진국의 관광객이 지구의 남반부에 위치하고 있는 제3세계의 국가나 개발도상국 관광지를 집중적으로 방문하는 관광형태를 보이고 있었다.

대표적으로 문화의 변용, 범죄 및 매춘, 환경오염 등이 대표적인 문제였다. 더욱이 호스트(host)에 대한 게스트(guest)의 경제적 · 사회적 우월성 그리고 선진국 기업에 의한 경제적 지배 등에 귀착하는 신식민지주의 혹은 신제국주의 문제도 제기되었다.

이러한 문제는 현대가 안고 있는 세계시스템 구조의 불균형이라는 문제로 설명할 수 있다. 즉, 세계 전체를 하나의 공간으로 인식하는 모델이다. 근대화가 세계 전체에 침투, 형성되면서 근대화를 달성한 핵심 부분, 근대화를 달성하려는 중간 부분 그리고 근대화를 달성하지 못한 외부 부분으로 구성된다. 핵심 부분에 위치한 부유층이 주변의 빈곤층을 만들어내는 국제사회의 불균형적 종속적인 관계를 형성하는 세계시스템의 불균형을 양산한다고 할 수 있다.[17]

[표 2-8] **현대 관광의 특징**

① 전쟁을 통해 교통수단은 급속하게 발전
② 과학기술의 고도화는 인류에게 더 많은 여가 제공
③ 관광의 대중화가 점진적으로 진행
④ 국제관광의 활성화
⑤ 대중관광으로 인한 폐해발생 현상

[그림 2-7] **현대의 교통수단**

◀ Graf Zeppelin이 설계한 비행선

▼ 자동차의 변화

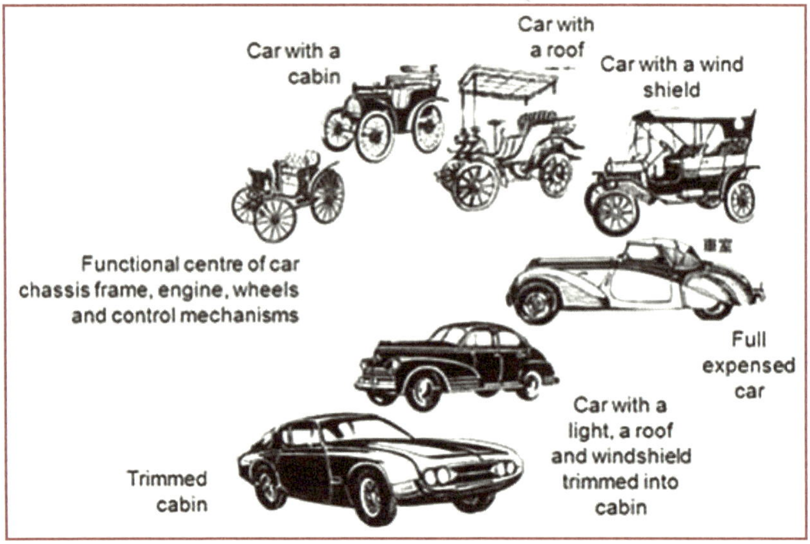

출처 : Google 이미지

제3절 한국의 관광 발전과정

한국의 관광사연구는 연구의 대상으로 어려움을 가지고 있다. 그 이유는 연구물의 절대적 부족, 관광사에 대한 인식 부족 및 한문 등의 언어적 장벽 때문이다. 한국의 관광발전 과정을 논할 때는 서양의 관광사와 달리 산업화 이전단계와 이후단계로 구분하여 1950년대 이전과 일제강점기 그리고 1950년대 이후로 나누고 있다.

1950년대 이전은 일부 기록이 남아있는 삼국시대부터 고려시대, 조선시대이며 1950년대 이후를 현대 관광으로 설명하고 있다.

삼국시대 이전에는 초기 부족공동체사회에서 제의(祭儀)가 행해져 일종의 축제 성격을 띤 놀이와 관련되었는데, 이동지향적이라기보다는 종족을 중심으로 주거지역에서 주로 발생했으며 이후 국가가 형성되면서 불교의 영향권 안에서 관광의 형태도 이루어졌다.

1. 1950년대 이전의 관광

가. 삼국시대

삼국시대는 불교의 봉축행사나 사찰을 참배하는 신도들의 종교여행에서 관광의 의미를 찾을 수 있다. 또한 왕의 순례는 왕이나 신하들에겐 나라 안의 명승지를 여행할 수 있는 좋은 기회였으며, 신라의 화랑제도는 훌륭한 인재를 선발하기 위한 방법으로 금강산, 지리산 등을 유람하게 하면서 사람 됨됨이를 보려하였다.

통일신라시대에 최치원은 중국에 유학하였는데 그는 유학을 관광이라 불렀다. 유학은 곧 선진문물을 익히고 나아가 대륙의 경관을 구경하는 것으로 오늘날 국제관광과 맥을 같이 한다.[18)]

나. 고려시대

신분제도가 철저하였으므로 지배층과 피지배층의 구별이 뚜렷하여 신분에 따라 행동에 제약이 많았다. 귀족 중심의 관광은 다양한 놀이와 볼거리와 함께 여색(女色)을 따르고 사냥과 놀이만을 일삼는 음풍(淫風)이라 하여 음풍은 작게는 집안을 망치고 크게는 국가를 망친다 하였다. 이로써 관광이나 유람 · 유희 속에서도 일정한 범위와 절제된 행동이 있어야 함을 강조하였다.[19)]

이 시대에는 여자를 사고파는 시장 등에 관한 기록이 있어 매춘도 존재했음을 알 수 있다. 또한 교역의 범위가 넓어져 아라비아 상인들까지 드나들었으며, 귀족자제들의 중국유학과 도시와 사찰을 연결하는 도로망이 구축되어 사찰까지의 이동이 한층 자유로웠으나 특권계층에 한정되었다.

다. 조선시대

조선시대는 임진왜란까지를 조선 전기로, 임진왜란 이후부터 개화기까지를 조선 후기로, 개화기는 조선의 마지막 시기로 볼 수 있다. 조선시대는 유교적 정신적 기반이 되었으므로 유교를 중심으로 한 학문적 교양 확대를 목적으로 한 관광이 이루어졌다.

조선 전기는 도학적 유람으로 도를 배우면서 자연 속에서 몸과 마음을 바로 세우려는 의지와 유학적 유람으로 중국의 문물제도를 배워 나라에 봉사하고자 하는 국비유학의 형태가 나타났다.[20]

조선 후기는 사상적 변화를 겪게 되면서 공론적 성리학을 탈피하여 실사구시적 학문과 사상을 추구하게 되었다. 조선 후기를 뒤흔든 실학은 관광에도 영향을 미쳐 중국을 다녀와 선진문물을 배우면서 관광이 원래 담고 있는 관국지광(觀國之光)을 그대로 실현했다고 볼 수 있다.[21]

라. 개화기

이 시기에 가장 큰 변화를 겪게 된다. 수백 년간 지탱해온 유교사상이 서구의 과학적, 실리적 사상에 의해 그 기반이 흔들리게 되었고, 서구 국가들은 조선에 대해 경제적 실리를 추구하고 영향력을 행사하기 위해 개항을 요구하였다. 우리나라의 자의적 · 타의적 국제 관계형성은 관광에도 자연히 큰 영향을 미치게 되었다.

[그림 2-8] **개화기 호텔**

대불호텔

출처 : 세계일보

손탁호텔

출처 : 한국학중앙연구원

갑오개혁 이후 일본인에 의하여 철도개통과 철도국의 관광업무가 이루어졌고, 1888년 우리나라 최초의 호텔로서 인천에 대불호텔이 세워졌다. 1902년에는 서울 최초의 서양식 호텔로 정동에 손탁호텔이 건립되었다.

2. 일제강점기의 관광

개화기는 우리나라 국내관광의 근대적 변화의 시발점이며, 일제강점기는 현대관광의 출발점이라 할 수 있다. 일제 통치 기간(1910년 8월 29일~1945년 8월 15일) 중에는 우리나라 관광산업에 큰 변화를 가져왔다.

일본여행업협회(JTB) 조선지사가 1912년 설치되었고, 일본이 만주대륙 진출을 위해 병참지원 목적으로 한반도에 철도를 부설함으로써 철도여행이 큰 비중을 차지하게 됨에 따라 1914년 서울에 조선호텔, 1915년 금강산에 금강산호텔, 장안사호텔이 세워졌다. 그 후 1925년에는 평양철도호텔, 1938년에 당시 최대 규모를 자랑하던 서울의 반도호텔(현. 롯데호텔자리, 8층 111실)이 세워졌다.

[그림 2-9] **조선호텔과 반도호텔**

위 : 조선호텔(1914)　아래 : 조선호텔(2008)

출처 : 김한용 사진연구소

반도호텔

출처 : Google 이미지

일본은 한반도에 대륙침략의 목적으로 철도를 부설하여 일본의 국가외교와 국가경제상의 중요성을 널리 인식시켰으며, 관광사업의 경우 일본의 독점하에 있어 참된 의미에서 우리의 관광사업이라고 할 수 없다.

3. 현대의 관광

가. 해방 후부터 1960년대까지

1945년 해방을 맞이하였으나 1950년 6.25전쟁을 겪으면서 대혼란의 격동기를 거치는 과정에서 관광관련 산업인 호텔시설은 주한 미군과 외국인 전용이 되었고, 국내정치가 혼란을 거듭하면서 관광 부분의 수용태세가 갖추어지지 않아 관광객을 유치할 수 있는 단계는 어려웠다.

부산으로 피난을 간 정부는 1950년 12월에 교통부 총무과 소속으로 관광계를 신설하여 철도호텔 업무를 관장케 하였으며, 1953년 근로기준법을 제정 · 공포하여 연간 12일의 유급휴가제도가 법적으로 보장받았다. 1954년 교통부 육운국에 관광과가 신설되었으며, 1963년에 관광국으로 승격되었다.

1960년대에는 우리나라 최초의 관광법규인 관광사업진흥법이 제정 · 공포되어 관광관련 법령을 정비하였다. 1962년에는 국제관광공사법이 제정되었고, 이 법에 의하여 국제관광공사(현, 한국관광공사)가 설립되어 해외진흥사업과 관광종사원의 양성과 훈련을 주된 임무로 하였다. 같은 시기에 유능한 안내원을 확보하기 위하여 통역안내원 자격시험이 처음으로 실시되었다.[22]

1950년대는 교통, 숙박시설, 관광자에 대한 안전보장이 미비해 정책적인 노력에도 큰 성과를 거두지 못하였으며, 1960년대는 1 · 2차 경제개발 5개년계획을 통해 국제관광 발전의 기초를 마련하여 종합산업으로 체계적인 발전의 초석을 놓은 시기라 할 수 있다.

[표 2-9] 해방 이후~1960년대까지 관광관련 주요내용

연도	주요내용
1950	교통부 직영 관광호텔 개업(온양, 대구, 설악산, 서귀포, 무등산, 해운대 등)
1953	근로기준법 제정 · 공포(연간 12일간의 유급휴가)
1954	교통부 육운국에 관광과 처음 설치
1960	관광사업진흥법 제정 · 공포
1962	국제관광공사 발족, 해외진흥사업 본격 개시, 통역안내원 시험제도 최초실시
1963	교통부 육운국 관광과 → 관광국 승격

[그림 2-10] 1950년대 한국의 생활상

1952년 서울의 거리

출처 : Google 이미지

구호물품을 환영중인 학생들

출처 : 블러그(http://tayler.tistory.com)

나. 1970년대

1970년대는 정부가 관광사업을 경제개발계획에 포함시켜 국가의 주요 전략산업의 하나로 육성함과 동시에 관광 수용시설의 확충, 관광단지의 개발 및 관광시장의 다변화 등을 적극 추진하고, 이에 따른 관광행정조직의 보강 및 관광관련 법규를 재정비함으로써 우리나라 관광산업이 규모와 질적인 면에서 크게 성장한 시기였다.

1974년부터 경주보문단지를 시작으로 제주중문단지 등 대규모 관광휴양지 개발을 착수하였다. 1975년에는 관광기본법(1975.12.31. 공포)에 제정되어 국민관광의 건전

한 발전을 위한 제도와 국민관광지의 개발을 위해 교통부 관광국에 국민관광과가 설치되었다.

[표 2-10] 1970년대 관광관련 주요내용

연도	주요내용
1970	국립공원과 도립공원이 지정됨(지리산 국립공원이 제1호로 지정)
1971	경부고속도로 개통 → 수도권 중심의 관광이 지방으로 이동 확산 관광지 조성사업 본격적인 추진(전국의 관광지를 10대 관광권으로 설정)
1972	정부의 관광진흥개발기금법 제정, 교통부 관광국의 기구개편 · 확장
1974	경주보문단지, 제주중문단지 개발 착수
1975	관광기본법 제정
1978	방한 외래객 100만 명 돌파
1979	교통부 관광국에 국민관광과 설치

[그림 2-11] 1970년대 산업개발

경부고속도로 준공식

출처 : Google 이미지

경주 보문단지 개장

출처 : 국가기록원

다. 1980년대

1980년대 들어서서 경제성장의 가속화로 기존의 국제관광진흥 위주의 관광정책을 국제관광 및 국민관광을 지원하는 정책으로 전환하여, 국민의 관심을 여가생활에 집중시켜 여가생활 속에서 생활의 만족을 느끼게 하는 경향으로 이어졌다.

'86아시안게임과 '88서울올림픽 경기의 개최에 힘입어 한국의 국제적 위상이 강화됨에 따라 외국인 관광객 유치기반이 강화되었으며, 1989년에는 해외여행자유화로 해외여행이 폭발적으로 늘어나고, 사치성 해외여행이 증가하였다.[23)]

[표 2-11] 1980년대 관광관련 주요내용

연도	주요내용
1980	제주도 무사증(NO VISA)
1982	국제여행 알선업이 허가제에서 등록제로 전환 국제관광공사를 한국관광공사로 명칭 변경
1983	국민관광장기종합계획수립
1986	아시안 게임 개최
1988	서울 올림픽 개최, 외래 관광객 200만 명 유치
1989	해외여행 전면 자유화, 민항기업 아시아나 항공 설립

[그림 2-12] 1980년대 국제 스포츠 대회개최

아시안게임 개막식에서 성화를 안치하는 모습

출처 : 국가 기록원

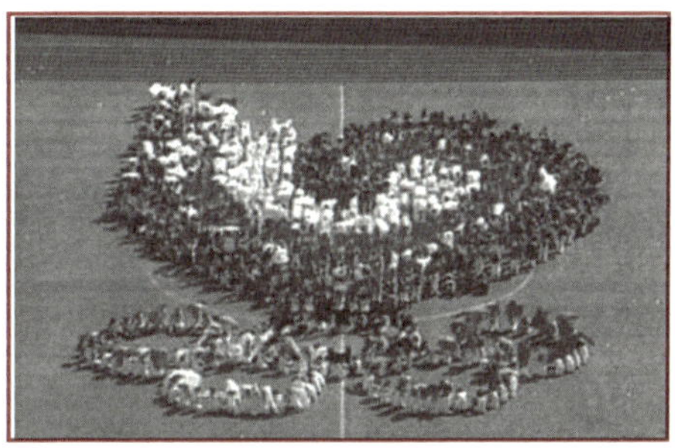

1988 올림픽

출처 : 세계일보

라. 1990년대

1990년대의 큰 전환점은 독일통일과 구 소련의 붕괴, 남한과 북한의 유엔 동시가입, 그리고 1992년 한국과 중국과의 국교수립 등이다. 냉전시대의 종식으로 인해 우리나라의 외교는 물론 무역 및 관광은 세계화에 더욱 박차를 가할 수 있었다.

1989년 해외여행 전면 자유화는 관광수지가 적자로 돌아서게 하였으며, 정부는 관광산업을 소비성 사치산업으로 지정하여 다소 주춤하게 되었다. 그러나 1993년 대전 엑스포는 세계에 우리나라의 과학수준을 과시하는 축제의 장이 되었으며, 1994년 한국방문의 해를 계기로 기존의 관광진흥정책과 종합적인 한국관광발전을 위한 중장기 계획수립 및 추진전략개발 등에 대해 재검토하여 새출발을 하게 되었다.

[표 2-12] 1990년대 관광관련 주요내용

연도	주요내용
1991	외래관광객 300만 명 유치
1993	대전과학 엑스포 개최
1994	한국방문의 해, 관광특구 지정
1995	폐광지역 개발지원에 관한 특별법 제정(내국인 카지노 출입의 법적근거 마련)
1997	IMF 관리체제
1998	외래관광객 400만 명 유치, 금강산 관광시작

[그림 2-13] 1990년대 국내관광 관련 행사

대전 엑스포

출처 : 네이버

'94 한국방문의 해 공식 마스코트와 휘장

출처 : Google 이미지

마. 2000년대

2000년대 들어와서 관광산업에 큰 영향을 미친 국제적인 이벤트로는 2002년 월드컵과 아시안 게임이 있다. 국가적으로 근로자 입장에서의 2004년 7월 1일 주5일 근무제를 단계적으로 실시하게 되었으며, 한류열풍의 확산으로 관광진흥의 흐름을 계속 이어갔다. 그리고 2009년 의료관광 활성화를 위한 법적 근거를 마련, MICE 산업, 의료관광 등 고부가가치 관광여건을 개선하였다. 최근 중국의 여행자유화 조치로 중국 관광객이 한국시장의 주요고객 층으로 급부상하고 있다.

[표 2-13] **2000년대 관광관련 주요내용**

연도	주요내용
2000	외래관광객 500만 명 돌파
2002	월드컵 및 아시안게임 개최
2003	금강산 육로 관광개시
2004	2004년 7월 1일 주5일 근무제 시행
2005	한류관광의 해
2009	2009년 5월 1일 개정 의료법의 시행으로 의료관광사업(외국인환자유치사업)을 지원
2018	평창동계올림픽 개최

[그림 2-14] **한류열풍과 의료관광**

유럽인들의 한류열풍 모습

출처 : 한국콘텐츠진흥원 상상발전소 KOCCA

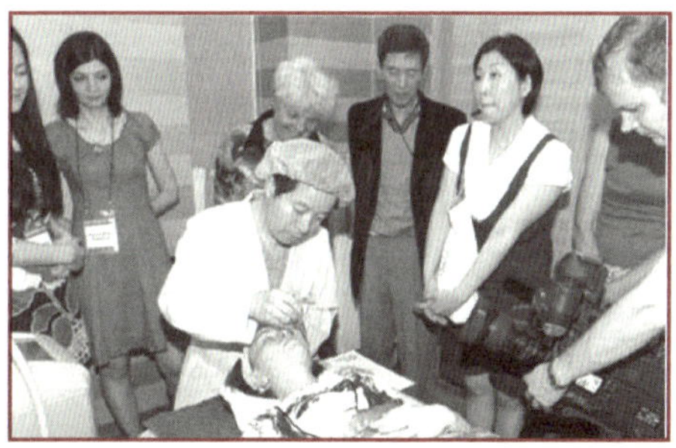

러시아 의료관광객에게 피부시술하는 모습

출처 : 중앙일보

토론주제

♣ 서양의 관광역사와 한국의 관광역사의 유사한 부분은 무엇인가?

♣ 관광의 역사를 통하여 오늘날의 관광과 공통점은 무엇인가?

♣ 역사적으로 관광을 발전시키는데 가장 직접적인 영향을 미치는 요인들은 어떤 것들이 있는가?

참|고|문|헌 ›››

1) 한국관광학회, 『관광학총론』, 백산출판사, 2009, pp.37-38.
2) 최기종, 『관광학개론』, 백산출판사, 2016, p.51.
3) 최기종, 『관광학개론』, 백산출판사, 2016, p.52.
4) 최기종, 『관광학개론』, 백산출판사, 2016, p.52.
5) 최기종, 『관광학개론』, 백산출판사, 2016, p.53.
6) R. W. McIntosh, C. R. Goeldner and J. R. B. Ritchie, Tourism. Principles, Practices, Philosophies. 1995.
7) 네이버, 『위키백과: 고대그리스』, 2016년 11월 26일.
8) 네이버, 『위키백과: 고대로마』, 2016년 12월 4일.
9) 네이버, 『위키백과: 고대로마』, 2016년 12월 4일.
10) 동남레저산업연구소, 『관광학의 이해』, 기문사, 2012, p.35.
11) 네이버, 『위키백과』, 2016년 12월 3일, 십자군.
12) 한국관광학회, 『관광학총론』, 백산출판사, 2009, p.61.
13) J. Towner, The grand tour: A key phase in the history of tourism. Annals of Tourism Research, 1985, 12(3), pp.297-333.
14) 동남레저산업연구소, 『관광학의 이해』, 기문사, 2012, pp.38-39.
15) 강덕윤 · 류기환 · 이병연, 『현대 관광학개론』, 백산출판사, 2016, p.55.

16) 한국관광학회, 『관광학총론』, 백산출판사, 2009, pp.66-68.

17) 강덕윤 · 류기환 · 이병연, 『현대 관광학개론』, 백산출판사, 2016, pp.62-67.

18) 한국관광학회, 『관광학총론』, 백산출판사, 2009, pp.41-42.

19) 한국관광학회, 『관광학총론』, 백산출판사, 2009, pp.43-44.

20) 이이, 『율곡집』, 양우당, 1988, 130.

21) 박지원, 『열하일기』, 양우당, 1988.

22) 최기종, 『관광학개론』, 백산출판사, 2016, pp.63-64.

23) 한국관광학회, 『관광학총론』, 백산출판사, 2009, p.54.

제3장

관광학의 체계와 이해

학습목표

- ♣ 관광학의 성립배경을 이해한다.
- ♣ 관광학의 학제적 연구로서의 특성을 고찰한다.
- ♣ 초기 관광학 연구자별 연구특성을 이해한다.
- ♣ 관광학 연구 계보를 체계적으로 정리해본다.
- ♣ 관광학 연구 방법에 대한 이해를 심화한다.

제3장

관광학의 체계와 이해

제1절 관광학의 기초 이해

1. 관광학의 성립배경

관광은 하나의 행동범주가 아닌 행동양식으로 오늘날의 관광현상은 노동, 가정생활 그리고 문화 전체에 다양한 형태로 큰 영향을 끼치고 있으며, 관광의 정의 또한 관광의 어원에서 경제적, 사회적 관계처럼 광범위하고 다양하며, 많은 변화를 가져오고 있다. 관광에 대한 학문적 관심은 관광활동에 비하여 비교적 최근에 들어와서 학자들의 연구대상이 되었는데 이는 근대 산업 사회의 등장으로 인한 여가의 증대와 가치관의 변화에 의한 생활양식의 변화 등 사회 · 문화적 변동에 따른 결과이다.

가. 여가

관광학의 성립요인은 여가의 문제가 현실적인 인간의 기본적 욕구로 등장하기 시작하면서 대두되었다. 인간의 노동력이 기계화로 대치되면서 여가가 급속하게 증가되었다는 것을 들 수 있다. 여가는 노동시간에 대한 개인의 자유시간으로서 개인생활 시간 전체에서 생리적 필수시간과 노동시간 그리고 노동부속시간을 뺀 즉, 개인이 자유롭게 사용할 수 있는 시간을 의미한다. 특히 후기산업사회에서 과학기술이 발전하고 기계문명이 향상되어 이것이 인간생활과 생산활동에 널리 보급되면서, 인적 노동력은 점차 줄어들게 되고 산업기계의 혁신으로 공정작업과정은 자동화되어 근로시간이 단축되었다. 그리하여 현대인들은 점차 많은 여가를 갖게 되었다.

나. 가치관의 변화

관광학의 성립요건에서 가치관의 변화를 들 수 있다. 관광은 노동과의 상대적인 개념으로 산업사회 이전, 산업사회, 그리고 후기산업사회에 이르기까지 다양한 의미의 변천을 거듭했다. 우선, 농업중심의 산업사회 이전에서 관광은 노동의 대립적 개념을 파악되기보다는 일 속에 포함되는 미분류된 상태였다는 것이 정확한 표현일 것이다. 즉 적어도 일반인들에게는 노동과 분리된 별도의 관광은 있을 수 없으며, 일을 하면서 잠시 쉬는 정도가 대부분이었다. 그러나 기계화와 산업화가 진전되면서 관광은 노동과 분리된 개념으로 발전하게 되었다. 이러한 경향은 산업화 시기에는 더욱 가시화되었는데, 생산성의 향상을 최고의 목표로 삼았기 때문에, 노동에 대한 가치는 높게 평가되었지만 관광은 매우 부정적으로 보는 견해가 지배적이었다. 이후 산업화가 점차 고도화되면서 노동과 관광의 관계는 변화하기 시작했으며, 관광에 대한 가치가 크게 증대되었다. 이러한 추세가 지속되면서 관광과 노동의 관계는 거의 대등한 위치가 되었고 대중관광시대를 열게 되었다.[1)]

2. 과학적 연구의 필요성

관광학의 역사는 오래되지 않다. 관광이 특권계층의 소유물이었던 시대에는 관광에 대한 과학적인 연구의 필요성을 별로 느끼지 못하였다. 그러나 오늘날과 같이 대중관광이 실현되고 나서는 관광은 모든 사람들에게 하나의 큰 관심사이다. 어떻게 하면 보다 만족할 수 있는 관광체험이 가능한지 그리고 대중관광이 성행할수록 자연환경 파괴 등 부정적인 영향이 대두되어 개발과 보호의 조화를 어떻게 도모하면 좋을 것인지, 해결하지 않으면 안 될 문제가 각 방면에서 발생하고 있다. 관광에 대한 과학적 연구가 요청되는 이유이다.

3. 관광학 연구의 특성

관광학 연구는 학제적 연구 분야이다. 관광학 연구는 관광대상인 관광현상이 복합적인 성격을 내포하고 있는 만큼 학제적인 접근이 필요하다. 그 범위에 대해서는 사회과학뿐만 아니라 자연환경과의 공생적 관계라는 과제를 상기하면 명백한 것처럼 자연과학적 접근방법이 필요할 것이며 관광대상의 대부분이 예술이나 문화의 영역에 속하고 있음을 생각한다면 인문과학의 지식을 동원하지 않으면 안 될 것이다. 이러한 학제적 접근방법을 통하지 않고서는 관광분야에 있어서의 문제해결은 거의 불가능할 것이다. 학문이란 어떤 물음에 대해 해답을 구하는 것이다. 물음이 없는 곳에 학문이 존재할 일 만무하다.

관광분야에서는 해답을 구해야 할 물음이 산적해 있다. 따라서 관광학은 향후 발전가능성이 매우 높은 학문이라 하겠다. 관광학은 학문을 위한 학문이 아니라 실천적인 과제해결을 중심으로 하는 학문이며 이러한 의미에서 실학의 부류에 속한다. 하지만 관광학은 관광현상을 대상으로 하여 선진 과학의 성과를 응용하면서 관광분야 고유의 개념축적과 법칙성의 발견 그리고 이러한 법칙 간의 인과관계를 규명하는 이론체계의 구축을 지향하고 있기도 하다. 따라서 관광학은 이론과 실천을 겸비한 하나의 독립된 과학으로서의 확립을 도모하고 있다.[2)]

제2절 관광학 연구의 성립과 전개

1. 관광학 연구의 체계 정립

가. 마리오티(A. Mariotti)의 연구

관광학에 대한 체계적인 연구는 1900년대 초 유럽을 중심으로 관광학을 하나의 독립된 학문으로 간주하면서 본격적으로 시작되었다. 세계 최초의 관광관련 연구는 로마대학의 마리오티 교수에서 시작되었다고 알려져 있다. 그는 1927년에 관광에 있어 최초의 연구업적물로 평가받고 있는 "관광경제강의"라는 저서를 발간하고 로마대학에서 동일한 명칭으로 관광과목을 개설하였으며 1928년에 계속하여 속편을 출간한 후, 1940년 이를 개정 출간함으로써 관광학의 이론적인 완성을 보게 되었다. 마리오티는 외국인 관광객의 이동을 관광이라 보고 관광의 본질을 경제현상이라 생각하는 경제학적 접근을 시도하였다. 그의 저서의 주요 내용을 살펴보면 다음과 같이 요약할 수 있다.

1) 관광 활동의 분류

관광경제 현상을 연구하는데 있어 관광활동을 크게 「능동적 관광」과 「수동적 관광」 두 가지로 분류하고 있다. 전자는 관광객의 이동을 촉진하기 위한 활동을 말하며 후자는 특정 관광지가 관광객을 유치하기 위하여 여건 및 환경을 조성하는 활동을 말한다.

2) 연구방법상의 분류

관광을 연구하는데 있어 대상으로서는 크게 「정태적 관광」과 「동태적 관광」 두 가지로 분류하고 있다. 전자는 특정 지역의 특정한 시점에서 호텔조사와 같은 관광시설의 수용상태를 말하며, 후자는 관광객의 이동에 대한 비교연구로 일정 기간의 외국인 관광객증가율을 연구하는 것이다.

3) 경제적 관점에서의 분류

경제적 관점에서의 연구를 수행할 때 크게 「여행의 경제」와 「체재의 경제」 두 가지로 분류하고 있다. 전자는 선전, 조직(통신, 수송, 요금 등) 등을 연구하는 것을 말하며, 후자는 특정 지역의 경제적 가치 평가 등을 연구하는 것을 말한다.

4) 관광흡인 중심지 이론

마리오티 이론 중 특히 주목할만한 것은 「관광흡인 중심지 이론」이다. 그에 따르면 관광지는 자연적 제 조건과 인위적 제 조건으로 구성되어 있는데 자연적 제 조건은 예술적, 고고학적, 풍토적, 보건적인 자원을 말하며 인위적 제조건은 관광시설, 위락, 호텔 등 숙박시설 등을 말한다고 하였다. 그리고 자연적 제 조건을 자연발생적 흡인력, 인위적 제 조건을 파생적 흡인력이라 불렀으며 이를 합하여 관광흡인력이라 하였는데 관광객은 이들 자연발생적 흡인력과 파생적 흡인력이 균등하게 갖추어진 관광지를 선호라며 이러한 관광지가 결국 관광의 중심지가 된다고 주장하였다. 이에 대하여 독일의 보르만 등과 같은 학자는 마리오티의 이론은 관광의 방향을 규정하는데 지나지 않는 초보적인 요소만을 고찰하고 있다고 비판하고 예를 들면 외국인 관광객에게 매우 중요한 흡인요소인 외화교환율 등을 고려해야 한다고 주장하기도 하였다. 하지만 마리오티의 이론은 자연 자원뿐만 아니라 관광지 환대와 관련한 인위적 자원까지도 중요한 요소로서 고려하는 등 유형 · 무형의 관광적 매력을 유기적으로 통합해야 한다는 견해를 제시하고 있다는 점에서 오늘날까지 높게 평가받고 있다.

나. 보르만(A. Bormann)의 연구

관광학 분야에 있어 초기 대표적 연구자로서 독일의 보르만을 들 수 있다. 그는 1931년 「관광론」이라는 저서를 발간하면서 관광론의 연구 영역에 대하여 다음과 같은 견해를 피력하고 있다. 관광론의 범위는 지리학, 치료학, 기상학, 의학, 심리학, 국민경제학, 사회학 등 매우 광범위한 것이며 이러한 영역의 학문은 관광을 연구하는데 중요한 의미를 가지며 반대로 관광 역시 이러한 모든 학문 영역에 중요한 영향을 끼친다고 하였다. 하지만 그는 한편으로는 모든 학문 영역의 중요성을 인정하지만 특히 관광론은 특성상, 경제학에 근간을 두고 국민경제학 또는 경영경제학의 영역에서 관광 관련 문제를 연구해야 한다고 주장함으로써 종합과학적 입장이 아닌 개별과학적 입장을 취하고 있음을 알 수 있다.

또한 보르만의 이론에서 특이한 점은 관광결정요인을 들 수 있다. 관광론이란 관광의 원인보다는 관광이 지니는 여러 가지 결정 요인을 연구하는 것이라 하고 관광 연구의 흥미를 유발하는 것은 관광객 개인의 여행이 아니라 관광객의 관광 실현에 관한 체계적인 흐름과 발전 과정을 규명하는 데 있다고 하였다. 이러한 관광객의 관광 실현에 영향을 미치게 하는 것은 관광지의 상태, 경제적, 정치적 정세와 이에 따른 대책, 관광산업의 조직과 관리 상태 등을 연구하는 것이 주요 과제라 하였다. 보르만의 관광결정요인에 대한 이론을 도식화하면 [그림 3-1]과 같다.

[그림 3-1] 보르만의 관광결정요인

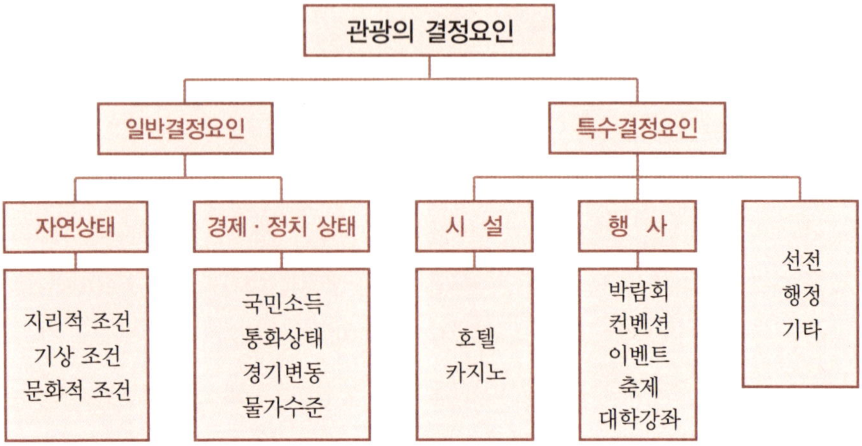

출처 : 鈴木忠義,『現代觀光論』, 有斐閣雙書, 1974, p.26.

다. 훈지커 · 크라프(W. Hunziker & Krapf)의 연구

1930년대까지의 관광 관련 이론을 집대성하고 제2차 세계대전까지 관광연구의 정점을 이룬 학자로서 훈지커 · 크라프를 들 수 있다. 그들은 1942년 「일반관광론개요」라는 저서를 발간하면서 관광에 대하여 다음과 같이 규정하고 있다. 관광이란 외국인이 영리활동을 목적으로 정주하는 것을 제외한, 외국인의 특정 지역에 계속적 혹은 일시적인 체재로 인하여 발생하는 모든 현상의 총체적 개념으로 정의하고 있으며 관광의 본질이 가지는 다양한 상호작용의 복합성을 [그림 3-2]와 같이 설명하고 있다.

[그림 3-2] 관광의 상호작용

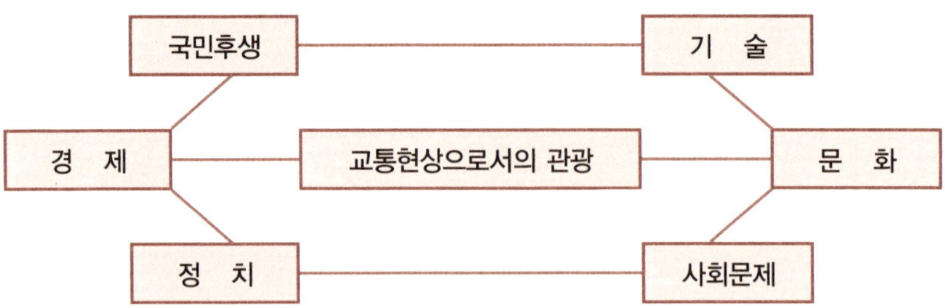

출처 : 鈴木忠義,『現代觀光論』, 有斐閣雙書, 1974, p.28.

또한 그들은 관광의 학문적 취급방법에 대하여 관광론을 경제학의 분과로 보는 견해를 부정하고 다음과 같이 주장하고 있다. 관광론은 경제학에 귀속될 수 없다. 그 이유는 관광은 경제외적인 성격이 강하며 경제이론과 경제적인 고찰 방법만으로 설명할 수 없는 개념과 현상이 복합적으로 관광을 구성하고 있기 때문이다. 그리고 관광론은 특정 학문 영역과의 관계론적인 것도 아니며 관계론의 범위를 넘어 존재하는 모든 범주를 포함하는 것이다. 이 같은 관점에서 볼 때, 관광은 경제학보다는 사회학에 가까운 것이다.

관광론은 다양한 학문 분야의 문제의식에서 출발하여 관광현상과 관련한 해석과 설명을 유기적으로 결합시켜 나가야 하는데 이러한 학문분야로 사회학이나 경제학을 필두로 하여 심리학, 의학(특히 광천치료학과 기후요양학), 지리학, 기상학, 공학, 사학(사학은 직접적으로 관광사로 포함할 수가 있고 일반관광론의 기초적 관광론으로서의 역할을 한다) 등이다. 그러나 관광론의 포괄적인 성격과 그것이 지니는 겸허한 태도에도 만일에 사람들이 관광론의 범주를 무시하고 경제학적인 방법을 사용하여 관광을 취급한다면, 결과적으로 만족할 수 없다는 것을 스스로 깨닫게 될 것이며 관광론을 경제학적 연구에 일치시킨다는 것이 결코 근본적인 것이 못 된다는 것을 알게 될 것이다. 이처럼 훈지커와 크라프는 관광학을 이념적으로는 사회학을 중심으로 하고 자연과학의 영역을 보조수단으로 원용하는 종합과학적 입장을 보이면서도, 실용상으로는 관광학이 경제학을 중심으로 하는 개별과학적 입장을 인정하고 있는 것으로 판단할 수 있겠다.[3]

2. 관광학 연구의 발전과정 : 제2차 세계대전 이후

가. 관광 관련 대학 및 교육 분야

관광학은 관광과 관련이 있는 모든 사상을 연구대상으로 하는 학문으로 관광이라는 현상의 본질을 해명함으로써 관광이 미치는 제 문제를 해결하기 위하여 형성되어 왔다. 관광학이 세계로부터 관심을 받게 된 것은 1960년대 미국의 지리학과 인류학을 중심으로 조금씩 이론연구가 진행되고 관광의 발전에 대한 인식이 확대되면서 시작되었다. 원래 관광 관련 연구는 1900년대 초반부터 유럽의 이탈리아, 독일, 스위스 등을 중심으로 보디오, 마리오티, 보르만, 훈지커 등의 연구가 관광경제학과 통계학을 중심으로 시작되었다. 하지만 현재의 연구동향은 대중관광(mass tourism) 출현 이후 이론을 중심으로 연구가 계승 · 발전되어왔다고 보는 것이 옳을 것이다. 관광학에 대한 연구는 대중관광이 우리 사회뿐만 아니라 문화, 경제 혹은 최근에 이슈가 되고 있는 환경 등 모든 분야에서 중대한 의미를 가지게 되면서 관광학에 관한 지식이 바로 우리 인류 장래에 불가피한 관계에 있다고 하는 인식에서 그 연구가 활발하게 진행되었다.[4)]

이러한 배경을 바탕으로 관광학에 대한 연구가 시작되어 1980년대에 학문으로서의 체계적인 지식구축을 위한 연구가 절정기에 이르게 되었다. 그러나 관광학에 대한 연구가 다학제적인 즉, 여러 학문에서 개별적인 접근에 의한 독자적인 연구를 중심으로 이루어지다 보니 연구 성과가 편파적이라는 비판과 반성이 뒤따르게 된 것도 사실이다.[5)] 제2차 세계대전 이후의 관광 관련 연구 및 교육 현황을 살펴보면, 1970년대 미국을 중심으로 관광교육이 활발하게 진행되었는데 당시의 교육 목표는 대중관광의 수요에 대응하여 관광관련 산업에 유익한 인재를 육성하기 위한 것이었다.[6)] 즉, 대중관광의 부흥은 관광 관련 산업의 발전과 함께 진행되면서 환대산업에서 이론 연구보다는 실무 교육을 중시하게 하였으며 이후 1980년대에 들어오면서 실무교육에 덧붙여 관광에 관한 이론 교육의 필요성이 강조되기도 하였다.[7)]

또한 관광 연구의 성과에 따라 관광 개발에 대한 긍정적이고 부정적인 사회 문화적 영향에 대한 논의가 제 문제화되기도 하였으며 이러한 연구 경향에 대한 비판이 결국 관광의 지속가능한 발전이라는 이념을 대학 교육 및 커리큘럼에 반영하게 하는 계기가 되기도 하였다.[8)]

나. 관광 관련 조직 및 기구 분야

관광 관련 최초의 국제조직은 제2차 세계대전 이후에 창설된 「AIEST(Association International d' expects sciertifiques & tourisme) : 국제관광전문가협회」이다. 이는 1930년대 유럽을 중심으로 당시 관광학의 제1인자였던 훈지커가 1950년 스위스에서 창설한 조직으로 관광학에 대한 과학적 연구로써 관광과 관련된 교육 · 연구기관에 대한 지원을 그 목표로 하고 있으며, 현재 개인과 법인을 합쳐서 모두 40개국 400명의 회원을 보유하고 있다. 그러나 당시의 AIEST의 관광연구가 학술적인 연구를 촉진시키지 못했다는 지적을 받고 있기도 하다. 그 이유로는 1950~60년대 세계적으로 대중관광의 영향으로 관광개발의 붐이 일어남으로써 관광학의 이론적인 발전을 저해하는 결과를 발생하게 되었기 때문이다.

다시 말하면 제2차 세계대전 이전의 체계적 · 이론적 학문으로서의 관광학의 전통이 제2차 세계대전 이후에는 실용성을 중시하는 이론적인 관광학이 되면서, 학술적으로는 크게 평가를 받지 못했기 때문이다. 즉, 관광 개발의 붐 가운데 개개의 관광개발이 밀착해버리는 “실용학으로서의 관광학”이 인기를 얻고 관광현상의 종합적 · 체계적 연구를 지향하는 “이론학으로서의 관광학”이 망각되었다는 것이다. 이후 학술적 연구의 재출발은 10년쯤 뒤인 제3세계를 중심으로 관광개발의 제문제가 발생하면서부터 다시 시작되게 된다.

무분별한 관광개발에 대한 비판이 가해짐에 따라 1970년대부터 이러한 문제 해결을 위한 학술적 연구가 미국에서부터 조금씩 싹트기 시작하였다. 1974년 미국인류학회에서는 “관광인류학에 관한 심포지엄” 개최를 통하여 연구결과물인 「Hosts ad Guests : The Anthropology of Tourism」을 1977년에 발간함으로써 관련 연구자들로부터 주목을 받게 되었다. 이후에도 관광개발의 제 문제를 정면에서 대응하려는 심포지엄이 계속 열리게 되는데 1976년 UNESCO가 “개발도상국에 있어서의 관광의 사회 문화적 영향”이라는 심포지엄 개최를 통하여 그 성과물인 「Tourism, Passport to Development」를 1979년에 발간하게 되었다. 이렇듯 1970년대에는 사회과학 제 분야에서 관광 연구가 활발하게 진행되었음을 알 수 있다.

관광에 대한 학술지도 이 시기에 발간되었는데, 1974년에 발간된 「Annals of Tourism Research」가 가장 권위 있는 것으로 평가받고 있다. 이 당시 대학 교육도 1970년대에 들어오면서 종래의 실무교육에서 이론교육으로 바뀌게 되었다. 1970년부터 시작된 관광학에 대한 교육과 연구의 체계화는 1980년대 들어서면서 세계적으로 주목받게 되었으며, 자파리(J. Jafari)는 1974년 「Annals of Tourism Research」

를 창간한 후, 국제관광연구 아카데미(IAST ; International Academy for the Study of Tourism)를 1988년에 창설하고 초대 회장을 역임하게 된다. 이는 UNWTO의 후원에 의하여 설립된 학술기관으로 세계적으로 유명한 관광관련 학자와 연구자 75명으로 구성되어 있다.

1989년 제1회 IAST는 폴란드에서 “새로운 관광, 대안적 관광(Alternative Tourism)”이라는 주제로 열려 1992년에 연구 성과물인 「Tourism Alternatives : Potentials & Problems in the Development of Tourism」을 발간하게 된다. 또한 1991년 제2회 IAST 대회 종료 후에는 「학문으로서의 관광학의 연구체제」라는 보고서를, 그리고 1993년 제3회 IAST 대회 종료 후에는 「Tourism Research: Critiques & Challenges(관광연구 : 비판과 도전)」을 발간하였다. 이러한 국제심포지엄을 거쳐 국제관광연구아카데미는 그들의 지명도를 높여갔으며 관광연구의 국제적인 체제와 조직의 기반을 다졌다는 평판을 얻게 되었다. 이 시대의 대학 교육 역시 실무에서 이론으로, 그리고 실무와 이론을 겸비한 균형 있는 커리큘럼의 완성을 보게 되었다.[9)]

3. 관광학 연구의 계보 : 자파리(J. Jafari)의 토대이론을 중심으로

자파리(J. Jafari)에 의하면 1960년대 이후의 관광연구에 대하여 관광을 자리매김하기 위한 특징과 정리의 토대라는 관점에서 다음과 같이 4개의 단계로 집약하여 소개하고 있다.

가. 옹호의 토대

노동활성화형 산업으로서의 관광산업의 경제적 중요성에 초점을 맞춘 토대로서 내셔널리즘이 만연한 1960년대 개발도상국에서 행하여졌던 무분별한 관광개발 즉 대중관광에 대한 옹호론을 중심과제로 하던 시대를 말한다.

나. 경고의 토대

1970년대에 관광진흥을 위해 문화의 상품화가 진행되고 이에 따른 문화 마찰, 남북문제 등 여러 가지 문제점이 대두되자 대중관광에 대한 경고론을 중심으로 하던 시대를 말한다.

다. 적합의 토대

대중관광의 흐름을 바꿀 정도는 아니지만 경고의 토대에 입각하여 옹호의 토대를 수정하려는 연구경향으로 대안적 관광(alternative tourism) 등이 등장하기 시작한 시대를 말한다.

라. 지식기반의 토대

앞서 소개한 3개의 토대를 기초로 하면서 관광연구를 과학적 지식 위에 자리매김하려는 것으로 관광의 형태나 성과를 정당화하기보다는 관광에 관한 과학적 지식의 집적체로서 승화시킴을 중심과제로 삼던 시대를 말한다.[10)]

제3절 관광학의 연구방법

1. 관광학의 연구체계

관광학을 체계적으로 연구하는 방법으로 [그림 3-3]과 같이 크게 「위로부터의 관광학」과 「아래로부터의 관광학」 등 2유형으로 분류할 수 있다. 먼저 「위로부터의 관광학」은 관광현상은 매우 복잡한 사회현상이기 때문에 단순히 사회과학분야의 한두 영역으로는 부족하며 자연과학 등 복수의 학문 영역을 균등하게 도입하는 이른바 종합문화과학으로서의 관광학을 의미하는 것이며 훈지커 · 크라프 등의 연구자가 이러한 입장을 표명하였다. 한편 「아래로부터의 관광학」은 기존의 특정 과학 분야의 연구성과및 지식을 응용하는 개별과학의 응용학으로서의 관광학을 말하며 마리오티, 보르만 등의 연구자가 이러한 입장을 표명하였다.

[그림 3-3] 관광학의 연구체계

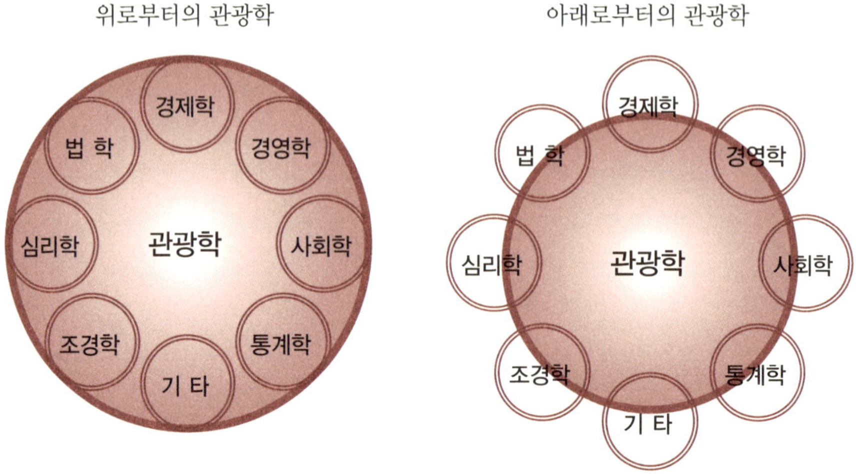

출처 : 塩田正志 · 長谷政弘, 『觀光學』, 同文館, 1986, p. 12.

그리고 이들 2가지의 연구방법론은 내용상에서도 큰 차이를 보이고 있다. 먼저 「위로부터의 관광학」은 종합문화과학으로서의 철학적 이해를 목적으로 하고 있으며 지식의 집적은 있지만 법칙성이 존재하지 않아 학문으로서 성립되기 어렵다. 또한 숲 전체는 볼 수 있지만 그 속의 나무를 볼 수 없다는 단점이 있다. 한편 「아래로부터의 관광학」은 개별과학의 응용학으로 전문화되어 있으며 법칙성을 발견하는 등 실증 중심의 연구를 목적으로 하고 있지만 나무는 볼 수 있고 숲 전체를 파악할 수 없는 오류를 범할 수 있다.[11] 어쨌든 향후 관광학과 관련하여 어떤 입장이라도 기본적으로는 두 가지 방법을 병행하는 것과 동시에 다방면에서의 교양과 지식을 획득하고 학문적인 연구 수법을 습득하는 것이 중요할 것이다.

2. 관광학의 연구방법

관광학이란 관광이라는 사회적 현상을 연구하는 학문이므로 그만큼 다양한 학문분야에 걸친 문제점들을 내포하고 있다고 할 수 있다. 따라서 단순히 특정분야의 학문에 의존하기보다는 복수 학문의 지식이나 이론을 토대로 하여 상호 화합과 조정의 과정을 거쳐 최종적인 통합된 결론을 이끌어내는 것이 바람직하며 이러한 관점에서 관광학의 연구방법은 학제적 접근방법(inter-disciplinary studies)의 하나로 볼 수 있다. 여기서는 관광학 연구방법에 있어 두 가지의 흐름에 대하여 살펴보기로 한다.

가. 개별과학체계

관광학은 비교적 신생 학문분야이기 때문에 아직 개념이나 방법론, 그리고 이론 측면에서 스스로 분자과학으로 인식하여 독자적인 접근을 할 수 없으므로 기성학문의 이론과 접근방법론을 충분히 차용하는 접근방식을 써야 한다는 주장이다.

1) 경제학적 접근방법

경제학자들은 관광이 국내외경제에 미치는 영향에 주목하여 지역사회개발, 외화수지개선, 개발승수 및 고용창출효과 등을 중심으로 연구를 진행하고 있는데 이러한 연구방법은 경제에 대한 관광의 공헌도를 분석하기 위한 틀을 제공해 준다는 점에서 의미가 크다. 그러나 관광은 경제적 현상의 반응물이자 경제를 촉진하는 자극제도 되지만 비경제적 현상도 포함하고 있다는 점에서 이 연구방법의 한계점이 있다.

2) 경영학적 접근방법

이 접근방법은 관광기업을 운영하는데 필요한 관리활동에 초점을 둔 것으로 계획, 조사, 가격설정, 광고, 통제와 같은 것을 고려한 것이다. 여기에 분명히 해야 할 것은 관광연구에 어느 접근방법을 채택하더라도 경영학적 접근방법이 절대 필요하다.

3) 사회학적 접근방법

이 연구방법은 관광을 하나의 사회활동으로 인식하고 사회학자들이 이 분야 연구에 관심을 가졌고 개인 및 단체 관광형태, 그리고 관광의 사회에 대한 영향을 중심으로 연구하는 접근 방법이다. 그리고 이 연구방법은 관광객과 관광지 주민 간의 신분차이, 습관과 관습의 차이, 그리고 양자 간의 상호작용 및 영향문제를 연구범위로 삼고 있다. 예를 들어, 관광객과 지역주민과의 관계 즉, 양집단 간의 사회계급, 습관, 관습 차이와 이들 차이 때문에 일어나는 제 문제에 연구의 초점을 두는 경우를 말한다. 관광은 사회에 대해 큰 영향을 주게 되므로 계속적인 연구가 진행돼야 할 것이다.

4) 지리학적 접근방법

이 연구방법은 지리학의 폭넓은 이론들을 원용하고 있다. 지리학자들이 관광지의 위치, 기후, 경관, 입지적 조건 등에 관심을 갖고 관광학에 대해 접근을 시도하는 이 연구방법은 관광지의 입지에 관한 연구, 관광인구의 이동, 그리고 토지의 효율적인 이용에 관한 연구까지 그 영역이 확대되고 있다.

5) 역사학적 접근방법

이 연구방법은 널리 사용되지 않고 있지만, 진화적 관점에서 관광활동 및 제도분석이 이루어진다. 즉 혁신, 성장, 쇠퇴의 원인 등을 알아봐야 하는데 대량관광은 최근의 현상이므로 이 연구방법의 유용성에는 한계가 있다.

나. 종합과학체계

관광은 여러 가지 요소가 종합된 복합현상인 이상, 이론이나 방법론이 어떤 몇몇 기성학문에서만 나올 수는 없으므로 관광은 보다 종합적 시각에서 접근되어야 한다는 주장이다.

이 접근방법은 실제적으로 관광은 우리 사회의 모든 측면을 내포하고 있다는 관점에서 출발하고 있다. 예를 들어, 우리는 문화관광을 한다면 인류학적 접근방법이 필요할 것이며, 사람들은 각기 다른 이유로 관광을 하기 때문에 심리학적 연구도 필요하며, 또한 관광객들은 국경을 통과하기 때문에 여권과 비자를 관계당국으로부터 요구받게 된다. 이럴 경우 이 업무를 담당하는 정치기구들이 있게 마련이고 그런 기관에 대한 연구는 정치학적 접근방법이 요구된다. 그리고 수송의 중요성은 관광에 있어서 대단히 중요하다. 이에 따른 또 다른 접근방법이 요구된다. 결과적으로 관광은 굉장히 광대하고 복잡하며 다면적이어서 이 분야의 연구를 위해서는 몇 가지의 접근방법이 동시에 추구되어야 한다.[12)]

3. 관광학의 연구대상

관광학은 관광이라는 사회현상을 연구하는 학문이니 만큼, 그 연구대상은 사회 전반에 걸쳐 매우 광범위하다고 할 수 있다. 학제적 접근방법에서 알 수 있듯이 관광현상을 연구하기 위해서는 다양하고 포괄적인 학문분야의 지식을 응용할 필요가 있다. 이와 관련하여 Jafari and Ritchie는 [그림 3-4]와 같이 관광학의 연구대상으로서 사회학, 인류학, 지리학에서부터 경영학, 경제학, 심리학, 생태학, 교통학, 도시계획 등 실로 광범위하고 포괄적인 학문분야를 기반으로 관광연구가 수행되어야 함을 강조하고 있다.[13]

[그림 3-4] 관광학의 연구대상

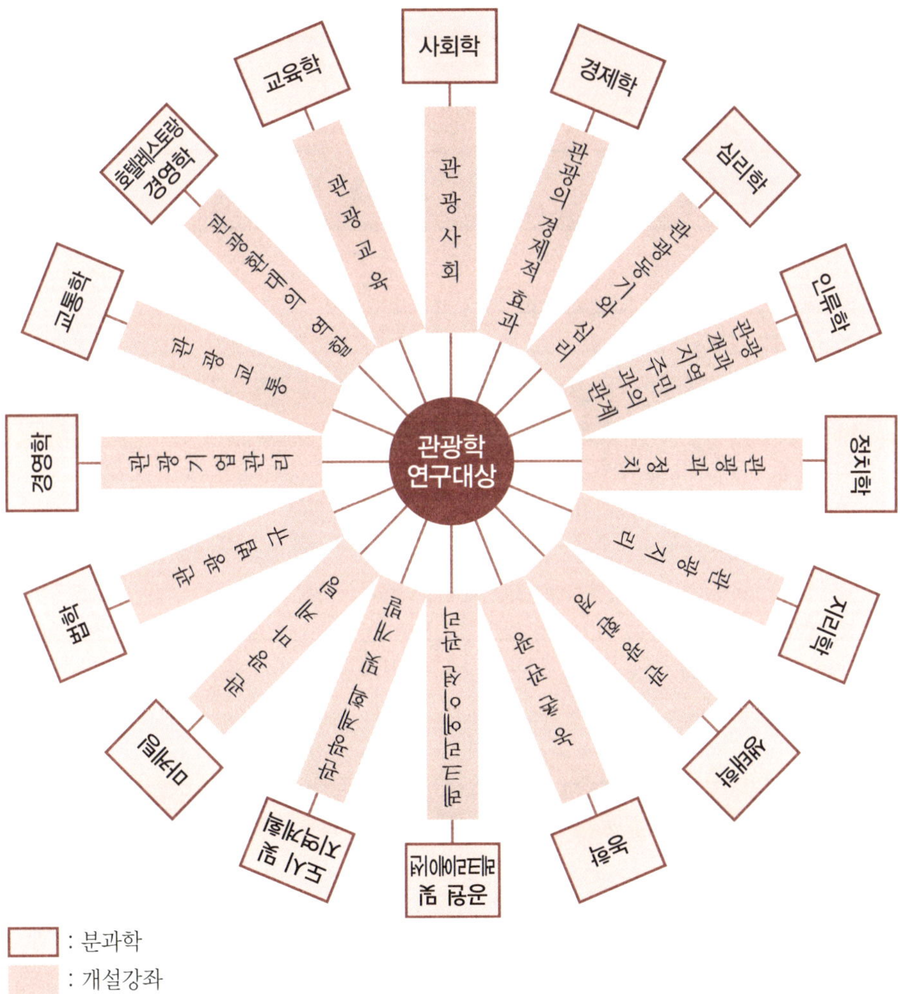

주 : 정사각형은 분과학문을, 직사각형은 해당학문의 구체적 개설과목 예를 나타냄

출처 : J. Jafari and J. R. Ritchie, Toward a frame work for tourism education: Problem and prospects, Annals of Tourism Research, 1981, 8(1), pp.13-32.

토론주제

- ♣ 관광학연구가 학제적 연구를 기반으로 하는 이유는 무엇인가?
- ♣ 마리오티의 관광흡인 중심지이론이 가지는 학술적 가치는 무엇인가?
- ♣ 관광학연구의 계보가 시대별로 변천하게 된 근본 원인은 무엇인가?
- ♣ 개별과학과 종합과학의 차이점은 무엇인가?

참|고|문|헌 ›››

1) 동남레저산업연구소, 『관광학의 이해』, 기문사, 2001.
2) 岡本伸之, 『觀光學入門』, 有斐閣アルマ, 2001.
3) 鈴木忠義, 『現代觀光論』, 有斐閣雙書, 1974
4) 田中喜一, 『觀光事業論』, 觀光事業研究會, 1950.
5) M. A. Casado, Higher education hospitality schools: Meeting the needs of the industry, Hospitality and Tourism Educator, 1992, 4(2), pp. 41-44.
6) R. R. Ferreira, A review of case analysis and simulation of use in hospitality management education, Hospitality and Tourism Educator, 1992, 4(2), pp. 16-20.
7) J. R. Goodman and L. G. Sprague, The future of hospitality education: Meeting the industry' s needs, The Cornell Hotel and Restaurant Administration Quarterly, 1991, 32(2), pp. 66-69.
8) V. Amoah, Tourism education: Policy versus practice, International Journal of Contemporary Hospitality Management, 1997, 9(1), pp. 5-12.
9) 前田 勇, 『現代觀光學キーワード事典』, 學文社, 1998.
10) J. Jafari, The tourist system: Sociocultural models for theoretical and practical application, Problems of Tourism, 1987, 3, pp. 3-17.
11) 鹽田正志 · 長谷政弘, 『觀光學』, 同文館, 1994.
12) 長谷政弘, 『觀光學辭典』, 同文館, 1997.
13) J. Jafari and J. R. Ritchie, Toward a frame work for tourism education: Problem and prospects, Annals of Tourism Research, 1981, 8(1), pp.13-32.

읽을거리 해외 관광학분야의 연구 및 교육 현황

해외 대학의 관광교육을 개관해보면, 우선 미국의 경우 호스피탈리티 경영교육의 일환으로서 관광교육이 이루어져왔음을 알 수 있다. 미국에서 가장 오래된 역사가 깊은 대학으로 코넬대학(Cornell University)을 들 수 있다. 코넬대학은 1922년에 호텔경영학부을 창설한 이래 현재까지 세계 최고봉의 자리를 지키고 있는 대학으로 평가받고 있다. 2번째로 역사가 오래된 대학으로 미시건 주립대학(Michigan State University)을 들 수 있다. 미시건 주립대학은 1929년 경영학부 가운데 관광전공을 포함한 호스피탈리티 · 비즈니스 학과를 개설하고 1969년에는 농 · 자연자원학부 가운데 공원 · 레크리에이션 · 관광자원학과를 개설하였다. 이외에도 네바다 대학(University of Nevada, Las Vegas) 호텔경영대학을 비롯하여 버지니아텍 주립대학(Virginia Polytechnic Institute & State University) 호스피탈리티 · 관광학과, 관광교육을 중시하는 하와이 대학(Hawaii University) 여행산업경영학부, 휴스톤 대학(University of Houston) 콘라드 힐튼(Conrad N. Hilton) 호텔레스토랑 경영학과, 퍼듀대학(Purdue University) 레스토랑 · 호텔 · 관광사업 경영대학 등 현재 100여 개의 4년제 대학에 관광 및 호스피탈리티 관련 학과가 개설되어 있다.

유럽의 경우, 1980년대부터 대학의 규제완화에 따라 관광교육을 도입하는 대학이 급증하고 있는데 전통적으로는 실무중심의 교육을 중시하는 스위스호텔협회가 운영하는 로잔느 호텔학교가 있으며 영국에는 국제 호스피탈리티 학위를 배출하고 있는 서리 대학(University of Surrey)의 서비스 경영학부와 스트라스 클라이드 대학(The University of Strathclyde)의 대학원 과정인 스콧티쉬 호텔 스쿨(The Scottish Hotel School), 버몬스 대학(Bournemouth University)의 서비스산업학부 등이 유명하다.

한편, 일본에서도 최근 관광에 관한 관심이 고조되어 다수의 대학이 관광 관련 학과를 개설하고 있는 실정이다. 4년제 대학으로서는 릿쿄대학(立教大學)이 1967년도에 사회학부 가운데 관광학과를 설치하였다. 1998년도에는 일본 최초의 관광학부로서 독립하였으며 동시에 대학원 관광학연구과 석 · 박사 과정을 개설하여 관광학 박사학위를 배출하고 있으며 학부에서 대학원까지 일관성 있는 교육 · 연구체제를 정비하고 있다. 이외에도 북해도의 삿포로 국제대학의 관광학부를 비롯하여 요코하마 상과대학 무역관광학과, 오사카지방의 메이죠(明淨)대학 관광학부, 한남(阪南)대학 국제관광학과, 큐슈지방의 구주산업(九州産業)대학 관광산업학과, 나가사키(長崎)국제대학 국제관광학과, 오키나와지방의 메이오(名櫻)대학 국제관광학과 등 현재 30여 개 이상의 관광관련 학과가 개설되어 있는 실정이다.

제4장

관광과 경제

학습목표

- ♣ 관광시장에서의 경제주체에 대해 이해한다.
- ♣ 관광시장에서 경제주체의 경제행위를 알아본다.
- ♣ 관광시장의 수요와 공급에 대해 이해한다.
- ♣ 수요의 가격 탄력성, 수요의 소득 탄력성, 교차가격 탄력성을 이해한다.
- ♣ 관광의 경제적 효과를 이해한다.

제4장

관광과 경제

경제란 인간의 생활에 필요한 재화나 용역을 생산 · 분배 · 소비하는 모든 활동 또는 그것을 통하여 이루어지는 사회적 관계를 말한다. 경제학은 우리 사회의 한정된 자원을 어떻게 관리하고, 소비자와 공급자가 어떻게 상호작용하는지, 나라경제는 어떻게 움직이는지와 같은 우리의 일상생활과 직접적으로 연관된 일에 대해서 관심을 갖는다. 따라서 영국의 유명한 경제학자인 Alfred Marshall은 '경제학이란 인간의 일상적인 생활을 연구하는 학문(Economics is a study of mankind in the ordinary business of life)' 이라고 정의하였다.

우리들이 공부하는 관광 역시 현대사회에서 일상적이고 중요한 활동의 하나이며 또한 관광산업은 나라경제와 밀접한 연관을 가지고 있다. 본 장에서는 우선 미시적인 측면과 거시적인 측면에서 관광과 경제의 개념에 대해 설명하고 다음으로 경제의 기초라 할 수 있는 수요와 공급의 기본 개념을 통해 관광재화와 서비스의 가격이 어떻게 결정되는지 알아본다. 그리고 관광으로 발생되는 투자나 소비로 인한 관광의 경제적 효과에 대하여 설명하고 관광의 경제적 효과에 관한 영향을 긍정적인 측면과 부정적인 측면으로 나누어 알아본다.

제1절 관광과 경제

경제학은 연구 관심의 초점에 따라 크게 미시경제학(microeconomics)과 거시경제학(macroeconomics)으로 나눌 수 있다.

미시경제학(microeconomics)이란 국민경제의 주체인 가계와 기업이 어떻게 의사결정을 내리며, 시장에서 가계와 기업이 어떻게 상호작용하는지에 관해 연구하는 분야이다. 여기서 시장이란 특정한 재화나 서비스를 사고파는 사람들의 집단을 말한다. 구매자들은 하나의 집단으로서 상품에 대한 수요를 결정하며, 판매자들도 하나의 집단으로 상품의 공급을 결정한다. 시장에는 여러 유형이 존재하는데 경제학자들이 사용하는 경쟁시장(competitive market)이란 시장에 매우 많은 소비자와 판매자가 있어 매우 많아서 각각의 개별 소비자나 판매자는 시장가격에 영향을 거의 미치지 못하는 시장을 말한다.[1]

거시경제학(macroeconomics)은 경제 전체나 경제의 전반적 흐름에 대해 연구하는 분야로, 다수의 소비자와 생산자 그리고 시장에 한꺼번에 영향을 미치는 경제적 변화를 설명하는데 그 목적이 있다. 거시경제는 여러 시장에서 상호작용하는 다수의 가계와 기업으로 구성되기 때문에 미시경제와 밀접한 관계가 있다. 예를 들어 수요와 공급의 기본이론은 미시경제학은 물론 거시경제학의 핵심적인 개념이다.

1. 미시경제 측면에서 본 관광과 경제

관광시장에서의 경제주체는 관광자 그리고 관광관련 기업으로 볼 수 있다. 관광자인 관광주체는 관광에 필요한 각종의 재화와 서비스를 구입하는 소비자이며, 관광 재화와 서비스를 생산하고 공급하는 관광관련 기업이 공급자이다.

소비자로서의 관광주체는 최대한 많은 효용(utility)을 얻기 위해 각종 관광 재화와 서비스를 선택하게 된다. 여기서 효용(utility)이란 소비주체가 어떤 재화나 서비스를 소비함으로써 얻는 주관적인 만족도(satisfaction level)를 의미한다.[2] 이러한 관광주체의 경제행위에 따라 관광의 재화와 서비스에 대한 수요가 결정된다. 그리고 이런 관광수요에 맞추어 관광 재화와 서비스의 공급이 이루어진다. 이때 이러한 관광 재화와 서비스를 생산하고 공급하는 공급자가 관광관련 기업이다. 관광관련 기업은 한정된 자본으로 극대이윤을 가져다줄 생산요소의 배분을 고려해 관광 재화와 서비스를 생산하고 시장에 공급한다.

이렇게 관광주체와 관광관련 기업은 자신의 경제적 목적인 효용의 극대화와 이윤의 극대화를 가장 합리적으로 달성하기 위해 계획적인 행위를 하는데 이것을 '경제행위'라고 한다. 즉 관광주체와 관광관련 기업은 최대의 효용과 이윤을 얻기 위해 '선택'이라는 의사결정을 하는데, 이 의사결정 행위가 경제와 관련성을 지니고 있는 것이다. 그리고 이와 같은 경제행위는 시장에서 이루어지며 시장에서는 관광 재화와 서비스에 대한 수요와 관광 재화와 서비스의 공급에 의해 관광 재화와 서비스의 가격과 거래량이 결정된다. 이렇게 소비자인 관광주체와 공급자인 관광관련 기업이 어떻게 '선택'이라는 의사결정을 내리고 시장에서 어떻게 상호작용하는지에 관해 집중적으로 연구·분석하는 것이 바로 미시 경제학 측면에서 관광과 경제의 분석이다.

2. 거시경제 측면에서 본 관광과 경제

관광은 미시경제적인 측면뿐만 아니라 거시경제적인 측면과도 관련이 있다. 미시적 측면의 연구가 개별 경제주체 예를 들어 특정의 소비자로서의 관광주체나 공급자로서 관광관련 기업을 대상으로 하는 것에 비해 거시경제적인 측면에서는 다수의 관광주체와 다수의 관광관련 기업을 대상으로 하며 이런 관광주체들이 지역 또는 국가경제 전체나 경제의 전반적 흐름에 미치는 영향에 대해 연구한다. 즉, 거시경제적인 측면의 연구는 다수의 관광주체의 경제활동이 특정 관광지나 국가경제 전체에 미치는 경제적 영향과 동시에 관광기업 전체가 관광주체에게 재화와 서비스를 공급하는 경제활동이 특정 관광지나 국가경제 전체에 미치는 경제적 영향 등이 포함된다.

예를 들면, 많은 관광주체가 특정 관광지를 방문할 경우 해당 관광지에서의 재화와 서비스의 총수요량은 증가하며 따라서 총수요의 증가를 만족시키기 위해서는 해당 지역 전체로서의 관광재화와 서비스의 생산도 같이 증가되어야 한다. 이렇게 해당 관광지의 총매출액은 증가하고 해당 관광기업이나 산업에 종사하는 사람들의 소득이 증가해 그들의 소비지출 역시 증가하게 된다. 또한 다른 산업에도 부수적으로 영향을 미치게 되어 고용창출 효과도 가져오게 된다. 이렇게 관광수요의 증가에서 시작한 일련의 연쇄작용을 통해 해당지역 경제의 활동수준은 확대되어 경제활동 규모의 확대에 따른 조세수입도 늘어나게 된다. 이러한 경제효과를 관광의 경제효과라 부르며 지역경제나 국가경제의 활성화 수단으로 관광에 주력하는 것도 관광의 경제적 효과가 매우 크기 때문이다.[3)]

제2절 관광시장의 수요와 공급

이 절에서는 관광경제의 기초가 되는 수요와 공급의 기본 개념과 이론을 다룬다. 수요와 공급이라는 두 용어는 경제학자들이 가장 많이 사용하는데 그것은 수요와 공급이 바로 시장경제를 작동하게 하는 힘이기 때문이다. 수요와 공급은 각 재화의 생산량과 판매가격을 결정하게 된다. 따라서 만약 사람들이 어떤 사건이나 정책이 경제에 어떤 영향을 미칠지 알고 싶다면 사람들은 먼저 그것들이 수요와 공급에 어떤 영향을 미칠지를 생각해야만 한다.[4)] 예를 들어 휴가철이 되면 여행상품에 대한 수요와 공급에 어떤 영향을 미칠지 생각해보자. 휴가철이 되면 여행상품에 대한 수요가 늘어날 것이며 이에 따라 여행상품 가격이 오르고, 여행사들은 보다 많은 이윤을 얻기 위해 여행상품의 공급을 늘일 것이라는 것을 알 수 있다. 반대로 휴가철이 끝나고 여행비수기가 되면 여행상품에 대한 수요가 줄어 여행상품가격이 내려가게 될 것이다. 이런 현상들이 여행 시장에서 수요 · 공급 원리의 작동을 보여주는 사례이다.

1. 관광시장의 수요

경제학에서 말하는 수요란 완전경쟁시장의 조건에서 구매력이 있는 사람들이 어떤 시기에 어떤 재화와 서비스를 구입하려고 하는 요구(needs) 및 욕구(wants)이다. 즉 관광 재화나 서비스를 구입하려는 요구 및 욕구가 관광수요이다. 이런 관광수요를 결정하는 요인들로는 소비자인 관광주체의 경제적 지불능력(가처분 소득), 관광 상품의 가격, 여가, 물가수준, 인플레이션, 환율변동 등 여러 가지가 있다.[5]

그리고 관광수요에서 생각해보아야 할 중요한 또 하나의 문제는 일반 재화가 아닌 공공재적 성격을 띤 장소수요를 실제로 어떻게 측정해야 하는 것이다. 일반 재화나 서비스는 구매량이 수요를 측정하는 척도로 이용된다. 일반재화나 서비스가 아닌 공공재적 성격을 띤 관광의 수요는 장소수요인데 누가 특정한 장소를 이용하며 또 얼마나 이용할 것인가에 대한 문제이다. 그 측정방법들로는 방문자의 수, 총 방문횟수, 관광일수, 관광자 방문율, 여행이동 거리 등이 있다.[6]

2. 관광시장의 공급

관광공급은 관광시장에서 관광재화와 서비스의 공급주체가 일정 기간에 일정 가격으로 관광재화와 서비스를 제공하는 것을 말한다. 여기서 관광공급의 주체는 관광관련 기업이다.

관광재화와 서비스의 공급에 영향을 미치는 요인으로는 우선 공급받는 기타 재화와 서비스의 가격, 생산비용의 변화, 생산기술의 진보, 조세 및 보조금의 변화 등을 들 수가 있다.

그리고 관광의 공급에는 공급 탄력재적 재화와 서비스 그리고 공급 비탄력재적 재화와 서비스로 구분할 수 있다. 공급을 비교적 자유롭게 줄이거나 늘일 수 있는 사유재적 성격이 강한 것이 공급 탄력재적 재화와 서비스이다. 예를 들어 향토음식, 기념품, 숙박시설 등이 여기에 속한다. 반면에 공급 비탄력재적인 관광재화와 서비스는 공공재적 성격이 강한 재화들이 대부분이다. 예를 들면 자연공원, 폭포, 해안, 동굴, 유물, 유적 등이 있다. 이들 재화와 서비스는 소비자들이 지불하려는 가격과 관계없이 공급량이 한정되어 있다.[7]

3. 관광재화와 서비스에 대한 수요와 공급

소비자로서의 관광주체가 관광재화와 서비스를 구입하는 것은 관광수요를 구성하며 관광관련 기업은 관광재화와 서비스를 공급한다. 특히 오늘날의 관광은 대중관광으로 관광수요와 관광공급의 두 측면이 상호영향을 미친 결과이다. 즉, 관광의 수요가 관광의 공급을 발전시키고, 관광공급의 증가는 관광수요를 증가시켰다.[8]

관광시장을 분석하기 위해 먼저 관광주체의 행태를 살펴보자.

시장 기능을 분석하는 데는 가격이 매우 중요한 역할을 한다. 이해하기 쉽게 여행시장을 예로 들면 만약 여러분이 휴가철에 여행을 가려고 하는데 제주도 여행상품의 가격이 갑자기 200만 원으로 오른다면 여러분은 제주도 대신 대체지역인 일본이나 동남아 등 더 저렴한 지역의 여행 상품을 구매할 것이다. 하지만 제주도 여행상품 가격이 10만 원으로 내린다면 제주도로 여행을 갈 것이다. 이러한 관계를 '수요의 법칙(law of demand)' 라고 부른다. 즉, 다른 조건이 같을 때 어느 재화와 서비스의 가격이 상승하면 그 재화와 서비스의 수요량은 감소하고, 가격이 하락하면 수요량은 증가한다. 여기서의 수요량(quantity demanded)이란 구매자들이 구입할 의사와 구매할 수 있는 재화와 서비스의 양을 말한다.[9]

다음은 구매자와 함께 시장의 다른 측면을 구성하는 판매자의 행태에 대해 살펴보자. 수요에서와 마찬가지로 여행상품 시장을 대상으로 공급량의 결정변수들을 알아보자.

어떤 재화나 서비스의 공급량(quantity supplied)은 판매자가 팔 의사와 팔 수 있는 수량을 말한다. 관광공급은 관광지에서의 관광재화나 서비스의 공급주체가 일정기간에 일정 가격으로 관광시장에 제공하는 관광재화나 서비스의 총량이다.[10] 공급량을 결정하는 변수에는 관광시장의 공급에서 언급한 것과 같이 여러 가지가 있는데 그 중 가격이 가장 중요한 변수라고 할 수 있다. 여행시장을 예로 들면 여행상품의 가격이 높으면 판매수익이 높아지므로 여행사는 공급량을 늘리려 할 것이다. 반대로 여행상품의 가격이 낮으면 수익이 떨어지므로 공급량을 줄일 것이다. 재화나 서비스의 가격과 공급량 사이의 이러한 관계를 '공급의 법칙(law of supply)' 이라고 한다. 즉 공급의 법칙은 다른 것들이 동일할 때 어느 재화의 가격이 상승하면 그 재화의 공급량도 증가하고, 가격이 하락하면 공급량도 감소하는 것을 말한다.[11]

지금까지는 수요와 공급을 개별적으로 분석하였는데 이제는 수요와 공급이 결합하여 시장에서 재화의 거래량과 가격이 어떻게 결정되는지 살펴보자.

어떤 재화와 서비스에 대한 수요량과 가격과의 관계를 나타내는 함수를 그래프로 표시한 것을 수요곡선이라고 한다. 즉, 시장에서의 시장가격과 그 가격에서의 수요량을 결합한 것이 수요곡선이다. 공급곡선이란 시장에서 재화와 서비스의 가격과 공급량 사이의 관계를 나타내는 함수를 그래프로 표시한 것이다. [그림 4-1]은 시장 공급곡선과 수요곡선을 함께 나타낸 것이다. 여기서 수요곡선과 공급곡선이 교차하는 점에서 균형이 이루어진다. 이 점을 균형점이라고 한다. 그리고 이 점의 가격을 '균형가격(equilibrium price)' 이라고 하고, 이점에서의 거래량을 '균형거래량(equilibrium quantity)' 이라고 한다.

관광재화와 서비스에 대한 소비자의 수요와 관광기업에 의한 관광재화와 서비스의 공급이 시장에서 만나게 되어 관광재화와 서비스의 가격과 거래량이 결정된다. 예를 들어 여행상품에 대한 수요와 공급의 관계는 [그림4-1]과 같은 그래프로 나타낼 수 있다. [그림4-1]의 세로축에는 여행상품의 가격을, 그리고 가로축에는 거래량(수요량과 공급량)을 나타낸다. 여행상품에 대한 수요를 나타내는 수요곡선이 오른쪽 아래방향으로 그려져 있는 것은 가격이 저렴하면 저렴할수록 그 여행상품을 보다 많이 수요하려는 것을 나타내는 것이다. 반대로 여행사의 여행상품 공급을 나타내는 공급곡선이 오른쪽 위 방향으로 그려져 있는 것은 여행상품 가격이 높을수록 이익이 발생하게 되어 여행사는 보다 많이 공급하려는 것을 나타내고 있다.

[그림 4-1] 여행상품의 수요와 공급

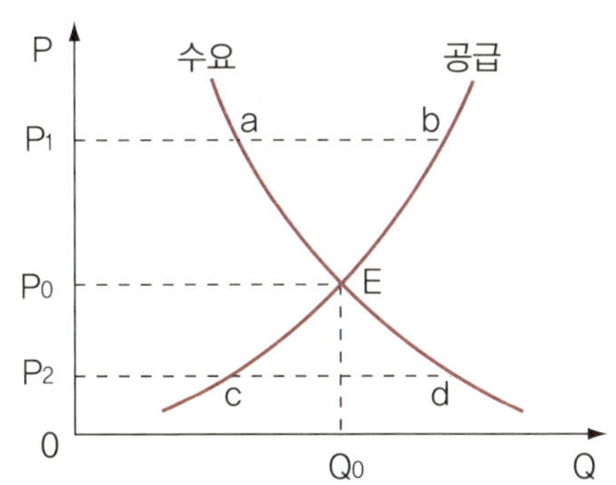

이 여행상품의 가격과 거래량은 수요곡선과 공급곡선이 교차하는 점, 즉 균형가격 E에서 결정되며 (Po)로 나타내고, 균형거래량은 (Qo)로 표시한다.

다음으로 만약 균형가격이 성립되지 않은 경우에는 어떤 일이 발생하는지에 대해 생각해보기로 하자. 가령 여행상품이 균형가격보다 높은 가격(P_1)에서 형성된다면 하면 여행상품에 대한 수요량은 (a)이며 공급량은 (b)에서 형성된다. 따라서 여행상품 시장에는 수요를 초과하는 공급이 일어난다. 경제학에서는 이 상황을 '초과공급(excess supply)' 혹은 '공급과잉(surplus)' 이라고 한다.

따라서 여행사는 (a−b)만큼의 초과공급이 발생하여 가격을 인하하게 될 것이다. 가격의 인하에 따라 수요량은 증가하고 공급량은 감소하여 결국 가격은 균형가격 (po)으로 서서히 떨어지며 안정을 찾을 것이다. 반대로 균형가격을 밑도는 가격 (P_2)가 성립되어 있다고 하면 소비자로서의 관광주체의 수요량은 (d)이며 가격 (P_2)의 조건하에서는 기업은 (c)까지만 공급하려고 할 것이다. 따라서 공급량이 수요량보다 부족하여 여행상품 부족 현상이 나타난다. 따라서 관광주체는 이 가격에 사고 싶어 하는 만큼 여행상품을 살 수 없다. 이 상황을 경제학에서 '초과수요(excess demand)' 혹은 '물량부족(shortage)' 이라고 한다.

여행상품 시장에는 (c−d)에 상당하는 만큼의 초과수요가 발생하게 된다. 이때 소비자로서의 관광주체는 다소 가격이 비싸더라도 여행상품을 구입하고자 할 것이며 따라서 가격을 인상하는 사태가 발생하게 될 것이다. 가격의 상승은 기업의 공급량을 증가시키게 되며 초과수요는 서서히 사라져 최종적으로는 수요와 공급이 일치하는 균형가격을 형성하게 되는 것이다. 수요와 공급의 불균형은 시장에 있어서의 여행상품 가격이 수요와 공급에 대응하여 변화함으로써 해소하게 된다. 시장 경제에서는 수요와 공급이 일치하여 균형이 달성되면, 수요와 공급에 영향을 주는 요인이 변하지 않는 한 그 상태를 벗어나지 않는 경향이 있다. 이렇게 어느 재화의 가격이 그 재화에 대한 수요와 공급이 일치하도록 조정되는 현상을 '수요와 공급의 법칙(law of demand and supply)' 이라고 한다.[12)]

4. 균형의 변화

지금까지 우리는 여행상품시장을 예를 들어 수요와 공급에 따라 여행상품의 균형가격과 공급량이 어떻게 결정되는지 분석하였다. 그리고 여행상품의 균형가격과 균형거래량은 수요곡선과 공급곡선의 위치에 따라 결정된다는 것을 알 수 있었다. 따라서 어떤 사건이 발생하여 여행상품시장의 수요곡선이나 공급곡선이 이동하게 되면 여행상품시장의 균형도 변하게 되며 그 결과 판매자들과 구매자들 사이에 새로운 가격과 새로운 균형거래량이 결정된다.

관광은 계절성이 높은 것으로 다시 말해서 계절에 민감한 것으로 알려져 있는데, 이는 계절에 따라 관광수요자체가 큰 영향을 받는 것을 의미한다. 문제는 관광수요가 계절에 따라 변화하는 경우의 수요가 대체 무엇을 의미하는지를 검토해 볼 필요가 있다. 여기서 말하는 '수요'란 수요곡선 자체를 가리키고 있으며 따라서 '수요의 변화'란 계절에 따라 수요곡선의 위치가 변화하는 것을 뜻한다. 이처럼 수요곡선의 위치를 변화시키는 요인으로는 소득, 다른 재화와 서비스의 가격, 기호 및 유행의 변화, 광고, 여가 등을 들 수 있겠다.

우선 소득의 증가는 사람들의 가처분소득*을 증가시켜 여가와 관련된 재화와 서비스에 대한 수요를 증가시킬 것으로 기대한다. 가령 관광을 여가활동의 하나로 봤을 때 가처분소득의 증가는 관광관련 재화와 서비스에 대한 수요를 증가시킨다.

다음은 다른 재화와 서비스의 가격변화로 예를 들면 특정 관광지의 여행상품 가격의 상승은 그 지역의 관광객을 줄어들게 하며 그 결과 그 지역 기념품에 대한 수요도 감소하게 된다. 반대로 특징 관광지의 여행상품 가격의 인하는 그 지역의 관광객을 증가시키며 그 결과 기념품에 대한 수요도 증가하게 된다. 또는 여행지로의 교통 요금을 인하하게 되면 해당 관광지의 숙박수요는 증가할 수가 있다.

사람들의 관광에 대한 기호나 유행에 대한 예로 인기 드라마 속의 배경이 되는 장소 등에 의한 유행은 그 지역에 대한 관광객들의 수요를 증가시키며 반대로 유행이 지나가게 되면 수요를 감소시키게 될 것이다.

---

* 개인소득에서 소비 또는 저축을 자유롭게 할 수 있는 소득을 말한다. 즉 개인소득에서 일체의 개인세를 뺀 나머지를 말한다.

그리고 지역 활성화 정책이나 관광지 활성화 정책의 일환으로 행해지는 선전이나 광고 또한 사람들의 관광의욕을 고조시키는 효과를 가져와 이에 대한 수요도 증가될 것이다. 여가의 증가나 공휴일의 증가 등 역시 사람들의 관광의욕 내지는 관광소비에 대한 기회를 증가시켜 관광 전반에 대한 수요를 증가시키게 된다.

위에서 설명한 것과 같이 수요곡선의 위치를 변화시키는 소득, 다른 재화와 서비스의 가격, 기호 및 유행의 변화, 광고, 여가와의 관계를 [그림 4-2]와 같이 나타낼 수 있다. 즉, 관광관련 재화와 서비스에 대한 증가요인의 변화로 인해 수요곡선은 오른쪽으로 이동한다.

[그림 4-2] **수요곡선의 이동**

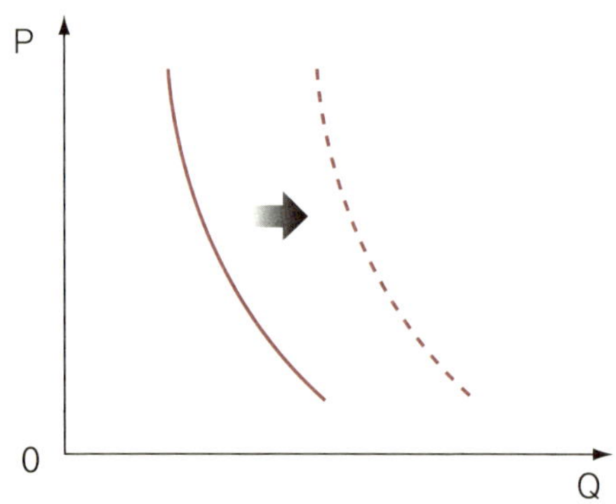

공급곡선의 위치를 변화시키는 예를 들면 다음과 같다.

특정 관광재화와 서비스 생산을 위해 투입되는 원재료나 생산요소의 가격의 하락은 재화와 서비스의 생산비용을 낮추어 해당 재화와 서비스의 공급곡선을 오른쪽으로 이동시키게 된다. 생산기술의 진보 역시 위와 같은 원리로 동일한 원재료나 생산요소의 투입으로도 이전보다 많은 재화와 서비스 생산이 가능하기 때문에 공급곡선을 오른쪽으로 이동시킬 수가 있는 것이다.

그러나 정부나 지방공공단체에 의한 조세의 인상은 기업의 생산비용을 증가시키므로 기업의 공급곡선을 왼쪽으로 이동시키게 될 것이다. 반대로 정부의 기업에 대한 보조금 지원은 생산비용을 낮추기 때문에 공급곡선을 [그림 4-3]과 같이 오른쪽으로 이동시키게 될 것이다.

[그림 4-3] 공급곡선의 이동

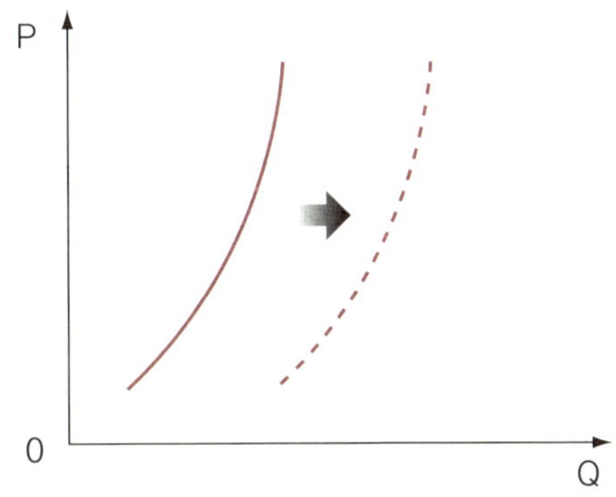

5. 경쟁의 불완전성과 가격의 차별화

우리들은 앞에서 관광재화와 서비스의 시장가격은 수요와 공급에 의해 결정된다고 배웠다. 이와 같은 시장을 경제학에서는 완전경쟁시장으로 부르고 있는데 이것은 시장 구조의 극단적인 형태로 완전경쟁은 수많은 기업이 완전히 같은 상품이나 서비스를 시장에 공급할 때 발생한다. 그러나 현실세계에서는 완전경쟁시장은 많지 않고 독점시장, 과점시장 등 다양한 형태의 시장이 존재한다. 관광재화와 서비스의 대부분 시장은 반드시 경쟁적이라고는 말하기 어려운 경우가 존재하기도 한다. 경쟁이 완전히 이루어지지 않을 때 기업은 가격의 결정에 어느 정도 영향력을 가지며 시장이 경쟁적인 경우의 가격과 비교하여 상대적으로 높은 가격이나 동질의 재화와 서비스에 대해 복수의 가격이 정해지는 경우가 있다. 관광 상품에 있어서 주요한 차별적 가격은 지역적인 차별가격, 계절적인 차별가격, 고객별 차별가격이 있다.[13] 동질의 서비스에 대해 시간대나 계절 혹은 구입하는 사람이나 연령, 성별에 따라 요금이 다른 것을 경제학에서는 '차별가격(price discrimination)' 혹은 '가격의 차별화' 라고 부르고 있다. 기업이 동질의 제품이나 서비스에 대해 다른 복수의 가격을 설정하는 것은 관광주체의 편익이나 이익을 생각한 것이 아니라 기업의 이윤을 최대화하기 위한 것으로 설명할 수 있다.

특히 관광 상품의 대부분은 서비스이며 서비스는 그 특성상 재고가 불가능하다. 따라서 그 자체를 운반하는 것이 불가능하기 때문에 제 3자가 상대적으로 싼 가격으로 구입해두었다가 비싼 가격의 시간대나 계절에 그것을 판매하고 이익을 남기는 일은 생각할 수가 없다. 만약 그러한 것이 가능하다면 가격은 적정한 수준으로 맞춰질 것이 기대되어 가격의 차별화를 시도하지 않게 될 것이다.

제3절 관광수요의 탄력성

우리는 수요의 법칙에서 배웠듯이 여행상품의 가격이 오른다면 여행상품의 소비자인 관광주체들은 소비를 줄일 것이라는 것을 알 수 있다. 그러나 여행상품의 소비를 얼마나 줄일 것인가를 보다 구체적으로 알고 싶다면 이 절에서 공부할 탄력성이라는 개념을 통해 알 수 있다. 탄력성이란 판매자들과 구매자들이 시장 조건의 변화에 얼마나 민감하게 반응하는지 나타내는 척도이다.[14] 관광에서 자주 사용되는 탄력성의 개념으로는 수요의 가격 탄력성, 수요의 소득 탄력성 그리고 교차가격 탄력성 등을 들 수 있다.

1. 수요의 가격 탄력성

수요의 법칙에 따르면 어느 재화의 가격이 하락함에 따라 그 재화의 수요량은 증가한다. 수요의 가격탄력성(price elasticity of demand)은 가격이 변할 때 수요량이 얼마나 변하는지 나타내는 지표이다. 수요의 가격탄력성 계산법은 다음과 같다.

$$\text{가격탄력성} = \frac{\text{특정 재화와 서비스의 수요량의 변화율}}{\text{해당 가격의 변화율}}$$

만약 여행상품 가격이 10% 인상되었는데 수요량이 20% 감소했다고 하자. 이 경우 여행상품 수요의 가격탄력성은 다음과 같다.

$$\text{가격탄력성} = \frac{20\%}{10\%} = 2$$

이 예에서 가격탄력성은 2이므로 수요량의 변화율이 가격 변화율의 2배에 해당한다. 그런데 재화의 수요량은 그 재화의 가격과 반대 방향으로 변하기 때문에 가격변화율은 수량의 변화율과 서로 반대 부호를 갖는다. 따라서 가격 변화율은 10% 인상이고 수요량의 변화율은 20% 감소이다. 이러한 이유로 수요의 가격탄력성을 마이너스 수치로 표시하기도 하지만 여기서는 관례에 따라 마이너스 부호를 붙이지 않고 플러스 수치로 표시한다. 가격탄력성이 크다는 것은 수요가 가격 변화에 더 민감하다는 뜻이다.[15]

2. 수요의 소득 탄력성

수요의 소득탄력성이란 소비자의 소득이 변할 때 어떤 재화와 서비스의 수요량이 얼마나 변하는지 나타내는 지표를 말한다. 수요량의 변화율을 소득 변화율로 나눈 것으로, 수요의 소득탄력성은 다음과 같다.

$$\text{소득 탄력성} = \frac{\text{특정 재화와 서비스의 수요량의 변화율}}{\text{소득의 변화율}}$$

이것은 다음과 같은 예를 통해 설명할 수 있겠다. 소득이 10% 증가했을 때 어느 호텔의 객실수요가 20% 증가한다고 한다면 해당 호텔 수요의 소득탄력성은

$$\text{수요탄력성} = \frac{20\%}{10\%} = 2$$

호텔수요의 소득탄력성이 2라는 것은 사람들의 소득이 10% 증가하면 호텔의 객실수요가 20% 증가한다는 것을 의미하고 있다. 이 예와 같이 수요의 소득탄력성이 1보다 클 경우, 소득의 변화율 이상의 수요량의 변화율이 커지기 때문에 해당 재화와 서비스에 대한 수요는 소득의 변화율 이상으로 변화하고 따라서 소득이 증가하는 경우에는 그 증가율 이상의 수요는 증가하나 반대로 소득이 감소하는 경우에는 그 감소율

이상의 수요가 감소한다는 것을 의미한다. 재화나 서비스 사이에도 소득탄력성의 크기에는 차이가 있다. 음식이나 옷 같은 필수재화는 소비자들의 소득이 얼마가 되든지 어느 정도는 구입하기 때문에 소득탄력성은 낮지만 관광의 경우 소득이 낮으면 관광을 하지 않고 지낼 수 있기 때문에 일반 수요의 소득탄력성이 크다고 할 수 있다.

3. 수요의 교차가격 탄력성

한 재화의 가격이 변할 때 다른 재화에 대한 수요가 어떻게 변하는지 측정하기 위해 수요의 교차탄력성(cross-price elasticity of demand)을 사용한다. 교차탄력성은 재화A의 수요량 변화율을 재화B의 가격 변화율로 나누어 계산한다. 수요의 교차가격 탄력성은 다음과 같이 식으로 나타낼 수 있다.

$$\text{수요의 교차탄력성} = \frac{\text{재화와 서비스 A의 수요량 변화율}}{\text{재화와 서비스 B의 가격의 변화율}}$$

교차탄력성의 부호가 양수이지 음수인지에 따라 두 재화의 관계가 대체재인지 보완재인지 결정된다. 대체재란 한 재화의 가격이 하락함에 따라 다른 한 재화의 수요가 감소하는 관계에 있는 두 재화를 말한다. 그리고 보완재란 한 재화의 가격이 하락함에 따라 다른 한 재화의 수요가 증가하는 관계에 있는 두 재화를 말한다. 대체재의 교차탄력성은 양수가 되고, 보완재의 경우 음수가 된다.[16)]

철도와 항공서비스의 예를 이용하여 다음과 같이 설명할 수 있다. 철도와 항공으로 갈 수 있는 동일한 노선에서 항공노선의 운임이 30% 내린 결과, 철도 수요가 20% 감소하는 경우이다. 이때 철도 서비스와 항공 서비스의 수요의 교차탄력성은 다음과 같다.

$$\text{수요의 교차탄력성} = \frac{-20\%}{-30\%} = 0.67$$

여기서 수요의 교차가격 탄력성이 양수가 되었다는 것은 두 재화 혹은 서비스는 서로 대체재임을 알 수 있으며 한쪽의 가격이 인상되면 그것에 대체하여 사람들은 다른 재화와 서비스로 대체하기 때문에 가격을 인상한 재화와 서비스의 수요는 감소한다는 것을 의미한다. 호텔과 여관 그리고 펜션 등은 대체적인 관계에 있다고 생각할 수 있다.

보완재의 경우를 예를 든다면, 항공운임의 인하에 의해 해당 노선의 항공 서비스에 대한 수요가 증가하여 해당노선에 있는 숙박시설에 대한 수요가 증가하는 경우이다. 관광의 경우에는 특정 관광지와 타 관광지 사이에는 대체적인 관계가 존재하지만 주유관광과 같은 경우에는 보완적인 관계에 있는 관광지도 존재하고 있다고 해도 좋을 것이다.

제4절 관광의 경제적 효과

지금까지 우리는 관광의 수요와 공급, 가격 결정 등을 살펴보았다. 다음은 관광의 경제적 순환이 어떻게 이루어지는지와 관광에 의해 발생되는 투자나 소비가 지역경제 또는 한 나라의 국가경제에 어떠한 영향을 미치는가에 대한 관광의 경제효과를 중심으로 고찰해 보기로 하자.

1. 경제의 순환모형과 관광

구입, 판매, 고용, 생산 등 다양한 일을 하는 수많은 사람으로 구성되는 경제가 어떻게 작용하는지 이해하려면 이 모든 경제활동을 단순화하는 작업이 필요하다.[17] 이처럼 우리들의 눈에는 보이지 않는 경제활동을 단순화시켜 경제의 순환과정을 알기 쉽게 표현한 것을 '경제순환모형도(circular flow diagram)' 라고 한다. [그림 4-4] 경제순환모형도(circular flow diagram)의 모형에는 경제에 가계(소비자)와 기업이라는 두 종류의 의사결정자가 존재한다.

관광관련 재화와 서비스를 생산하는 주체인 관광관련 기업은 노동, 토지, 자본과 같은 생산요소를 투입하여 관광관련 재화와 서비스를 생산하며, 관광관련 재화와 서비스의 소비자로서 관광주체는 생산요소를 소유하며 관광관련 재화와 서비스를 소비한다. 기업과 가계는 관광관련 재화와 서비스 시장에서 서로 만난다. 이 시장에서 가계는 구입자가 되고 기업은 판매자가 된다. 한편, 생산요소시장에서는 가계가 판매자가 되고 기업이 구매자가 된다. 이것은 기업이 관광관련 재화와 서비스를 생산하는데 필요한 요소들을 가계가 공급한다는 의미이다.

바깥쪽의 흐름은 거래에 따른 돈의 흐름을 나타내고 안쪽의 흐름은 생산요소와 산출물인 관광관련 재화와 서비스의 흐름을 나타내고 있다. 가계는 노동력, 토지, 자본 등의 생산요소를 기업에 제공하고 소득을 얻는다. 가계 또는 소비자는 이 소득으로 각각의 재화와 서비스 구입하고 지출하지 않은 부분은 장래의 소비를 위해 저축한다. 가계나 소비자로서의 관광주체의 관광소비는 획득한 소득으로 관광재화와 서비스를 구매하는 것을 의미한다.

[그림 4-4] **경제의 순환모형도**

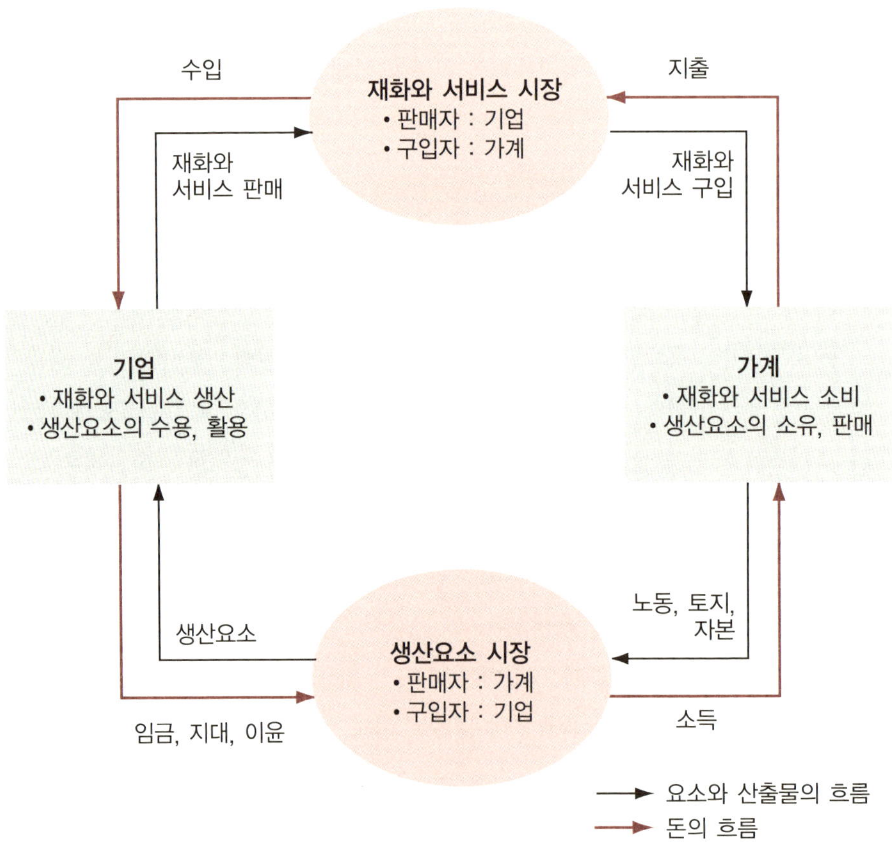

2. 관광과 국내총생산(GDP)

국내총생산(GDP)는 한 국가의 경제후생수준을 반영하는 지표로 한 나라에서 일정 기간 동안 생산된 모든 최종 재화와 서비스의 시장가치를 말한다. 국내총생산(GDP)은 소비(C), 투자(I), 정부구입(G), 순수출(NX)로 구성된다. 따라서 국내총생산(GDP)의 항등식은 다음과 같이 나타낼 수 있다.

$$국내총생산(GDP) = C + I + G + NX$$

국내총생산(GDP)은 경제의 모든 구성원의 소득 총액과 함께 그 경제에서 생산되는 모든 재화와 서비스에 대한 지출이라는 두 가지 측면을 함께 나타낸다. 우리는 국내총생산(GDP)을 두 가지 방법으로 계산할 수 있는데 각 가계 지출을 모두 합하는 방법 또는 기업이 지불하는 총소득(임금, 지대, 이윤)을 모두 합하는 방법이다. 이것은 모든 지출은 누군가의 수입이 되기 때문으로 어떻게 계산하든지 상관없이 국내총생산(GDP)은 같다는 것이다.

가계가 관광관련 기업에 생산요소를 제공하고 월 300만 원의 수입을 올린다고 가정하자. 이것은 관광관련 기업이 300만 원에 상당하는 생산요소를 가계나 소비자로부터 구입했다는 것을 의미하고, 그것을 이용하여 기업은 300만 원 상당의 관광재화와 서비스를 생산하는 것을 의미한다. 이때 가계가 획득한 소득 전부를 관광재화와 서비스에 지출한다면 가계에 의한 관광재화와 서비스의 수요와 기업이 생산한 관광재화와 서비스의 공급은 일치하여 시장은 균형을 이룬다.

3. 관광기업의 투자와 승수효과

여기서 국내총생산을 높일 수 있는 관광투자의 경제적 효과에 대해 살펴보자. 투자(investment)는 미래에 더 많은 재화와 서비스를 생산하는데 사용될 수 있는 재화를 구입하는 것을 말한다. 투자는 기술 장비, 재고품, 건축물 구입의 합이며 건축물 투자에는 신축 건축물에 대한 지출이 포함된다.[18]

관광관련 기업인 호텔의 투자에 대해 예를 들어보자. 한 호텔이 어느 관광지에 관광객의 증가를 예상하고 새로운 호텔을 건설하기로 결정했다고 하자. 호텔 건설은 경제학에서의 건축물 투자에 해당된다. 호텔 건설에 필요한 철강 · 시멘트나 내장용 재료, 토지나 노동력 그리고 객실이나 사무실에서 사용되는 각종 조명이나 가구 등이 필요로 하여 전체 비용이 50억 원이라고 가정하자. 이것은 새로운 호텔 건설을 위해 50억 원을 투자한다는 것을 의미하며 동시에 이 50억 원의 지출은 생산요소나 원재료를 제공하는 경제주체의 소득이 되어 50억 원만큼 경제주체의 소득이 증가한다는 것을 의미한다. 이렇게 발생된 50억 원의 소득 가운데 60%인 30억 원이 사람들을 위해 지출된다고 가정하자. 그러면 그 30억 원의 지출은 누군가의 소득이 될 것이다. 그리고 30억 원의 소득을 획득한 경제주체 역시 그 중 60%를 지출한다고 하자. 이러한 현상이 연쇄적으로 계속해서 이어진다고 한다면 당초의 투자 50억 원보다 많은 국민소득을 발생시킨다.

이와 같은 소득창출 효과는 경제학에서는 '승수효과' 라고 부르는데 기업의 새로운 투자에 의한 소득으로의 영향을 나타내고 있기 때문에 '투자승수' 라고도 불린다. 즉, 승수효과란 경제 현상에서, 어떤 경제 요인의 변화가 다른 경제 요인의 변화를 가져와 파급 효과를 낳고 최종적으로는 처음 몇 배의 증가 또는 감소로 나타나는 총 효과를 의미한다. 어느 경제 내에 있어서 지출의 변화가 국민소득을 얼마만큼 변화시키는지를 나타내는 크기를 '승수(multiplier)' 라고 하며, 여기서 중요한 변수는 '한계소비성향(marginal propensity to consume, MPC)' 으로 추가소득 중에서 저축되지 않고 소비되는 금액의 비율을 말한다. 이것은 다음과 같이 식으로 나타낼 수 있다. 예를 들어 한계소비성향이 0.6이라면 가계가 추가적으로 10만 원을 벌면 4만 원을 저축하고 6만 원을 소비한다는 뜻이다.

$$\text{승수} = \frac{1}{(1-\text{한계소비성향})}$$

위의 호텔 건설을 위한 투자 예를 이용하면 한계소비성향 = 60% =0.6이고 따라서 승수의 값은

$$\text{승수} = \frac{1}{(1-0.6)} = \frac{1}{0.4} = 2.5$$

따라서 초기투자 50억 원은 그 승수의 배수만큼 즉, 50억 원×2.5=125억 원만큼 소득을 증가시킴을 의미한다.

4. 관광 지출의 경제파급효과

승수효과가 적용되는 것은 기업의 투자(I)에만 한정되는 것은 아니다. 앞의 국내총생산(GDP)의 항등식에서 알 수 있듯이 투자(I)뿐만 아니라 소비(C)도 국내총생산에 영향을 미친다. 우리들이 관광주체로서 소비(C)를 하는 관광 지출의 경우에도 승수효과는 적용된다고 할 수 있다. 소비란 재화와 서비스에 대한 소비자들의 지출을 말한다. 관광 지출을 예로 들면 관광 지출이 10억 원이 증가할 때 한계소비성향이 0.6이라고 가정하자. 그러면 관광지출 10억 원 증가는 승수식 계산에서

$$\text{승수} = \frac{1}{(1-0.6)} = \frac{1}{0.4} = 2.5$$

이라면 관광 지출의 2.5배 즉, 25억 원의 소득을 새롭게 창출할 것이다.

관광지출 10억 원의 증가하면 그 효과는 다른 부문에 파급된다. 관광지출 증가의 직접적인 효과는 관광관련 기업의 이윤확대로 나타난다. 관광관련 기업 근로자의 임금소득이 증가하면 이들의 소비지출도 증가한다. 즉, 관광주체가 관광재화나 서비스를 구입하면 다른 기업들이 생산하는 여러 가지 재화나 서비스에 대한 수요도 증가한다. 이런 승수효과는 다음 단계에서도 계속 진행된다. 소비지출이 늘어나면 이들 소비재를 생산하는 기업들이 이윤과 고용도 증가한다. 이들 근로자들의 소득이 늘어나면 다시 소비지출이 증가한다. 이처럼 수요가 증가하면 소득이 늘고, 소득이 늘면 다시 총수요가 증가하는 상승작용이 일어난다. 이런 모든 파급효과를 더하면 관광 지출에 따른 총수요의 증가액은 최초의 관광지출 증가액보다 훨씬 많아진다. 더불어 지방공공단체의 세입 또한 증가한다는 것이다. 관광 지출의 증가에 바탕을 둔 이들 효과는 소득창출효과, 고용효과, 세입효과라고 불리며 관광 지출의 경제파급효과로 잘 알려져 있다.[19]

토론주제

♣ 우리나라 관광산업의 문제점과 개선방안은 무엇인가?

♣ 관광산업이 경제와 사회에 가져오는 긍정적 효과와 부정적 효과는 무엇인가?

참|고|문|헌 ›››

1) N. Gregory Mankiw, Principles of Economics 7th edition, Cengage Learning Asia Pte Ltd, 2015, p.27, 66.

2) 김사헌 · 김규호, 개정신판 『관광경제학』, 백산출판사, 2012, p.141.

3) 최규환 역, 岡本伸之 編 『관광학입문』, 백산출판사, 2003, pp. 231-232.

4) N. Gregory Mankiw, 7th edition Principles of Economics, Cengage Learning Asia Pte Ltd, 2015, p.65.

5) 카와무라 세이지 지음 · 서정교 옮김, 『관광경제학 입문』, 한올출판사, 2001, pp.71-73.

6) 김사헌 · 김규호, 개정신판 『관광경제학』, 백산출판사, 2012, pp.142-145.

7) 김사헌 · 김규호, 개정신판 『관광경제학』, 백산출판사, 2012, pp.174-175.

8) 카와무라 세이지 지음 · 서정교 옮김, 『관광경제학 입문』, 한올출판사, 2001, p.83.

9) N. Gregory Mankiw, Principles of Economics 7th edition, Cengage Learning Asia Pte Ltd, 2015, p.67.

10) 카와무라 세이지 지음 · 서정교 옮김, 『관광경제학 입문』, 한올출판사, 2001, p.83.

11) N. Gregory Mankiw, Principles of Economics 7th edition, Cengage Learning Asia Pte Ltd, 2015, p.73.

12) N. Gregory Mankiw, Principles of Economics 7th edition, Cengage Learning Asia Pte Ltd, 2015, pp.77-79.

13) 카와무라 세이지 지음 · 서정교 옮김, 『관광경제학 입문』, 한올출판사, 2001, p.110.

14) N. Gregory Mankiw, Principles of Economics 7th edition, Cengage Learning Asia Pte Ltd, 2015, p.89.

15) N. Gregory Mankiw, Principles of Economics 7th edition, Cengage Learning Asia Pte Ltd, 2015, p.91.
16) N. Gregory Mankiw, Principles of Economics 7th edition, Cengage Learning Asia Pte Ltd, 2015, p.98.
17) N. Gregory Mankiw, Principles of Economics 7th edition, Cengage Learning Asia Pte Ltd, 2015, p.22.
18) N. Gregory Mankiw, Principles of Economics 7th edition, Cengage Learning Asia Pte Ltd, 2015, p.489.
19) 최규환 역, 岡本伸之 編『관광학입문』, 백산출판사, 2003, pp. 248-249.
20) 김사헌,『관광학총론』, 한국관광학회, 백산출판사, 2009, pp. 118-120.
21) 김사헌,『관광학총론』, 한국관광학회, 백산출판사, 2009, pp. 119-120.

읽을거리 신문기사로 보는 관광과 경제의 사례

유커 한국행 제한 '중국發 악재'에 유통업계 '울상'
中 당국, 韓 단체여행 20% 축소…면세 · 화장품 · 호텔 등 매출 타격 전망

유통업계가 '중국 정부의 한국 관광 축소 정책' 소식으로 불안감을 감추지 못하고 있다. 특히 중국인 관광객(유커) 의존율이 높은 면세점, 뷰티업계는 지난해 중동호흡기증후군(MERS · 메르스) 사태가 재연되는 것 아니냐며 우려를 표하고 있다.

26일 업계에 따르면 중국 국가여유국은 최근 '불합리한 저가 여행상품 단속 통지'를 통해 해외 여행상품의 불합리한 가격과 부당 경쟁, 쇼핑 강요 행위를 단속한다는 방침을 발표했다. 특히 '한국행 패키지 관광객'을 20% 축소하라는 방침을 정한 것으로 알려져 관련 업계는 매출 타격을 예상하며 걱정하고 있다.

현재 중국 국가여유국은 ▲한국 · 태국행 저가 여행상품 금지 ▲하루 1회로 쇼핑 제한 ▲관광객 수 작년 수준 유지 등의 내용을 각 지역 여행사들에게 알린 상태다. 저가 상품 기준은 2천 위안(약 34만 원 내외)으로, 이를 어길 경우 여행사들은 벌금을 내야 한다.

중국이 이처럼 나선 것은 중국인들이 가장 많이 찾는 한국과 태국을 중심으로 저가 여행상품에 대한 소비자들의 민원이 계속 제기됐기 때문이다. 실제로 일부

여행사는 항공권 · 호텔을 모두 포함해 약 34만 원에 판매하고 손해 보전은 쇼핑 수수료로 채우는 경우가 많았다.

갤러리아면세점 63매장 내부 전경

이에 따라 단속 기간인 다음 달부터 내년 4월까지 중국인 여행객들이 감소할 것으로 보여 관광 · 면세 · 호텔 · 뷰티 등 관련 업계는 매출 타격을 피할 수 없게 됐다. 지난해 유커들이 한국에서 소비한 금액은 139억 달러(약 15조 원)로, 20% 유커 축소가 현실화되면 국내 관련 업계는 수조 원의 손실이 발생될 것으로 전망하고 있다.

업계에서는 이번 중국의 방침에 따라 유커 의존도가 가장 심한 면세점 업계가 큰 타격을 받을 것으로 예상하고 있다.

이로 인해 앞서 메르스 사태로 지난해 중국인 관광객이 급감하면서 월 매출이 20% 이상 줄어드는 피해를 입었던 면세점 업계는 이번 중국의 관광객 축소 정책 영향으로 매출 침체가 장기화 될까 염려하는 눈치다.

관광 · 호텔업계도 이번 일을 예의주시하며 불안해하고 있다. 특히 중국 단체 관광객들이 많이 찾는 명동 인근의 중견 호텔들은 매출 감소가 불가피할 것으로 보여 울상을 짓고 있다.

업계 관계자는 "이번 일을 통해 중국이 방한 유커에 대해 지속적으로 제한 강도를 넓히고 있다는 점이 어느 정도 확인된 셈"이라며 "이제부터 쇼핑에만 치중된 한국 관광 상품의 품질을 높이고 다양한 국적의 외국인 관광객을 유치하는 데 노력을 더 기울여야 할 것"이라고 말했다.

2016년 10월 26일
출처 : http://news.inews24.com/php/news_view.php?g_serial=987582&g_menu=022500&rrf=nv

제5장

관광과 사회문화

제1절 관광의 사회적 효과 의미 및 범위

제2절 관광의 문화적 효과

학습목표

- ♣ 관광의 사회적 효과의 범위에 관해 알아본다.
- ♣ 관광의 사회적 긍정, 부정적 효과에 관해 살펴본다.
- ♣ 관광의 문화적 유형에 관해 공부한다.
- ♣ 관광의 문화적 긍정, 부정적 효과 유형을 알아본다.

제5장

관광과 사회문화

제1절 관광의 사회적 효과 의미 및 범위

1. 관광의 사회적 효과 의미

현대사회에 있어서 국제관광은 이문화(異文化) 접촉의 주요 원천이 된다. 산업국가의 특징이라 할 수 있는 삶에 불안을 느끼고, 무력한 제도들, 파괴된 환경을 뒤로 한 채 수많은 관광객들이 며칠 혹은 수개월 동안 제3세계 주요 관광지에 대거 몰려오고 있는 실정이다.

그러나 국제관광의 사회문화적 결과에 관한 사회학자들 사이에 의견의 일치를 보지 못하고 있다. 사회학자들 대다수는 관광의 부정적 결과를 강조하지만, 제3세계 국가들의 관광개발이 긍정적 결과를 가져다주고 관광 그 자체가 전통사회에 뚜렷한 부정적 변화를 가져다주지 않는다고 생각하는 사회학자들도 있다.

보다 현실적인 견해는 제3세계국가들에게 관광이 긍정, 부정적 결과를 초래하는 것으로 보는 것이다. 그러나 그들의 긍정, 부정 수준은 일국의 사회문화적 구조와 관광개발 정도에 따라 다양하다.

관광개발이 초래하는 변화들은 관광지 주민들의 습관, 일상생활, 사회생활, 믿음, 가치에 영향을 미친다. 이런 급격한 변화는 지역민들의 심리적 긴장의 중요 원천이 될 수 있다. 사람들은 이런 긴장상태를 감소시키기 위한, 그러면서 효과적인 심리적 기능 유지를 위한 전략들을 개발해가고 있다.[1] 이런 조정전략들로는 관광객들에게 어떠어떠한 행동을 못하게 하는 제한전략(limiting)과 지역민들과 사회문화적인 접촉을 최소화시킬 수 있는 모형문화센터를 만들어 그곳으로 관광객들을 유도하는 채널화(channelling) 전략과 국가, 지역관점에서의 관광효과를 통합화(incorporating) 전략이 있을 수 있다. 이를 통해 예로부터 내려오는 습관 변화의 필요성을 줄여주어 고통스러운 결과를 최소화시킬 수 있다.[2]

국제관광의 효과를 부정적으로 인식하는 정도에 따라서, 사람들의 반응은 저항(resistance)형태를 취하게 될 것이며, 사람들이 긍정적으로 인식하는 정도에 따라서 그들의 문화 속으로 변화들을 전체 혹은 부분적으로 통합시키려는 반응을 보일 수 있다. 국내관광의 경우도 관광지 지역민들에게 관광이 끼치는 영향들은 정도의 차이는 있겠지만 국제관광과 동일하게 적용가능할 것이다.

일반적으로 관광의 사회적 영향은 관광이 가치체계, 개인의 태도, 가족관계, 집단적 라이프스타일, 도덕적 행동, 창조적인 표현, 전통적인 의식행사, 지역사회의 조직의 변화를 가져오는 한 원인이 되는 것으로 정의할 수 있다.[3]

2. 관광의 사회적 효과 범위

피어스(Pearce)는 관광이 관광지 사회에 미치는 영향에 초점을 두고 그 사회적 영향을 ① 인구구조에 대한 영향, ② 직업의 변화(계절노동 증가, 직업구조, 여성노동력 수요), ③ 언어에 대한 변화, ④ 가치관의 변형, ⑤ 전통적 생활방식에 대한 영향(음악, 미술, 관습, 일상생활), ⑥ 소비 패턴의 수정(질적 · 양적 변화) 등 6가지로 요약하고 있다.[4] 이러한 접근은 지역사회와 주민에 초점을 둔 것이다.

이와 유사한 연구로 프리젠(Fridgen)은 관광으로 인한 사회적 영향을 ① 사회적 상호작용, ② 도덕과 종교적 규범, ③ 사회적 규범, ④ 문화적 방식과 활동, ⑤ 일상활동 등 다섯 가지로 나누고 있다.[5] 심상도는 관광지의 사회구조 변화를 ① 지역사회 변화, ② 인구구조, ③ 직업구조, ④ 가족구조, ⑤ 사회적 문제(범죄 · 도박 · 매춘 · 교통사고 등)로 구분하여 제주도를 대상으로 실증분석을 실시한 바 있다.[6]

다음으로 매치슨(Mathieson)과 월(Wall)은 일반적인 관점에서 사회에 대한 관광의 영향을 파악하는데 우선적으로 고려해야 할 사항으로 ① 인구통계적 구조, ② 사회적 쾌적성(시설과 서비스에 대한 지각), ③ 제도적 구성원(종교단체, 사교클럽, 시민단체, 정치 및 스포츠단체), ④ 개인의 안전과 사생활, ⑤ 심리적 특징 등 다섯 가지를 제시하고 있다.[7] 그러나 관광의 사회적 영향을 검토하면서 부정적 측면을 외면할 경우 완전한 연구가 될 수 없다는 점에서 긍정적 · 부정적인 측면으로 구분하여 논의하는 방법도 유익할 수 있다. 기와 에두아르도(Gee & Eduardo)는 [표 5-1]에서처럼 관광으로 인한 사회적 영향을 긍정적 · 부정적 영향으로 구분하고 있다.[8] 특히 기와 에두아르도는 관광영향의 발생요인으로 관광매력물로서의 문화의 이용, 지역주민과 관광객의 직접적 접촉, 사회적 역할의 변화로 인한 직업과 경제구조의 변화, 관광객과 관광개발로 인한 인구의 증가를 제시하고 있다.

[표 5-1] 관광으로 인한 긍정적 · 부정적인 사회적 영향에 대한 요약

관광관련 요인	긍정적 영향	부정적 영향
관광매력물로서의 문화의 이용	전통문화와 민족적 정체성의 전시에 대한 지원 증가, 전통예술 · 축제 · 언어의 활성화	관광객용 상품을 위해 전통활동과 예술의 변화, 전통활동의 파괴 및 혼잡, 프라이버시 침해
지역민과 관광객 간의 직접적인 접촉	부정적인 고정관념 타파, 사회적 기회의 증가	부정적인 고정관념의 확대, 상업주의의 증가, 새로운 질병의 발생, 전시효과
사회적 역할의 변화로 인한 직업과 경제구조의 변화	사회적 불평등을 감소시키는 새로운 경제적 · 사회적 기회	지역사회의 갈등과 긴장, 사회적 불평등의 증가, 고유언어의 손실
관광시설의 개발	레크리에이션 기회의 증가	레크리에이션 장소 및 활동에 대한 참여기회 감소
관광객과 관광개발로 인한 인구의 증가	삶의 질을 향상시키는 의료, 교육, 기타 시설에 대한 지원	혼잡과 교통마비, 범죄의 증가

출처 : 장병권, 『글로벌리더로서 관광을 말하라 : 사회와 관광』, 대왕사, 2008, p.101에서 재인용

장병권은 관광의 사회적 측면에서 긍정적 효과로 ① 향토애 제고, ② 관광객 · 주민 사이의 이해 제고, ③ 교육적 효과, ④ 삶의 질 향상, ⑤ 지역사회의 활성화, ⑥ 복지국가구현 여섯 가지로, 부정적 효과로 ① 지역유대감 상실, ② 고용의 질 저하와 불안전

성, ③ 도시화 및 이주 조장, ④ 관광개발 시행자와의 갈등, ⑤ 지역주민과 관광객 간의 갈등, ⑥ 사회구조 변화와 불건한 행태조장, ⑦ 전시효과, ⑧ 안전 및 범죄의 위협 여덟 가지를 제시하면서 이를 [그림 5-1]처럼 제시하고 있다.

[그림 5-1] **관광의 사회적 영향**

출처 : 장병권, 『글로벌리더로서 관광을 말하라 : 사회와 관광』, 대왕사, 2008, p.102의 그림을 재구성함

지금까지 관광의 사회적 효과를 설명하는 과정에서 동일한 사회적 효과에 대해 관광객과 지역민, 관광개발자, 관광 관계 당국 등이 제각기 다르게 인식하고 있는 게 현실이다. 그 이유는 많은 사회적 효과가 관념적으로 인식되고 있고, 이해관계자들 간의 달성목표가 다르고, 복합적 요인들이 상호작용하고 있어 관광이란 단독 효과 측정은 더더욱 어려운 실정임을 이해해야 할 것이다.

3. 관광의 사회적 긍정적 효과

가. 향토애의 제고

지역주민이 관광에 대해 갖는 태도와 관련된 다수의 연구들에서 관광의 경제적 영향은 일반적으로 환영하지만, 사회 · 생태적 결과들은 부정적으로 받아들이고 있다. 지역주민은 관광에 대하여 긍정적 · 부정적 인식을 동시에 하고 있으며, 지역과 지역주민 스스로 비용과 편익의 관계성을 고려하여 관광에 대한 태도를 결정하는 게 현실이다.

또한 국제관광의 경우, 외지인들이 자국문화 또는 지역문화에 대하여 많은 존중과 이해를 표할 때 지역주민들은 자신의 지역과 역사 · 문화에 대해 많은 애착을 갖게 된다. 말타(Malta)의 경우, 국제관광이 자신들의 문화유산을 발견하고 새롭게 인식하는 계기가 되었다. 말타인들은 이제까지 인식하지 못했던 문화유산들을 국제관광객들이 진정으로 감탄하는 것을 보고 그 중요성을 새롭게 인식하게 되었으며, 예술 · 공예품 · 음악 · 음식, 심지어는 농촌의 축제까지도 새로운 시각에서 바라보는 계기가 되었다.[9]

나. 지역민과 관광객 사이의 이해 증가

관광현상의 가장 큰 의의로서 '만남'과 '교류'를 꼽을 수 있다. 이러한 만남과 교류에는 관광객과 지역민과의 관계가 가장 중요한 역할을 담당한다. 관광은 다른 지역이나 국가로의 이동을 의미함과 동시에, 그 지역민들과의 교류와 접촉, 그리고 나아가 문화접촉을 의미한다. 이처럼 관광은 서로 다른 문화권 사회를 이어 주는 장(場)을 마련하게 해 주며, 이를 통한 상호작용은 상호교류와 이해를 촉진하세 된다.

다. 교육적 효과

21세기 지식정보사회가 되면서 관광현상 중에 두드러진 특징 중의 하나는 관광의 교육적 기능이 한층 요청되고 있다는 점이다. 학교교육의 한계성으로 인하여 현장체험교육을 관광이라는 활동을 통하여 달성하려는 풍조가 점차 증가하고 있다. 관광은 실물과 현장을 둘러보고, 듣고, 느끼는 구체적인 경험을 통해 확실한 지식의 증대와 교육적 효과가 있다.

이는 관광의 가치가 점차 다각화되고 있음을 보여 주는 것이다. 즉 '3E'에서 '6E'로의 전환이다. 종래 관광을 보는 관점이 경관감상(esthetics)과 유흥(excitement) 및 오락(entertainment)의 수준이었다. 따라서 관광의 가치와 효과에 대한 적극적인 논의가 부족하였다. 그러나 최근에 들어와 여기에 교육(education)과 자연체험(eco) 및 생활체험(existence) 등이 가미되고 있듯이 관광의 영역이 확장되고 새로운 가치를 창출해내고 있다.[10]

라. 삶의 질 향상

본래 생활의 질(quality of life)은 인간의 물질적 · 경제적 조건뿐만 아니라 개인과 그 환경의 문화적 · 사회적 상태를 포함한 다면적(multifaceted)이고 포괄적(comprehensive) 개념이다. 1980년 마닐라에서 개최된 세계관광기구의 마닐라선언에서는 "관광활동에 의한 각 개인들의 신체적 · 정신적 건강효과를 통하여 관광은 사회적 안정성을 확보시키고, 지역사회의 노동력을 증진시키며, 개인뿐만 아니라 집단의 복지를 증진시키는 요인이다"라고 규정하고 있듯이 관광은 삶의 질에 크게 기여하는 영역으로 부각되어 왔다.

관광에 있어서 삶의 질은 관광행동을 하는 소비자의 입장과 관광객을 받아들이는 지역주민의 입장에서 살펴볼 수 있다. 과거 노동지향적 삶에서 벗어나 삶의 질을 중시하는 생활 패턴으로 변화하면서 자연친화적 여가활동을 통해 쾌적한 삶을 즐기면서 건강중심의 여가활동을 즐기려는 관광객이 증가할 것으로 전망된다. 웰빙(well-being)분야에 대한 관심과 소비가 증대되어 몸과 정신의 건강, 쾌적한 환경 등 풍요로운 삶의 질을 추구하므로 가격보다는 건강기능성과 친환경성을 기준으로 하는 고품질의 소비 패턴을 보이고 있다.

마. 지역사회 공헌

관광은 지역사회에 다양한 공헌을 할 수 있다. 지역주민의 빈곤을 완화시킬 수도 있으며 교통 및 정보관련 인프라의 신속한 조성효과를 기대할 수 있다. 관광객의 증가로 탄자니아의 아루샤(Arusha)와 잔지바르(Zanzibar) 지역을 이어주는 도로가 빠르게 복구 · 재건되면서 지역민에게도 편의가 제공되고 있고, 우리나라의 경우 1990년대 석탄산업의 사양화로 강원도 지역의 사회경제적 여건이 급속히 악화되었지만 강원랜드의 조성을 통하여 지역활성화의 계기가 된 것도 그 한 예이다.

4. 관광의 사회적 부정적 효과

가. 지역유대감 상실

관광개발에 따른 지역주민과 관광객의 태도를 분석한 김남조의 연구에서 관광개발은 농어촌마을의 전통문화를 훼손시키고, 마을의 인심을 나빠지게 하며, 마을주민의 생활방식을 변하게 한다고 했다. 특히 지역주민들은 관광개발이 주민의 생활방식을 크게 변화시키고 있으며, 이로 인해 지역주민 간 유대감도 약화되고 있음을 우려하고 있다.[11]

나. 고용의 질저하 및 불안정성

관광개발이 이루어졌을 경우 기존거주자 중 전문인력을 확보하기가 곤란하여 외지에서 유입되고 있는 상황이다. 관광산업의 경우 비전문적 인력을 상당수 필요로 하나, 경영관리직 등 일부 직종의 경우 외지에서 영입되어 온 전문인으로 채워질 수밖에 없다. 따라서 전문직과 지역거주 비전문직 종사자 간의 임금 차이는 상당한 누출효과를 발생시킴으로써 실질적으로 지역경제에 도움을 주지 못하고 오히려 지역민에게 위화감을 조성하는 등 부정적인 영향만 미치게 되는 경우도 있다.

또한 관광은 계절성의 영향을 크게 받고 있는 산업이라는 점에서 불안정성을 극복하기가 곤란하다. 계절성으로 인해 성수기 · 비수기에 의한 경기변동률이 높기 때문에 불안전한 경제현상을 초래할 수밖에 없다. 다행히 최근에는 성수기 · 비수기 구분이 완화되고 있는 실정이다. 그 예로 여름철에는 휴가활동이 왕성해지고 있고, 겨울철에는 동계 옥내외 스포츠 활동이 활발히 이루어지고 있다.

다. 도시화 및 이주 조장

관광개발은 그것이 이루어지는 지역에 새로운 고용기회를 제공하고, 특히 젊은이들을 유인하는 작용을 하고 있다. 새로운 취업기회는 현지주민들에게 가시적으로 나타는 현상일 뿐만 아니라 취업을 희망하는 외지인의 인구유동현상을 유발시키게 되며, 이는 새로운 사회에서의 적응이라는 새로운 문제를 초래하기도 한다.

라. 관광개발시행자와의 갈등

관광정책이나 관광개발과 관련하여 나타나는 갈등 중의 하나는 공공부문과 민간부문 간의 견해차이다. 이러한 견해차는 관광개발이 본격적으로 행해지는 지역에 나타나는 일반적인 현상이다.

특히 관광개발을 포함한 지역개발과정에서 발생된 갈등문제는 중요한 국책사업들을 중단시키거나 지연시키는 등 비단 경제적인 측면 외에도 사회문화적으로 큰 손실을 낳고 있다. 따라서 관광지 개발과 관련된 공공부문과 민간부문 간 갈등의 문제는 지역활성화를 위해 추진되고 있는 다양한 개발사업에 성패를 좌우하는 중요한 변수로 인식되고 있는 상황이다.

마. 지역주민과 관광객 간 갈등

국내외관광에 있어서 관광객과 현지주민 간에 존재하는 경제적 불평등은 가진 자와 못가진 자와의 관계에서 사회적 · 문화적 열등감과 박탈감을 야기하며, 이로 인해 현지인들의 사회적 긴장감이 고조되고 자기비하와 모멸감으로 인한 관광객과의 극심한 대립양상을 초래하기도 한다.

관광으로 인한 지역민 · 관광객 간의 불협화음 문제와 지역 내 사회문화적 부작용 문제는 관광객 자신의 가치관 · 태도 · 의식 · 형태 등에 1차적인 원인이 있다고 할 수 있으나, 관광매개자(tourism broker) 즉, 관광가이드 · 관광사업자 · 관광기관 등의 역할에도 그 원인이 있다.[12] 특히 특정 지역에 있어서 관광개발로 인해 관광객 수의 지나친 증가는 관광객과 지역민 간의 갈등과 마찰을 증폭시키고 있다.

바. 사회구조 변화와 불건전한 형태 조장

관광객을 받아들이는 지역의 경우 기존에 보수적인 생활태도를 가진 주민이라도 관광객과의 잦은 접촉으로 인해 기존에 유지되어 온 생활태도에 변화가 생기게 된다.

예를 들면, 전통적으로 생활해 온 먹는 습관 자체도 관광객들로 인해 변화를 초래할 수 있고, 이들이 입고 있는 옷 자체에도 변화를 가져오는 경우가 여기에 해당된다.

이 밖에도 관광개발과 관광사업의 발달로 인하여 지역에 나타나는 현상들로는 절도와 범죄, 한탕주의, 풍기문란, 매춘, 열등의식 등을 조장하고 있다.

제2절 관광의 문화적 효과

1. 관광의 문화적 유형

지역문화가 관광 활성화를 가져올 수 있다는 점에서 주목받기 시작했다. 이러한 현상은 관광이 문화의 구체적 소비행위로서 중요한 역할을 하고 있다는 점이다. 일찍이 유럽의 박물관과 기타 문화기관에서는 방문객들의 소비를 촉진시키기 위해 다른 상업적 여가공간 및 시설과의 적극적 경쟁을 하고 있는데서도 확인할 수 있다.

특히 최근까지도 관광개발과 문화는 독립적 관계에 있었다. 그 이유는 문화관광객의 숫자가 적고, 문화기관들의 주요기능이 지역주민들의 욕구충족에 있었으며, 문화시설에 대한 관광객들의 소비는 부수적인 것에 불과한 것으로 인식한 데 따른 것이다. 특히 엘리트주의를 지향했던 문화기관에서는 그들의 주요임무는 문화적 재화를 생산하거나 보존하는데 있었지, 관광객의 방문에 대한 관심이 없었던 것이 사실이다. 그러나 문화에 대한 관광의 부정적 영향이 잠재적으로 내포되어 있음에도 관광수요의 증대와 문화기관에 대한 공공보조의 감소로 수익증대를 위해서는 시장지향적으로 변화할 수밖에 없었다. 문화자원을 이용한 관광개발의 필요성은 지역문화 활성화를 위해서도 필요하지만, 관광수요가 개별화 및 차별화되는 형태로 변화하고 있는 데서도 그 원인을 찾을 수 있다.

지역의 문화적 요소가 관광개발에 반영될 경우 변화하는 관광수요에 쉽게 대처할 수 있고, 나아가 이용자들에게 다양한 관광경험을 제공할 수 있게 된다. 문화관광은 지역의 고유한 문화개발을 전제로 한다. 지역문화의 개발은 지역주민의 문화적 정체성(cultural identity)을 확립시키고, 지역민의 삶과 품격을 높여주는 역할도 한다. 우리 문화의 세계화는 우리가 살고 있는 지역의 생활터전에서 비롯됨을 인식하는 것이 무엇보다 중요하다.

지역의 문화적 유형은 공연예술을 비롯한 각종 예술감상, 축제 및 문화행사 참여, 명소 및 기념물 방문, 자연 · 민속 · 미술 · 언어 등으로 구분할 수 있으며, 앞으로의 관광은 문화자원이 그 주류를 이룰 것으로 판단된다.

2. 관광의 문화적 긍정적 효과

가. 전통문화 및 유적의 보호 · 보존

관광은 지역주민들에게 그들 자신의 삶 자체가 녹아 있는 전통문화 및 유적보호 · 보존에 대한 재인식하는 계기를 가져다준다.[13] 지금까지는 대수롭게 생각해 온 지역의 문화자원들에 대해 관광객들이 찾아옴으로써 지역민들은 자기들의 문화에 대한 자긍심과 애향심을 고취시킬 수 있다.

나. 지역문화 발전

지역문화 자원개발이 활성화됨으로써 전통문화 및 유적보호 · 보존에 그치지 않고, 지역문화 발전이라는 더 적극적인 기능도 발휘할 수 있다. 관광대상이 되는 전통문화 및 유적이 핵심관광자원이라면, 이들을 보완해 줄 부대적인 문화시설들, 이를테면 박물관이나 미술관 등이 새롭게 만들어져 문화자원 공급총량을 늘리는 결과를 가져옴을 의미한다.

다. 고유문화의 관광상품화

고유문화의 관광상품화는 순기능으로 인식하기도 하고, 역기능으로 인식하기도 한다. 순기능 측면에서 심상도는 제주도를 대상으로 한 연구에서 제주시립무용단이 출연하여 해녀놀이를 저녁에 1시간 동안 공연하는데, 관광객뿐만 아니라 제주도민들도 많이 온다는 것이다. 그리고 제주도 고유의 토산품인 정동모자 · 나막신 · 탕건 등을 만들어 판매하고 있음은 물론, 토속음식이 관광객들의 증가로 다시 인기를 끌고 있고, 성읍민속촌과 향토야시장 그리고 일반음식점에서도 향토음식이 부활되고 있다는 주장이다.[14] 이처럼 문화관광자원으로써 지역의 고유문화를 소재로 한 관광상품화는 그 정도가 지나치지 않다면 자기들의 문화를 널리 알리는 계기가 된다. 그밖에도 잊혀가는 전통예술 · 공예 · 음악 등의 수요재창출을 가능하게 한다.

라. 관광객 경험만족의 극대화

문화자원은 볼거리를 다양하게 제공함으로써 관광객들에게 새로운 경험, 새로운 생각, 새로운 문화에 대한 체험을 가능케 한다. 그리고 문화자원은 오감만족을 극대화할 수 있는 유일한 요소이며, 더 나아가 문화적 교류를 통해 평화에 대한 재인식 및 문화적 상대주의(cultural relativism)를 깊이 인식하는 계기도 제공하게 된다.[15]

3. 관광의 문화적 부정적 효과

가. 문화의 상품화

문화의 상품화(commodization)란 지역의 고유문화가 외부인에게 관광으로 인하여 빈번히 노출됨에 따라 오로지 외부인의 취향에 맞추어 상품적 가치를 발휘하도록 하는 문화의 변조된 형태를 말한다. 관광이라는 것은 그곳에 살고 있는 관광지 주민이 그들의 문화를 팔게 되는 특수한 거래관계를 형성하고 있기 때문에 관광의 맥락 속에서 주민의 문화는 팔려 나가게 되며, 관광개발을 통한 수입확보에 전념하고 있는 정부 또는 관광기업 측에서는 외화획득에 동원될 수 있는 것이면, 그것이 사람이든 또는 사람의 정신이든 가리지 않고 판매대에 올려 놓은 것이 우리의 현실이다.

전경수는 제주도에만 독특하게 존재하는 '돌하르방'의 모형을 제주도의 화산석으로 만들어 판다든지, 해녀들의 모형을 돌이나 나무로 깎아서 파는 것을 문화상품화의 예로 들고 있다.[16] 돌하르방이라는 것은 전통적으로 제주도의 주민들이 일종의 수호신으로 모셨던 것이다. 마을입구에 세워진 돌하르방은 주민들을 도적이나 각종 질병으로부터 보호해 주는 일종의 신령스런 몸으로서의 모습을 갖추고 있고, 그 신체에는 수호신의 이미지가 깃들어 있는 제주도의 문화이다. 그런데 돌하르방이 자본주의적이고 상업주의의 생산양식이 요구하는 이윤을 극대화하기 위한 하나의 수단으로 전락되고 있는 실정이다. 그리고 제주도에만 있어야 할 돌하르방이 육지의 관광지 관광기념품점 어디에서나 볼 수 있는 것이 현실이다.

나. 문화적 갈등 조장

문화는 항상 학습되고 공유되며 계승되는 특성이 있다. 문화를 근간으로 하는 문화관광 역시 이 같은 특성을 지닌다고 할 수 있다. 어떤 문화이든 간에 교류가 빈번하지 못할 때는 자민족중심주의(ethnocentrism) 경향이 나타난다. 그러나 어느 지역이 문화관광자원을 개발하여 외래관광객들의 문화를 접하기 시작하면서부터 지역민들은 그들 문화에 대한 평가가 일어나기 마련이다. 이 과정에서 그들 문화에 대한 성찰 없이 타 문화를 맹종할 위험이 내재되어 있다. 부정적 측면에서 본다면 자신들의 문화가 최고라고 믿었던 것에 대한 갈등을 일으키게 된다. 이때 자칫 잘못하면 문화의 정체성을 상실하기 쉽다.

다. 전통문화의 변질 및 파괴

문화라는 정체성과 관광의 볼거리 제공 간에는 언제나 긴장관계를 형성하고 있기 때문에 관광 쪽을 지나치게 강조하면 언어와 가치관의 변화, 청소년들의 관광객행동이나 복장 모방도 가져올 수 있는 위험도 내포하고 있고, 지나치게 상업화를 추구하면 관광객 중심의 사고체계 형성 및 거기에 따른 자문화의 변질을 초래할 수도 있다.

토론주제

- ♣ 관광에 있어서 사회문화자원이 왜 중요하며, 그 범위가 어디까지인가?
- ♣ 관광이 사회문화적 효과에서 긍정적 효과를 극대화하고, 부정적 효과를 최소화할 수 있는 방안은 무엇인가?

참|고|문|헌 >>>

1) Hasan Zafer Doan, Forms of adjustment: Sociocultural impacts of tourism, Annals of Tourism Research, Vol.16, No.2, 1989, pp. 216-236.

2) R. E. Wood, International tourism and cultural change in Southeast Asia, Economic Development and Cultural Development and Cultural Change, Vol.28, No.3, 1980, pp. 561-581.

3) 장병권, 『글로벌리더로서 관광을 말하라 : 사회와 관광』, 대왕사, 2008, p. 99에서 재인용.

4) Douglas Pearce, Tourism Development, HongKong: Longman Group, 1989.

5) Joseph Fridgen, Dimensions of Tourism, Michgan: AH & MA, 1990.

6) 심상도, 관광지와 사회문화구조변화에 관한 연구, 경기대학교 대학원 박사 학위논문, 1992.

7) A. Mathieson & G. Wall, Tourism: Economic, Physical and Social Impacts, London: Longman, 1981.

8) Chuck Y. Gee & Fayos-Sola Eduardo, International Tourism: A Global Perspective, 1997.

9) 조명환, 『국제관광과 문화』, 백산출판사, 2002, p. 97.

10) 장병권, 국민국내관광의 활성화방안, 한국관광정책, 제25권, 2007.

11) 김남조, 관광목적지에 대한 지역주민과 관광자의 지각, 태도, 기대행위 차이, 『관광학 연구』, 25(3), 2001, pp. 43-62.

12) 양위주 · 장희정, 『관광학』, 서울: 형설출판사, 1998, p.58.

13) 조명환, 『글로벌 리더로서 관광을 말하라 : 문화와 관광』, 서울: 대왕사, 2008, pp. 198-201.

14) 심상도, 관광지와 사회문화구조변화에 관한 연구, 경기대학교 대학원 박사학위논문, 1992.

15) 조명환, 『글로벌 리더로서 관광을 말하라 : 문화와 관광』, 서울:대왕사, 2008, pp.198-201.

16) 전경수, 『문화시대의 문화학』, 서울 : 일지사, 2000.

제6장

관광과 심리

학습목표

- ♣ 관광객 행동과 심리에 대해 알아본다.
- ♣ 관광객의 정보처리과정을 이해하기 위한 심리적 요인을 이해한다.
- ♣ 관광객의 구매의사결정과정에 영향을 미치는 심리적 요인 및 환경적 요인에 대해 살펴본다.

제6장

관광과 심리

제1절 관광객 행동과 심리

관광현상은 사회적 현상이며 인간 행동에 기반을 둔 인간현상이기도 하다. 따라서 관광현상의 바른 이해를 위해서 인간 행동에 대한 연구가 필요하며, 개인의 행동과 정신과정을 다루는 심리학적 패러다임은 관광을 이해하는 중요한 접근방법 중의 하나라고 할 수 있다. 프로이드는 인간 행동의 기저에 기본 욕구(basic needs)가 존재하고 있다고 하였으며, 관광행동의 동기에 대한 많은 연구들 역시 이러한 기본 욕구를 가정하고 있다. 관광객 행동이란 다른 사람들에게 분명하게 관찰되고 측정되는 관광객의 물리적인 행위라고 할 수 있다.

관광객을 유형화하는 기준으로는 성격(personality), 역할(role), 활동(activity), 상호작용(interaction), 사이코그래픽(psychographics), 인구통계적 요인(demographics), 예약방법(booking method) 등이 이용될 수 있다. 여기서 사이코그래픽이란 소비자의 활동, 의견, 동기, 행위 그리고 관심으로부터 획득한 마케팅정보로 정의할 수 있으며, 인구통계적 요인은 나이, 성별, 가족규모, 소득, 직업, 교육수준, 종교 등 사회를 구성하는 사람들의 특성을 나타내는 변수들로 구성된다.

Auliana Poon(1993)은 관광객을 성향, 관광동기, 태도, 관심에 따라 20세기 관광객(old tourist)와 21세기 관광객(new tourist)로 분류하였고, 그 내용을 구분하여 정리하면 다음과 같다.

[표 6-1] 20세기 관광객(old tourist)과 21세기 관광객(new tourist)의 관광형태

20세기 관광객	21세기 관광객
• 동질성(homogeneous)	• 이질성(hybrid)
• 신기함 추구(travel is novelty)	• 여행은 일상생활의 하나(travel is chore)
• 일상생활 탈출(escape from home & work)	• 여행은 삶의 연장(extension of life)
• 태양 아래 편안하게 누워 있음(lie in the sun)	• 활동적임(get up and get active)
• 대중 추세 추종(follow the mass)	• 스스로 계획 및 결정(what to be in charge)
• 책임감 없음(here today, gone tomorrow)	• 보고 즐기되 환경파괴는 하지 않음(see and enjoy but do not destroy)
• 관광한 곳을 자랑하고 싶음(just to show that you had been)	• 여행 자체를 즐김(just for the fun tonight)
• 소유 · 물질(having)	• 존재 · 정신(being)
• 우월감(superiority)	• 이해 · 공존(understanding)
• 서구인의 가치관을 현지 주민에게 강요(impose western values on host)	• 관광지에서 해야 할 행동방식을 앎(know how to behave in the tourist)
• 관광목적으로 볼거리가 중요함(like attraction)	• 스포츠를 좋아함(like sports)
• 조심성(precautious)	• 모험적임(adventurous)
• 호텔에서 식사(eat in hotel dining room)	• 현지식당을 이용(try out local food)
• 특별한 관심사항 없음(no special interest)	• 특별한 관심사항이 있음(special interests)

출처 : 박시사, 『관광소비자행동론』, 대왕사, 2012, pp.135-137을 토대로 저자 정리

이 외에도 이태희, 배은성의 경우는 관광객을 신기성 추구의 정도에 따라 적극적 신기성 추구 관광객, 단순변화 추구 관광객, 소극적 신기성 추구 관광객으로 분류하였으며,[1] 김대관은 관광동기 중 쇼핑을 기준으로 쇼핑 관광객과 비쇼핑 관광객으로 분류하였다.[2] 따라서 관광객 행동은 심리적 변수에 의해 영향을 받으므로, 행동에 대한 연구를 위해서는 심리에 대한 이해가 선행되어야 함이 필수적이라고 할 수 있다.

관광객 행동이란 정보처리과정 및 의사결정과정으로 이어지는데, 다음 그림은 이러한 관광객의 행동을 도식화한 것이다.

[그림 6-1] 정보처리과정과 의사결정과정

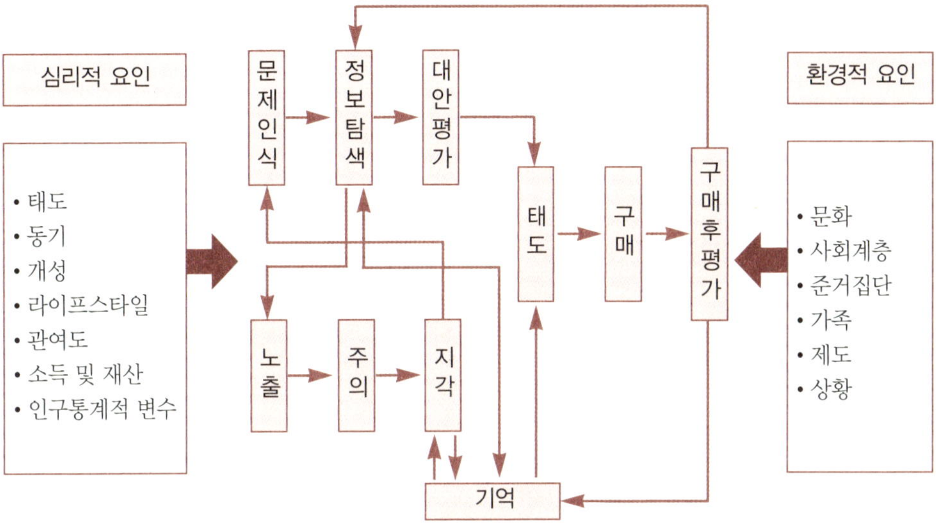

출처 : 한국관광학회, 55인의 관광학 전문인이 집필한 『관광학총론』, 백산출판사, 2009, p.259.

관광을 하려는 잠재관광자는 자신의 욕구충족을 위한 대안탐색 및 정보탐색을 하게 되며, 이때 기억 속에 저장된 여행정보를 회상하게 된다. 이러한 정보로부터 충분한 의사결정을 할 수 있다면 여행의 선택은 쉬워지나 정보가 충분치 못할 경우 외부 정보원천을 통해 새로운 정보를 탐색하게 된다. 이러한 정보처리과정은 노출, 주의, 지각, 기억의 일련의 과정으로 이루어지며, 탐색한 정보에 근거한 여러 가지 대안들 중에서 비교와 평가를 거친 후 의사결정을 하게 된다. 의사결정과정에서는 여러 가지 심리적 요인과 환경적 요인이 관광소비자에게 영향을 미치게 된다.

1. 관광객 정보처리과정

정보처리과정이란 관광객이 자극에 노출되고, 노출된 자극에 주의를 기울이며, 자극 내의 정보를 해석하고, 정보를 기억하는 과정이다. 정보처리결과는 의사결정에 바로 영향을 미치거나 혹은 기억에 저장되어 있다가 나중에 관련의사 결정에 영향을 미칠 수 있다.

정보처리과정을 거친 관광객의 행동과정은 AIDCA 혹은 AIDMA로 표시되며 attention(주의) → interest(흥미) → desire(욕망) → confidence(확신), memory(기억) → action(행동)의 순으로 전개된다.

기업은 이러한 연구를 토대로 광고, 제품의 포장, 판매원 등의 수단을 통해 관광객들에게 정보를 제공하는데, 가능하면 표적관광객이 그 정보에 노출되고 주의를 기울이며 긍정적으로 해석한 후 오랫동안 기억하고 있다가 필요할 때 적절히 기억을 인출하여 구매로 연결되어 지기를 기대한다.

관광객의 정보처리과정은 노출, 주의, 지각, 기억 등 4단계로 구분하며 다음과 같다.[3)]

가. 자극(stimuli)과 노출(exposure)

자극이란 사람을 둘러싸고 있는 환경요소로 개인의 반응에 영향을 줄 수 있는 외부자극이 시각, 청각, 촉각, 후각, 그리고 미각 등의 감각 수용기관을 통해 유입되어(sensational receptor) 개인의 행동에 영향을 미치게 된다.

노출이란 자극이 개인에게 투입되어 다섯 가지 감각 중 어떤 것을 활성화시키는 현상으로 자극에의 노출현상이 발생해야만 정보처리 행동이 시작된다. 따라서 제품이나 서비스 제공자가 제공하는 정보가 아무리 유용한 것이라 하더라도 소비자에게 노출되지 못하면 그 정보는 소멸된다.

노출의 종류는 다음과 같다.

❶ **의도적 노출(intentional exposure)** 특정한 목적을 가지고 개인이 어떤 자극에 의도적으로 노출시키는 것으로, 기업은 관광객이 문제 해결을 위한 정보를 탐색할 때 적절한 정보를 적시에 제공해야 한다.

❷ **우연적 노출(accidential exposure)** 개인의 의도와는 상관없이 다섯 가지 감각에 감지되는 자극을 우연적 노출이라고 하는데, 마케터는 표적시장 관광객이 주로 이용하는 매체를 이용함으로써 관광객의 우연적 노출의 정도를 높일 수 있다.

❸ **선택적 노출(selective exposure)** 관광객이 자신에게 필요하고 관심이 있는 정보에만 노출시키는 것을 선택적 노출이라고 한다.[4)]

나. 주의(attention)

특정 자극에 정보처리 능력을 집중시키는 것을 주의라 한다. 개인의 정보처리 능력에는 한계가 있으므로 노출되는 모든 자극에 주의를 기울이지 못하며 선택된 특정의 자극에만 집중하게 된다. 주의의 유형은 다음과 같다.

❶ **자발적 주의(voluntary attention)** 개인적 관련성이 높은 정보를 탐색하는 과정에서 특정 정보에 주의하는 경우로 관광객은 구매에 필요한 정보를 얻기 위하여 의도적으로 정보에 노출을 시도하고 노출된 정보를 주의 깊게 관찰하게 되는데, 이와 같은 목적 지향적 주의현상을 계획적 주의 또는 자발적 주의라 한다. 또한 자발적 주의의 한 형태로 선택적 주의(selective attention)가 있는데, 이는 끊임없이 주어지는 수많은 자극 가운데 인간은 특정한 자극에만 선택적으로 주의를 집중시키는 것을 의미한다.

❷ **비자발적 주의(involuntary attention)** 외부 자극에 무의식적으로 관심을 보이는 현상으로 비자발적 관심표출현상을 비자발적 주의라고 한다.[5]

다. 지각(perception)

지각이란 주의의 다음 단계로 감각수용기관을 통해 들어 온 자극을 주관적 기준으로 선택하고 조직화하여 해석함으로써 의미를 부여하는 과정을 의미한다. 지각과정은 유입된 정보를 조직화하는 지각적 조직화와 그 정보의 의미를 해석하는 지각적 해석으로 분류할 수 있다.

지각적 조직화(perceptual organization)는 사람은 하나의 현상을 구성하는 요소들을 각각 분리해서 지각한 후 이를 종합하는 것이 아니라, 전체를 하나의 현상으로 지각한 후 전체에 대해서 의미를 부여한다는 것이다. 이는 Gastalt 심리학의 가설을 토대로 만들어진 것으로 유입된 자극을 의미 있는 전체로 조직화하여 그 전체에 의미를 부여하는 것을 말한다.

지각에 영향을 미치는 것으로 알려진 요인에는 자극요인과 인적요인이 있으며 다음과 같다.

❶ **자극요인(stimulus factors)** 크기, 색상, 소리, 감촉, 모양, 주위환경 등과 같은 자극 그 자체의 특성

❷ 인적요인(personal factors) 감각작용(시력, 청력), 지능, 성격, 과거경험, 가치관, 동기, 분위기 등과 같은 개인 자신의 변수 등이 있다.[6]

라 기억

기억은 정보를 습득하고 습득한 정보를 저장하기 위해 의식적 노력을 하며 필요 시 인출하는 과정이다. 개인의 경험과 학습 또는 정보처리의 결과는 기억 속에 저장되며 저장된 지식과 정보는 개인의 신념, 태도, 행동 등에 영향을 미친다. 개인의 기억구조는 다음과 같은 세 가지 유형의 체계로 구조화되어 있다.

❶ 감각기억(sensory register) 감각기관을 통해 현실 세계의 자극이 본래의 모습 그대로 잠시 보존되는 것을 말한다. 그러나 기억의 시간이 매우 짧아 불과 몇 분의 1초 밖에 안 된다. 따라서 감각기억에서 단기기억으로 정보를 저장하도록 하는 것이 중요하며 이를 위해 사용되는 방법이 반복연습이다.

❷ 단기기억(short-term memory) 감지된 정보들이 기억하기 좋은 형태로 분류되어 보다 완벽한 처리를 위해 일시적으로 저장되어 있는 상태를 말한다. 단기기억은 약 15~30초간 유지되는 임시 저장소이므로, 반복적으로 주의를 기울이지 않으면 자극은 기억에서 사라져 버린다. 따라서 기억하기 용이한 특성을 지니고 있지 않은 정보는 단기 기억고에 쉽게 저장되기 어렵다.

❸ 장기기억(long-term memory) 지각된 정보가 인지체계 속에 완전히 수용되어 지속적인 정보로 저장되는 상태를 말한다. 특히 지각된 정보가 개인의 욕구 충족이나 목표 달성에 지원적 성격을 가지거나 기존의 신념이나 가치체계에 상충되지 않는 경우 또는 강도가 높은 경험이 수반된 경우에는 장기기억고 속에 쉽게 저장될 가능성이 매우 높다. 장기기억의 정보는 소멸되지 않으나 회상하지 못해 기억을 떠올리지 못하는 경우가 있는데 이러한 현상을 망각이라고 한다.[7]

따라서 관광마케터들은 관광객의 정보처리과정에 관여하는 노출, 주의, 지각, 기억 등의 심리적 특성에 유의하여 마케팅의 방법을 적용할 필요가 있다.

[그림 6-3] 기억구조

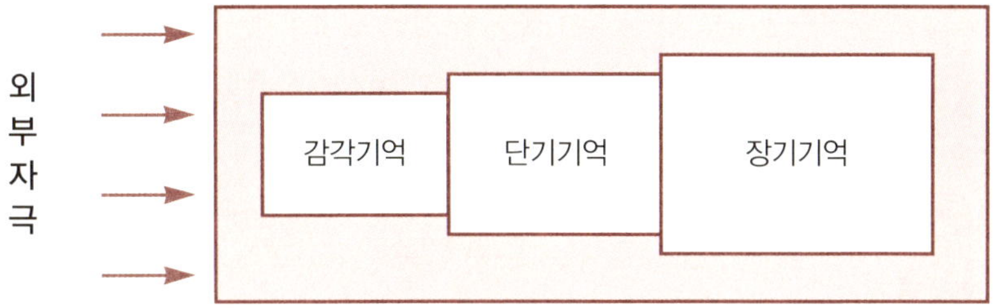

출처 : C.Wirtz Lovelock & P.Chew, Essentials of Service Marketing, Prentice Hall,2009,p.206.

2. 관광객의 구매의사결정과정

가. 의사결정유형

관광현상을 결정하는 개인의 행동 중 관광객의 정보처리과정 이후의 단계는 구매의사결정과정으로, 관광과 관련된 의사결정을 이해하기 위하여 의사결정의 유형을 살펴볼 필요가 있다.

❶ 일상적 의사결정은 새로운 정보를 필요로 하지 않고 이미 학습된 의사결정의 규칙에 따라 구매하는 유형으로 대안평가가 크게 중요시 되지 않는다. 그러므로 일상적 의사결정은 반복적인 구매행동을 하며, 또한 구매 후에도 인지 부조화가 거의 발생하지 않는다.

❷ 제한적 의사결정은 일상적 의사결정과 확장적 의사결정의 중간 정도에 해당하는 것으로 일반적으로 제품 몰입이 높지 않다. 제품 차별화와 의사결정의 시간적 압박이 클 때 발생한다. 정보탐색은 세한된 범위 내에서 외부탐색을 시도하는데 이 경우 관광객들은 구매에 관련된 위험을 최소한으로 인식한다.

❸ 포괄적 의사결정은 확장적 의사결정이라고도 하며, 구매의사에 대한 인식이 결정되면 제품선택에 대한 내외적인 정보를 탐색하고 이에 대한 대안 평가가 이루어진다. 구매가 이루어진 후에는 구매행동에 대한 평가가 철저히 이루어지는데, 주로 고가격 제품, 성능이 위험한 제품, 복잡한 제품, 전문 제품 등의 의사결정이 고관여의 포괄적 의사결정에 해당된다.

관광객들은 관광상품을 구성하는 내용, 일정, 비용 등에 관하여 가능한 한 많은 정보를 수집하고 탐색하며 제대로 된 평가를 통해 구매를 결정하게 된다. 이러한 관광상품의 소비과정에서 인지적 부조화를 많이 경험하게 되므로 이를 최소화하기 위해 사전에 더욱 포괄적으로 정보를 수집하고 탐색하는 과정이 필요하다.[8]

나. 의사결정과정

관광객 의사결정과정은 문제인식 → 정보탐색 → 대안평가 → 구매 → 구매 후 평가로 이어지는 일련의 과정으로 나타난다.

1) 문제인식(problem recognition)

문제인식이란 관광객이 관광욕구를 인지하고 이것을 관광목적지, 호텔, 레스토랑, 테마파크 등의 선택과 행동을 통하여 해결하고자 하는 것이다. 관광욕구는 외부자극이나 잠재된 욕구가 활성화됨으로써 유발되는 경우가 많으나 반드시 다음 단계인 정보탐색으로 이어지는 것은 아니다.[9]

[그림 6-3] 욕구인식과정

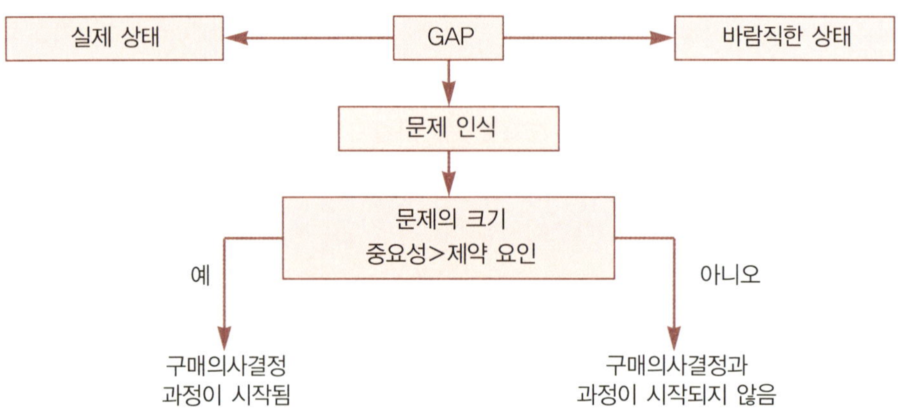

출처 : R.D.Blackwell, P.W.Miniard, & J.F.Engel, Consumer Behavior(9th ed.), Southwestern, 2001, p.100.

2) 정보탐색(information search)

정보탐색은 합리적인 결정에 필요한 적절한 자료 수집을 위해 내 · 외부 환경을 탐색하는 과정이다. 정보탐색은 제품이나 서비스 구매 이전에 주로 행해지지만, 관광객의 경우 관광지를 선택한 후 또 다른 선택을 계속해야 하는 특성[10)]에 따라 지속적인 정보탐색을 하게 된다.

[그림 6-4] 정보탐색모형

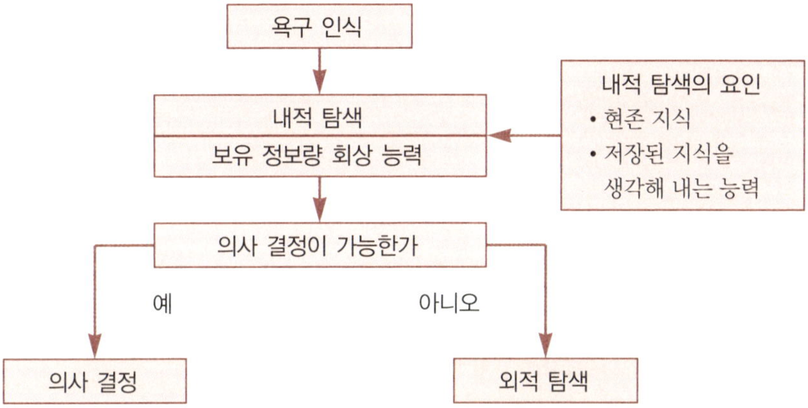

출처 : R.D.Blackwell, P.W.Miniard, & J.F.Engel, Consumer Behavior (9th ed.),Southwestern, 2001, p.106.

정보탐색 과정에서 관광객은 과거의 경험이나 가족, 친지, 친구, 이웃 등을 통해서 알고 있는 사실을 기억에 저장했다가, 욕구인식이 되면 저장된 지식이나 경험을 활용하게 된다. 이처럼 개인의 기억을 활성화하는 과정을 정보의 내부탐색이라고 하며 내부탐색만으로 구매의사결정이 만족스럽지 못할 경우 외부탐색을 하는 경우도 있다.

내부탐색에 영향을 미치는 요소로는 과거 경험에 대한 만족 또는 불만족 여부와 구매 후 얼마나 시간이 지났는가 하는 구매 간격, 새롭게 개발된 신제품의 수, 구매 가격, 디자인 등이 있으며, 과거와 비교해 변화가 클수록 내부탐색보다 외부탐색의 의존도가 높아질 가능성이 있다. 또한 현재 인식된 욕구가 과거에 경험한 욕구와 많이 다를 경우 기억 속에 저장된 정보는 현재 욕구와의 관련성이 낮기 때문에 내부탐색에 대한 의존도는 낮아진다.

이에 반해 외부탐색이란 광고, 판매원, 친구 등으로부터 새로운 정보를 수집하는 행위를 말하는데, 내부탐색만으로 정보가 불충분한 경우 외부탐색을 하게 된다. 외부 정보활동의 범위 및 수준에 영향을 미치는 요인으로는 제품 특성, 개인 특성, 상황적 특성 등이 있다. 제품 특성이란 제품의 성격에 따라 소비자의 정보탐색 수준이 달라짐을 의미하며, 개인 특성은 정보탐색의 수준이 개인의 특성에 의해서도 영향을 받는다는 것이다. 그리고 상활적 특성은 다양한 구매상황 및 여러 가지 환경요인에 의해서도 관광객의 정보탐색활동이 달라짐을 뜻한다.

3) 대안평가

대안평가를 위해서는 제품이나 브랜드가 지니고 있는 중요 속성의 평가요소를 선정해야 하는데 평가요소는 하나 또는 그 이상일 수도 있다. 평가요소가 두 개 이상일 경우에는 각 요소에 부여되는 중요도의 비중이 다를 수 있다.

평가 시 적용되는 평가기준이란 소비자가 여러 브랜드 또는 제품의 효용을 비교 · 평가할 때 사용하는 기준으로 구매목적 및 구매동기를 반영한다. 또한 평가기준의 유형과 수는 제품에 따라 다양하며 상황에 따라서도 다르게 나타난다. 더불어 평가기준의 상대적 중요도 역시 상이하다고 할 수 있다.

4) 구매

관광객의 구매행동과 일반 소비자의 구매행동은 차이가 있는데 일반소비자는 대체로 구매와 동시에 제품과 서비스를 소비하거나 경험하게 되지만, 관광상품 구매의 경우 구매시점과 소비 혹은 경험하는 시점 간에는 상당한 시간적 차이가 존재한다.

Pine과 Gilmore는 경험의 영역을 고객 참여와 연관성으로 나누어 설명하고 있는데, 고객참여는 수동적 · 능동적 참여로 구분되며 연관성은 환경과의 관계로서 흡수와 몰입으로 구분된다.

구매행동에 영향을 미치는 영향요인으로는 첫째, 물리적 환경이 있는데 이는 서비스기업의 경우 서비스 스케이프(service scape)라고도 표현하며 인간이 만든 물리적 환경을 의미한다. 둘째는 사회적 환경으로 구매행동에 있어 타인을 의식하도록 영향을 미치는 요소를 말한다. 셋째 구매동기인데 구매동기에 따라 구매행동이 달라지기 때문이다. 넷째. 구매시간으로 소비자의 구매행동은 구매하는데 충분한 시간 여유가 있는지 여하에 따라서도 많은 영향을 받는다. 다섯째, 대금 지급방법으로 소비자들은 제품을 구매할 때 현금을 지급할 수도 있고 신용카드를 사용할 수도 있으며 일시불 또는 할부로도 구매할 수 있다. 특히 고가의 여행 패키지상품을 구매할 때에 이들 구매방법에 대한 의사결정은 매우 중요하다.[11]

5) 구매 후 평가

환대산업 및 관광산업에서의 고객 만족은 고객의 충성도로 이어지므로 구매 후 평가는 중요한 의미를 지닌다. 구매 후 평가와 관련된 이론은 다음과 같다.

첫째, 기대-성과 불일치이론(expectancy-performance disconfirmation)으로 이 이론에 의하면, 구매 후 만족-불만족은 사전 기대와 지각된 제품성과 간의 차이에서 발생하는데 평가 결과는 지각한 성과와 기대가 동일한 단순 일치(simple confirmation), 지각한 성과가 기대보다 높은 긍정적 불일치(positive disconfirmation), 지각된 성과가 기대보다 낮은 부정적 불일치(negative disconfirmation)의 세 가지로 구분된다. 여기서 지각된 성과라는 것은 제품에 대한 주관적 판단이므로 동일 제품에 대한 지각이라고 할지라도 소비자마다 다르게 나타날 수 있다. 또한 기대란 것은 제품이나 서비스의 구매 이전에 예상되는 제품의 성과 수준을 의미한다.

둘째, 귀인이론(attribution theory)은 소비자의 제품 구매 후 성과가 기대에 미치지 못했을 경우 그 원인을 찾는 과정을 설명한 이론으로, 소비자는 구매한 제품이 기대를 충족시키지 못했을 때 안정성, 책임소재, 통제성의 세 가지 기준을 이용하여 이유를 분석하고 책임소재를 가리게 된다. 여기서 안정성이란 제품 실패의 원인이 우연적(확률적)인 것인지 일반적(안정적)인 것인지의 여부를 가리는 것이고, 책임소재란 제품실패의 이유가 마케팅담당자인지 판매자인지 혹은 소비자 자신인지를 가려내는 것이다. 또한 통제성은 제품 실패의 원인이 통제될 수 있는 것인지 그렇지 않은 것인지의 여부를 의미한다.

셋째, 구매 후 부조화이론(postpurchase dissonance)에서 구매 후 부조화 개념은 1957년 Festinger에 의해 제기된 인지부조화의 한 유형으로, 이러한 부조화가 발생하는 이유는 의사결정 시 선택한 대안이 선택하지 않은 대안에 비하여 갖는 상대적 단점 혹은 상대적 장점에 기인한 것이라는 이론이다. 구매 후 부조화를 해소시키기 위해 취하는 행동은 개인이나 상황에 따라 상당한 차이가 있다.

제2절 관광객의 구매의사결정과정 영향요인

1. 심리적 요인

가. 태도

태도(attitude)란 어떤 대상에 대해 갖게 되는 전반적인 긍정적 혹은 부정적 평가로서 구매행동에 가장 큰 영향을 미치는 요인이다. 따라서 마케터가 관광객을 이해하고 관광객에게 영향을 미치기 위해서는 반드시 이해해야 하는 중요한 개념이라고 할 수 있다. Thurstone은 태도를 개인이 어떤 대상에 대해 갖는 긍정적인 혹은 부정적 감정의 양으로 태도를 정의하였으며, 이후 많은 연구에서 태도를 보다 넓게 개념화하여 세 가지 하위요소로 설명하고 있다. 세 가지 하위요소는 한 대상에 대해 개인이 가지는 주관적 지식이나 신념을 의미하는 인지적 요소와 대상에 대한 긍정적 혹은 부정적 느낌을 의미하는 감정적 요소 그리고 대상에 대한 행동성향을 뜻하는 행동적 요소로 구분된다. 즉 관광객은 어떤 브랜드가 긍정적 혜택을 가져다준다고 생각할수록(인지), 그 제품을 좋아할 가능성이 높고(감정) 그것을 구매할 가능성이 크다(행동의욕).

Katz는 태도의 기능을 실용적 기능, 가치표현적 기능, 자기방어적 기능, 지식 기능의 네 가지로 분류했으며 그 내용은 다음과 같다.

❶ **실용적 기능(utilitarian function)** 관광객은 자신에게 주어지는 보상은 최대화하고 처벌은 최소화하는 방향으로 행동하는 실용적 기능을 토대로 태도가 형성된다. 따라서 지불한 비용 대비 보다 큰 편익을 가져다주는 대상에 대해 호의적인 태도를 갖게 된다.

❷ **가치표현적 기능(value-expressive function)** 관광객의 태도는 자아개념 또는 중심적 가치를 표현하는 기능을 수행한다. 그러므로 마케터는 관광객의 태도가 주로 가치표현 기능과 관련된다면 자사 브랜드를 구매 · 경험하는 사람들의 속성을 강조하는 마케팅을 하는 것이 효과적일 수 있다.

❸ **자기방어적 기능(ego-defensive function)** 자기방어적 기능에서 태도는 관광객을 내부적 불안감이나 외부적 위협으로부터 보호하는 기능을 갖는데, 이는 자신의 내면적 가치관을 나타내려는 가치 표현적 기능과 반대가 된다. 이를 관광객의 관광상품 구매 · 경험과 관련지으면, 관광객은 자신의 약점이 드러나는 상품의 구매 · 경험을 피하고 반대로 그러한 약점을 감추어 주거나 보완하는 상품을 구매 · 경험하려 한다는 것이다.

❹ **지식 기능(knowledge function)** 태도의 지식 기능은 관광객이 복잡한 외부 자극에 노출되었을 때 이를 이해하는 준거체계로 작용한다. 따라서 어떤 대상에 대해 개인이 갖는 태도는 그 대상 혹은 그 대상과 관련된 다른 대상을 지각하는데 하나의 지침으로서 기능을 한다.[12)]

나. 학습

관광객은 일상생활에서 여러 가지 여행상품의 소비 또는 사용경험을 하고, 의도적으로 혹은 우연히 여러 상품에 대한 정보에 노출된다. 관광객은 상품을 직접 경험하거나 간접적인 정보에 의하여 상품에 대한 기존의 신념, 태도 및 행동(의도)을 변화시킬 수 있는데 이를 학습(learning)이라고 한다. 학습에는 사고 과정에 의하여 이루어지는 인지적 학습과 자극 및 반응의 연결에 의하여 일어나는 행동주의적 학습이 있다.

❶ **인지적 학습(cognitive learning)** 관광객은 문제인식을 했을 때 문제해결을 위한 정보를 기억 속에 충분히 보유하지 못하고 있는 경우 외적 탐색을 수행한다. 이러한 외적 탐색을 통하여 여러 선택대안에 대한 신념을 형성하거나 기존의 신념을 변화시키며, 이는 태도의 형성 혹은 변화를 가져와 특정 대안을 선택하는 의사결정과정으로 이어진다. 이와 같은 의사결정과정은 사고과정에 의하여 이루어지

므로 의사결정과정 자체를 인지적 학습과정(cognitive learning process)이라 볼 수 있다.

❷ **행동주의적 학습(behavioral learning)** 학습에 대한 행동주의적 접근은 자극과 반응의 연결에 초점을 두는 것으로 고전적 조건화와 수단적 조건화가 있다.

고전적 조건화는 Pavlov의 조건반사 이론을 토대로 한 것으로, 학습의 정도는 무조건 자극의 강도, 자극의 반복 횟수, 자극이 주어지는 순서, 자극에의 친숙도 등에 영향을 받는다는 내용이다.

Skinner의 실험을 토대로 한 수단적 조건화는 자극에 대한 반응의 결과가 어떠한가에 따라 동일한 반응으로 강화되거나 혹은 동일한 반응이 회피된다는 데 그 핵심이 있다.

고전적 조건화와 수단적 조건화의 차이점은 다음과 같다.

첫째, 고전적 조건화의 경우 확립된 자극과 반응의 연결 관계에 기초를 두고 자연적으로 학습된다. 반면, 수단적 조건화는 기존의 자극과 반응의 연결성이 필요하지 않은 대신, 학습자가 보상을 가져올 수 있는 적절한 반응을 발견함으로써 학습이 이루어지는 것이다. 따라서 고전적 조건화에 비해 수단적 조건화는 보다 의식적이고 목적지향적인 학습자를 전제로 한다.

둘째, 고전적 조건화에서 결과는 학습자의 행위에 의존하지 않지만, 수단적 조건화는 학습자의 능동적 반응이 학습자의 상황이나 환경을 변화시키는 것이다. 즉, 학습자의 반응이 발생된 결과를 야기하는 수단이 된다. 이와 같은 방법에 의한 학습을 수단적 조건화라고 한다.

셋째, 고전적 조건화에서 학습은 반응 이전의 제시된 자극에 의해 이루어지는데 비해 수단적 조건화에서의 학습은 주어진 자극에 대한 반응의 결과에 의해 이루어진다.

다. 동기와 동기유발

구매행동에는 관광객의 동기, 지각, 학습, 가치 등과 같은 심리적 요인들이 영향을 미치게 되는데, 그 중에서도 동기가 가장 큰 영향을 미친다.

동기는 일상생활에서도 흔히 사용되는 용어로 동기(motive)와 동기부여(motivation)의 두 가지 용어로 종종 사용된다. 여기서 동기(motive)의 의미는 개인의 행동을 어떤 목적을 위하여 일정한 방향으로 작동시키는 내적자극을 의미한다. 그러므로 동기는 단순히 행동을 유발시키는 것으로 그치지 않고, 일으킨 행동이 특정 목표를 달성할 수 있도록 강한 추진력을 가진 비교적 지속성 있는 내적 성향을 말한다.

동기부여 혹은 동기유발(motivation)은 동기가 활성화되어 행동을 유발시키는 과정을 의미하는 것으로, 동기가 활성화되면 행동이 시작되고 일정한 목표가 달성될 때까지 그 행동은 지속된다. 따라서 동기부여란 행동의 시작과 추진, 그리고 행동의 마무리를 의미하는 동적인 개념이라고 할 수 있다.

관광객 행동을 유발하며 활성화된 행동의 목적과 방향을 제시해 주는 내부적 긴장인 동기는 관광상품을 구매하는 이유가 되며 실제 구매행동에 영향을 미친다. 그리고 동기유발은 자극을 받아 욕구를 인식하게 된 후 행하게 되는 목표지향적인 행동으로서 욕구충족이라는 목표를 달성하고자 추동되는 과정이라고 할 수 있다.[13)]

[그림 6-5] **동기유발과정**

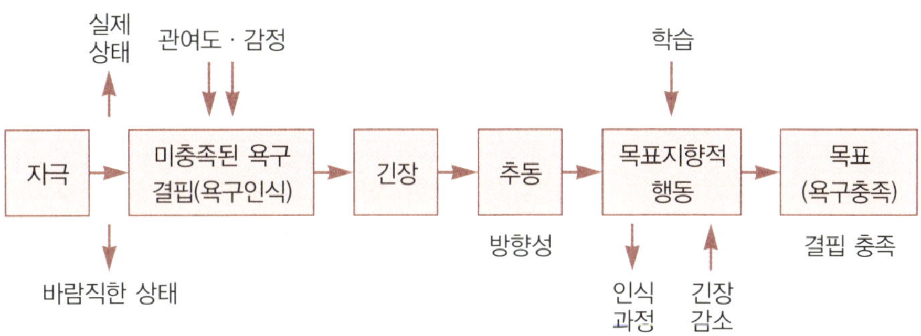

출처 : 이미혜, 『관광소비자행동』, 대왕사, 2014, p.226.

라. 개성

개성(personality)은 환경적 자극에 대해 비교적 일관성 있고 지속적인 반응을 가져오는 개인의 심리적 특성이라고 할 수 있다. 개성은 태도에 비해 비교적 지속적이며 좀처럼 변하지 않는 특성을 나타내는데, 태도는 후천적인 특성이 강한 반면 개성은 선천적으로 타고나는 성향이 있다. 그러므로 이러한 개성으로 인하여 관광객의 행동은 일관성 있게 나타날 수도 있으며, 또한 개성의 차이로 인하여 다른 행동이 나타날 수도 있다.

개성에 영향을 미치는 개성 변수들에는 생각하기를 즐기는 성향인 인지욕구(need for cognition), 개인의 행동이 상황에 영향을 받는 정도를 의미하는 자기감시성(self-monitoring), 그리고 자기감시성을 척도로 발전시킨 것으로 개인의 행동이 행동과 관련된 사회적 단서에 따라 어느 정도 이루어지는가를 나타내는 ATSCI(attention to social comparison index), 개인이 현 상태를 그대로 유지하고자 하는 성향이 강한지 혹은 행동을 취함으로써 변화를 얻고자 하는 성향이 강한지에 대한 개성변수인 상태-행동지향성(state-action orientation : SAO), 타인보다 신제품을 먼저 시범적으로 사용하고 수용하는 성향을 뜻하는 소비자 혁신성(consumer inovativeness), 개인의 기존 신념에 반하는 것에 저항하는 성향인 독선주의(dogmatism), 다른 사람과 다르게 보이기를 원하는 개인의 성향을 의미하는 독특함에 대한 욕구(need for uniqueness), 개인이 자기 자신, 타인들, 주변 환경을 얼마나 통제하려 드는가에 관한 개성변수인 통제성(control) 그리고 소비자 행동에서 과시적 소비의 형태로 나타날 수 있는 경쟁심(competitiveness) 등이 있다.

이외에도 관광객의 성격을 기준으로 분류한 Plog의 분류를 살펴보면, 관광객은 성격에 따라 목적지 선택, 선호하는 교통편, 관광 목적지에서의 활동, 숙박시설의 선택 등 많은 부분에 있어 다른 특성을 나타냈으며, 변화와 신기함을 추구하는 정도 역시 유형에 따라 다르게 나타났다. Plog는 이러한 기준에 따라 관광객을 의존형 관광객(dependables), 모험형 관광객(venturers), 그리고 중간형 관광객(centrics)의 세 부류로 크게 분류하였으며, 다시 이를 여섯 부류로 세분하였다.

의존형 관광객의 성격상 특징은 새로운 아이디어 및 경험의 추구 등 지적추구활동에 있어 제한된 성향을 나타내며, 일상생활에서는 보수적이며 중요한 결정을 내려야 하는 상황을 피하는 경향이 있다. 인기있는 소비상품 브랜드를 선호하며, 자신감과 활동량이 적고, 권위있는 사람의 충고나 행동을 모방하기도 한다. 이들의 라이프스타일은 상대적으로 단조로우며 변화가 적은 생활을 추구한다. 따라서 의존형 관광객(dependables)은 내향성 집단(psychocentric)의 특성을 나타낸다.

반면, 모험형 관광객의 성격상 특징은 대체로 의존형 관광객과 반대 성향으로, 새로운 경험과 활동을 추구하며 신기하고 독특한 것을 좋아한다. 의사결정을 신속하고 쉽게 내리며 자유재량소득을 쉽게 사용하는 경향이 있다. 활동적인 일상생활을 영위하며 다양한 활동과 도전을 추구한는 외향성 집단(allocentric)의 특징이 나타난다. 의존형 관광객과 모험형 관광객은 그 수가 적은 반면, 성격적 측면에 있어서도 의존형 관광객과 모험형 관광객의 중간 특성을 나타내는 중간형 관광객이 일반적으로 많다.[14] 이러한 성격적 특성에 기인하여 의존형 관광객과 모험형 관광객의 행동특징을 구분하면 다음의 표와 같다.

[표 6-2] 의존형 관광객과 모험형 관광객의 특징

의존형 관광객	모험형 관광객
• 여행의 빈도수가 적음	• 잦은 여행 빈도
• 짧은 여행일정 선호	• 긴 여행일정 선호
• 관광목적지의 1인당 하루 경비가 적음	• 관광목적지의 1인당 하루 경비가 많음
• 항공보다 차량이용 선호	• 항공교통선호
• 유명한 관광지 선호	• 독특하고 개발이 덜된 자연적 지역 선호
• 일상의 레저활동을 관광지에서도 하려고 함	• 독특한 여행경험을 위한 불편한 숙소 감수
• 비활동적 휴식 선호	• 지역민, 지역문화와의 교류 선호
• 개별관광보다 가이드 동반의 단체관광 선호	• 개별여행(FIT)을 선호
• 관광지 기념품이나 장신구 구매 선호	• 활동적이며 방문지역을 이해하려고 노력
• 선호하는 관광지의 재방문 경향이 있음	• 새로운 관광지 추구

출처 : 박근수, 『관광소비자행동론』, 백산출판사, 2012, pp.53-56을 토대로 저자 정리

다음 그림은 의존형 관광객과 모험형 관광객, 내향성 집단과 외향성 집단의 관계를 토대로 관광객 유형을 6가지로 분류한 것을 도식화한 것이다.[15]

[그림 6-1] Plog의 관광소비자 유형

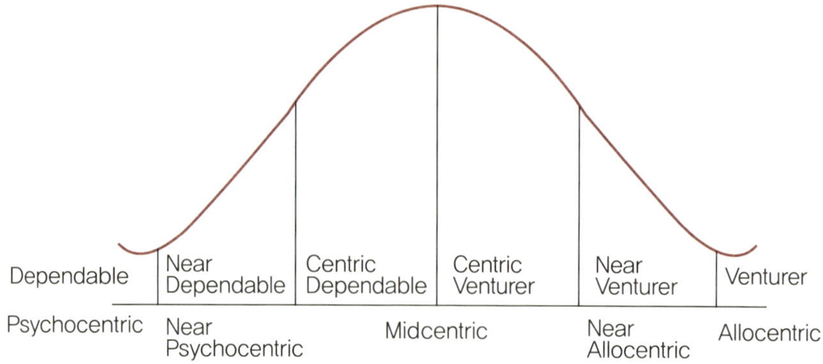

출처 : S. C. Plog, Leisure Travel : A Marketing Handbook, Prentice Hall,2004, p.51.

마. 라이프 스타일

라이프 스타일(life style)이란 "사람들이 어떻게 시간을 소비하는가(활동), 자신의 환경 내에서 무엇이 중요하다고 생각하는가(관심), 자신과 주변세계에 관하여 어떠한 생각을 가지고 있는가(의견)로써 확인되는 생활양식(mode of living)"이라고 넓게 정의될 수 있다. 사람들의 라이프 스타일은 생활주기를 통해 형성된 고유한 개인적 특징의 작용이라고 할 수 있으므로, 라이프 스타일은 상황, 문화, 사회계층, 준거집단, 가족, 개인특성 등의 영향을 받는다.[16)]

그러므로 라이프 스타일이란 특정 사회, 특정 집단, 또는 개인이 독특한 생활양식이나 생활방식으로, 관광객 행동과 관련하여 살펴본다면 돈을 사용하는 방식을 의미한다고 볼 수 있다. 또한 라이프 스타일은 생활 의식, 생활 행동, 가치관, 태도 등의 복합체이며 외부적으로 나타나는 생활 자체로서 가시성을 가지고, 개인이나 집단의 생활 모습을 실제적으로 생동감 있게 나타내므로 이용가치가 높을 뿐만 아니라, 특정 개인으로부터 사회 전체에 이르기까지 다양성을 나타낸다.[17)] 따라서 라이프 스타일은 다양한 생활 요소를 통해 분석할 수 있는데, Wells는 여러 유형의 라이프 스타일을 분석하여 관광 행동을 5가지 라이프 스타일 유형으로 구분하였다.

❶ **정태형 여행자(peace & quite traveler)** 자연을 좋아하는 야외지향성, 가족 중시의 가족 지향성, 청결 강조, 건강에 관심.

❷ **해외형 여행자(overseas traveler)** 활동적, 외향적, 자신감 있음, 흥미롭고 새로운 경험 추구, 미술관, 박물관에 관심을 가지는 등 문화적 경험에 큰 흥미를 지님.

❸ **역사형 여행자(historical traveler)** 역사적 유물, 유적, 사건에 관심, 교육적이어야 한다는 신념에 따라 역사형 휴가에 관심, 아이와 가족에 대한 강한 연대감.

❹ **위락형 여행자(recreational vehicle traveler)** 야외캠핑용 트레일러, 여행용 트레일러 등 위락용 차량을 이용하여 여행을 즐기는 사람.

❺ **후불형 여행자(travel now/pay later traveler)** 여행서비스 구매 시 신용카드 사용, 활동적, 외향적, 자신감 있음, 새로운 경험 추구, 동에 구애되지 않고 호화로운 여행을 원함, 비교적 젊고 낙천적임.[18]

2. 환경적 요인

관광객의 생각, 느낌, 행동에 영향을 미치는 요소로는 하위문화, 사회계층, 준거집단 그리고 가족 등과 같은 사회적 자극(social stimuli)과 관광상품, 유통경로, 광고, 홍보물 등과 같이 관광객의 생각이나 느낌, 그리고 행동에 영향을 미치는 물리적 자극(physical stimuli)으로 구분되는데, 이와 같은 것을 환경적 요소 또는 외부영향 요인이라고 한다. 이 가운데에서 물리적 자극은 마케팅에서 보다 심도 있게 다루어지므로 사회적 자극을 중점적으로 고찰하고자 한다.

가. 문화

문화의 어원은 라틴어 cultura로 경작이나 재배를 의미하는데서 비롯되었다. 문화에 대한 학자별 정의는 매우 많아 약 160여 가지에 이르며, 문화는 크게 가시적 문화인 물질문화와 행동규칙과 방식에 관한 문화인 비물질문화로 나눌 수 있다. 일반적으로 비물질문화는 정신문화(가치문화)와 규범문화(행동문화)로 구분할 수 있는데, 물질문화와 비물질 문화는 관광객의 수요를 발생시키기는 역할을 하며 때로는 수요를 억제시키기도 한다.

물질문화와 비물질문화를 형성하는 것은 다음과 같다.[19)]

❶ **물질문화** 예술, 음악, 복식, 음식, 건축, 기술

❷ **비물질문화** 지식체계(언어, 과학), 신념과 가치체계(종교, 사회, 정치철학), 사회규범체계(규범, 규제)

문화의 특성은 다음과 같다.

❶ 문화란 인간에 의해 만들어지며 학습된다. 이는 인간의 문화를 구성하는 신념, 가치관, 관습 등의 요소들이 일반적으로 공식적 학습(formal learning), 비공식적 학습(informal learning), 그리고 기술적 학습(technical learning)의 방법을 통해서 학습되는 것을 의미한다. 그러나 집단 구성원들에게 공유된 것이라고 전부 문화는 아니며, 문화가 되기 위해서는 선천적인 것이 아니라 학습에 의한 후천적인 것이라야 한다. 인류학자들은 자기문화에 대한 학습을 문화화(enculturation)라고 하고 타 문화나 새로운 문화에 대한 학습을 문화접변(acculturation)이라고 한다.

❷ 문화는 사회적으로 공유된다. 이는 어떤 신념이나 가치 또는 관습이 문화적 특성으로 간주되기 위해서는 이들이 대다수의 사회구성원에 의해서 공유되어야 한다는 것이다.

❸ 문화는 지속적이며 동태적이다. 사회구성원의 욕구가 구성원에 의해 공유된 관습을 통해 충족된다면 사회구성원들은 이러한 관습을 되도록 지속하려고 한다. 따라서 문화의 구성요소들은 시간이 흘러도 이어지며 후세대가 다른 문화에 노출되는 경우에도 그 영향이 지속된다.

❹ 문화는 규범성이 있다. 문화는 이상적인 행동의 표준이나 패턴을 포함하고 있기 때문에 특정 상황 하에서 사회구성원들이 올바르고 적절하게 생각하고 느끼고 행동할 수 있도록 하는 특성이 있다. 이를 규범성이라고 한다.

하위문화란 크고 복잡한 사회 안에서 다른 영역과 구별되는 특성을 가진 독특한 문화집단으로 하위문화의 구성원들은 같은 사회의 다른 구성원들과 구별이 되는 신념,

가치, 관습을 나타내는 경향이 있다. 그러나 하위문하의 구성원이라고 할지라도 전체 사회의 지배적인 문화적 신념이나 가치, 행동양식들은 유지한다.

인구통계적 기준의 하위문화 유형을 살펴보면 다음과 같다.

❶ **연령** 청소년, 젊은 성인, 중년, 노년

❷ **종교** 개신교, 천주교, 불교, 이슬람교

❸ **인종** 흑인, 백인, 황인

❹ **소득수준** 매우 가난함, 가난함, 보통, 부유함

❺ **국적** 한국, 미국, 프랑스, 스페인 등

❻ **성별** 여성, 남성

❼ **가족유형** 부모생존, 부편모가정, 이혼, 자녀가 없음

❽ **직업** 의사, 변호사, 경찰, 교수 등

❾ **지방/지역** 경상도, 전라도, 강원도, 충청도 등

❿ **지역사회** 대도시, 중간도시, 소도시, 농촌, 어촌, 산촌, 광산촌

나. 사회계층

사회계층이란 하나의 사회를 태도나 가치관 그리고 라이프 스타일 등의 기준으로 동질적인 집단으로 구분한 것으로, 동질적인 집단 안에서 구성원은 대부분 동등한 지위를 갖고 있다.

그러므로 사회계층은 다음과 같은 특성을 나타낸다.

❶ 사회계층은 지위를 나타내는데 여기서 지위란 타인에 의해 지각된 사회시스템에서의 개인 서열을 의미한다.

❷ 사회계층은 소득, 권력, 교육, 직업, 재산 등의 많은 구성요소를 복합적인 기준으로 사용하는 다차원적인 것이다.

❸ 사회계층은 현재 세 단계, 여섯 단계, 일곱 단계 혹은 아홉 단계 등으로 분류하거나 또는 대분류하여 높은 지위에서 낮은 지위로 수직적 순위를 가지는 계층적 구조를 나타낸다.

❹ 사회계층에 있어서 같은 계층은 유사한 관심, 사고나 가치관, 생활수준, 소비형태 등을 나타내며 동질성을 가지므로 상호 간 행동에 대한 구속력을 가진다.

❺ 각 사회계층은 계층 내에서는 동질성, 계층 간에는 이질성을 나타낸다.

❻ 사회계층은 경제적 부, 교육의 정도, 직업, 지위 등에 의해 달라지고 한 세대에서 다음 세대로 물려줌으로써 세대 간 이동이 가능한 특성을 나타내는데 이를 사회계층의 동적 특성이라고 한다.[20)]

특히 사회경제적 요인인 직업, 교육, 소득 등은 사회계층을 형성하는 중요한 요인이 되며, 이렇게 형성된 상류층, 중산층, 노동자계층, 하류층의 사회계층은 선호도, 구매, 소비, 의사소통 등의 소비자 행동에 영향을 미치게 된다.[21)]

다. 준거집단

집단이란 상호작용의 결과로서 관련성을 갖고 있는 사람들로 구성된 집합을 의미한다. 집합의 기능(function)이나 내용(contents)을 기준으로 집단을 구분하면 가족, 민족, 성별, 종교, 거주지, 직업, 교육 등으로 나눌 수 있고, 개인적 관여 정도(degree of personal involvement)로 구분하면 서로 자주 접촉하는 친밀한 집단으로서 개인의 행동에 가장 큰 영향을 미치는 1차 준거집단과 1차 준거집단(primary group)에 비해서는 접촉의 빈도가 낮고 개인의 사고와 행동에 미치는 영향이 덜한 2차 준거집단(secondary group)이 있다.

또한 조직화의 정도에 따라 분류하면 구성원들의 자격요건과 구조가 공식적인 문서에 의해 구성된 집단인 공식적 준거집단(formal group)과 조직구조가 비교적 정형화되어 있지 않고 서로 간의 사교에 근거를 두지만 경우에 따라서는 구조화될 수도 있는 집단인 비공식 준거집단(informal group)이 있다.

그리고 구성원들에게 주는 매력에 따라 소속되기를 원하는 집단인 열망집단(aspirational group)과 관련되기 싫어하는 준거집단인 회피집단(dissociative group)이 있다. 여기서 열망준거집단은 구성원이 앞으로 소속될 가능성이 높은 집단으로 준거집단에 소속되길 열망한다면 그 집단의 사고, 가치관, 관습, 규범 등을 따라야 하는 기대 열망집단과 정치인, 연예인과 같이 비교적 구성원으로 소속되기 어려운 집단인 상징적 열망집단으로 나눌 수 있다.[22)]

라. 가족

소비와 관련된 가계의사결정과정에 있어서 가족형태와 가족생애주기(family life cycle) 등이 영향을 미치는데 가족이란 혈연, 결혼, 출산, 입양 등으로 이루어진 2인 이상의 집단으로 부부가족, 핵가족, 확대가족(확장가족) 또는 분리된 핵가족 등으로 나눌 수 있다.

여기서 부부가족(couple family)이란 남편과 아내만으로 구성된 가족을 말하며, 핵가족(nuclear family)이란 부모와 자녀만으로 구성되어 이루어진 가족 구성형태이다. 확대가족(extended families) 또는 확장가족이란 할아버지나 할머니 혹은 외할아버지나 외할머니 등 혈연관계에 있는 다른 가족 구성원을 포함한 가족구성형태이며, 분리된 핵가족이란 직장, 학업 등의 이유로 가족 구성원 중 혼자 또는 일부가 따로 거주하는 경우의 가족구성형태를 말한다.

일반적인 소비특성을 가족의 생애주기와 관련해 살펴보면 미혼 및 독신기에는 소득의 대부분을 자기 자신을 위하여 투자하며 가처분 소득 및 자유재량처분소득이 높게 나타난다. 다양한 관광활동을 즐기므로 자신의 취향이나 추구하는 목적에 적합한 관광상품을 구매하는 경향이 있다. 신혼기에는 맞벌이의 경우 자유재량처분소득이 높게 나타나며 소비가 강한 시기로 특히 관광상품 구매에 대한 소비가 높게 나타난다. 부부의 의사결정에 의해 관광상품의 구매가 이루어지는 시기라고 할 수 있다. 반면, 어린 자녀가 있는 결혼 초기의 경우 자녀에 대한 지출 비중이 높아지며 자유재량처분소득이 낮아진다. 관광활동을 즐기기가 어려우며 설령 관광상품을 구매하게 되는 경우에도 어린 자녀에 적합한 교육차원의 체험지향적 관광상품을 구매하게 된다. 성장기 자녀가 있는 결혼 중기의 경우 자녀에 대한 교육의 비중이 더 높아지며 주택구매 등으로 지출이 늘어난다. 저축이 급격히 줄어들며 관광활동에 지출할 비용의 비중이 낮아진다. 설령 구매할 경우에도 교육을 목적으로 하는 관광상품을 구매하게 된다. 출가한 자녀가 있는 결혼 후기의 경우 경제적으로 여유로워진다. 부부만의 지출 비중이 높아지며 관광활동이 다시 활발해진다. 따라서 부부 위주의 친목모임 관광상품의 구매가 증가한다. 부부가 모두 생존하거나 혼자 생존하는 시기인 노년기에는 연금으로 일정 수준의 지출이 이루어지며 의료비 지출이 증가한다, 근거리 위주의 관광활동만 이루어지며 취미나 건강증진에 관련한 관광상품을 구매하게 된다.[23] 그러나 이러한 내용은 미국의 연구를 토대로 한 것으로 우리나라의 현 실정과는 다소의 차이가 있다.

마. 네트워크화된 소비자행동

1) 입소문(buzz)과 구전(word of mouth : WOM)

소문과 구전은 관광상품을 성공하게 만들며 개인이 개인에게 전하는 상품에 관한 정보가 된다. 대체로 구전의 경우 아는 사람들로부터 정보를 얻게 되기 때문에 회사에서 펼치는 마케팅보다 더 많은 신뢰감을 주게 된다. 이러한 특성으로 인해 광고와는 달리 구전은 이들의 추천을 따르게 하는 사회적 압박을 수반하게 되는 경우도 발생한다. 연구결과에 의하면 마케터들이 마케팅 비용을 들여서 펼치는 비싼 광고보다 구전의 영향력이 더 큰 것으로 나타났는데, 특히 최근(2014)의 한 조사에서는 여행지를 결정하기 위해 친구나 지인들로부터 도움을 받는 경우가 22%에 달하는 것으로 나타났다.

구전은 특히 친숙하지 않은 신제품이거나 기술적으로 제품이용이 복잡한 경우 소비자에게 영향력이 큰 것으로 나타났다. 이는 현명한 구매를 위한 불확실성을 줄여주는 방법 중 하나가 제품에 대해 이야기하는 것으로, 대화는 소비자에게 구매에 대한 찬성 의견을 발생하게 하고, 구매에 대한 타인의 지지를 받을 수 있는 기회를 제공하기 때문이다. 관광상품의 경우에도 낯선 관광지를 선택할 경우 이와 같은 구전작용의 영향력이 크게 나타난다. 그러나 구전과 같은 비공식적인 토론은 관광객들 사이에서 상품을 성공시킬 수도 있지만 부정적인 구전의 경우는 파산시킬 수 있는 힘도 가지고 있다. 관광객들은 긍정적인 구전보다 부정적인 구전에 더 큰 비중을 두며 부정적인 구전은 회사의 광고 신뢰성을 떨어뜨리고 제품에 대한 관광객의 태도와 구매의도에 부정적인 영향을 미친다.[24]

2) 온라인 구전과 온라인 사회네트워크

온라인 구전(Online Word-of-Mouth : e-WOM)은 인터넷을 통해 현재나 과거의 관광객 또는 잠재관광객 사이에 언어적 · 시각적으로 전달되는 개인 간 커뮤니케이션을 말한다. 2000년대 들어 인터넷의 지속적인 성장에 따라 블로그, 소셜네트워킹 사이트 등의 온라인 구전의 영향력이 갈수록 증가하고 있다.

오프라인 구전은 소수의 친한 친구나 동료와의 직접적 대면을 통해 이루어지는 정보교환인 반면, 온라인 구전은 가상공간에서 지인뿐 아니라 낯선 사람들과 이루어지는 정보교환이다. 온라인 구전은 문자와 시각적 정보로 이루어지기 때문에 정보가 사라지지 않고 지속적으로 확산되며, 전달속도가 빠르고 확산의 범위가 훨씬 넓다.[25]

인터넷의 급속한 성장은 온라인 사회적 네트워킹 혹은 온라인 커뮤니티의 발전을 가져왔는데, 이러한 사회적 네트워크를 통해 실시간으로 변하는 소식이나 정보를 접하기 위해 끊임없이 소셜미디어를 확인하는 충동을 FOMO(fear of missing out : 좋은 기회를 놓치고 싶지 않은 두려움)라고 한다.

구매와 관련하여 SNS는 관광객에게 구매시점 이전에 구매하려는 관광상품의 공유된 정보를 볼 수도 있고, 구매 후기를 통하여 타인의 피드백을 공유할 수도 있다. 이러한 리뷰를 제공하는 사람들을 브랜드 옹호자(brand advocate)라고 부르는데 Yahoo!에서는 온라인에서 시간을 보내는 사람의 약 40%가 브랜드 옹호자인 것으로 나타났고, 그들은 브랜드 옹호자가 아닌 관광객들의 구매에 영향을 미치는 것으로 나타났다.

특히 모든 커뮤니티들은 온라인과 오프라인이 서로 소속감과 친밀감 그리고 동일감(같은 지역, 같은 학교 소속)을 갖는 공통 특성을 나타내고 있으며, 구성원들은 상호 간에 자원획득, 정보의 욕구 등을 충족시킬 수 있도록 도와준다. 따라서 커뮤니티는 대화를 통해 집단적 흥미나 정보를 공유함으로써 행동과 참여수준을 높이고, 구매에 있어서 군중의 힘을 발휘하며 소셜쇼핑으로 이어지도록 하는 의사결정과정에의 영향요소가 된다.

토론주제

- ♣ 최근의 여행사 광고 중에서 기억에 남는 광고를 선택하여 관광객 정보처리과정에 맞추어 그 과정을 분석해 보고 문제점은 없었는가?
- ♣ 최근 다녀온 관광에서 개인의 의사결정과정에 영향을 미친 내부요인과 외부요인은 무엇이었는가?

참|고|문|헌 >>>

1) 이태희 · 배은성, 관광쇼핑행동 영향요인에 관한 연구 : 신기성, 감각추구성향, 쾌락적 쇼핑성향을 중심으로, 『관광학연구』, 제33권 제6호, 2009년 11월, pp.15-35.
2) 김대관, 관광객 쇼핑 행동에 관한 연구, 『관광학연구』, 제26권 제3호 (통권40호), pp.211-232.
3) M. R Solomon, Consumer Behavior, 6th ed., Pearson Prentice Hall, 2004.
4) 이학식 · 안광호 · 하영원, 『제6판 소비자 행동론 : 마케팅적 접근』, 집현재, 2015, pp.145-146.
5) 김병용, 『관광소비자 행동론』, 한올, 2015, pp.92-93.
6) 동남레저산업연구소 편, 『제2판 관광학의 이해』, 기문사,2015, p.149.
7) C.Wirtz.Lovelock. & Chew,P. Essentials of Service Marketing. Prentice Hall. 2009.
김병용, 『관광소비자 행동론』, 한올, 2015, pp.111-112.
8) Del I.Hawkins, J. Best. Roger, & A. Coney Kenneth, Consumer Behavior : Building Marketing Strategy, Boston : McGraw-Hill. 2011.
9) R.D.Blackwell, W.Miniard.P. & J.F.Engel, Consumer Behavior, 9th ed., Southwestern, 2001, p.100.
10) R.D.Blackwell,, P.W.Miniard. & ,J.F.Engel, Consumer Behavior, 9th ed., Southwestern, 2001, p.106.
11) B. J. Pine & J. H. Gilmore, Welcome to the experience economy. Harvard Business Review, 76(4), 1998, pp. 97-105
박시사. 『관광소비자행동론』, 대왕사, 2012, pp.274-275.
12) D.Katz, The functional approach to the study of attitudes, Public Opinion Quarterly, 24, 1960, pp.163-204.
13) 이미혜, 『관광소비자행동』, 대왕사, 2014, p.226.
14) 박근수, 『관광소비자행동론』, 백산출판사, 2012, pp.53-56.
15) S.C.Plog, Leisure Travel: A Marketing Handbook, Prentice Hall, 2004, p.51.
16) 동남레저산업연구소 편, 『제2판 관광학의 이해』, 기문사,2015, pp.173-174.
17) R.D.Blackwell, P.W.Miniard, & J.F.Engel, Engel, Consumer Behavior, 9th ed., Southwestern, 2001, p.100.
18) 동남레저산업연구소 편, 『제2판 관광학의 이해』, 기문사,2015, pp.176-178.
19) 김병용, 『관광소비자 행동론』, 한올, 2015, pp.488-492.
20) 이미혜, 『관광소비자행동』, 대왕사, 2014, pp.164-165.
21) David Loudon, J.Albert, & Della Bitta, Consumer Behavior, 3rd ed., McGraw-Hill, 1988, pp.236-241.
22) 이미혜, 『관광소비자행동』, 대왕사, 2014, pp.177-178.

23) E.Patrik,, Murphy, & A. Staples. William, A modernized family life cycle. Journal of Consumer Research, 6,1979.

24) Michael R. Solomon 지음. 황장선 · 이지은 · 전승우 · 최자영 옮김, 『소비자행동론』 제11판, 2015, Pearson, pp. 581-590.

25) 이학식 · 안광호 · 하영원, 『소비자 행동론 : 마케팅적 접근』 제6판, 집현재, 2015, pp.431-432.

읽을거리

'관광중심' 파리 부활…테러악몽 딛고 방문객 10년래 최다

대형테러 속출해 관광객 급감하자 1천만 유로 투입해 회복 견인

프랑스 파리가 2015년 이후 발생한 잇따른 대형테러를 딛고 세계 최고의 관광도시 위상을 회복했다.

27일(현지시간) 영국 가디언에 따르면 프랑스 지역관광청(CRT)은 올해 상반기 파리와 수도권 일드프랑스를 방문한 관광객 수가 1천600만 명을 기록해 최근 10년래 가장 많았다고 밝혔다.

CRT에 따르면 파리와 일드프랑스를 찾는 관광객 수는 지난해 같은 기간 대비 14.6% 증가했고, 다른 지역 관광객 수도 6.4% 늘었다. 특히 잇따른 테러 직후 파리로 발길을 끊었던 일본과 중국 관광객들이 다시 늘어난 것이 파리의 관광명성 회복을 도왔다. 올해 상반기 일본인 관광객 수는 지난해 같은 기간보다 40.5%나 급증했고, 중국인 관광객의 증가폭도 29.5%에 달했다. 이 밖에도 미국인 관광객 114만 명이 지난 1~6월 파리와 일드프랑스를 찾은 것으로 집계됐다. 지난해 같은 기간보다 20%나 증가한 수치다.

프레데리크 발투 CRT 청장은 여름 성수기인 7~8월과 다음 달에 더 많은 관광객이 파리를 방문할 것이라며 이런 추세가 계속된다면 올해 파리를 찾는 관광객 수가 3천200만~3천400만 명으로 역대 최다를 기록할 것으로 예상한다고 밝혔다. 올해 관광객 소비규모도 이전 최고치인 2015년 210억 유로(약 29조 원)를 넘어설 것으로 전망된다. 씀씀이가 큰 일본과 중국 관광객의 급증 때문이다.

발트 청장은 "관광객 수가 급증해 파리와 일드프랑스 관광사업에 청신호가 켜졌다"고 밝혔다.

프랑스는 지난 2015년 1월 노골적인 만평을 지향하는 언론사 '샤를리 에브도' 사무실 테러를 시작으로 극단주의 테러의 주요 목표가 됐다.

2015년 11월 국제테러단체 이슬람국가(IS)가 배후를 자처한 파리 연쇄 테러로 130명이 숨졌고, 작년 7월엔 프랑스 남부 휴양지인 니스에서 트럭 돌진 테러가 발생해 90명 가까이 사망했다. 올해에도 파리 루브르박물관 흉기 테러, 샹젤리제 경찰관 테러 등이 크고 작은 공격이 잇따랐다. 잇따른 테러 탓에 관광객 수가 급감하자 프랑스 정부는 지난 1월 1천만 유로(134억 원)를 투입한 캠페인을 시작해 관광객 모시기에 나섰다.

캠페인을 주도한 디디에 아리노는 "테러가 파리에 대한 잘못되고, 부정적인 이미지를 확산했다"며 "시설이 낙후된 숙박시설들을 보수하고, 전반적으로 가격을 낮추는 등 서비스 질 향상을 위해 노력했다"고 강조했다.

파리테러 이후 개시된 '오페라시옹 상티넬' 작전에 따라 무장군인 7만여 명이 파리 주요 관광지에 투입돼 경계태세를 강화한 점도 긍정적으로 작용했다고 아리노는 설명했다.

도널드 트럼프 미국 대통령도 파리에 대한 비하성 발언으로 도움을 줬다는 분석도 있다.

가디언은 프랑스에서 인기가 낮은 도널드 트럼프 미국 대통령이 "파리는 더는 파리가 아니다"라고 말해 자존심이 강한 프랑스인들의 정서를 자극했다고 주장했다. 에마뉘엘 마크롱 프랑스 대통령이 지난 7월 파리를 찾은 트럼프 대통령에게 "파리는 통제 불능도 아니고, 위험하지도 않다"고 맞받아친 것도 위축된 관광심리 회복에 도움을 줬다고 가디언은 덧붙였다.

2017년 8월 28일
출처 : 연합뉴스

제7장

관광산업의 인재상과 진로교육

학습목표

- ♣ 관광산업 노동력의 기본적 특성을 이해한다.
- ♣ 관광산업 인사관리에 대한 전반적 · 체계적 학습을 한다.
- ♣ 관광산업이 필요로 하는 인재상의 유형 및 특성을 이해한다.
- ♣ 관광산업 관련 일반적 현황을 이해한다.
- ♣ 관광관련 대학의 진로교육 내용 및 특성을 이해한다.

제7장

관광산업의 인재상과 진로교육

제1절 관광산업의 노동력

1. 관광산업 노동력의 중요성

일반적으로 관광은 관광주체, 관광객체, 관광매체 등의 3요소로 구성되어 있는 것으로 알려져 있는데 관광객이 관광을 통하여 만족을 얻고 재방문을 유도하기 위해서는 3가지 구성요소의 역할이 중요할 것이다. 이 중 관광객의 욕구를 충족시켜주는 대상이 되는 관광객체에는 관광객의 활동과 관련한 자원과 시설, 인적서비스가 포함되어 있는데 특히 인적서비스의 역할과 기능에 대한 중요성이 높아지고 있다.

관광은 생산과 소비의 동시성이라는 특성 때문에 현장에서 바로 관광관련 상품이나 서비스가 제공되고 또 이를 소비하게 되어 관광객(guest)과 서비스 제공자(host)와의 상호작용이 매우 중요하다 하겠다. 상호작용이 이루어지는 장소는 게스트 입장에서는 소비장소이며 호스트 입장에서는 관광상품이나 서비스 제공과 관련한 노동활동의 장소가 된다. 상호 간에 있어 보다 친밀하고 우호적인 관계를 구축하기 위해서는 관광객인 게스트보다 노동활동을 제공하는 호스트의 역할이 더 중요하다는 것이 공통된 견해라 할 수 있다.

인적 의존성이 높은 관광산업에 있어 노동력의 중요성은 클 수밖에 없는데 지금까지 인재육성과 관련한 구체적인 교육프로그램 개발이나 연구가 활발하게 진행되지 못한 것도 사실이다. 세계관광기구인 UNWTO의 보고에 따르면 국제관광객수가 2010년도부터 연평균 4.6% 성장률을 보이면서 지속적으로 증가하고 있고 2015년도 국제관광객수는 약 12억 명에 달하고 있다고 한다.[1] 이러한 성장추세는 당분간 지속될 것으로 예상되고 있어 유능한 인재를 확보하고 육성하는 것은 관광산업뿐만 아니라 관광 전체의 발전과 성장에도 중요한 의미를 가지게 된다.

2. 관광산업 노동력의 특성과 개선 과제

가. 기본적 특성

관광산업에는 다양한 사업체들이 존재하는데 이들 사업체의 업무 대부분은 관광객을 대상으로 이루어지는 서비스에 의해 지원되고 있고 이 서비스로 관광산업 노동력의 특성을 규정할 수가 있다. 보통 서비스란 관광객의 요구나 욕구를 충족시켜주기 위하여 제공되는 직업적 행위를 의미하는데 여기에는 넓은 의미로서 환대(hospitality)를 포함하게 된다.[2]

관광산업의 노동력을 서비스와 관련한 업무로 봤을 때, 그 특성을 쉽게 파악할 수 있다. 기본적 업무는 관광객에 대한 대인서비스이므로 서비스 제공자의 행위 그 자체로 구성되고 따라서 서비스 제공자가 어느 정도 수준의 서비스를 제공하느냐에 따라 관광객의 만족도가 결정된다. 결국 관광산업의 노동력 성과는 이를 제공하는 서비스 제공자의 전 인격적 자질이나 능력에 의해 좌우되어 서비스 제공자의 노동력에 의존하는 경향이 클 수밖에 없는 것이다.

나. 개선 과제

노동집약적 특성이 강한 관광산업 발전에 노동력이 필수불가결한 요소이지만 그동안 이를 둘러싼 제도나 관행이 유능한 인재의 확보와 육성에 걸림돌이 되어 온 것도 사실이다. 최근에 들어 이러한 문제점들이 조금씩 개선되고는 있지만 아직 다음과 같은 과제를 안고 있다고 할 수 있다.

먼저, 관광산업에 있어서 어렵고 힘든 노동환경이다. 관광 사업체에서는 다양한 관광객의 수요에 일일이 대응하기 위하여 노동력의 적절한 분산과 안배를 통한 유연한 노동정책을 마련하지 못한 채, 제한된 노동력에 집중함으로써 장시간 노동과 업무 과중화라는 결과를 초래하게 되었다. 이로 인하여 관광산업의 노동력은 열악한 노동환경을 감수해야 하는 반면, 관광사업체에서는 정규직 노동력의 공급 대신 파트타임, 아웃소싱 등 비정규직 노동력으로 이를 대체함으로써 저임금, 저숙련 노동력, 낮은 노동생산성 등의 여러 가지 문제점을 낳게 되었다. 이러한 문제는 현재까지도 완전히 해결하지 못하고 있어 향후 관광산업의 유능한 인재 확보와 육성에 적지 않은 걸림돌로 작용할 것으로 보인다.

다음으로 관광산업에서의 고용불안정을 들 수 있다. 관광이 가지는 다양한 특성이 노동력과 관련한 고용불안정이라는 결과를 낳게 되었다. 관광은 입지조건에 의존하는 입지제약성이나 계절에 따른 수요변동성의 특성을 가지고 있는데 이는 관광사업체로 하여금 불규칙, 불안정한 경영을 초래하게 되었고 그 결과 고스란히 노동력과 관련한 고용불안정으로 드러나게 되었다. 파트타임, 아웃소싱 등 비정규직 노동력의 투입과 이로 인한 정규직 노동력과의 동반 임금 하락, 계절에 따른 현격한 관광수요 차이에 따른 낮은 고용률은 지금까지도 관광산업의 노동력을 정직화(定職化) 또는 안정적 직업군으로 자리매김하지 못하는 부정적 요소로 작용하고 있다.

마지막으로 관광산업 관련 직업으로서의 낮은 사회적 지위를 들 수 있다. 지금까지는 관광산업의 노동력에 대하여 전문적인 기술이나 능력을 요하지 않는 다소 낮은 수준의 노동력이라는 인식이 강하였다. 관광객에게 제공하는 서비스 특히 노동력에 의한 인적서비스 자체를 중시하지 않는 분위기가 지배적이었고 무료의 봉사라는 인식이 강하여 많은 서비스를 당연한 것으로 받아들임으로써 관광산업에 있어서의 노동력에 의한 인적서비스를 경시하는 경향이 강하였다.

하지만 최근에 국민소득이 증가하고 여가가 늘어나면서 관광에 대한 관심이 높아지고 있다. 바쁜 현대인들이 복잡한 일상생활에서 벗어나 스트레스를 해소하고 삶의 활력소를 되찾기 위한 방법으로서 건강, 행복, 웰빙 등을 주제로 한 힐링관광이 인기를 얻고 있어 관광이 가지는 사회적 의미가 재조명되고 있다. 관광에 참여하는 현대인들의 요구나 욕구를 만족시키고 삶의 질을 제고하는데 기여하고 있는 노동력과 인적 재원의 역할에 힘입어 관광산업 관련 직업으로서의 가치와 사회적 지위가 과거에 비해 점차 높아지고 있다고 할 수 있다.

제2절 관광산업의 인재상과 인사관리

1. 관광산업이 요구하는 인재상과 직무역량

관광사업체를 운영하는 조직에 있어 가장 중요한 문제는 유능한 인재를 확보, 육성하는 것이라 강조하여 왔다. 인적 의존성이 강한 특성을 가지고 있는 관광산업에서는 더욱 인적자원의 발굴과 육성은 중차대한 일이라 하지 않을 수 없다. 그렇다면 관광산업에 요구되는 인재상에는 어떠한 능력이나 자질이 필요한 것인지에 대하여 살펴볼 필요가 있을 것이다.

일상적으로 사용하고 있는 인재상이란 용어보다는 공식적이고 학술적인 용어로 표현하자면 직무역량이라는 용어가 더 바람직할 것 같다. 직무역량이란 특정분야의 업무나 직무를 수행하는데 필요한 개인의 본질을 의미한다.[3] 그동안 학계에서는 관광산업체에서 필요로 하는 인재상이나 직무역량을 도출하고자 하는 연구가 많이 수행되어 어느 정도 직무역량에 관한 유형이 제시되고 있다. [표 7-1]과 같이 리더십, 비판적 사고, 자기관리, 실행능력, 전문성, 의사소통, 고객에 대한 배려, 감정조절 등이 그것이다. 먼저 리더십에 있어서는 개인의 능력이나 재능보다는 팀이나 동료들을 화합하고 동기유발할 수 있는 노력을 많이 강조하고 있고 비판적 사고에서는 급속히 변화하는 외부환경에 대한 신속한 대처나 새로운 기술, 제도를 과감하게 수렴하고자 하는 혁신적이고 전략적 역량을 중시하고 있는 것으로 나타났다. 자기관리에서는 자신의 능력이나 기술을 부단히 계발하고 직무에 밀접하게 관련이 있는 컴퓨터, 정보처리 등의 사무능력을 요구하고 있음을 알 수 있다.[4] 특히 청렴하고 결백하며 윤리의식을 강조하고 있는 것도 특징이라 하겠다. 실행능력에 있어서는 회사의 비전이나 목표를 정확하게 수립, 실천하고 동료들의 직무 능력 향상에 도움이 되는 교육적 자질을 요구하고 있으며 리스크가 발생하였을 때 이를 관리하고 해결할 수 있는 비상시의 대처 능력 또한 중시하는 것으로 나타났다. 전문성에 있어서는 관광관련 업무를 수행함에 있어 얼마나 많은 전문적 지식을 보유하고 이를 바탕으로 고객의 요구에 신속하고 정확하게 대응할 수 있는지를 요구하고 있으며, 의사소통에 있어서는 동료들과의 커뮤니케이션을 바탕으로 동료들의 의견을 경청하고 존중하며 이러한 과정을 통하여 공통된 가치를 도출하고자 하는 노력을 중시하는 것으로 나타나고 있다.[5)]

[표 7-1] **관광산업에 필요한 직무역량의 유형과 세부 내용**

유형	세부 내용	유형	세부 내용
리더십	• 팀워크 유지, 준수 • 동기유발능력 • 동료화합, 노력 • 다재다능 • 환경변화에 대한 지속적 도전	실행능력	• 동료 지도 및 교육 감독 • 회사 비전 목표 수립 및 실천 능력 • 리스크 관리 능력
비판적 사고	• 상황대처 및 분석 능력 • 문제해결 능력 • 의사결정 능력 • 전략적 사고 지향 • 혁신적 사고 지향	전문성	• 관광분야 전문지식 습득 여부 • 고객욕구에 대한 정확한 대응 • 문제해결 능력 • 신뢰 있는 일관적 행동
자기관리	• 윤리, 청렴, 책임의식 • 지속적 학습 및 자기계발 • 일정관리 능력 • 언행일치 능력 • 외국어 능력 • 컴퓨터 및 정보처리 능력	의사소통	• 동료 의견을 경청하고 수렴 • 자신 의사를 능동적으로 표현 • 동료와의 의견교환 및 합의 노력 • 동료에 대한 지원 및 신뢰 부여 • 동료 의견 및 가치 존중
고객에 대한 배려	• 고객의 욕구 이해 노력 • 고객 우선 배려 • 고객에 대한 지속적 관심 • 진정성 있는 서비스 제공 • 고객 유대 관계 구축 노력	감정조절	• 고객에게 진심어린 대응 • 표면감정과 내면감정의 일치 노력 • 직무수행 시 좋은 감정 유지 노력 • 진정성 있는 고객 감정 표현 노력

출처 : 선행연구를 참조로 저자가 재정리함

한편 상기의 직무역량 관련 유형은 일반산업에도 통용되는 것으로서 관광산업에 특히 필요한 인재상 또는 직무역량의 제시가 필요할 것으로 보인다. 여기에는 2가지 유형이 추가적으로 요구되는데 고객에 대한 배려와 감정조절 능력을 들 수 있다. 고객에 대한 배려는 항상 고객의 입장에서 고객이 무엇을 원하는지를 고민하고 그들의 욕구를 이해하고자 하는 노력과 진정성을 포함하여 고객의 유대관계를 구축하고자 하는 노력 등을 요구하고 있다.

감정조절 능력에 있어서는 관광산업의 서비스라는 것이 인간과 인간과의 관계에서 수행되는 것으로서 때로는 일반 상식에 어긋나는 고객들이 존재하기 마련이다. 이러한 서비스 제공과정에 있어 자신의 감정표현을 조절하는 능력이나 항상 긍정적 마인드를 가지려는 심리상태 등 자신의 감정을 통제하고 조절하는 능력 또한 중요한 역량으로 제시하고 있음을 알 수 있다. 따라서 관광의 특성 및 정체성을 반영하는 인재상이나 직무역량 요인의 강조가 필요한 것으로 판단된다.

2. 관광산업의 인사관리 전망

가. 탄력적 인재활용

관광산업의 각 사업체에서 인사관리와 관련하여 향후 탄력적 인재활용과 복선형 인사관리의 2가지 시책이 주목받을 것으로 예상된다. 탄력적 인재활용이란 정규직 직원에 추가하여 파트타임, 아웃소싱, 계약직 등의 비정규직 직원을 각 사업체의 기간(基幹)노동력으로 배치하고자 하는 시책을 말한다. 관광산업은 수요의 계절성에 기인하여 연중 일정한 노동력을 필요로 하지 않은 관계로 비정규직 직원을 많이 투입하여 왔다. 하지만 비정규직에 대한 정상적인 교육훈련이나 인사관리가 실질적으로 어려운 관계로 비정규직의 현장 투입은 각 사업체나 기업에 불안요소로 작용하고 있었다.

이러한 탄력적 인재활용의 문제를 극복하기 위해서 2가지 트랙으로 세분화하여 운영하는 방안이 검토되고 있는데 「스톡형(stock)」과 「플로우형(flow)」이 있다. 스톡형은 하나의 조직에 정착하여 근무하는 정규직 직원으로 이들을 각 사업체의 기간업무에 배치하고, 플로우형은 조직을 바꿔가며 근무하는 비정규직 직원으로 보조업무를 담당하게 하는 것이다. 하지만 대부분의 사업체에서는 그동안 정규직 직원인 스톡형에만 인사관리가 이루어져 왔다. 기간업무이든 보조업무이든 결국 이러한 업무가 통합되어 최종 고객에게 서비스가 전달되는 것이고 또한 파트타임이나 아웃소싱을 활용할 수밖에 없다면 향후에는 플로우형에 대한 교육훈련이나 인사고과 등의 인사관리가 동시에 이루어져야 함을 인식해야 할 것이다.

나. 복선형 인사관리

복선형 인사관리란 스톡형과 플로우형 모두 사업체에 있어 필요한 노동력으로 보고 종업원의 고용이나 교육훈련, 인사고과 등의 인사관리를 공동으로 시행하는 것을 말한다. 이런 복선형 인사관리를 도입함으로써 플로우형의 노동력을 각 사업체의 중요한 기간업무에 투입하여 경영의 효율성을 높일 수 있을 것으로 기대된다.

사실 해외의 유명한 외식브랜드에서는 이미 복선형 인사관리를 도입하여 플로우형의 활용도를 높이고 있다. 1990년대 이후 급성장한 패스트푸드나 패밀리 레스토랑의 경우 처음부터 파트타임이나 아르바이트의 플로우형 노동력을 그들의 기간업무에 적극적으로 투입하여 상당한 경영 및 영업실적을 올리고 있는 것이다.

탄력적 인재활용이나 복선형 인사관리는 노동력에 대한 가치를 바꾸고 종래의 인사관리의 구조적 변화를 가져올 수 있다. 또한 이러한 변화가 곧 관광 및 관광산업의 동반적 발전에도 긍정적으로 기여할 것으로 기대되어 향후 장기적 측면에서 지속적 논의와 검토가 이루어져야 할 것으로 판단된다.[6]

제3절 관광산업의 현황과 진로 교육

1. 관광산업의 일반적 현황

가. 관광사업체 등록 현황

현재 2015년도를 기준으로 우리나라 관광관련 사업체의 등록현황은 [표 7-2]와 같다. 전체 사업체수는 2011년도 18,196개에서 매년 조금씩 증가하여 2015년도 24,268개를 점하고 있다.

2015년도를 기준으로 관광사업체별 차지하는 비율을 보면 여행업 18,544개(76.4%), 관광편의시설업 2,537개(10.5%), 관광숙박업 1,227개(5.1%), 유원시설업 849개(3.5%), 국제회의업 702개(2.9%), 관광객이용시설업 392개(1.6%), 카지노업 17개의 순으로 나타나고 있다. 전체적인 추이로는 모든 관광사업체별로 매년 증가율을 보이고 있고 카지노업은 17개로 변동이 없다.

[표 7-2] **관광사업체 수 추이(2011~2015)**

(단위 : 개)

구분	2011년	2012년	2013년	2014년	2015년
여행업	13,289	15,152	15,368	17,585	18,544
관광숙박업	887	935	914	1,097	1,227
관광객이용시설업	323	354	382	433	392
국제회의업	426	465	489	595	702
카지노업	17	17	17	17	17
유원시설업	216	300	329	552	849
관광편의시설업	3,038	2,898	3,026	2,877	2,537
합계	18,196	20,121	20,525	23,156	24,268

출처 : 관광지식정보시스템(www.tour.go.kr).

나. 관광사업체 종사자 수

현재 2015년도를 기준으로 우리나라 관광사업체 종사자수의 등록현황은 [표 7-3]과 같다. 전체 사업체 종사자 수는 2011년도 204,579명에서 매년 조금씩 증가하여 2015년도 235,604명을 차지하고 있는 것으로 나타났다.

2015년도를 기준으로 관광사업체별 종사자 수의 비율을 보면 여행업 84,558명(35.9%), 관광숙박업 70,305명(29.8%), 관광편의시설업 27,902명(11.8%), 유원시설업 17,224명(7.3%), 국제회의업 15,131명(6.4%), 관광객이용시설업 11,065명(4.7%), 카지노업 9,418명(4.0%)의 순으로 나타나고 있다.

[표 7-3] **관광사업체 종사자 수 추이(2011~2015)**

(단위 : 명)

구분	2011년	2012년	2013년	2014년	2015년
여행업	59,287	69,990	70,574	69,400	84,558
관광숙박업	62,783	70,803	63,899	67,465	70,305
관광객이용시설업	9,741	11,882	13,528	10,671	11,065
국제회의업	12,638	13,599	14,092	17,330	15,131
카지노업	6,923	7,422	8,452	8,931	9,418
유원시설업	13,492	14,836	14,441	17,031	17,224
관광편의시설업	39,715	41,576	42,150	39,506	
합계	204,579	229,658	227,135	230,334	235,604

출처 : 문화체육관광부, 『2015 관광사업체 기초통계조사』, 2016, pp. 34-40.

다. 관광사업체 연간 총매출액

현재 2015년도를 기준으로 우리나라 관광사업체 연간 총매출액은 [표 7-4]처럼 22조 3,582억 원으로 나타났다. 2011년도 20조 1970억 원에서 시작하여 2014년도와 2015년도에 걸쳐 총매출액이 감소하는 것을 알 수 있다.

[표 7-4] **관광사업체 연간 총매출액 추이(2011~2015)**

(단위 : 백만 원)

구분	2011년	2012년	2013년	2014년	2015년
여행업	4,402,134	5,909,063	5,798,802	5,321,988	6,472,575
관광숙박업	6,140,944	7,056,942	7,085,528	7,930,628	7,859,586
관광객이용시설업	1,725,561	1,901,977	2,166,797	814,120	789,116
국제회의업	2,027,030	2,297,493	2,408,318	2,442,369	1,760,254
카지노업	2,311,664	2,460,353	2,631,044	2,799,221	2,804,413
유원시설업	1,043,514	1,181,948	1,324,103	1,498,173	1,538,658
관광편의시설업	2,546,204	2,747,202	1,874,445	1,760,749	1,133,617
합계	20,197,052	23,554,978	23,289,037	22,567,247	22,358,220

출처: 문화체육관광부, 『2015 관광사업체 기초통계조사』, 2016, pp. 34-40.

2015년도를 기준으로 관광사업체별 연간 총매출액의 비율을 보면 관광숙박업 7조 8,595억 원(35.2%), 여행업 6조 4,725억 원(28.9%), 카지노업 2조 8,044억 원(12.5%), 국제회의업 1조 7,602억 원(7.9%), 유원시설업 1조 5,386억 원(6.9%), 관광편의시설업 1조 1,336억 원(5.1%), 관광객이용시설업 7,891억 원(3.5%)의 순으로 나타나고 있다.[7]

2. 관광산업의 취업 및 진로 현황

가. 우리나라 대학의 취업통계 조사 방법

우리나라 대학 졸업자를 대상으로 하는 취업통계는 교육부가 주관하고 실질적인 업무는 한국교육개발원에서 담당하고 있다. 전문대학에서 4년제 대학, 교육대학, 산업대학, 기능대학 등 전수조사를 통하여 취업통계를 산출하고 있다. 2016년도 12월에 공표한 취업통계는 1년 전인 2015년도 취업통계를 의미하는데 구체적으로는 2015년도 2월 졸업자와 전년도인 2014년도 8월 졸업자를 대상으로 하고 있다. 2016년도 12월에 공표한 취업통계의 경우는 전국의 대학으로부터 2015년도 2월 졸업자와 전년도인 2014년도 8월 졸업자의 취업 관련 자료 및 데이터를 2015년도 12월 31일까지 제출받는다. 그리고 한국교육개발원에서는 이를 건강보험 및 국세청의 DB와 연계하여 하나하나 취업 사실 확인 여부를 검증하는데 1년 정도의 시간을 소요한다.

구체적인 취업률 산출방식은 전체 취업자 수를 졸업자 수로 나누게 되는데 취업자 수에는 건강보험 직장가입자, 교내취업자, 해외취업자, 농림어업 종사자, 1인 창업 및 사업자, 개인창작 활동종사자, 프리랜서 등이 포함된다. 한편 졸업자 수에는 다음에 해당하는 졸업자들은 제외하는데 대학원진학자, 입대자, 취업불가능자, 외국인유학생, 제외인정자들의 수만큼 제외하게 된다. 이런 방식으로 각각 전체 취업자 수와 졸업자수를 산출하여 취업률을 계산해내는 것이다.

한국교육개발원의 2015 고등교육기관 졸업자 건강보험 및 국세 DB연계 취업통계연보(2016)에 의하면 2015년도 전체 대학 졸업자 수의 취업률은 67.5%(남성 69.0%, 여성 66.1%)로 나타났다.[8]

나. 4년제 대학 관광관련 학과 전체 취업률

[표 7-5] 2015년도 4년제 대학 관광관련 학과 전체 취업률

졸업 상황별 내용		졸업 상황별 구체적 데이터	
전체 졸업자		남 : 581명	2,073명
		여 : 1,492명	
취업 인정자	건강보험가입 취업자	1,127명	
	건강보험가입 교내 취업자	42명	
	해외취업자	17명	
	농림어업 종사자	-	
	개인창작 활동 종사자	-	
	1인 창업 및 사업자	13명	
	프리랜서	65명	
	소계	1,264명	
졸업 제외자	진학자	27명	
	입대자	3명	
	취업불가능자	-	
	외국인 유학생	139명	
	제외 인정자	8명	
	소계	177명	
취업률 산출 미포함	기타	624명	
	미상	8명	
	소계	632명	
취업률		남: 68.0%	66.7%
		여: 66.2%	

출처 : 한국교육개발원, 『2015 고등교육기관 졸업자 건강보험 및 국세 DB연계 취업통계연보』, 2016, pp. 106-107.

2015년도 4년제 대학 관광관련 학과 전체 취업률은 66.7%로 나타났다. [표 7-5]에서 기타 624명과 미상 8명은 처음부터 취업률 산출 공식에서 제외한다. 전체 졸업자수는 2,073명 중에서 졸업제외자 177명을 빼면 1,896명이다. 그리고 취업인정자는 1,264명이므로 결국 1,264/1,896=66.7%의 취업률이 산출된다. 취업인정 내용을 보면 농림어업 종사자나 개인창작활동 종사자는 한 명도 없으나 프리랜서 65명과 1인 창업 및 사업자 13명이 포함되어 있다.

또한 전체 취업률 66.7% 중, 남성 68.0%, 여성 66.2%를 보이고 있다. 이는 전체 졸업자 수 남성 581명, 여성 1,492명의 비율로 보았을 때 졸업자 수 비율에 반하여 상대적으로 여성의 취업률이 다소 낮은 것으로 판단된다.

마지막으로 건강보험가입 취업자의 경우 구체적인 관광산업이나 사업체가 제시되어 있지 않은데 이에 대한 추가적인 분석으로 진로현황을 보다 세밀하게 분석, 검토할 필요가 있을 것이다.

3. 대학의 취업 및 진로 교육 현황

장기적인 경제불황으로 인하여 청년실업문제가 크나큰 사회적 이슈가 되고 이러한 문제를 해결하기 위하여 정부나 각 대학에서는 취업이나 진로 관련 프로그램을 적극적으로 개발, 대학생들에게 제공하고 있다. 대학마다 특징적인 취업 또는 진로프로그램들이 많이 존재하지만 여기서는 일부 대학의 사례에 대하여 개관하고자 한다.[9]

가. 취업동아리 운영

취업 및 진로 목표분야를 처음부터 대기업과 중소 또는 중견기업으로 나누어 모집하여 이들의 취업활동을 체계적으로 지원하는 프로그램이다. 대부분 4학년 재학생이나 미취업 졸업자를 대상으로 이루어지며 대기업 준비반은 Leaders Club, 중소 또는 중견기업 준비반은 Frontiers라는 이름으로 활동하고 있다. 또한 저학년 때부터 취업 및 진로교육프로그램을 학습시키기 위하여 2, 3학년 재학생을 대상으로 하는 Leaders Club Junior라는 프로그램도 운영하고 있다. 프로그램내용으로는 전공별 및 진로희망분야별로 분반을 만들어 학생들 스스로 그룹스터디나 공동학습을 진행하게 하는 것이 특징이다. 학생들은 공동학습을 통하여 필요한 정보를 교류, 공유하고 어학이나 경력개발활동 등 취업을 위하여 필요한 역량이 무엇인지를 스스로 발견하고 해결하는 과정을 학습한다. 대학에서는 개별면담 및 취업지도, 월별간담회, 재직선배 멘토링, 우수기업 현장투어, Job Matching 프로그램 등을 지원하고 있다.

나. 취업캠프

하계방학이나 동계방학 그리고 연중에 주로 2박 3일 정도 기간으로 실시하는 단기 집중프로그램이다. 최근의 채용방법이나 동향, 기업정보 수집방법 등의 전반적인 채용과정을 직간접적으로 이해하고 체험할 수 있게 한다. 구체적인 내용으로는 모의직무적성검사, 입사서류 작성법, 면접유형별 대처방법, 실전모의면접 그리고 재직선배 체험발표 및 간담회를 개최하는 등 가장 실질적이고 단기집중 취업강화 프로그램이라 할 수 있다.

다. 인턴십

취업 전 현장에 대한 감각과 실무를 익혀 진로탐색의 기회로 삼을 수 있는 제도로 그동안 대학에서 배운 이론을 바탕으로 다양한 현장실무, 기업의 업무를 비교, 체험할 수 있다. 주로 재학생을 대상으로 하여 학점제로 운영하고 있는데 대학이나 학과에서 전공관련 기업과의 협약을 통하여 이루어진다. 여기에는 방학 중에 실시하는 인턴십1(3학점, 4주 이상 실시), 인턴십2(6학점, 8주 이상 실시)가 있으며 학기 중에 실시하는 인턴십3(18학점 이내, 16주 이상 실시) 등을 운영하고 있다.

또한 지역우수기업 인턴십도 있는데 이는 졸업자 및 졸업예정자를 대상으로 운영하는 프로그램이다. 대학 소재의 시나 지자체가 주관하여 대학과 관련기업을 연결하여 인턴활동을 지원하는 것으로서 인턴십 종료 후 바로 인턴기업으로의 취업을 유도하거나 관련 업종으로 취업을 연계하는 프로그램이다.

라. 취업교과목 개설

대학의 2, 3, 4학년을 대상으로 취업이나 진로의 중요성을 부각시키고 개인의 취업 및 진로계획을 사전에 올바르게 수립하는데 도움이 되고자 교양과목으로 운영되고 있다. 교과목명은 취업과 진로, 인생설계와 진로, 자기이해와 진로설계, 진로탐색과 경력개발, 진로설계와 사회진출 등 진로, 취업을 키워드로 한 다양한 이름으로 개설되어 있다. 모든 분야의 기업전문가들을 초청하여 특강형식으로 진행하는 것이 특징이며 최근의 채용트렌드 파악, 나에게 맞는 직업선택방법, 면접유형별 전략수립, 자기소개 및 스피치기법, 입사서류 작성방법, 커리어로드맵 작성방법 등의 내용으로 구성하고 있다.

마. 채용박람회, 채용설명회, 채용상담회(리쿠르팅)

채용박람회는 연 1회 또는 매학기 채용계획이 있는 지역의 우수기업들을 초청, 현장에서 면접을 진행하여 실제 채용으로 연계하는 프로그램이다. 학생들에겐 이러한 박람회를 통하여 구직의 기회를 가질 수 있으며 참가하는 기업에 있어서는 면접을 통하여 현장에서 바로 필요한 인재를 확보, 기업의 업무에 투입할 수 있다는 장점이 있다. 보통 채용박람회가 종료되면 참여기업의 수에 따라 약간의 차이가 있지만 50~100명 정도의 신규채용의 실적을 올릴 수 있어 학생들에게 인기가 많은 프로그램이다.

또한 채용박람회를 진행하면서 학생과 기업과의 면접 외에, 입사서류 컨설팅, 이미지메이킹, 증명사진 촬영, 직무적성검사 체험 등의 부대행사를 같이 열어 축제분위기 속에서 진행하는 것이 최근의 트렌드라 할 수 있다.

채용설명회는 보통 기업의 요청에 따라 인사담당자들이 직접 대학을 방문하여 기업을 홍보하는 프로그램으로서 기업의 비전, 업무현황, 특히 학생들이 가장 관심을 가지는 임금, 작업환경, 복지정책 등에 대하여 자세히 설명함으로써 향후 기업에 필요한 잠재 인적자원으로서 연결고리를 만들 수 있다는 장점이 있다. 채용상담회(리쿠르팅)은 기업의 요청에 따라 일정을 잡고 인사담당자와의 면접을 통하여 학생 본인의 역량과 관련한 자료를 비롯하여 해당 기업에 대하여 학생이 준비한 자료 등을 점검받을 수 있는 기회로 작용한다. 보통 기업이 제시하는 기준에 합당한 경우 인턴사원의 기회를 줄 수도 있고 바로 채용으로 연계되기도 하는 장점이 있다.

토론주제

- ♣ 관광산업 노동력의 문제점은 무엇인가?
- ♣ 관광산업에 필요한 대표적 직무역량은 무엇인가?
- ♣ 우리나라 대학의 취업통계 조사방법의 내용 및 특성은 무엇인가?
- ♣ 대학의 대표적 취업 및 진로 교육프로그램의 내용과 특성은 무엇인가?

참|고|문|헌 ›››

1) 관광지식정보시스템(www.tour.go.kr).

2) H. Oh, Handbook of Hospitality Marketing Management, Elsevier, 2008, p. 73.

3) E. Suh, J. J. West, and J. Shin, Important competency requirements for managers in the hospitality industry. Journal of Hospitality, Leisure, Sport & Tourism Education, 2012, 11(2), pp. 101-112.

4) 전영욱 · 변현정 · 이준철, 직무역량을 이용한 교육프로그램 개발과 적용, 『기업교육연구』, 2006, 8(2), pp. 79-100.

5) B. G. Chung-Herrera, C. A. Enz ,and M. J. Lankau, Grooming future hospitality leaders: A competencies model. Cornell Hotel and Restaurant Administration Quarterly, 2003, 44(3), pp. 17-25.

6) 前田 勇, 『現代觀光總論』, 學文社, 1995, pp. 195-196.

7) 문화체육관광부, 『2015 관광사업체 기초통계조사』, 2015, pp. 34-40.

8) 한국교육개발원, 『2015 고등교육기관 졸업자 건강보험 및 국세 DB연계 취업통계연보』, 2016, pp. 106-107.

9) 각 대학 취업지원실 사이트 참조

읽을거리 진로 관련 학술연구 현황

대학생들에게 있어 진로문제는 향후 사회의 구성원으로서 어떠한 역할과 기능을 수행하면서 자신의 삶이나 가치를 만족시켜 나갈 것인가 하는 중차대한 고민거리라 할 수 있다. 정부나 지자체 그리고 대학을 막론하고 대학생들을 포함한 청년실업문제를 해결하기 위하여 많은 노력들을 기울이고 있는 가운데 학계에서도 대학생들의 올바른 진로교육과 지도를 위하여 관련 연구를 다각적으로 수행하여 왔다. 진로 자체와 관련하여 올바른 진로선택이나 진로행동 등 진로결정프로세스를 잘 설명할 수 있는 심리적 요인들을 도출하는 연구가 주를 이루었는데 가장 대표적인 것이 진단모델연구와 치유모델연구이다.

진단모델연구는 현장에서 진로관련 상담지도를 수행하면서 대학생들이 진로설정과 관련하여 많은 어려움이나 장애를 느끼고 있다는 판단으로 진로결정을 저해하고 방해하는 부정적 요인을 규명하고자 하는 것이 계기가 되었다. 여기에는 진로미결정 수준을 비롯하여 진로장벽, 진로스트레스, 진로불안 등의 부정적 개념들을 연구대상으로 하고 있다. 진로미결정수준은 결과변수로서 대학생들이 자신의 직업이나 진로에 대하여 확신하지 못하는 정도를 의미한다. 이와 관련하여 진로장벽, 진로스트레스, 진로불안 등을 도입하여 상호 인과관계를 검증함으로써 진로결정을 방해하고 저해하는 부정적 요인을 규명하는 연구결과가 실제 대학의 진로교육이나 프로그램 개선에도 상당한 도움을 주는 것으로 평가받고 있다.

또한 치유모델연구는 전술한 진로결정 과정에 방해 및 저해요인으로 작용하는 요인을 추출하여 이를 제거 및 극복하는 연구 역시 필요하다는 인식에서 시작되었다. 여기에는 진로미결정수준을 해소하기 위한 긍정적 개념이 필요한데 진로결정 자기효능감이 주목을 받고 있다. 진로결정 자기효능감이란 자신의 진로영역을 지속적으로 추구하고자 하는 개인의 능력을 의미하는데 진로장벽, 진로스트레스, 진로불안 등의 부정적 기능을 억제하여 대학생들의 진로결정을 촉진시키는 긍정적 치유모델연구로 성과를 많이 내고 있다.

마지막으로 진로와 관련한 연구로서 진로문제를 학습이나 교수유형 나아가서는 산업체와 연계한 연구가 주목받고 있다. 산업체에서 요구하는 인재상이나 직무역량을 도출하여 교육과정에 반영하는 것은 산학연계 차원이나 진로지도에 효과적이다. 그리고 학생들의 성공적인 학습을 통한 전공 관련 지식의 체계적인 습득 여부 역시 졸업 후 자신의 진로결정에 긍정적 영향을 미칠 수 있으며 이러한 성공적인 학습성과는 평소 자신이 선호하는 교수방식이나 유형에 의해 잘 달성된다. 따라서 진로문제를 산업체, 교수, 학습과 연계하여 연구하는 것은 매우 유의미한 연구라 하겠다.

이러한 대학생들의 진로결정 관련 연구성과를 기반으로 향후에는 다학제적, 융합적 접근방법을 통하여 그 연구영역과 범위를 더욱 확대시켜 나갈 것을 기대하는 바이다.

제8장

여행 · 항공업

제1절 여행업
제2절 항공업
제3절 여행 · 항공실무

학습목표

- ♣ 여행업의 역할에 대해 알 수 있다.
- ♣ 항공업의 특성을 이해할 수 있다.
- ♣ 여행 · 항공업에서 적용되는 일드매니지먼트의 개념에 대해 설명할 수 있다.

제8장

여행 · 항공업

제1절 여행업

1. 여행업의 개념과 분류

가. 여행업의 개념

여행업이란 '여행자 또는 운송시설 · 숙박시설, 그밖에 여행에 딸리는 시설의 경영자 등을 위하여 그 시설 이용 알선이나 계약체결의 대리, 여행에 관한 안내, 그 밖의 여행편의를 제공하는 업' 이다.[1] 여행객이 국내 · 외를 여행할 때 필요한 교통수단의 확보, 숙박시설의 예약, 사증발급, 여행보험, 예방접종, 방문국가의 문화, 환전, 세관 수속 등 여행에 필요한 각종 수속과 준비를 해준다면 여행이 그만큼 편리할 것이다. 이런 업무로 고객의 편의를 제공하는 일이 여행업이다.

즉, 여행업이란 여행자와 여행관련업자(principal) 사이에서 여행에 관한 시설의 예약 · 수배 · 알선 등의 여행 서비스를 제공하고 일정한 대가를 받는 것을 영업으로 하는 사업체이다. 여행업 이외에도 관련 관광 사업에는 관광숙박업, 관광객 이용시설업, 국제회의업, 카지노업, 유원시설업 그리고 관광편의시설업이 있으며, 특별자치 도지사 시장 · 군수 · 구청장에게 등록하여야 해당사업을 경영할 수 있다.[2]

나. 여행업의 분류

여행업은 그 기준에 따라 다양하게 분류할 수 있으며 본서에서는 법적인 차원과 여행업계에서의 영업형태에 따라 분류하고자 한다.

1) 법적 분류

여행업의 종류는 일반여행업, 국외여행업, 국내여행업으로 나눌 수 있으며 종류에 따라 자본금 규모의 차이가 있다.

가) 일반여행업

일반여행업이란 국내 · 외를 여행하는 내국인 및 외국인을 대상으로 하는 여행업(사증을 받는 절차를 대행하는 행위 포함)이다.

1986년 아시안게임, 1988년 서울올림픽, 2002년 월드컵 개최 등을 계기로 인바운드 관광은 비약적 발전을 하게 되었으며, 최근에는 K-드라마와 K-팝 등의 인기로 인해 대형 인센티브단체 등을 유치하고 있다.

나) 국외여행업

국외여행업은 국외를 여행하는 내국인을 대상으로 하는 여행업(사증을 받는 절차를 대행하는 행위 포함)이다. 여행업의 등록제로 소규모 자본으로도 개설 및 관리가 가능하여 국외여행업체 수는 계속 증가하여 업체 간의 경쟁이 심화되고 있는 추세이다.

다) 국내여행업

국내여행업은 국내를 여행하는 내국인을 대상으로 하는 여행업이다.[3] 국내여행은 주5일근무제의 정착, 소비가 아닌 충전이라는 의미로의 여행에 대한 인식의 변화, 국내 교통수단의 발달 등으로 인해 꾸준히 성장해 나가고 있다. 특히 지방자치단체들이 지역을 알리고 관광객 확보를 위해 개최하는 다양한 축제들은 국내여행업 활성에 중요한 부분을 차지하게 되었다.

현재 우리나라의 여행사는 일반여행업이 3,972개, 국외여행업이 8,848개, 국내여행업이 6,728개 등록되어 있다.[4] 이외에도 일반여행업이나 국외여행업 등록 여행사들의 국외업무 진행과 관련 있는 랜드사가 있으나 이 숫자는 정확히 파악되지는 않는 실정이다. 특히 1982년 여행사가 허가제에서 등록제로 전환되고 1989년 해외여행의 전면자유화가 시행되면서 우리나라 여행사의 수는 폭발적으로 증가하였다. 또한 인터넷의 발달은 여행 산업에도 많은 영향을 미쳐 도매여행사라는 의미의 wholesaler여행사가 생겨났다.

[표 8-1] **여행사 등록현황**

2016년 9월30일 기준

여행업유형	자본금	상품	서비스 대상	업체수
일반여행업	2억 원 이상	intrabound+outbound inbound	내국인 외국인	3,972
국외여행업	6천만 원 이상	outbound	내국인	8,848
국내여행업	3천만 원 이상	intrabound	내국인	6,728

출처 : 한국관광협회중앙회

2) 영업형태에 의한 분류

IT산업의 발달은 여행사의 영업환경에도 커다란 변화를 가져왔으며 대표적인 부분이 여행상품과 항공권 판매의 유통경로 변화이다.

가) 도매여행사(wholesaler)

도매여행사는 여행상품을 기획하여 소매여행사에 판매하는 여행사로서 대형 여행사 또는 랜드사이다. 도매여행사의 경우 소매여행사와의 전문판매점 계약체결을 하여 일종의 프랜차이즈 형태로 운영하므로 간접유통의 형태를 띤다. 여행업의 경우 환경변화에 민감함과 무형의 상품에 대한 소유권 주장이 어려움 등의 상품 특성으로 인해 전문판매점의 형태뿐만이 아닌 제휴사 형태도 도입되는 등 영업채널을 다각적으로 모색하고 있다.

나) 소매여행사(retailer)

소매여행사는 도매여행사로부터 여행상품을 구입하여 여행객에게 공급하는 역할도 하는데 여행객의 수가 단체여행의 최저인원에 충족되지 못할 경우 주로 도매여행사의 여행상품을 판매하기도 한다. IATA(International Air Transport Association)에서는 가입 여행사의 항공권 판매를 BSP(Bank Settlement Plan)라는 은행정산제도를 통해 지원하고 있는데 가입된 소매여행사의 경우 도매여행사 상품의 취급뿐만 아니라 직접 여행상품을 기획하거나 인센티브 여행을 실시할 수 있다.

다) 랜드사(tour operator)

랜드사는 여행목적지의 편의 시설과 서비스를 수배하여 제공하며 여행사와의 거래가 주 목적인 여행사이다. 일반적으로는 항공권을 제외한 여행목적지의 호텔이나 전용차량, 가이드 지원 등의 서비스를 담당하고, 특정국가나 지역을 주로 취급하는 형태로 운영되고 있으며, 대형사의 경우 단체수배의 수요가 많은 지역에는 직접 사무실을 운영하기도 한다. 따라서 랜드사는 여행객에게는 오픈되어 있지 않는 경우가 많으며, 최근에는 IATA에 가입하여 주요 노선의 여행객을 직접 모객하기도 한다.

이외에도 여행사는 공급하는 여행상품의 특성에 따라 상용여행사, 패키지여행사, 개별자유여행사 등으로 구분하기도 한다.

2. 여행업의 업무

여행에 수반되는 준비, 수속, 절차 등은 현대인들에게는 번거로움으로 인식되어 여행을 준비하고 계획하는데 서비스를 제공해주는 대행기관의 필요성이 대두되었다. 특히 해외여행의 경우 항공권의 확보, 사증발급, 무료수하물의 허용한도, 환전, 세관규정, 예방접종 등의 정보는 여행을 여행전문가에게 의뢰하게 되는 주 요인이다.

여행사의 종류에 따라 다소 차이는 있으나 여행사의 전체적인 업무는 상품을 개발하는 업무, 판매하는 업무, 상담하는 업무, 관리하는 업무로 나눌 수 있다. 각 여행사의 중심 업무는 상품개발, 영업, 상담, 수배 및 예약, 안내업무로 이루어진다.[5)]

가. 상품개발업무

여행상품의 개발업무는 여러 관광사업 관련업체들로부터 제공되는 개별상품을 조합하여 목적을 가진 하나의 여행상품으로 만들어내는 업무과정을 말한다. 항공사, 호텔, 교통기관, 요식업, 관광지, 보험 등의 알선 및 예약과 여행객의 안전을 고려하여 상품의 가치를 창출하는 업무로 현지조사, 교통 및 숙박조사, 원가계산, 일정 및 자료 구성 등이 포함된다.

현지조사는 여행목적지의 관광자원, 문화, 지리 등의 가치를 평가하여 효율적인 교통노선을 설정하고 연계가 편리한 숙박시설을 결정하고 이에 따른 지상비의 원가를 계산한다. 다음으로 예상되는 일정을 정리하고 광고나 상담에 필요한 자료구성계획을 수립한다.

나. 판매업무

여행상품의 판매 업무는 마케팅 전략에 따라 세분화하고 표적시장을 선정하고 시장성을 조사한 후 상품광고전략을 선택하고, 판매 예상치를 설정한 후 상품판매평가를 실행한다.

시장성 조사는 현재시장의 흐름과 고객층 분석을 통해 고객요구에 맞는 상품을 준비하고 매체별 · 상품별 · 브랜드별 광고방법을 선택하여 비용책정 및 상품광고 자료를 제작한다. 다음으로는 판매목표와 상품별 예상실적, 수익률산출을 통해 판매예상목표를 설정하며 판매 후에는 투자회수비용 산출과 함께 드러난 상품의 문제점을 파악한다.

다. 상담업무

최상의 상품을 개발했더라도 판매와 연결되어야 하므로 이를 위해서는 완벽한 상담이 이루어질 수 있도록 먼저 내부고객인 직원들을 대상으로 상품의 특징과 가치에 대한 지식전파교육을 진행한다. 고객과의 상담 시에는 무형인 여행상품의 특성을 고려하여 필요한 사진, 동영상 등의 미디어 자료를 충분히 활용하고 고객과의 상담내용이나 제안사항을 기록한다. 특히 상담업무는 여행상품 구입의사가 있는 잠재고객들을 대상으로 하므로 잠재고객의 교육수준, 여행경험, 여행조건 등에 적합한 상담직원을 연결하여 상황에 맞는 상품상담이 이루어지도록 하는 것이 중요하다.

라. 수배 및 예약 업무

수배는 여행자의 원활한 여행을 위해 일정에 따라 항공편과 숙박시설, 식사, 현지에서의 이동수단 등의 서비스를 예약하는 업무이다.

기획여행의 경우 항공좌석은 미리 확보하지만 숙박시설은 미리 예약할 수는 없으므로 고객요청과 동시에 신속하고 정확하게 예약을 진행하여 객실 수와 객실 형태, 전용버스의 규모 등 고객요구에 적합한 시설들을 확보하여야 한다. 다음으로 설명회를 통해 여행준비물과 일정표 재확인 및 출발일 미팅 등에 대한 안내가 이루어지도록 한다. 여행상품의 경우 재화와 달리 계약시점에서 여행이 개시되기까지는 상당한 시일이 소요되기도 하며 양측 모두에게 변동사항이 발생할 수 있으므로 긴밀한 관계를 통해 변동 상황에 대해 의견교환을 하도록 한다. 특히 고객에게 고지하여야 하는 예방접종, 포함 및 불포함 사항, 취소규정 등 중요한 사항의 경우는 반복 고지를 통해 고객에게 불이익이 발생하지 않도록 하며 서면으로 자료를 남기도록 한다.

마. 안내업무

여행상품의 경우 출발일 이전에 모든 계약과 지불이 마무리되지만 출발일이 되어야만 서비스의 생산과 소비가 시작되는 특성이 있다. 여행사의 주요한 기능은 고객에게 여행상품을 소개하고 판매하는 것이다. 따라서 직원 상호 간의 협업을 통해서 고객정보를 축적하고 판매 전략을 세워 다양한 고객 욕구를 충족시키도록 한다.

T/C(tour conductor : 국외여행인솔자)는 출발지 공항에서부터 여행객을 인솔하여 귀국 시까지 함께 여행하게 된다. 일반적으로 영업사원이 자사의 제품을 설명하기 위해 잠재고객과 약속한 경우 긴 시간을 할애받기는 어려운 일이다. 그러나 T/C의 경우 여행기간 내내 소속 회사를 대표해서 짧게는 2~3일에서부터 길게는 10일 이상 고객과 함께 생활하므로 회사의 상품을 광고할 수 있는 충분한 시간이 확보되는 것이다.

바. 대행업무

대행 업무는 여행사의 고유 업무는 아니지만 국외여행 시 필요한 여행과 관련된 여러 업무들을 여행객을 대신해서 처리함으로써 여행객의 편의를 돕게 된다. 여권발급이나 사증발급 등이 여행사의 주요한 대행업무였으나 오늘날에는 그 기능이 상당히 축소되었다. 특히 여권 발급대행업무의 경우 외교부가 2008년 8월 25일부터 전자여권을 전면 발급함으로써 그 기능이 없어졌다. 전자여권(ePassport, electronic passport)이란 여권 내에 칩과 안테나를 추가하고 개인정보 및 바이오인식정보를 칩에 저장한 기계판독식 여권으로 예외적인 경우(의전상 필요한 경우, 질병 · 장애의 경우, 18세 미만 미성년자)를 제외하고는 본인이 직접 방문하여 신청해야 한다.[6] 여권과 사증에 관해서는 제3절에서 보다 자세히 다루고자 한다.

3. 여행업의 역할

여행업의 역할은 여행객의 여행을 편리하게 도와주는 것으로 여행에 필요한 제반 행위를 대행해주는 것이며, 여행객은 여행사 기능의 활용을 통해 편익을 얻게 된다. 그런 점에서 여행사가 여행객에게 제공하는 기능은 여행사가 여행객에 대해 갖는 실제적인 역할이라 할 수 있다. 여행객은 여행사가 이 역할을 성실히 수행함을 전제로 특정 여행사를 이용한다.[7]

가. 여행자 관점

1) 시간 및 비용의 절감

IT산업과 인터넷의 발달로 인해 여행객들은 스스로 항공사와 호텔을 선택하고 예약할 수 있게 되었다. 그러나 정보산업이 발달한 만큼 제공되는 자료가 많아 가치 있는 정보를 선별하는데 많은 시간이 소요될 수 있다. 따라서 항공좌석의 예약과 호텔수배 등의 시스템을 갖춘 여행사에 의뢰함으로써 시간을 절약할 수 있으며, 상품이나 서비스를 각각 개별적으로 구매하는 것에 비해 저렴하게 구매할 수 있어 비용을 줄일 수 있다.

2) 안도감

해외여행의 경우 같은 지역을 다시 여행하는 경우보다는 새로운 목적지로 가게 되는 경우가 많으므로 모르는 지역에 대한 심리적 불안감이 있을 수 있다. 그러나 여행사를 통한 사전 예약과 수배는 여행자로 하여금 안전하고 문제가 없는 여행이 될 것이라는 안도감을 가지게 하므로 여행객은 이를 신뢰하고 여행을 할 수 있게 된다.

3) 정확한 정보의 제공

국가 간의 이동에서는 예상외로 요구되는 조건들이 많다. 입국 시 사증이 필요한 국가, 여권의 유효기간에 제한을 두는 국가, 우리나라에 대사관이 없어 현지에서 도착사증을 받아야 할 때 신청서용 사진을 준비해야 하는 경우 등이 있다. 이렇게 다양하고 까다로운 각 국가들의 입국 정보들을 개별여행객들이 일일이 확인하고 챙기기는 쉽지 않은 일이다. 예로 우리나라가 미국의 사증면제프로그램에 가입한 다음해인 2009년부터는 전자여권에 전자여행허가(ESTA : electronic system for travel authorization)를 받아 무사증으로 입국할 수 있게 되었으나, 개별 여행객들 중 일부는 무사증이라는 것만을 기억하고 전자여행허가를 받지 않은 상태에서 공항에 나갔다가 출국에 혼란이 생기기도 한다.

4) 저렴한 여행경비

여행사는 대량의 구매를 통해 여행관련 사업자들로부터 경쟁력 있는 가격의 상품을 제공받을 수 있으며, 항공사의 좌석을 판매해주는 우수한 고객이기도 하다. 따라서 항공사는 보다 높은 탑승율과 시장점유율을 위해 타 항공사보다 좋은 조건의 항공운임을 여행사에 제시하므로 여행객이 직접 항공사를 통해 구입하는 것보다 여행사를 이용할 경우 저렴하게 항공권을 구입할 수가 있다. 특히 최근에는 저비용항공사(LCC : low cost carrier)들의 진출로 인해 공급이 수요를 초과하는 현상이 발생하게 되어 고객층이 두터운 여행사의 경우 각 항공사가 제시하는 항공운임에 대해 보다 유리한 조건을 요구할 수 있는 상황이 전개되고 있기 때문이다.

나. 공급자 관점

1) 시너지 효과 유발

패키지 상품의 기획을 통해 다른 관광관련사업과의 알선을 유도하여 관련업계의 시너지 효과를 유발한다. 패키지상품 안에는 항공좌석, 공항이용료, 호텔, 관광지입장료, 보험료, 현지 이동교통수단 등이 모두 포함되므로 패키지여행상품의 개발은 여행업의 중요한 역할이라고 할 수 있다.

2) 계절파동의 완화

관광은 여가활동 중의 하나로써 계절에 따른 수요의 변동이 매우 큰 분야이다. 따라서 비수기에는 대부분의 관광관련공급업체가 부진을 겪게 되는데 유휴의 공급물량들을 결합하여 여행객에게 공급함으로써 업계의 활성화에 기여하고 계절파동을 극복할 수 있는 역할을 한다.

3) 수요촉진의 역할

비수기의 낮은 공급가를 결합한 관광상품의 개발과 공급은 관광관련 사업자들에게도 이익을 보장하지만 흩어져 있는 개별 여행객들을 묶어주는 역할을 함으로써 여행객에게도 보다 많은 여행 기회를 제공한다.

이외에도 여행업은 사회적 관점에서 새로운 관광목적지와 여행형태를 개발하고 수요와 공급의 조정 및 완충하는 등의 역할을 수행하고 있다.

4. 패키지 상품

가. 패키지 상품의 개념

패키지(package) 상품이란 기획여행을 말한다. 기획여행이란 여행업을 경영하는 자가 국외여행을 하려는 여행자를 위하여 여행의 목적지 · 일정, 여행자가 제공받을 운송 또는 숙박 등의 서비스 내용과 그 요금 등에 관한 사항을 미리 정하고 이에 참가하는 여행자를 모집하여 실시하는 여행이다.[8] 기획여행의 경우 대부분 신문광고를 통해 여행객을 모집하였으나 최근에는 자사의 홈페이지, 전문판매대리점, SNS의 활용, 홈쇼핑 등 유통경로의 다양화가 이루어지고 있다.

나. 패키지상품의 장단점

패키지 상품의 장단점을 소비자인 여행객과 공급자인 여행사의 관점으로 구분하여 살펴보면 다음과 같이 구분할 수 있다.

[표 8-2] 패키지상품의 장 · 단점

구분	장점	단점
여행사	• 대량 마케팅의 가능으로 수익증대 • 규모의 경제를 실현할 수 있음 • 공급자 간 판매를 극대화할 수 있음 • 공급자와의 교섭을 통한 이윤 증대 (negotiation)	• 성 · 비수기 가격차이 극복 • 공급업체와의 유대관계 유지 • 타 여행사와의 치열한 가격경쟁 • 최저인원 확보에 따른 부담(사전할인)
여행객	• 새로운 정보와 관광지에 접근이 용이함 • 시간과 비용의 절감 • 언어소통에 대한 부담이 없음 • 다양한 상품 비교선택가능 • 새로운 사람들과의 교류기회 • 검증된 관광요소들로 인한 관광만족도 증대	• 개별행동에 제약이 있음 • 일정에 대한 선택권이 없음 • 선택 관광의 부담이 있음 • 최저인원미달 등의 사유로 인한 출발 확정에 대한 불안감 • 모르는 일행들에 대한 불편 감수

출처 : 저자가 작성함

5. 우수여행상품 인증제도

가. 인증제도의 목적

우수여행상품인증제도는 문화체육관광부 주최, 한국여행업협회(KATA : Korea Association of Travel Agents) 주관으로 올바르고 건전한 여행의 정착과 건전한 여행상품 운영을 목적으로 전국의 여행사를 대상으로 2002년부터 실시하고 있는 제도이다.[9] 문화체육관광부가 여행상품의 품질을 인증함으로써 상품에 대한 신뢰도를 높여 국내외 관광객들이 여행상품을 선택할 때 도움을 주고, 여행상품의 품질과 경쟁력 향상을 기대할 수 있다. 소비자 관련단체, 관련학회, 여행사 대표 등으로 구성된 전문평가 위원회가 심사를 거쳐 인증하게 된다. 특히 최근에는 한국관광공사, 지방 관광공사, 한국여행업협회 등이 우수여행상품 인증제도를 시행하는 추세이다.

[그림 8-1] 우수여행상품 인증마크

출처 : 한국여행업협회 출처 : 서울관광공사 출처 : 부산관광공사

나. 인증절차

국내여행상품과 국외여행상품으로 구분하여 심사를 진행하고 선정된 여행상품은 한국여행업협회 홈페이지에 상품의 특성과 상세일정을 공지한다. 인증절차는 전국 여행업체 대상 일간지 및 업계지 외 기타 공고를 통한 선정사업 시행공고를 시작으로 선정하고(업체명blind test), on/off line모니터링을 통한 소비자 만족도 조사 등 아래 그림과 같은 순으로 진행된다.

[그림 8-2] 우수여행상품 선정 절차

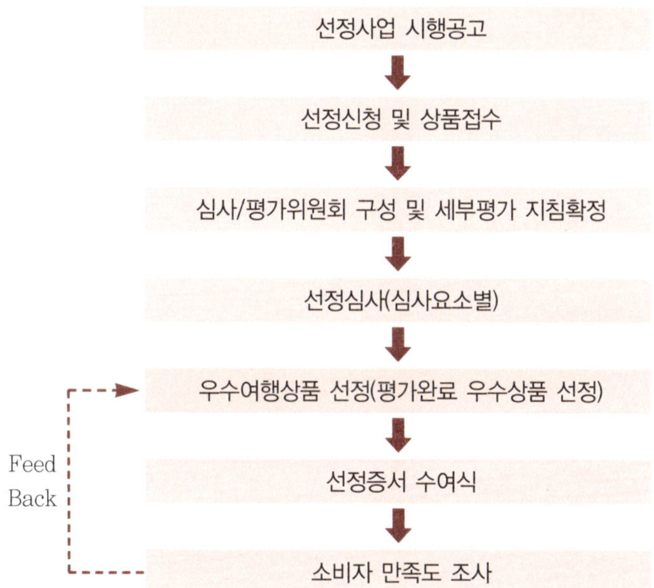

출처 : 한국여행업협회(KATA)

다. 심사항목

우수여행상품 인증을 위한 심사항목은 여행상품의 안전성 및 소비자보호, 독창성 및 참신성, 시장성 그리고 공정성으로 구성된다.

1) 안전성 교통, 숙박. 음식 및 기타 이용시설의 위생 및 안전과 여행현지 및 여행 중의 안전성 보장, 안전대책, 사고처리 방법 등을 심사한다.

2) **독창성** 여행지, 숙박, 음식, 교통수단 등 여행구성요소의 참신성과 우수성을 확인한다.

3) **시장성** 소비자의 호응도 및 판매실적, 상품가격대비 제공 서비스 등의 적정성 및 우수성을 평가한다.

4) **공정성** 선택관광, 쇼핑 등의 적정성 여부와 계약서, 일정표, 안내서, 현지 안전정보 제공, 사후관리 등의 정보제공방법, 실행방법 및 내용에 대한 적정성과 우수성에 대해 심사한다.

라. 선정상품 혜택

우수여행상품으로 선정되면 한국여행업협회장 명의의 우수여행상품 인증서 수여 및 인증마크 사용 허가와 언론매체, 유관기관, 상품별 해당 지자체 및 한국여행업협회 홈페이지 등에 게재하며 미디어 및 온 · 오프라인 통합 홍보를 지원한다. 이외에도 정부 및 공공기관의 여행상품 추천 시에 우선순위로 인정된다.

제2절 항공업

항공 산업은 항공운송사업, 항공기 생산과 개발 등의 항공기 제작업, 항공기 정비업 그리고 공항개발 사업 · 급유 · 지상조업 등을 포함하는 항공기 취급업 등과 같은 관련 산업으로 나눌 수 있으며,[10] 본서에서 다루는 범위는 항공운송사업만으로 제한한다.

1. 항공운송사업의 개념과 분류

가. 항공운송사업의 개념

항공운송사업이란 '타인의 수요에 응하여 항공기를 사용하여 유상으로 여객 또는 화물을 운송하는 사업' 으로 '항공기에 승객 · 화물 · 우편물 등을 탑재하고 국내 · 외의 공항에서 다른 공항까지 운항하는 것으로 운송시스템에 대한 대가를 받아 경영하는 사업' 을 말한다. 우리나라의 항공운송사업은 정기항공운송사업, 부정기항공운송사업, 항공기사용사업, 항공기취급업, 상업서류송달업, 항공운송총대리점, 도심공항터미널업 등의 형태가 있다.

나. 항공운송사업의 분류

항공운송사업은 운항형태, 운송대상, 운송지역 등에 따라 다양하게 구분할 수 있다.

1) 운항형태의 정기성에 의한 분류

가) 정기항공

정기항공운송사업은 여객이나 화물을 특정 지점 간을 일정한 일시를 정해 운송하는 사업을 말한다. IATA로부터 두 자리의 항공사 코드(airline code)와 세 자리의 운항도시코드(city code)를 부여받아야 하며, 세계 각국 항공사의 운항시각표인 OAG (official airline guide)에 공표해야 한다. 또한 공공성이 강조되는 사업으로 운항계속 의무에 따라 운항시각표대로 운항해야 하며 항공사가 임의로 사업을 중지하거나 휴항하여서는 안 된다.

나) 부정기항공

부정기항공운송사업은 원칙적으로 노선이나 스케줄의 제한을 받지 않고 수요에 따라 운항이 가능한 지역이면 어디든지 운송할 수 있으며, 공공성을 발휘하지 않아도 되므로 수익성을 위주로 운영한다.

정기항공운송이 연간 평균 좌석이용률 55~65%를 목표로 하는 반면 부정기항공운송사업은 80~90% 이상의 이용률을 전제로 운임을 설정하므로 정기항공보다 저렴하며 전세항공기 운영이 대표적인 사례이다. 전세항공의 비용 우위는 직접운영비, 간접운영비, 높은 좌석밀도, 높은 탑승률 유지 등이 배경이 된다.[11]

2) 운송대상에 의한 분류

가) 항공여객운송사업

항공여객항공운송업은 출발공항에서 목적지 공항까지의 운송을 원칙으로 하며, 탑승 제한자를 제외한 불특정 다수를 대상으로 하여 유상으로 운송하는 사업을 말한다.

나) 항공화물운송사업

항공화물운송사업은 편도수송 · 반복수송 · 지상조업 등 시설이 필요한 사업으로 일반적으로 일방교통이며 산업중심지에서부터 화물이 발생하므로 수송의 흐름이 불균형하다.

다) 항공우편운송

항공우편운송의 주목적은 신속성, 안전성, 정확성에 있다. 통신비밀 준수, 우편물의 최우선적 운송, 정시성 확보, 우편이용자와 항공사 간 운송계약상의 의무관계 등이 중요한 특성이다. 원래 항공운송사업에서는 여객항공운송업이 주를 이루고 항공화물운송업은 부대사업 정도로 여겨졌으나 오늘날에는 항공기의 대형화로 인해 경제성이 확보되면서부터는 항공화물운송사업이 독립된 운송사업으로 자리매김하고 있으며, IT산업의 발달로 항공우편운송사업의 중요성은 약화되고 있는 실정이다.[12]

3) 운송지역에 의한 분류

항공운송사업은 운송하는 지역을 기준으로 국내항공운송사업과 국제항공운송사업으로 나눈다. 국내항공운송사업의 경우 운송대상을 자국의 영역 내에서 유상으로 운송하는 것으로 자국의 항공업을 따르는 반면, 2개국 이상의 영역 간을 운송하는 국제항공운송사업은 각국의 항공법 및 양국 사이에 체결된 항공협정을 따르게 된다.

2. 항공운송사업의 구성요소

항공운송사업의 기본 구성요소는 세 가지로 구분할 수 있는데 운송수단인 항공기(aircraft)와 이착륙 장소 및 여객수용시설인 공항터미널 그리고 운송권(traffic rights)인 항공노선으로 구성된다.[13]

가. 항공기

항공기는 항공운송서비스가 생산되고 소비되는 가장 기본적이며 중요한 요소이다. 특히 항공운송사업의 경우 무형의 서비스를 제공하는 사업상의 특성으로 인해 유형적 단서의 제공과 관련이 있다.

항공기는 안전성과 운송력이 동시에 충족되어야 한다. 최초의 동력장치에 의한 비행기는 1903년 라이트 형제에 의해 만들어졌다고 알려져 있으며, 세계 제1, 2차 대전을 겪으면서 비행기는 타 항공기에 비해 빠른 속도의 발전을 거듭해오고 있다. 콩코드(Concorde)는 투폴레프 Tu-144와 함께 상업 운항을 했던 유일한 초음속 여객기로 1969년 첫 비행에 성공하고, 1976년 상업 비행을 시작해 27년간 운용되었다. 초음속 여객기답게 기름을 많이 소모하여 효율성 및 수익성 문제 등으로 2003년에 운항이 종료되어 프랑스의 르부르제 항공우주박물관에 전시 중이다.[14]

항공기는 투입할 노선의 특성을 충분히 검토한 상황에서 선정해야 해당 노선의 경제성 확보가 가능하다. 여기에는 운항노선의 장단, 최대의 좌석이용률(load factor)은 물론이며, 운항빈도, 이용객의 선호도 · 경쟁사 운항기종의 특성 등도 함께 고려되어야 할 사항이다.

오늘날에는 유럽의 항공기 제조회사인 에어버스사가 제작한 500인승의 초대형여객기인 A380이 도입되어 우리나라에서는 2016년 현재 대한항공이 10대, 아시아나항공이 4대를 운용하고 있다.[15] 기내에 바와 면세품 전시공간을 갖춘 '날개 달린 호텔'이라는 별칭이 있을 정도였으나 많은 좌석을 채우기 어려운데다 경쟁력 있는 중형 항공기의 등장으로 인해 제작사와 항공사의 고민거리가 되고 있다.[16]

나. 공항

공항이란 공항시설을 갖춘 공공용 비행장으로서 국토교통부장관이 그 명칭 · 위치 및 구역을 지정 · 고시한 것을 말한다. 반면 비행장이란 항공기 · 경량항공기 · 초경량비행장치의 이륙 및 이수(離水), 착륙 및 착수(着水)를 위하여 사용되는 육지 또는 수면(水面)의 일정한 구역으로써 대통령령으로 정하는 것을 말한다.[17] 즉 민간항공운송용으로 사용할 때는 공항(airport), 그 이외의 경우를 비행장(aerodrome)이라고 한다. 활주로(runway), 유도로(taxiway), 주기장(apron), 항공관제시설(air traffic control), 공항청사(airport terminal) 등의 주요 시설물들이 있다.

우리나라에는 민간 및 군 이용 공항이 15개, 군전용 비행장 11개, 주한미군비행장 3개, 사설공항 5개를 포함하여 총 34개의 공항이 있다(2016년 9월 기준).[18] 우리나라의 경우 좁은 국토로 인해 제주도를 제외하고는 항공교통이 필수적이지 않을 수 있으나 국토면적이 넓은 국가의 경우 항공교통이 매우 중요하여 국토면적에 비례하여 공항을 보유하고 있는 편이다. 가장 많은 공항을 보유한 국가는 미국으로 14,712개 다음이 브라질(4,093개)이다. 국토가 동남아시아와 오스트레일리아에 걸쳐있고 18,108개의 섬으로 구성된 인도네시아는 지형 특성상 아시아에서 가장 많은 683개의 공항을 운영하고 있다.

현대에는 국가 간의 이동과 교류가 활발한 결과로 항공교통의 중심이 되는 공항의 중요성이 매우 커지고 있다. 특히 최근에는 공항이 탑승을 위한 대기 장소만이 아닌 공간으로 인식되므로 내부고객과 환송객들의 만족도 향상을 위해 편의시설 확충과 문화행사 등도 진행되고 있다.

[그림 8-2] 2016 인천공항 봄 정기공연

출처 : http://cultureport.co.kr

다. 항공노선

항공노선이란 운항의 권리인 영업권을 확보한다는 의미로 항공사업의 구성요소 중 가장 중요한 요소라 할 수 있다. 특정 항공사가 확보하고 있는 항공노선의 수는 그 항공사의 시장에서의 지위는 물론 수익성, 점유율, 발전가능성을 나타내는 것으로서 새로운 항공노선의 개설은 해당 항공사뿐만이 아니라 타 항공사에게도 민감한 문제가 된다.

따라서 항공노선이 많다는 것이 일차적으로는 타 항공사에 비해 유리하다고 할 수 있으나 전 세계 모든 노선을 확보한다는 것은 불가능한 일이며 이럴 경우 수익성과 점유율을 동시에 유지할 수 없으므로 노선이 많다는 것이 유리한 것만은 아닐 수 있다. 또한 신규 항공노선의 개설은 해당 노선 특성에 맞는 기종과 주단위의 운항횟수 등이 결정되어야 하므로 정확한 수요예측이 동반되어야 한다. [그림 8-2]는 대한항공 운항노선도를 나타낸 것이다.[19]

[그림 8-3] 대한항공 운항노선도

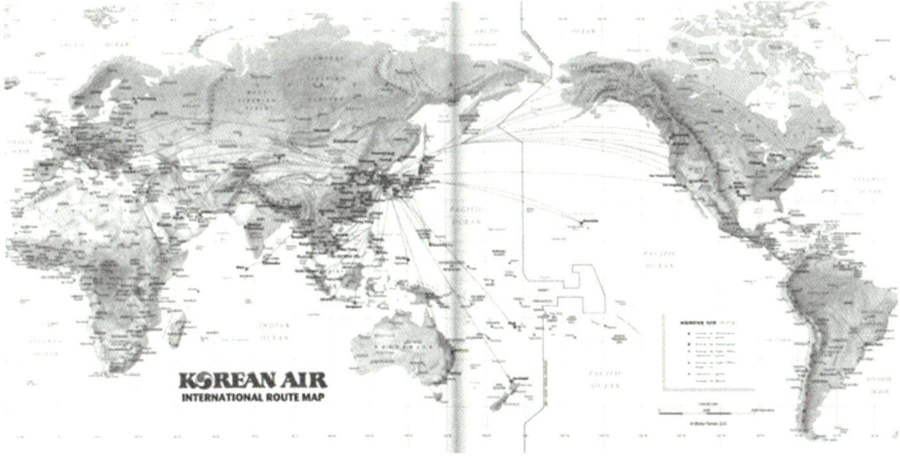

출처 : 대한항공 모닝캄

3. 항공운송사업의 특성

가. 안전성

이용객이 항공기를 선택하는 가장 기본적인 이유는 타 교통수단에 비해 신속함에 있지만 해당 교통수단이 안전하지 않다면 신속성은 무의미한 요소일 것이다. 육상 및 해상의 교통수단에 비해 사고발생의 횟수는 적지만 사고가 발생할 경우 대형 참사로 이어지며 해당항공사는 물론 국가의 신임도에도 악영향을 미치게 된다.

세계보건기구(WHO)에 의하면 2013년 세계 교통사고 사망자는 124만 명인데 비해 항공사고 사망자는 0.1% 수준이며, 항공기 사고 확률은 470만 분의 1로 자동차 사고의 10% 정도에 불과하다.[20] 그러나 최근에는 테러나 조종사의 고의추락 등의 사고 위험이 커지고 있다는 점도 항공여행의 안전을 우려하는 요인이 되고 있다.

나. 경제성

항공 산업의 발달, 항공사 간의 경쟁 그리고 이용객의 소득수준 향상에 따른 기대 욕구 상승으로 항공 산업의 발전 속도는 가속화되고 있다. 타 교통기관에 비해 높은 운임이 적용되기는 하지만 시간가치와 서비스가치를 고려할 때에는 경제성이 상승되고 있다.

다. 쾌적성

무형적 특성을 지닌 서비스에서 쾌적성은 항공기 기내 서비스의 많은 비중을 차지한다. 친절하고 정확한 서비스의 제공, 화장실, 좌석, 항공기 내 온도 · 습도 · 조명 및 소음관리, 운항시간, 여행관련 정보 및 오락거리의 제공 등은 장거리 여행객에게는 보다 중요한 요소가 된다.

라. 신속성

항공기가 타 교통수단에 비해 늦게 등장했음에도 불구하고 여행객들이 선호하는 이유는 단시간에 전 세계의 주요도시를 안전하고 편리하게 이용할 수 있다는 차별성 때문일 것이다. 따라서 항공사는 인적 · 물적 자원의 보다 효율적 활용을 통해 출발과 도착의 지연을 방지하여 이용객의 연결 일정에 차질이 없도록 해야 한다.

마. 공공성

항공운송은 국제성을 띠고 있으며 국익과도 관계가 있다. 따라서 항공사의 일방적인 판단에 따라 운송 스케줄이나 공시운임을 임의로 조정할 수 없으며, 국제항공기구인 IATA, ICAO(International Civil Aviation Organization : 국제민간항공기구)의 규정을 지켜야 한다.

제3절 여행 · 항공실무

1. 여권

가. 여권의 개념

여권은 해당 정부가 자국민의 보호를 위해 발행하는 신분증명서이다. 소지자의 국적 등 신분을 증명하는 공문서의 일종으로 외국을 여행하려는 국민은 여권을 소지할 의무가 있다.[21]

나. 여권의 종류

여권의 종류에는 여권 소지자의 신분에 따라 일반여권, 관용여권, 외교관여권 그리고 여행증명서가 있다.

일반여권은 대한민국 국적을 보유하고 있는 국민에게 발급되는 여권으로 법령에 의한 여권발급 거부 또는 제한 대상이 아니어야 발급이 가능하다. 관용 · 외교관여권은 공무상 국외여행의 경우에 발급되며, 동반하는 가족의 경우에도 발급이 가능하다. 이들 여권은 각각 1회에 한하여 국외여행을 할 수 있는 단수여권과 유효기간 만료일까지 횟수에 제한 없이 국외여행을 할 수 있는 복수여권으로 구분할 수 있다.[22]

여행증명서는 국외 체류 중에 여권을 잃어버린 경우 여권의 발급을 기다릴 시간적 여유가 없는 사람 등 대통령령으로 정하는 사람에게 발급된다. 여행목적지가 기재된 여권을 갈음하는 증명서를 발급할 수 있으며 1년 이내의 유효기간이 부여되며 여행목적 달성 시 효력이 상실된다.[23)]

2. 사증(Visa)

가. 사증의 개념

국가 간 이동을 위해서는 원칙적으로 사증(입국허가)이 필요하다. 사증을 받기 위해서는 상대국의 공관(대사관이나 영사관)을 방문하여 방문국가가 요청하는 서류 및 사증 수수료를 지불해야 하며 경우에 따라서는 인터뷰도 거쳐야 한다.

여행자가 자국에 있는 여행목적국가의 공관에 소정의 절차에 따른 구비서류를 제출하면 주재 공관은 본국에 보고하고 승인받은 뒤 발급하게 되며, 실제 체류기간이나 조건 등은 여행목적지 국가에 입국 시 출입국사무소에서 최종적으로 결정된다. 공관이 설치되어 있지 않는 국가의 경우 인접국가의 공관을 통하거나 가능할 경우 공항에서 도착사증을 받는 방법도 있다. 그러나 국가마다 소요기간과 비용 등이 다르므로 출국 전에 미리 확인하고 준비할 필요가 있다. 기본적으로 개인의 사증 취득은 각 나라의 주권사항이며 소지하고 있는 여권의 종류에 따라 상이하므로 반드시 해당 주한대사관에 직접 문의해 보아야 한다.

나. 사증의 종류

사증은 입국허용 횟수와 입국 목적에 따라 각기 다른 종류의 사증이 발급된다.

1) 입국 가능 횟수에 따른 분류

가) 단수사증(single entry visa)

여행목적지 국가에 1회만 입국이 가능한 사증이다. 즉, 유효기간 이내라 하더라도 한번 입·출국하면 다음에는 사용할 수 없는 사증이다.

나) 복수사증(multiple entry visa)

유효기간 이내에는 계속해서 여행목적지 국가에 입국이 가능하다. 그러나 국가에 따라서는 입국가능 횟수를 명시해놓는 경우도 있으므로 발급 시 정확한 확인이 필요하다.

2) 여행목적 및 체제기한에 의한 분류

가) 입국사증(entry visa)

입국의 목적에 따른 사증의 종류에는 관광, 상용, 체류(학생, 주재), 취업, 이민 등의 사증이 있으며 각각에 해당하는 서류와 절차가 요구된다.

나) 통과사증(transit visa)

여행객이 최종여행목적지를 가는 도중 필요에 의해 특정 국가를 경유하게 될 경우 해당 경유국가에서 발급해주는 사증이다. 선원이 승선을 위해 일정 시간 이내에 머무를 경우도 해당된다.

다. 사증이 필요하지 않은 경우

1) 사증의 면제

사증면제제도란 입국 시 일일이 사증을 발급받아야 하는 번거로움을 없애기 위해 국가 간 협정이나 일방 혹은 상호 면제에 의해 사증 없이 상대국에 입국할 수 있는 제도이다. 사정면제협정에 의해 대한민국 국민은 2016년 9월 현재 145개의 국가와 지역에 무사증입국이 가능하다. 구체적으로는 아시아주의 22개 국가 또는 지역, 미주의 34개국, 유럽주의 셍겐(Schengen Agreement : 유럽연합 회원국들 간에 체결된 국가개방조약)기입국 26개국, 쉥겐비가입국 29개국, 대양주 12개 국가 또는 지역, 아프리카주 22개국 등이다.[24)]

2) 통과상륙(TWOV : transit without visa)

여행객이 항공기 접속사정 등 불가피하게 체재가 필요한 경우 대부분의 국가에서는 사증 없이 단기간(72시간 이내)체재를 허용하고 있다. 이때 해당 국가는 여행객에게 여행목적지국에 입국 가능한 여권, 항공권 또는 선박 등의 교통수단의 확보증서 그리고 사증이 필요한 국가일 경우 사증의 소지 여부를 확인한다.

3. 항공예약

가. 항공예약의 필요성

1) 공급의 최대 활용

재고가 불가능한 항공상품의 특성상 항공기 출발 전에 모든 좌석을 판매하는 것이 항공사의 목표이므로 예약 상황을 고려한 탄력적 운임적용을 통해 수요를 적절히 배분할 필요가 있기 때문이다.

2) 예정된 운항으로서의 특징

국제선 운항 항공기는 운항당사국 정부 간의 항공협정에 준해서 운항기종과 운항횟수가 결정되므로 항공사 임의대로 운항횟수를 변경하거나 운항기종을 바꿀 수 없다.

3) 제한적인 공급좌석

항공기의 운송능력을 초과하는 여객탑승은 안전운항의 차원에서 규제되며 규정된 적재 수준을 지켜야 한다.

4) 운항기자재의 한계성

각 항공사는 일정 수의 항공기를 보유하고 있으며, 이미 설정된 운항스케줄에 별도의 추가 항공기의 투입은 불가능하며, 갑자기 늘어난 수요에 부응하기 위해 기종을 변경하는 데에도 시일이 소요된다.

5) 세계적인 항공시장의 특성

특정 항공사가 자사의 항공노선으로 모든 여객을 수송하기에는 한계가 있어 항공사 간에는 전략적 제휴 및 시스템 공유를 통해 타 항공사의 좌석도 판매를 하고 있다. 따라서 타 항공사들의 운항일정과 맞물려 고객의 일정을 확정시켜주고 있으므로 항공좌석의 사전예약은 필수적인 사항이다.[25)]

나. IATA의 항공예약 규정

항공예약업무의 수행 시에 여행사는 다음의 사항을 지켜야 한다.

첫째, 예약은 항공사 간에 정해 놓은 일정한 예약방식에 의거한다.

둘째, 동일 여객에 대해서는 2중 예약(double booking)을 금한다.

셋째, 예약수배는 여객의 최초 이용 항공사가 일괄적으로 수행한다.

넷째, 단체여객을 개인으로 분리해서 예약해서는 안 된다.

다섯째, 여객으로부터 좌석 취소요청을 접수한 여행사는 지체 없이 이를 취소시켜야 한다.

여섯째, 항공권에는 필히 정확한 좌석예약 상태를 기입한다.

일곱째, 항공권 구입시한(ticketing time limit)을 엄격히 준수한다.

이러한 규정들은 GDS(global distribution system)업체들이 개발한 예약발권프로그램들의 발달에 따라 상당한 부분이 자동으로 해결되고 있다. 현재 우리나라에서는 TOPASSellConnect, ABACAS, GALILEO의 세 가지 종류의 예약시스템을 주로 사용하고 있다. 이들 시스템들은 대부분 PNR(passenger name recode) 생성시점에 구입시한이 자동으로 저장되게 한 후, 이 시점까지 발권하지 않을 경우 시스템에서 자동으로 예약이 취소되도록 하는 기능을 가지고 있다.

다. 항공예약 시 필요사항

항공좌석의 예약 즉, PNR의 작성을 위해서는 다음의 항목들이 필요하다.

[표 8-3] 예약의 구성요소

항목	요소	내용
필수항목	Phone	승객 및 예약 요청자 연락처
	Itinerary	여정
	Name	승객 성명과 Title(성별, 특수직업)
추가항목	Ticket Arrangement	여행사 항공권 발권시한
	Received from	여정 작성자, 변경 의뢰자
	OSI(other service information)	항공사 전송 각종 정보(VIP 등)
	SSR(special service requirement)	항공사의 회신이 필요한 요청사항 (특별식, 휠체어서비스 등)

출처 : 저자가 작성함

PNR은 예약기록을 예약 전산시스템에 기록해 놓은 것으로 예약번호라고도 한다. 알파벳과 숫자를 섞어서 사용하며, 예약이 완성되면 PNR이 자동으로 생성된다. 원하는 숫자의 조합으로 PNR을 만드는 기능도 있다.

또한 대부분의 항공사는 예약 시에 승객의 여권정보를 요청하는데 국제선 여객기와 항공운항을 위해 마련된 사전승객정보시스템(APIS : advance passenger information system)에 입력하기 위해서이다. 이는 사전에 승객과 운항 직원들의 정보를 도착지 국가의 출입국 직원에게 알려줌으로써 보안을 향상시키는데 목적이 있다. 입력한 정보가 법무부로 통지되므로 우리나라는 내국인들의 출입국카드 작성이 불필요해졌다. 특정 항공사의 경우 APIS 항목이 입력되지 않으면 항공권의 발권 및 판매자체를 제한하고 있다.

라. 항공예약 등급

항공좌석의 등급은 탑승등급과 예약등급의 두 가지로 구분된다. 탑승등급이란 기내에서의 서비스수준을 말한다. 예약등급은 탑승등급이 동일하더라도 보다 높은 운임을 지불한 예약자에게 예약 시 우선권을 부여하며 항공사의 수익 극대화 경영을 위한 운임의 세분화 방법으로 지불운임과 관련이 있다.[26]

[표 8-4] 항공좌석 등급의 분류

탑승등급	예약등급	내용
First Class	P	First Class Premium
	F	First Class
	A	First Class Discounted
Business Class	J	Business Class Premium
	C	Business Class
	D, I, Z	Business Class Discounted
Economy /Coach Class	W	Economy/Coach Premium
	S, Y	Economy/Coach
	B, H, K, L, M, N, Q, T, V, X	Economy/Coach Discounted

출처 : World Wide Fares

4. 항공운임 결정 기준

가. 실제 운항거리

항공운임은 기본적으로 운항거리에 따른 비용을 감안하여 운항거리가 길수록 운임 증가율이 낮아지는 장거리체감제(長距離遞減制)에 의해 결정된다. 그러나 이 제도는 실제적인 운항여건과 서비스수준, 경쟁상황과 운항비용을 반영하지 않아 적용하지 않는 국가들이 늘어나고 이외의 다른 추가요소들이 도입되고 있다.[27)]

나. 출발지 국가의 사회 · 경제적 수준

항공운임은 주로 항공기 출발국가의 통화로 표기하므로 그 통화 단위의 가치, 해당 국가의 경제수준, 다른 교통수단의 운임 수준을 비롯한 해당국가의 사회 · 경제적 수준을 고려한다.

예를 들면, 부산~오사카와 오사카~부산 구간은 같은 거리이지만 부산~오사카는 한국출발로 한국의 국가코드(KR)와 한국 화폐단위(Won)의 첫 글자를 조합한 단위인

KRW를 사용하며 일반석 공시운임은 KRW378,600이다. 반면, 오사카~부산 구간은 일본출발로 일본의 국가코드(JP)와 일본 화폐단위(Yen)의 첫 글자를 조합한 단위를 사용하여 일반석 공시운임은 JPY66,200이다. 1JPY의 발권당일 원화 환율(BSR : Banker's Selling Rate)이 10.2315일 경우 이를 곱해 오사카~부산의 항공운임은 KRW677,400원 정도가 된다. 즉, 같은 거리이지만 한국에서 출발하는 경우는 KRW378,600을 지불하고 일본에서 출발하면 KRW677,400을 지불하게 되는 것이다.

다. 예상탑승률

과거 해당구간의 운송실적과 운항 편수, 타 항공사의 운항여부에 따른 경쟁상황 등을 고려한 탑승률 또한 운임 설정의 기준이 된다.

라. 예상수요와 계절적 수요

해당구간의 장기적인 수요전망과 계절에 따른 수요변동을 감안하여 성수기와 비수기의 운임을 각각 설정한다.

마. 관련국 및 관련 항공사의 정책

운항 관련국의 항공정책과 해당구간의 경쟁사의 판매정책 등도 항공운임 결정에 영향을 미치는 중요한 요소들이다.

5. 일드매니지먼트(yield management)

가. 일드매니지먼트의 개념

일드(yield)란 '생기게 하다', '(이익 등을) 가져오다'의 뜻으로 일드매니지먼트는 '수익관리(YM : yield management)'로 번역되며 한정된 자원을 통해 보다 높은 이익을 산출해내기 위해 사용되는 경영기법을 의미한다. 즉, 이윤 극대화를 위해 생산물의 매출액을 최대화하는 매출관리기법인 것이다. 오늘날에는 판매 분야만이 아닌 마케팅의 전반적인 과정의 관리를 통해 기업의 수익을 극대화 하기 위한 개념으로 수익

경영(RM : revenue management)의 뜻으로 발전하였으며, 항공사의 좌석관리에서 시작하여 호텔이나 유람선 등에도 적용되고 있다.

나. 일드매지니먼트의 도입배경

미국의 항공산업에 대한 규제가 완화되기 이전 대부분의 항공사들은 한 종류의 가격체제(one-price service)를 유지하고 있었다. 그러나 규제 완화 이후에는 항공산업의 진입장벽이 낮아짐으로 인해 새로운 항공사들이 생겨났고 이에 기존의 대형항공사들은 경쟁상황의 극복을 위해서라도 보다 다양한 수익관리방법을 모색하게 되었다. 항공사의 중요 상품인 항공좌석의 상품특성 중 저장불가능성은 해당 항공기 이륙 직전까지는 판매 극대화를 달성해야 하므로 일정 시점까지 판매되지 않은 좌석에 대한 적절한 할인율, 시장점유율, 할인판매에 따른 항공사 이미지 등을 고려한 치밀한 판매계획이 필요하게 된 것이다.

따라서 항공사는 두 종류 이상의 판매 등급을 설정하고 다양한 운임종류와 이용조건을 승객에게 제시함과 동시에 요일, 계절, 탑승객 특성 등을 고려하여 판매가능량과 초과 예약의 정도를 결정해서 최대한의 수익달성을 위한 노력을 기울이고 있다.

다. 일드매니지먼트의 유용성

항공사의 이러한 의사결정 행위는 좌석의 재고를 줄이고 그에 맞는 운임수준을 통해 수입과 매출을 동시에 관리하기 위한 것으로 다음과 같은 편익을 가져다 준다.

첫째, 효과적인 운임구조를 통해 한 좌석낭 배출액의 최대화에 기여한다.

둘째, 적정한 예약을 예상하고 일정시점까지 판매되지 않은 좌석에 대해 적정 할인관리의 지침을 세울 수 있어 잠재여행객의 수요를 창출할 수 있다.

셋째, 늦게 예약하게 된 좌석에는 정상운임 적용을 통해 수익을 높일 수 있다.

그러나 이러한 관리방법은 어디까지나 항공사의 수익 극대화에 초점이 맞춰져 있어 실제 적용과정에서 승객의 불만족을 야기하기도 한다. 예를 들면 같은 서비스 등급의 좌석을 제공함에도 불구하고 예약시점이나 구입조건에 따라 승객마다 운임을 다르게 적용하고 낮은운임으로 구입한 항공권을 환불할 경우 높은 취소수수료를 부과하며, 초과예약(over booking)으로 인해 탑승이 거절되는 경우가 발생하기도 한다. 또한 수요가 많을 것으로 예상되는 특정 기간의 항공편은 일정 운임등급 이상의 수준으로만 판매하거나 마일리지를 이용한 보너스 항공권 이용이 제한되는 경우 등으로 인해 항공사와 승객 간의 갈등요소가 존재하고 있다.

토론주제

- ♣ 여행 · 항공업 분야의 대표적인 직업과 요구되는 지식은 어떤 종류가 있는가?
- ♣ 여행 · 항공업 이외의 관광관련사업에 일드매니지먼트는 어떻게 적용할 수 있는가?

참|고|문|헌 〉〉〉

1) 관광진흥법, 제3조.

2) 관광진흥법, 제3조.

3) 관광진흥법시행령, 제2조.

4) 한국관광협회중앙회.

5) 고길준 · 안성진, 여행사업무의 정보기술구조 개발에 관한 연구, 정보기술아키텍처연구, 1권1호, 2004, pp.1-13.

6) 외교부여권안내홈페이지, www.passport.go.kr/index.php.

7) 정익준, 『항공운송관리론』, 백산출판사, 2006, p.30.

8) 관광진흥법 제2조.

9) 문화체육관광부 www.mcst.go.kr

10) 국토해양연구항공정책실편, 『항공정책론』, 2011, 백산출판사, p.508.

11) 김재원, 『최신항공사경영론』, 학현사, 2015, pp.5-6.

12) 최기종, 『관광학개론』, 백산출판사, 2014, p.391.

13) 정익준, 『항공운송관리론』, 백산출판사, p.15.

14) 위키백과 https://ko.wikipedia.org/wiki/%EC%BD%A9%EC%BD%94%EB%93%9C_(%EB%B9%84%ED%96%89%EA%B8%B0)

15) 국토교통부, 『항공정책업무편람』, 2016, p.543.

16) 한국일보 2016년 7월 21일자.

17) 항공법 제2조.

18) 국토교통부, 항공정책업무편람, 2016년 5월.

19) http://morningcalm.koreanair.com/e-book.

20) www.planecrashinfo.com.

21) 여권법, 제2조.

22) 여권법, 제4조.

23) 여권법, 제14조.

24) http://www.0404.go.kr/consulate/visa.jsp.

25) 김재원 · 양경승 · 정익준 · 허범영, 『여행사경영론』, 학현사, pp.332-333.

26) http://www.passengerairtariff.com/docs/WWFARES.pdf.

27) 김재원, 『최신항공사경영론』, 학현사, p.243.

읽을거리 전자항공권(e-ticket) 개념을 창안한 사람은 누구일까?

현재 사용하는 항공권은 전자항공권, 즉 이티켓(e-ticket)이다. 실제로는 눈에 보이지 않는 디지털 데이터 형태로만 존재하는 항공권으로 분실의 위험, 오용의 가능성도 현저히 낮으며 항공사로서는 운용비용을 줄일 수 있는 편리함이 장점인 항공권 형태다.

1984년 설립된 미국 모리스항공(Morris Air)이 전자항공권(e-ticket) 첫 시행의 주인공이다. 모리스항공의 공동 설립자였던 브라질 출신의 데이빗 닐만(David Neeleman)은 1993년 당시 대부분의 항공사들이 사용하고 있었던 아메리칸항공의 SAAS(Sabre Airline Automated System) 예약 시스템을 대신하고 종이 항공권의 불편함을 해소하고자 직접 시스템 개발에 나섰다.

프로그래머인 데이빗 에반스(David Evans)에게 모리스항공만의 예약 시스템(Morris Air Reservation System, MARS)을 주문했고, 에반스는 2만 5천 달러 보수로 4개월 만에 이를 완성했다. 이 시스템은 단순한 예약 시스템을 넘어 항공권을 더 이상 종이로 발행하지 않아도 되는 페이퍼리스 티켓(paperless ticket), 이티켓(e-ticket) 개념을 담고 있었고, 모리스항공은 이 시스템을 1993년 운용하기 시작함으로써 사상 처음으로 전자항공권(e-ticket)을 도입한 항공사가 되었다.

모리스항공의 데이빗 닐만은 1994년에 자신이 롤모델로 삼았던 사우스웨스트항공 켈러허의 제의를 흔쾌히 받아들여 모리스항공을 사우스웨스트항공으로 합병시켰지만, 얼마 지나지 않아 자신의 계획과 뜻을 제대로 반영시키지 못하는 현실을 깨닫고 에반스와 함께 사우스웨스트항공을 떠났다. 이후 그들은 항공 IT기업 Open Skies를 설립하여 전자항공권 기능을 가진 항공예약시스템을 웨스트제트(WestJet), 고 플라이(Go Fly) 등 중소 항공사들에게 판매했다. 당시 다른 메이저 항공사들은 모리스항공의 이런 전자항공권 예약시스템을 비현실적이라고 비웃었다. 항공 이용객들은 종이항공권을 더 선호할 것이라고 믿었기 때문이었다. 하지만 전 세계 항공 교통량이 급증하면서 종이항공권의 수요는 기하급수적으로 늘어났고, 종이항공권 발행에 따른 비용과 시간 손실 등이 가속화되면서 더 이상 전자항공권의 장점을 외면하기 어려워졌다.

시간이 흐르면서 메이저 항공사들을 중심으로 하나 둘씩 전자항공권을 도입하기 시작했고, 우리나라 항공사 역시 이 흐름에 적극 동참했다. 대한항공은 국내선 전자항공권을 2003년 6월에, 아시아나항공은 7월에 각각 발행하기 시작했다. 2004년 IATA는 업무간소화(simplification of business) 차원에서 전 세계 항공사에 전자항공권을 2007년 말까지 적용하기로 결정했다. 당시 종이항공권을 발행하는 데는 10달러가 필요하지만 전자항공권은 단 1달러면 충분하다는 비용 절감의 필요성과 함께 종이항공권 생산을 위해 많은 양의 나무가 필요하다는 환경 측면의 생각들이 대두되면서 전자항공권의 개념이 순조롭게 확산되었다. 대한항공은 2005년 4월 26일 국제선에도 전자항공권을 도입했고, 아시아나항공도 2007년 5월 1일 국제선 대상으로 전자항공권 발행을 시작했다.

2007년 8월, IATA는 2008년 5월까지 사용할 종이 항공권 용지 1,650만 장을 마지막으로 발주하고 2008년 6월 1일부터 전 세계 항공업계는 더 이상 종이항공권을 사용하지 않고 '종이항공권 시대 종말'을 선언(6월 3일)했다. 이후 IATA는 종이항공권을 사용하는 경우에는 추가 발행 수수료를 부과하게 함으로써 현재 전 세계 거의 모든 항공사들은 전자항공권만을 사용하고 있다.

사상 처음으로 전자항공권 도입을 주도했던 닐만은 미국의 저비용항공사 제트블루(JetBlue)를 설립해 큰 성공을 거두었고, 현재는 Azul 브라질 항공 CEO이자 TAP 포르투갈항공 공동 소유주다. 에반스 역시 전공을 살려 항공 IT기업 Navitaire(항공 IT 기업인 아마데우스 계열사)를 설립해 CEO로 재직 중이다.

출처 : 항공여행정보http://www.airtravelinfo.kr/xe/1168163.

제9장

관광과 숙박업

학습목표

- ♣ 숙박업의 개념과 정의에 대해 이해한다.
- ♣ 세계 숙박업의 역사를 시대별,국가별로 이해한다.
- ♣ 우리나라 숙박업의 역사를 이해한다.
- ♣ 숙박업의 분류와 종류에 대해 이해한다.
- ♣ 변화되고 있는 호텔업의 기능에 대해 이해한다.
- ♣ 호텔업이 타 산업과는 구별되는 독특한 특성에 대해 이해한다.
- ♣ 호텔 내의 다양한 부서와 그 역할에 대해 이해한다.
- ♣ 변화하고 있는 호텔업의 경향과 미래전망에 대해 이해한다.

제9장

관광과 숙박업

노마드(nomad)는 결코 혼자서 여행하지 않는다. 만약 그랬다면 추방된 자들처럼 일찍 죽었을 것이다. 그렇다고 해서 지나치게 큰 무리를 이루어 다니지도 않았다. 식량 공급 문제가 복잡해지기 때문이다. 노마드는 자기가 신뢰하고, 자신을 보완해줄 자들과 같이 다녔다. 그런 다음 노마드가 사춘기 이후까지 생존하면서 자신이 떠났던 장소로 돌아오는 것이 유익하다는 것을 깨달으면서 노마드는 계절과 해(年)에 따라 다소간 주기적으로 여행하게 되었다. 노마드는 이제 일정한 자연 경관과 천체 아래에서 자기 길을 되찾으며 여정마다 제례의식을 치르면서 규칙적으로 같은 코스를 다니게 되었다.[1]

'유목민', '유랑자'를 뜻하는 노마드를 역사적 관점에서 볼 때 우리 인간의 몸 속에는 여행에 대한 유전자가 자리잡고 있다고 말할 수 있겠다. 정착생활을 시작한 인류가 가지는 유랑에 대한 향수가 사람들을 여행하게 만든다고도 볼 수 있다는 말이다. 즉, 여행과 관광이라는 개념은 이미 수만 년 동안 우리 몸 속에 내재된 것으로 이것이 우리로 하여금 여행을 떠나게 만드는 원동력일지도 모른다.

사람들이 관광활동을 계획할 때 관광목적지, 교통수단, 식사, 숙박장소 등 다양한 것들에 대한 고민을 시작한다. 이러한 일련의 것들에 대한 사전계획이 어느 정도 선행된 뒤에 관광활동이 이루어지게 된다. 그래서 관광은 의식주(衣食住) 모두가 연계된 종합적인 활동이라고 할 수 있다. 이 가운데 이 장에서는 '어디에서 잘까?'라고 하는 부분인 관광에서의 숙박업에 대해 알아보고자 한다.

숙박업의 개념과 정의에서 시작하여 국내외 숙박업의 역사, 숙박업의 분류, 특징과 현황, 전망 순서로 설명하고자 한다. 숙박업에서는 그 가운데 가장 핵심산업인 호텔을 중심으로 하여 설명한다.

제1절 숙박업의 개념과 정의

숙박업은 교통업과 아울러 관광사업을 구성하는 사업활동으로 중추적인 것이라 하겠다. 전자는 관광의 '체재'를, 후자는 '이동'을 가능하게 하는 사업활동이기 때문이다.[2)]

숙박업(lodging industry)은 광의(廣義)로 볼 때 숙박에 필요한 시설 및 설비를 갖추고 고객을 숙박시키는 업체를 일컫는 것으로, 호텔, 여관, 민박, 콘도, 펜션 등과 같이 수수료 및 계약에 의하여 이용자들에게 숙박설비를 제공하는 사업체를 말한다.[3)]

우리는 흔히 숙박업 또는 숙박산업이라는 용어의 사용을 호텔업 내지는 호텔산업이라는 용어와 구별하지 않고 사용하는 경우가 있으나, 호텔업이라는 용어는 숙박업이라는 용어보다 협의적(狹義的)인 의미를 갖는다.[4)]

숙박업이란 일반적으로 숙박시설의 건설과 운영을 목적으로 하는 사업활동을 말하는 것으로 일반대중을 대상으로 숙박과 음식에 관계되는 인적 · 물적 서비스를 제공함으로써 목적지에서의 체재를 가능하게 하는 시설사업을 의미한다.[5)]

이러한 숙박시설은 관광객의 관광활동을 위한 전진기지가 되고, 관광지 지역주민들의 여가활동에 중심지가 될 수 있다. 숙박시설은 관광지의 이미지 형성과 강화에도 기여하며 관광지의 지역경제에도 기여를 하는 기반시설이다.

제2절 숙박업의 역사

1. 세계의 숙박업 역사

숙박시설의 역사는 아주 오래된 것이다. 인간이 여행을 시작하고 노숙(露宿)에서의 불편과 위험을 느끼기 시작한 때부터 숙박시설은 이미 사회적으로 없어서는 안될 존재가 되었다는 데에는 의심의 여지가 없다. 즉, 숙박시설의 역사는 여행의 역사와 밀접하게 관련되어 있고, 노숙의 여행에서 원시적인 숙박시설이 생기고, 여행의 증가와 질적인 변화에 상응하여 숙박시설도 변화하고, 반면에 숙박시설의 개선이 여행을 쉽게 만들었다고 생각된다.[6)]

가. 고대의 숙박업

1) 고대 그리스 시대

올림포스(Olympus)산에서 신전참배를 위한 종교적 활동으로 여행의 왕래가 증가되었고 이후 올림피아(Olympia)의 제우스(Zeus)신전 아래에서 열렸던 고대 올림픽대회에는 각지로부터 많은 여행자들이 모여들어 관광의 발전을 가져오게 되었다.

당시에 화폐의 등장과 해상무역의 활성화로 인해 항구와 도시국가를 중심으로 한 육로의 정비는 그리스를 중심으로 한 여행을 활발하게 하였다. 그 결과 상용여행, 관용여행, 종교여행이 중심을 이루게 되었고 상용여행이 발달한 결과 고대 그리스 시대에는 도시 사이를 연결하는 교통의 요지에 포장마차 형식의 이동식 숙박시실 형태인 캐러번(caravans)이 사용되기 시작하였다.[7)]

2) 로마 시대

상류층과 공용목적으로 출장을 다니는 관리 등이 이용한 맨션(mansion)이라는 숙박시설이 존재하였다. 이 시대 여행의 핵심은 귀족과 부유층이 중심이 된 식도락(gourmandism) 여행이었다. 이들은 요양을 위해 온천을 주로 여행하였고 온천지역을 중심으로 숙박업이 발전하였다.

나. 중세의 숙박업

서기 476년 로마제국 멸망 후 약 1,000년간의 이 시기를 관광의 암흑기(the Dark Ages)라고 한다. 로마제국의 멸망으로 유럽의 도로나 숙박시설이 황폐화되었고, 교황을 중심으로 사람들의 생활이 기독교 문화에 의해 지배받기 시작하였다. 이 당시의 관광은 성지순례의 형태였고, 여행자들의 숙박장소로는 종교적 봉사정신으로 제공되는 수도원이나 교회 및 도로변의 간이 숙박시설이 주로 이용되었다.[8)]

다. 근대의 숙박업

15세기부터 시작된 유럽국가를 중심으로 한 대항해시대의 시작이 신대륙의 발견으로 이어지고 이 시기에는 상업적 여행이 증가되기 시작했다. 이 시기는 또한 여행의 황금시대(the Golden Age Travel)라고 불리게 되었다. 특히 유럽 귀족층의 자제를 중심으로 한 그랜드투어(grand tour)가 시작되었는데 이는 마치 오늘날의 조기유학과도 일맥상통하는 측면이 있다고 볼 수 있다. 즉 2~3년간의 여행을 통해 신사를 만드는 교육을 시켰다. 또 이 기간은 수면, 음식, 생명과 재산의 보호와 같은 최저 필요요건만 제공되는 숙박의 시기였다.

라. 근대호텔의 발전사

1) 영국

18세기 중엽 이후 영국의 산업혁명이 계기가 되어 도시로 인구가 집중되고, 철도와 증기선 등의 교통수단이 발달하여 여행자 수가 급격하게 증가하면서 근대적 호텔들이 등장하게 되었다.

인(inn)이라고 하는 기초적인 형태의 중, 저급 숙박시설이 발달하였다. 영국에서 근대적인 호텔은 1889년 런던의 사보이 호텔(Savoy Hotel)이 있었다. 사보이 호텔은 고급호텔의 창시자인 리츠와 당시 위대한 요리사인 에스코피에가 공동으로 경영한 호텔로 일요일에도 디너 서비스를 했으며 레스토랑에서는 정장을 의무화하였고 여성을 동반하지 않은 고객은 거절하기도 하였다. 1899년에는 영국 최초로 욕실을 구비한 최고급 호텔인 런던의 호텔 칼튼(Hotel Carlton)이 개관하였다.[9)]

2) 독일

우리 한국인에게는 1988년 서울 올림픽 개최 발표지로 기억에 남는 독일의 남부도시인 바덴바덴(Baden Baden)에 바디쉬 호프(Der Badische Hof)가 1807년 오픈하였다. 이 바디쉬 호프는 오늘날 개념의 호텔의 시초로 당시에는 초기의 인에 비해 대단히 크고 호화로운 시설이었다. 이 호텔은 주변의 스위스, 오스트리아 등 19세기 중엽 서유럽의 호텔발전에 커다란 영향을 주었다. 이후 1874년 베를린에 카이저 호프(Kaiser Hof) 등 근대적 숙박시설이 독일에 개관하였다.

3) 프랑스

19세기 유럽에서 귀족세력이 붕괴되면서 사교모임이 궁전에서 밖으로 이동하면서 새롭게 사교장으로 등장한 곳이 호텔이었다. 이 시대의 대표적인 호텔은 1850년 파리(Paris)에 건립된 그랜드호텔(Grand Hotel)이었다. 그랜드 호텔은 회사조직에 의한 최초의 근대 호텔로서 이 명칭은 오늘날에도 세계 각지에서 고급호텔의 대명사로 사용되고 있다. 호화호텔시대의 대표적인 경영자는 스위스 사람인 리츠(Ritz)였고, 1897년 호텔서비스의 원형을 탄생시킨 리츠호텔(Ritz Hotel)로 파리에 개관하였다. 리츠호텔은 호텔 서비스와 발전에 많은 영향을 주었고 현재까지도 유명하게 된 계기가 되었다.

리츠가 호텔경영에서 탁월한 능력을 인정받은 것은 그의 서비스정신 때문이다. 리츠는 '고객은 항상 옳다'라는 경영이념을 가지고 고객이 요구하는 모든 것은 최고의 서비스로 제공한다는 생각으로 고객의 취향을 정확하게 파악하고 그들의 욕구를 만족시키는데 최선을 다하였다.[10)]

4) 미국

1794년 세계최초의 호텔이며 미국 최초의 호텔인 시티호텔(City Hotel)이 뉴욕에 개관하여 당시 신흥도시인 뉴욕이 사교(社交)의 중심지가 되었다. 1829년 보스톤(Boston)에 근대호텔의 원조라 불리는 트레몬트 하우스(Tremont House)가 70개의 객실을 갖추고 개관하였다. 이 트레몬트 하우스는 현대 호텔경영의 모델(model)이라고 불리는데 오늘날 호텔이 갖추고 있는 객실키, 객실비품, 객실전화, 벨맨(bellman)

등이 이 당시에 갖춰진 호텔이었기 때문이다. 따라서 1794년에서 1829년까지 35년간을 미국 호텔의 황금시대라고 할 수 있다.

미국호텔의 대표주자는 스타틀러(Statler)였는데, 왕족이나 귀족중심의 유럽 호텔 형태에서 탈피하여 오늘날 미국정신의 원형이라 할 수 있는 대중적이고 실용적인 상용호텔을 발전시켰다. 1908년 버팔로(Buffalo)에 300개의 객실과 욕실을 가진 거대한 호텔을 탄생시켰으며, 이 스타틀러 호텔이 바로 상업호텔의 시초가 되었다.

마. 현대의 숙박업

1939년부터 1945년까지의 제2차 세계대전을 통해 군사목적의 교통수단이 발전되었고 이는 결과적으로 관광을 위한 핵심인 교통 특히 항공업의 발달을 가져오게 되었다. 그리하여 여객여행이 가능하게 된 계기가 되었다. 아이러니(irony)하게도 수많은 사람의 목숨을 빼앗아간 전쟁 이후 대중여행이 가능하게 된 교통수단들이 만들어지고 더욱 발전하게 되었다.

현대호텔의 특징은 미국 등을 중심으로 대규모 호텔 체인망의 형성, 항공사나 여행사의 호텔경영, 호텔의 단체급식사업의 진출 등 경영다각화(diversification of management)가 이뤄지고 있다는 것이다. 규모의 경제를 통하여 체인호텔은 단독호텔보다 비용절감의 이점 및 공동마케팅을 통하여 강한 경쟁력을 가질 수 있게 되었고 고객들은 개별 운영의 단독호텔보다는 익숙한 브랜드인 체인호텔에 대해 서비스와 시설에 대하여 더욱 신뢰성을 가지게 되었다. 항공사 및 여행사도 각 주체의 장점인 항공좌석과 호텔을 합하거나 여행사의 강점인 여행상품과 호텔을 합하여 그 상승효과를 통하여 경영의 다각화 측면에서 호텔과 결합하거나 호텔을 직접 운영하는 방안을 모색하게 되었다. 네덜란드 항공사인 KLM의 골든튤립(Golden Tulip) 호텔, 독일 항공사인 루프트한자(Luffthansa)의 켐핀스키(Kempinski)호텔, 일본항공(JAL)의 닛코(Nikko) 호텔이 대표적인 사례이며 국내 대한항공의 칼(KAL) 호텔도 있다. 주요체인호텔을 정리해 보면 아래와 같다.

1) 힐튼 호텔(Hilton Hotel)

힐튼의 창업자 콘래드 힐튼 (Conrad Hilton)은 경제대공황시기에 경영수지가 악화되어 도산하는 호텔들을 매수하면서 체인화를 시작하였다.[11)]

힐튼은 호텔경영에 과학적 관리를 도입해, 호텔사무의 표준화를 꾀했다. 또 호텔 내에 아케이드(arcade)라고 불리는 쇼핑가, 음식시설로써 여러 종류의 레스토랑을 운영하는 등 호텔 기능을 확대했다.[12)]

2) 쉐라톤 호텔(Sheraton Hotel)

쉐라톤 호텔의 창시자인 헨더슨(Ernest Henderson)은 1941년부터 부동산 획득 차원에서 호텔을 매입하고 건물을 개보수하여 가치를 향상시켜 오늘날 가장 큰 체인 호텔 중에 하나인 쉐라톤을 탄생시켰다.[13)]

3) 홀리데이 인(Holiday Inn)

1952년 윌슨(K Wilson)에 의해 창설된 모텔업이 홀리데이 인의 시작이었고, 윌슨은 모텔업계의 황제로 칭송된다. 미국에서 제2차 대전 이후 승용차의 보급 증가와 고속도로 정비 확충으로 모터리스트(motorist)를 위한 숙박시설이 필요했고, 이에 부합하여 윌슨의 모텔업이 성공의 가도를 달리기 시작하였다. 윌슨은 테네시(Tennessee) 주(州) 멤피스(Memphis)의 길가에 커다랗게 번쩍이는 간판을 내건 모텔인 홀리데이 인의 문을 열었다.

4) 하얏트 호텔(Hyatt Hotel)

하얏트 호텔은 미국에 본사를 둔 다국적 호텔기업으로, 1957년 9월 프리츠커(J Pritzker)가 로스엔젤레스 국제공항에 개관하면서 시작된 호텔체인이다. 현재 전 세계에 약 45,000여 명의 직원이 근무 중이며, 우리나라에도 서울, 인천, 부산, 제주 등지에서 호텔을 운영하고 있다. 그랜드하얏트(Grand Hyatt), 파크하얏트(Park Hyatt), 하얏트리젠시(Hyatt Regency), 하얏트리조트(Hyatt Resort & Spas) 등으로 등급이 구분되어 고객층에 맞는 시설과 서비스를 제공하고 있다.

숙박업에서 고객들의 숙소에 대한 요구는 단지 한가지 수준만은 아니다. 가격, 시설 등에 따라 다양한 숙소의 수준과 등급이 필요하다. 그래서 대다수의 메이저(major) 숙박 기업에서는 고객들의 이러한 다양한 요구에 부응하기 위해 시장세분화에 근거한 다양한 숙박시설을 갖추고 있는데 이것을 수직적 통합(vertical integration)이라고 한다.[14)]

5) 인터컨티넨탈 호텔(Intercontinental Hotel)

인터컨티넨탈 호텔그룹은 다양한 호텔 체인을 보유하고 있는 영국 기업으로, 1777년 세워진 양조회사 바스(Bass)가 그룹의 모태며, 1946년 팬암항공(Pan American Airline)사가 창립하였다. 대표호텔인 인터컨티넨탈을 비롯해 홀리데이 인(Holiday Inn), 크라운플라자(Crowne Plaza), 호텔인디고(Hotel Indigo) 등의 브랜드를 보유하고 있다. 우리나라에는 1988년 서울 삼성동에 인터컨티넨탈 서울호텔을 개관했다.

6) 메리어트 호텔(Marriott Hotel)

1957년 메리어트(J.W Marriott)에 의하여 시작되었다. 호텔의 임대, 인수합병을 통하여 성장하였으며 리츠칼튼, 르네상스 호텔그룹을 이후 인수하였다. 메리어트 호텔은 숙박뿐만 아니라 외식산업에도 많은 진출을 하여 최대의 항공기내식 사업자, 미국 내 최대의 단체급식업체로 성장하였다. 지속적으로 호텔의 인수합병을 현재도 활발하게 하고 있어 최대의 호텔제국이라고 불린다. 2016년에는 스타우드호텔 · 리조트(Starwood Hotels & Resorts)를 인수 합병하여 전 세계 110여 개국에 5,700개 이상의 호텔을 보유하고 있다.

[표 9-1] 서구호텔업의 주요경영자와 시설

시대구분	대표적 경영자	국가(도시)	호텔명	비고
19세기 초		Baden Baden	Der Badische Hof	최초의 근대적 숙박업
1850년		Paris	Grand Hotel	독립적 회사조직에 의한 최초의 대형호텔
1874년		Berlin	Kaiser Hof	
1897년	Caesar Ritz	Paris	Paris Hotel Ritz	
1899년		London	London Hotel Carlton	체인식 호화호텔개업 Escoffier는 런던의 칼튼 호텔에서 20년간 근무
1794~1829년		New York	City Hotel	미국최초의 호텔 뉴욕시민들의 사교장의 역할
1829~1860년		Boston	Tremont House	초일류호텔 호텔 지배인 고용
20세기 초		New York	Woldorf Astoria Hotel	세계1위 호화호텔
1908년	E.M.Statler	Buffalo	Statler Hotel	근대호텔의 혁명왕
1920~1930년 (미국호텔 산업 공황기)		New York	Hotel Pennsylvania Hotel Pierre	
현대식 미국호텔	Conrad Hilton	Chicago		
미국의 체인호텔	Ernest Henderson		Sheraton Plaza	
1952년	K.Wilson	Memphis	Holiday Inn	

출처 : 김종은, 『관광학원론』, 현학사, 2002, pp.335-336.

2. 한국의 숙박업 역사

가. 초기의 숙박업

신라시대에는 역(驛)이라는 형태로, 고려시대에는 객사, 조선시대에는 역, 원, 여각, 객주라는 형태가 한국 숙박시설의 기원이라고 하겠다. 뿐만 아니라 장터를 내왕하는 장사꾼이나 나들이를 하는 서민을 위해 길가나 동네 어귀에서 술과 음식을 팔고 나그네를 유숙(留宿)시키는 '주막'이라는 것도 있었다. 우리가 사극(史劇)에서 보게 되는 고전적인 형태의 숙박시설을 떠올리면 쉽게 이해가 되리라 본다.

나. 한국호텔업의 발전

1) 해방 전

1888년 인천에 일본인이 11개의 객실로 개관한 우리나라 최초의 호텔인 대불(大佛)호텔이 생겼다. 당시의 인천은 외국과 교역의 중심지였으며, 서울의 관문 역할을 담당하였다. 이는 마치 오늘날 인천국제공항이 대한민국의 관문인 것과도 유사하다. 이후 경인선의 개통으로 인천에 숙박하지 않고 바로 서울로 들어올 수 있게 됨으로 인해 서울에 호텔이 들어서게 된다. 오늘날 서울 정동에 30실 규모의 객실과 커피숍을 갖추고 최초의 프랑스 식당을 갖춘 서울에 세워진 최초의 서양식 호텔인 손탁(Sontag)호텔이 1902년 개관하였다.

오늘날도 마찬가지이지만 호텔은 교통의 요지에 많이 건설된다. 그 만큼 위치적인 중요성이 강조된다는 말이다. 경부선, 경의선의 개통으로 1912년에 부산철도호텔이, 1년 후에는 신의주철도호텔이 각기 개관되었다.

1914년 조선총독부 주관으로 69개의 객실, 300명 수용의 연회장, 수세식 화장실과 엘리베이터가 설치된 조선호텔이 개관하였다. 1929년에는 일본인에 의해 반도호텔이 111개의 객실을 갖추고 개관을 하였는데 이후 이 자리는 오늘날 롯데호텔이 건립되었다.

2) 해방 후~1970년대

이렇게 우리나라에도 현대식 숙박시설인 호텔이 태동하기 시작했으나 해방 이후의 혼란기와 한국전쟁을 통해 다시 정체기로 들어서게 된다.

1960년대에 경제개발정책으로 외화획득의 일환으로 정부는 관광에 조금씩 관심을 기울이게 되고 관광사업진흥법이 제정되었다. 1962년에는 한국관광공사의 전신(前身)격인 국제관광공사가 설립되었다. 또 1967년에는 우리나라에서도 한국 유스호스텔협회가 발족되어 1968년 국제유스호스텔연맹에 가입하여 공적 숙박시설도 보급이 되었다.

1970년대에는 관광호텔의 등급제가 시행되고 지배인 자격시험제도도 시작되었다. 1974년~1979년 경주보문단지의 개발과 1978년~1986년 제주중문단지 등 관광단지가 개발되면서 주변에 숙박시설이 동반하여 들어서게 되었고, 1976년 오늘날 서울시청 부근에 서울 플라자(Plaza)호텔이 개관, 1978년 남산에 서울 하얏트(Hyatt)호텔이 개관하였다.

3) 1980년대~1990년대

1980년대는 호텔의 도약기라 말할 수 있다. 1986년 아시안게임과 1988년 서울올림픽을 위해 숙박업의 확충이 필요하였고 이 시기에 대규모의 해외체인 호텔이 국내에 다수 개관하였다.

1990년대는 보통 호텔의 침체기라고 불린다. 매년 흑자를 기록하던 관광수지가 91년 최초 적자를 기록하기도 했다. 1994년 정부는 '한국방문의 해'로 지정하고 야심찬 계획을 준비하였지만 북한의 핵 문제와 김일성 사망, 성수대교 참사 등 여러 사건사고로 어려움이 가중된 한 해였다. 1997년 말 IMF로 인해 이후 호텔업계의 부도, 경영난으로 호텔업도 다른 산업과 마찬가지로 수난의 시대를 겪게 된다.

4) 2000년 이후~현재

2000년대는 재도약기라고 불리는데, 2001년 인천국제공항이 개관을 하였고, 2002년은 한일월드컵과 부산아시안게임 등 대규모 행사들이 개최되었다.

2010년대는 외래관광객 증가의 돌풍으로 호텔업계에서는 비즈니스호텔의 경쟁이 심화되었다. 특급호텔들도 세컨드브랜드(second brand)의 호텔을 만들기 시작하였고, 해외체인도 비즈니스급의 호텔 브랜드를 론칭(launching)시켰다. 특급호텔들은 경쟁에서 살아남기 위해 리노베이션(renovation)이 활발해졌다. 또 미드마켓(mid market)의 붐으로 버젯호텔(budget hotel)의 증가는 심화되었고 이로 인해 일부 지역에서는 호텔공급과잉문제가 새로운 화두로 제시되기에 이르렀다.

제3절 숙박업의 분류와 종류

1. 숙박업의 분류

법규상 우리나라 숙박업에는 관광숙박업, 관광편의시설업, 숙박업, 농어촌 민박업, 호스텔업, 기숙사 등이 있고, 숙박시설의 종류는 인, 모텔, 유스호스텔, 펜션, 민박(homestay), 호텔 등으로 나눠볼 수 있다.

먼저 국내법규상 숙박업에 대해 정리하면 아래와 같다.

가. 호텔업

관광객의 숙박에 적합한 시설을 갖추어 이를 관광객에게 제공하거나 숙박에 딸리는 음식, 운동, 오락, 휴양, 공연 또는 연수에 적합한 시설 등을 함께 갖추어 이를 이용하게 하는 업이다.

나. 휴양콘도미니엄업

관광객의 숙박과 취사에 적합한 시설을 갖추어 이를 그 시설의 회원이나 공유자 그 밖의 관광객에게 제공하거나 숙박에 딸리는 음식, 운동, 오락, 휴양, 공연 또는 연수에 적합한 시설을 함께 갖추어 이를 이용하게 하는 업이다.

다. 관광펜션업

숙박시설을 운영하고 있는 자가 자연, 문화체험관광에 적합한 시설을 갖추어 관광객에게 이용하게 하는 업이다.

라. 한옥체험업

한옥(주요구조부가 목조구조로 한식기와 등을 사용한 건축물 중 고유의 전통미를 간직하고 있는 건축물과 그 부속시설을 말한다)에 숙박체험에 적합한 시설을 갖추어 관광객에게 이용하게 하는 업이다.

마. 일반숙박업

손님이 잠을 자고 머물 수 있도록 시설 및 설비 등의 서비스를 제공하는 업으로 공중위생법의 적용을 받으며 보건복지부 소관이다.

바. 호스텔업

배낭여행객 등 개별 관광객의 숙박에 적합한 시설로 샤워장, 취사장 등의 편의시설과 외국인 및 내국인 관광객을 위한 문화, 정보 교류시설 등을 함께 갖추어 이를 이용하게 하는 업이다.

2. 숙박업의 종류

외국의 숙박업에 대해 정리하면 아래와 같다.

가. 인(Inn)

여행자들이 잠시 들러 밤을 지샐 수 있었던 간이숙소의 개념에서 시작된 초기현상의 숙박시설의 형태로 출발하였다. 간결하고 소박한 숙박시설로 비교적 작은 호텔을 말하여 왔지만, 최근 미국을 위주로 인(inn)의 명칭을 사용하는 호텔이 많이 개관하여 일반호텔과 다름없는 훌륭한 시설의 숙박시설도 많다.

나. 모텔(Motel)

모터(motor)와 호텔(hotel)의 합성어이다. 역사로 보면 명칭에서 알 수 있듯이 자동차 여행객들을 대상으로 하여 도로변에 건설된 새로운 형태의 숙박시설이었다. 1908년 미국 애리조나(Arizona)주(州) 댈러스(Dallas)에 단출한 목조 집을 짓고 1박에 50센트로 숙박시킨 것이 그 효시(嚆矢)였다. 자동차가 증가됨에 따라 이에 발맞추어 모텔의 설비도 수영장, 식당, 바 등을 부설하게 되었고, 점차 고층화, 대형화되었다.

다. 유스호스텔(Youth Hostel)

글자가 의미하는 대로 젊은이, 즉 청소년들의 수용을 위한 숙박시설이다. 이는 일반호텔처럼 기업적인 차원에서의 영리 추구에 그 주된 목적이 있는 것이 아니고 일종의 공익성을 추구하는, 다시 말해서 청소년들에게 싼 비용으로 편리하게 숙박하도록 해 주는 일종의 사회복지시설에 속한다고 볼 수 있다. 역사적으로 볼 때 1923년에 네덜란드의 수도인 암스테르담(Amsterdam)에서 국제유스호스텔연맹(IYHF)이 창설되었고 그 이후 가입회원은 연맹에 가맹된 어느 국가의 유스호스텔이든지 이용할 수 있게 되었으며, 우리나라에서도 1967년에 한국 유스호스텔연맹이 생겨났다.

라. 펜션(Pension)

원래 연금(年金)의 뜻으로 유럽에서 노인들이 여생을 연금과 민박 경영으로 보내는 데서 그 이름이 붙었다고 한다. 유럽에 오래 전부터 있었던 민박풍의 작은 호텔로, 가족 경영에 의한 전(全) 가족의 서비스가 특징이다. 가족 여행자의 장기체재에 대한 편의제공을 목적으로 하고 있으며, 방 10개 정도의 양실 위주로 유럽의 민박 분위기를 느끼게 하는 호텔에 가까운 시설로, 청결하며 프라이버시(privacy)가 보장된다.

마. 민박(Homestay)

민박이란 본래 숙식제공을 본업으로 하지 않는 민가가 방문객을 숙박시켜 영업활동을 하는 숙박시설로 계절적, 임시적으로 영업하는 민가 부업의 한 형태이다. 최근에는 온라인을 통해 숙박공유서비스를 제공하는 중개업 형태의 숙박시설인 에어비앤비(Airbnb)의 개념도 등장하였다.

바. 호텔(Hotel)

유럽에서는 산업혁명을 계기로 교통 수단이 발달하고 여행자의 수가 증가하면서 현대식 기업 형태의 호텔이 등장하였는데, 1850년에 세워진 프랑스의 그랜드호텔이 유럽 호화호텔의 효시로 꼽힌다. 이후 유럽의 호화롭고 사치스러운 경향의 호텔이 대중성을 잃고, 미국을 중심으로 편리함과 쾌적함을 추구하는 새로운 개념의 호텔이 등장해 이것이 오늘날까지 호텔의 대중을 이루고 있다.

제4절 호텔업의 개념, 기능과 분류 및 특성

1. 호텔의 개념

호텔의 어원은 라틴어의 호스피탈레(hospitale)에서 출발하였으며, 이 용어가 자선 시설이라는 뜻의 하스피틀(hospital), 여인숙이라는 뜻의 호스텔(hostel), 서민들이 이용한 작은 여관이라는 뜻의 인(inn), 그리고 부유층이나 특권계급이 이용한 넓고 최신의 설비를 갖춘 여관이란 뜻의 호텔(hotel)로 발전한 것이다.[15]

호텔의 개념은 나라마다 조금씩 차이가 있지만 일반적으로 지불 능력이 있는 사람에게 숙소와 식음료를 제공할 수 있는 시설을 갖추고, 고객이 원하는 서비스를 제공하는 장소 또는 그러한 서비스 업체를 말한다. 우리나라 관광진흥법에서는 '관광객의 숙박에 적합한 구조 및 설비를 갖춘 시설에서 사람을 숙박시키고 음식을 제공하는 업'이라고 규정하고 있다.

2. 호텔의 기능

근대적 개념의 호텔기능은 집을 떠나 여행하는 여행자들에게 가장 기본적인 숙박, 음식, 안전을 충족시켜주는 단순한 공간이었다. 하지만 현대에 와서는 호텔의 이용객들이 국제화, 대중화가 됨에 따라 기존의 숙식제공과 안전의 기능만을 가지고는 그들의 다양한 욕구를 충족시켜줄 수 없게 되었다. 즉 호텔 이용자들은 호텔에서 여가활동, 건강단련, 가족 및 사교모임, 비즈니스 등을 할 수 있는 다양한 기능을 요구하게 되었다. 따라서 현대적 개념의 호텔에서는 기존의 숙식이나 안전의 기능 외에 여가, 오락, 휴식, 문화, 건강, 사교, 비즈니스 공간 등 복합적인 기능뿐만 아니라 공공성 및 지역사회와 함께 할 수 있는 프로그램도 제공할 수 있어야 한다.[16]

[그림 9-1] 호텔의 기능

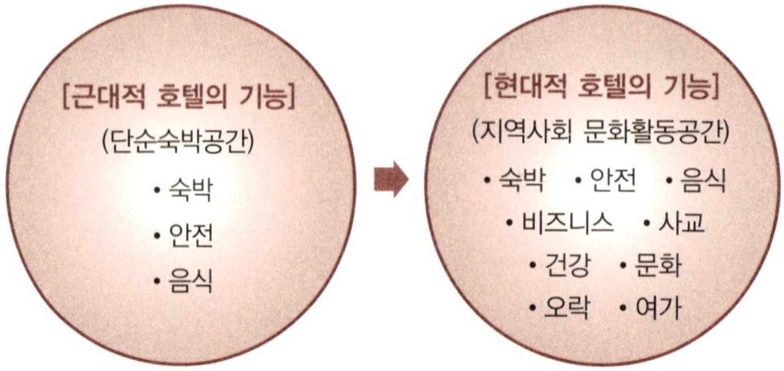

출처 : 이정학, 『호텔경영의 이해』, 기문사, 2016, p.45의 그림을 괄호 부분과 화살표를 추가 구성함

3. 호텔의 분류

가. 법규에 의한 분류

1) 호텔업

가) 관광호텔업

관광호텔업은 관광객의 숙박에 적합한 시설을 갖추어 이를 관광객에게 이용하게 하고 숙박에 부수되는 음식, 운동, 오락, 휴양, 공연 또는 연수에 적합한 시설을 함께 갖추어 이를 관광객에게 이용하게 하는 업을 말한다.

나) 수상관광호텔업

수상에 구조물 또는 선박을 고정하거나 계류(繫留)시켜 놓고 관광객의 숙박에 적합한 시설을 갖추거나 부대시설을 함께 갖추어 이를 관광객에게 이용하게 하는 업으로서, 수려한 해상경관을 볼 수 있도록 해상에 구조물이나 선박을 개조하여 설치한 숙박시설을 말한다.

다) 한국전통호텔업

한국전통의 건축물에 관광객의 숙박에 적합한 시설을 갖추거나 부대시설을 갖추어 이를 관광객에게 이용하게 하는 업을 말한다. 한국전통호텔업은 한국고유의 전통가옥

양식을 갖추어 한국적 분위기를 줄 수 있어야 한다. 등록기준은 객실 수의 70%를 한실로 하되, 욕실은 양식 구조로 꾸미고 실내구조는 고유의 한국적 분위기를 풍길 수 있는 서화, 문갑, 병풍, 나전칠기 등으로 장식하고 한국음식을 제공해야 한다.

라) 가족호텔업

가족단위 관광객의 숙박에 적합하도록 숙박시설 및 취사도구를 갖추어 이를 관광객에게 이용하게 하거나, 숙박에 부수되는 음식, 운동, 휴양 또는 연수에 적합한 시설을 함께 갖추어 이를 관광객에게 이용하게 하는 업이다.

마) 호스텔업

배낭여행객 등 개별 관광객의 숙박에 적합한 시설로 샤워장, 취사장 등의 편의시설과 외국인 및 내국인 관광객을 위한 문화, 정보 교류시설 등을 함께 갖추어 이용하게 하는 숙박업종이다.

바) 소형호텔업

관광객의 숙박에 적합한 시설을 소규모로 갖추고 숙박에 딸린 음식, 운동, 휴양 또는 연수에 적합한 시설을 함께 갖추어 관광객에게 이용하게 하는 업이다.

사) 의료관광호텔업

의료관광객의 숙박에 적합한 시설 및 취사도구를 갖추거나 숙박에 딸린 음식, 운동, 휴양에 적합한 시설을 함께 갖추어 주로 외국인 관광객에게 이용하게 하는 업이다.

2) 휴양콘도미니엄업

관광객의 숙박과 취사에 적합한 시설을 갖추어 이를 당해 시설의 회원, 공유자(共有者), 기타 관광객에게 제공하거나 숙박에 부수되는 음식, 운동, 오락, 휴양, 공연 또는 연수에 적합한 시설 등을 함께 갖추어 이를 이용하게 하는 업을 말한다.

나. 등급에 의한 분류

호텔의 등급을 나누는 이유는 호텔에 따라 가격과 서비스가 천차만별이므로 이용객들의 편의를 돕고 호텔의 서비스 수준을 일정하게 유지하기 위함이다.

호텔등급을 통상 유럽에서는 별(星)로 표시하고, 미국에서는 다이아몬드, 우리나라에서는 2014년 전까지 무궁화로 표시했다. 그러다가 우리나라 호텔등급제도에 대한 불만이 쏟아지자, 1971년 도입된 현행 등급제를 2015년부터 국제적으로 통용되는 별 표시로 등급제도가 변경되었다. 심사기관도 한국관광공사로 이관되면서 평가기준도 현실에 맞게 수정되고 암행조사도 도입되었다. 이에 따라 이전에 특1급, 특2급, 1급, 2급, 3급으로 구분되던 호텔등급이 5성, 4성, 3성, 2성, 1성으로 조금씩 변경되고 있다.[17]

다. 규모에 의한 분류

호텔이 보유하고 있는 객실 수를 기준으로 한다. 일반적으로 소규모 호텔은 150실 이하, 중규모 호텔은 150실 이상 300실 미만, 대규모 호텔은 300실 이상으로 구분한다.

라. 장소에 의한 분류

1) 도시호텔(city hotel)

도시 중심가에 위치하여 주로 비즈니스 고객이나 레스토랑, 연회장 등의 식음료 고객들이 즐겨 찾는 호텔이다. 영업상의 특징은 주중 객실점유율이 주말보다 높은 편이며, 식음료 매출이 다른 지역의 호텔보다 비교적 높은 편이다.[18]

2) 휴양지호텔(resort hotel)

해변이나 산 등과 같은 지역에 위치하고 있으며, 고객들이 즐길 수 있는 수영, 골프, 보트, 스키, 스케이트, 하이킹 등과 같은 시설을 구비하고 있는 것이 휴양지(resort) 호텔이다.

3) 터미널호텔(terminal hotel)

주로 공항, 철도역, 항구 주변에 위치한 호텔로 교통수단을 이용하는 여행객들을 대상으로 한다. 이런 터미널 호텔은 교통수단인 항공, 선박, 철도, 버스 등이 출발하고 도착하는 곳의 부근에 위치하므로 여행을 계속하기 위한 교통수단의 이용관광객과 항공사 등의 승무원들이 이용하는 호텔이다.

4. 호텔의 특성

호텔은 흔히 '홈 어웨이 홈'(home away home)이라는 용어로 불린다. 이는 호텔을 이용하는 고객들에게 마치 집에 있는 것과 같은 편안함을 제공해야 한다는 말이다. 흔히들 환대산업(hospitality industry)의 꽃을 호텔이라고 한다. 즉 호텔의 핵심은 서비스이고 고객에게 정성 어린 서비스로 맞이함으로써 호텔기업의 발전은 물론 그 지역사회의 발전에도 기여를 한다.

이런 호텔기업은 타(他) 기업과는 상이한 특성이 있는데 아래와 같이 구분하여 알아보고자 한다.

가. 운영상의 특성

1) 인적 요소의 중요성

다른 산업분야에서는 생산기능과 경영활동의 상당부분을 기계화하여 인적 요소를 감소하려는 경향이 있으나, 환대산업의 인적서비스는 기계화, 자동화가 거의 불가능하다. 호텔업은 타 산업과 달리 사람에 의한 경영이 그 핵심을 이루므로 인적 요소의 중요성이 타 산업에 비해 높다.

즉 호텔은 인적서비스에 대한 의존도가 타 산업에 비해 높으며, 타 산업이 무인화, 기계화를 그 강점으로 내세우고 있지만 호텔산업은 여전히 사람에 의한 휴먼터치(human touch)의 산업임에 틀림없다. 이는 물론 인건비의 비중이 높아서 호텔경영에 위협적인 요소로 작용하기도 한다. 그러므로 호텔에서 사람만큼 중요한 것은 없고 훌륭한 자질을 갖춘 인재를 채용하는 것이 그 만큼 중요하다. 일반적으로 전체 매출대비 인건비의 비율은 30~40%를 차지한다.

2) 연중무휴의 운영

호텔직원들은 다른 사람들의 휴무일에 더욱 바쁘다고 흔히 말한다. 즉, 호텔은 고객들이 숙박하고 있을 때에 생명과 재산을 보호하기 위해 일을 해야 하며, 고객 수의 많고 적음에 관계없이 24시간 가동이 된다. 즉, 교대근무를 통해 서비스와 시설을 이용하고자 하는 고객들을 위해 24시간 365일 일해야 하는 연중무휴의 특성이 있다.

나. 시설상의 특성

1) 대규모 자본 투자업

호텔은 다른 어떤 산업보다도 최초의 투자비(investment)가 높다. 토지, 건물, 시설, 집기비품 등 구매를 위해 초기에 대단위의 자본이 투자된다. 최초 투자총액에 대한 토지와 건물의 자금이 제일 큰 것이 특징이다. 일반적으로 건물이 50%, 토지가 30%, 가구와 설비가 20%에 해당한다. 이처럼 최초에 많은 자본이 필요하므로 자기자본 없이 금융권의 자금을 대출받아 호텔업을 시작하고자 하면 추후 경영상의 애로사항이 발생될 수 있다.

2) 시설의 조기(早期) 노후화(老朽化)와 진부화(陳腐化)

호텔은 많은 고객들이 이용하는 업종이므로 시간이 지남에 따라 타 산업에 비해 노후화가 빨리 진행된다. 즉, 훼손과 마모의 정도가 빠르다는 것이다. 고객이 사용하는 객실의 경우 그 정도가 더 심하다. 그러므로 지속적으로 좋은 시설을 유지하기 위해 주기적으로 개보수의 노력이 필요한 특성을 가지며, 크게 훼손이나 마모가 심하지 않아도 시간이 지남에 따라 시대성 즉, 유행의 변화로 인해 불가피 재투자를 해야 하는 경우도 많다.

3) 비생산적 공공장소(public space)의 확보

호텔은 비생산적 공공장소(public space)를 필연적으로 보유해야 하는 불리한 점이 있다. 그 대표적인 예가 호텔의 로비(lobby) 공간이다. 로비는 넓은 공간을 차지하지만 매출을 만들어 낼 수 없는 비생산적인 공간이다. 하지만 호텔의 로비는 그 호텔의 얼굴과 같은 상징이다. 고객이 호텔에 들어서는 순간 맞이하게 되는 호텔로비의 이미지는 바로 그 호텔 자체를 나타내 주는 것이기 때문이다.

다. 상품상의 특성

1) 이동불가능성

호텔업은 고객을 찾아가는 업종이 아니라, 고객이 찾아와서 구매하는 특성을 가지고 있다. 여기서 등장하는 중요한 원칙 한 가지는 호텔의 입지인데, 많은 전문가들의 공통 의견은 호텔 위치가 무엇보다 중요하다는 것이다. 즉, 한번 위치가 결정되면 호텔을 이동시킬 수 없으므로 최초에 가장 적합한 장소에 포지셔닝(positioning)하는 것이 매우 중요하다.

2) 비탄력성

항공사도 마찬가지이지만 호텔상품도 재고로 남겨두기가 어렵다. 특히 객실의 경우에는 당일 판매되지 않았다고 내일로 이월(移越)할 수 없는 특성을 가지고 있다. 즉 그 가치가 소멸한다는 것이다. 시장이나 마트에서는 부패가 쉽게 되는 과일이나 유사 상품에 대하여 소위 말하는 떨이판매(remnant sale)를 하기도 한다. 하지만 호텔은 내일을 위해 상품을 저장할 수가 없어서 시간이 지나면 고스란히 손실로 이어진다. 그러므로 재고로 남길 수 없는 특성을 가지고 있다. 최근 들어 호텔들도 오후나 밤 늦게 마지막 순간 판매(last minute sale)로 이월될 가능성이 높은 객실을 온라인 등을 통해 저가로 판매하고 있다.

3) 계절적 상품

부산이나 제주 등과 같은 지역의 여름 성수기에는 호텔 객실이 부족하여 평시보다 고가로 객실을 판매해도 객실이 부족하다는 이야기를 한다. 반면 겨울철 등 비수기에는 객실 점유율이 낮아서 패키지로 묶어서 판매하거나 저가로 판매를 한다. 이 같은 성 · 비수기의 계절적 진폭(振幅)이 큰 상품이 호텔 상품이다.

4) 환경영향에 민감성

호텔산업은 정치, 경제, 사회 등 사회적 시류(時流)에 크게 영향을 받는 산업이다. 즉, 경제상황이 좋지 않으면 관광업은 위축되기 쉽다. 그 이유는 관광을 연기하거나 포기하기 때문인다. 특히 최근 세계적으로 빈번하게 발생하는 테러, 종교이념 차이에 따른 종교인들 간의 충돌이 일어나고 있고, 국내적으로는 우리가 경험한 세월호 침몰, 메르스(MERS)사태, 또 근래의 경주 지진 등과 같은 외부적인 요인은 호텔업을 비롯한 관광산업에 큰 영향을 주어 관광활동의 정지, 투숙률의 급락 등을 초래하기도 하는 특성이 있다.

제5절 호텔조직의 부문별 분류

호텔에서는 고객과 직접 접촉하는 직원들(front-of-the-house)과 무대 뒤에서 그 역할을 하는 직원들(back-of-the-house)로 나눌 수 있다. 호텔을 비롯한 환대산업의 직원들은 강렬한 이미지를 창출하여 고객 경험에 영향을 미칠 수 있는 능력을 보여야 한다.[19]

1. 관리부문

최고경영층의 의사결정에 필요한 경영정보나 경영자료를 제공하는 참모적 역할을 수행하며 호텔경영을 효율적으로 집행하기 위한 경영합리화와 경영성과의 극대화를 추구하는 곳이다.[20]

가. 영업기획

고객의 만족과 시장의 상황변화에 대한 지속적인 조사분석에 의해서 판매활동의 영역확대, 시장개척, 공동연계 판촉활동을 기획, 운영하면서 판촉활동의 효과분석과 효율성 제고 및 미래 방향을 제시하고 그 기능을 점검하는 기능을 수행한다.

나. 총무

문서관리를 비롯하여 사무용품, 보험관리, 부동산관리, 인장관리, 차량운행관리, 비상사태 등에 관한 운영지원적인 역할을 담당한다.

다. 인사

호텔을 효과적으로 운영하기 위해서 필요한 역할 가운데 직원의 모집과 선발관리, 교육훈련을 중점적으로 담당한다. 채용업무와 관련된 인사기능과 직무교육이나 재교육, 신입사원의 교육을 담당하는 교육기능이 포함된다. 주요역할로는 조직관리, 채용업무, 이동, 배치, 급여, 복리후생, 교육훈련, 노사관계에 대한 역할을 수행한다.

라. 시설

호텔을 이용하는 고객에게 최고수준의 쾌적한 환경을 제공하고 시설을 안전하게 이용할 수 있도록 하는 업무를 담당하는 부서이다. 조경, 기계, 전기, 통신, 소방관리, 영선 등 다양한 업무의 전문가들이 근무하면서 보이지 않는 후방에서 호텔의 시설 관리와 고객의 시설적 불편사항을 수리보수하고 예방하는 역할도 수행한다. 시설부서의 활동으로 인해 에너지비용, 상하수도요금 등 각종 비용적인 부분을 줄일 수도 있으므로 이런 부분에 대한 노력도 많이 진행되고 있다.

마. 구매

호텔 내부에서 사용되는 모든 물품에 대한 구매업무를 담당하는 부서이다. 작게는 사무용 볼펜 하나에서부터 시작하여 수천만 원에 달하는 재고자산에 해당하는 품목에 이르기까지 그 범위가 매우 넓다. 신규 오픈하는 호텔의 경우 처음 시작단계이므로 대규모의 구매활동이 이루어진다. 구매부서는 또 이렇게 구매된 각종 비품, 물품의 재고관리와 발주, 검수 등의 업무도 담당한다. 객실용품, 식음료의 각종 식자재 등에 대한 종합적인 관리 업무도 담당한다.

바. 재경

과거에는 보통 경리부서라고 많이 불렸지만, 근래에는 회계나 재무 또는 재경부서라고 불린다. 이 부서는 원가분석, 영업매출관리, 외상매출관리, 각종 자료의 분석으로 경영진이 최종 의사결징을 할 수 있도록 지원하는 부서이다. 실제적인 업무로는 현금출납, 영업회계, 여신관리, 원가관리, 세무회계, 재무제표인 대차대조표와 손익계산서의 작성 등의 업무를 담당한다. 대표적인 지원부서로서 비용의 관리와 통제활동에 많은 관심을 기울이는 핵심부서이다.

사. 판촉

호텔의 세일즈(sales)와 마케팅(marketing)을 담당하는 부서이다. 현대에는 어떤 형태의 기업이라도 판매가 최우선이 되고 있다. 그러므로 점점 더 그 비중이 증가하는 중요한 부서가 바로 판촉이다. 판촉부서장을 중심으로 객실판촉, 연회판촉, 마케팅코디네이터, 홍보담당 등으로 구성된다. 점차 경쟁이 심화되고 있는 오늘날의 시장환경에서 우수한 판촉직원을 채용하는 것은 매우 강력한 영업의 방편이 된다. 시장분석, 판촉을 위한 여러 가지 아이디어 구성, 세일즈콜(sales call), 고객관계관리, 다양한 상품과 패키지의 구성, 호텔의 광고, 홍보 활동 등 다양한 업무가 이루어지는 부서이다.

아. 전산

과거호텔의 경영에 비해 이제는 모든 것이 전산화되어 편리하게 운영이 되고 있다. 호텔의 전산부서는 호텔 내의 각종 시스템을 구축하여 원활하게 각 부서가 효율적인 전산화에 근거하여 영업을 할 수 있도록 지원하는 후방부서이다. 또한 고객데이터의 구축, 첨단기기를 통한 호텔의 홍보, 경영지원 등 다양한 업무를 담당한다.

2. 객실부문

객실부서는 호텔고객을 대상으로 한 영업부서(front of the house) 중에서 가장 높은 수익률과 함께 수익창출의 핵심으로서 영업부서에 영업의 기회를 제공하는 중요한 부서이다. 주요부서로는 프런트 오피스(front office)와 객실관리(house keeping) 부서가 있고, 대규모의 호텔에서는 피트니스센터(fitness center)도 객실부에 포함시키기도 한다.[20]

가. 객실예약

호텔에 숙박을 희망하는 고객의 예약을 다양한 경로 즉, 전화, 팩스, 온라인 등을 통해 접수하고 이를 전산에 입력하여 다음 단계인 프런트에서의 체크인을 위해 준비해 주는 최초의 단계이다. 예약확인, 변경, 취소, 각종업무보고서 작성, 룸 콘트롤(control) 등의 업무를 수행하는 부서이다.

나. 프런트데스크(front desk)

숙박고객의 체크인과 체크아웃이 주요 업무이다. 또 고객들의 다양한 문의에 응대하는 핵심적인 역할을 담당한다. 객실 키의 제공, 정보제공, 수납업무 등이 그 핵심이다.

다. 이그제큐티브 라운지(executive lounge)

항공기의 비즈니스 클래스(business class)와 비슷한 등급의 객실로 이해하면 된다. 보통 귀빈층, 비즈니스 플로어, 클럽층, 클럽라운지 등의 이름으로 불린다. 주요업무는 체크인, 체크아웃, 식음료 서비스, 관광안내, 회의실 제공 등 이그제큐티브층의 객실을 이용하는 고객만을 대상으로 하는 특화된 서비스를 제공한다.

라. 도어데스크(door desk)

호텔의 가장 첫 관문인 현관 외부에서 주로 근무를 한다. 주요 역할로는 고객영접, 정보제공, 주차관리 및 차량통제, 챠량호출 및 수배업무, 발렛파킹(valet parking) 업무가 있다.

마. 벨데스크(bell desk)

대표적인 유니폼서비스(uniform service)를 담당하는 곳으로 로비에 근무하면서 고객서비스를 제공한다. 주요업무는 체크인과 체크아웃 지원업무, 각종 수하물의 보관, 룸 체인지, 객실로의 각종 전달(delivery)업무, 고객대여품관리, 로비지역관리업무가 있다.

바. 컨시어지(concierge)

컨시어지는 프랑스에서 유래된 말로 중세시대 성(城)을 지키며 초를 들고 성을 안내하는 사람에서 유래된 말이다. 현대호텔에서는 고객을 맞이하며 객실 서비스를 총괄하는 서비스나 그 사람을 의미한다. 개인비서처럼 손님이 필요한 정보 및 모든 서비스를 총괄적으로 제공하기도 한다. 고객의 짐 운반에서부터 시작하여 교통안내, 관광, 쇼핑 안내, 음식점 추천, 예약정보제공, 고객이 직접 구하기 어려운 티켓의 구매 대행 등의 업무도 담당한다. 컨시어지는 호텔의 가치와 이미지를 높이기 위하여 업무에 임하며, 그들이 제공하는 특별한 고객터치서비스를 통해 해당 호텔이 타 호텔과 구별되는 최고의 회사(top property)가 될 수 있다.[21)]

사. 하우스키핑(house keeping)

프런트오피스가 객실을 판매하는 부서라고 하면, 하우스키핑은 객실을 생산하는 업무를 담당한다. 프런트오피스가 객실을 판매하고자 하면, 사실은 이 하우스키핑에서 판매가 가능하도록 잘 준비하지 않으면 되지 않으므로 이 부서의 중요성은 매우 높다. 고객들은 청결한 객실에 만족하고 또 정비가 불만족할 경우 다양한 클레임(claims)을 제기하기도 한다. 하우스키핑부서장을 중심으로 오더테이커(ordertaker), 린넨(linen) 담당, 룸 메이드(room maid)와 인스펙트리스(inspectress), 하우스맨(houseman), 세탁담당, 미니바(minibar) 담당 등 그 업무도 매우 세분화되어 있다.

제6절 호텔업 현황과 미래전망

1. 현대 관광과 호텔업의 현황과 특징

2014년 외래관광객 1,400만 명을 넘는 등 2010년 이후 외래관광객의 증가폭은 매우 컸다. 하지만 2015년 메르스(MERS)라는 복병을 만나면서 우리는 호텔업을 비롯한 관광산업이 주변환경 등 외적 요인에 매우 유동적이고 취약함을 경험하였다. 즉, 오늘날 우리를 둘러싼 관광 및 숙박업의 환경은 매우 가변적이고 예측하기 힘든 상황에 접해 있고 그 변화의 속도도 매우 빠르다. 현재 관광과 호텔업의 주요 특징을 정리하면 아래와 같다.

가. 중국인 관광객(요우커, 遊客)의 증가

2013년 중국인 관광객이 일본인 관광객을 능가하여 방한 외래관광객 1위를 차지하게 되었다. 2014년 중국의 송출관광객은 1억 명을 돌파하며 세계 제1의 관광송출국으로 자리매김하였다. 중국인관광객은 단체관광객뿐만 아니라 이제는 온라인을 통한 개별여행객(FIT)도 지속적으로 증가하고 있는 추세이다. 또한 대만을 비롯한 중화권(Greater China) 고객의 국내유입도 증가일로에 있다.

중국의 춘절(春節)과 10월 국경절이 되면 중국 국내뿐만 아니라 아시아 및 미국, 유럽까지 중국인들의 여행이 대규모로 진행된다. 해외여행의 경험이 축적되면서 단체여행에서 이제는 개별여행 형태로 전환되는 단계로 중국인 관광객은 지속적으로 증가될 것으로 판단되고 우리도 이에 대한 숙박업의 준비태세, 중국인이 선호하는 음식개발, 직원들의 외국어 능력 향상 등 다양한 각도에서 중국관광객을 유치하고 이들이 재방문(再訪問)할 수 있는 노력을 경주해야 한다.

한편 계속적으로 이어지리라 생각했던 중국 관광객들이 2016년 북한의 위협증가에 따른 사드(THAAD)의 한국배치를 기점으로 중국에서는 한국 관광을 금하는 금한령이 내려져 2017년까지 계속적으로 영향을 주고 있다. 서울과 제주, 부산에 넘쳐나던 중국인 관광객은 그 감소폭이 너무나 컸고 여행사, 면세점, 백화점 및 호텔업과 연관산업에도 계속 악영향을 미치고 있다. 한번 감소된 중국관광객이 이전의 상황을 회복하기 위해서는 우선 한국과 중국 양국 간의 정치적인 해법이 필요하고 이후에 민간섹터인 관광이 회복되려면 얼마나 많은 시간이 걸릴지 알 수가 없다.

나. 스마트폰 시대

스마트폰의 보급으로 관광객들은 이동 중 실시간으로 관광정보를 얻고, OTA(Online Travel Agency)를 통해 몇 번의 터치만으로 숙박시설을 예약하고 결제할 수 있게 되면서 관광과 숙박에도 획기적인 변화에 직면해 있다. 즉, 과거 전통적인 방법의 숙박예약 형태였던 전화, 팩스 등에서 이제는 숙박관련 예약사이트, 휴대폰 앱을 통한 예약으로 점차 변화하고 있다. 2013년은 웹(web) 사이트에서 모바일 앱(app)으로 넘어간 시대였다. 이제는 웹사이트가 아닌 모바일 앱 만으로도 충분히 스마트한 삶을 살아갈 수 있는 시대가 된 것이다. 온라인여행사(OTA)와 저비용항공사(LCC)로 대별(大別)되는 관광산업의 변화로 숙박업에도 많은 영향이 이어지고 있다. 과거와 달리 쉽게 앱으로 예약하고 저비용항공사의 항공기를 타고 며칠만의 휴가에도 손쉽게 국내외 여행이 더욱 자유로워졌고 숙박시설도 이러한 앱의 요금비교 사이트 등을 통해 단 1~2분만에 예약이 가능하게 된 것이다. 심지어 사전에 예약을 하지 않고 해당 관광목적지에 도착하여 예약이 가능할 정도이다.

다. 비즈니스호텔의 증가

숙박은 일반적으로 음식에 대한 욕구를 동반하므로 예로부터 숙박시설에는 음식시설이 설치되는 것이 일반적이었지만 최근에는 비즈니스호텔의 등장으로 객실 위주의 영업으로 운영되는 호텔도 증가되고 있다. 즉, 간단한 카페레스토랑 또는 뷔페식당 정도만 보유하고 온전히 객실 위주로 영업을 하는 형태이다. 비즈니스호텔은 특급호텔과 달리 부대시설과 추가적인 서비스를 최소화한 호텔경영이다. 저비용항공사(LCC)와 비즈니스호텔은 면적의 축소, 인건비 및 요금의 하향 조정, 부가서비스의 최소화 등에서 유사점이 많다.

[표 9-2] 풀(full)서비스와 비즈니스호텔 비교표

구분	풀서비스호텔	비즈니스호텔
객실면적	10평 내외	5~8평
부대시설	수영장, 연회장, 식당 등 다양	소규모 세미나장, 1~2개의 식음료 업장
매출비중	객실 30~40%, 부대시설 60~70%	객실 80~90%, 부대시설 10~20%
고객구성	내국인(식음료), 외국인(객실)	관광객, 비즈니스 출장객
인건비	전체 매출액의 30%	전체 매출액의 20%

출처 : 정상만 외, 『비즈니스호텔 크리에이터』, 지식인, 2015, p.19.

라. 경쟁심화와 양극화 및 다양화

방한 외국인의 약 70% 이상이 서울에 숙박을 한다고 한다. 이러한 숙박의 지역적 불균형현상으로 수급의 불균형과 관광산업의 편차가 더욱 심화되고 있다. 또 호텔 이외에 유스호스텔, 게스트하우스, 콘도, 펜션 등도 증가되고 있다. 이러한 숙박업의 경우에는 정비와 서비스에 더 많은 관심을 기울여야 한다.

마. 호텔의 공급과잉과 구인난

과거 특급호텔 중심에서 객실 위주의 비즈니스호텔의 증가가 더욱 가속화 되고 있다. 더불어 다양한 형태의 숙박시설도 증가일로에 있다. 서울, 부산, 제주, 강원에도 소규모 비즈니스호텔부터 대규모 관광단지의 조성에 이르기까지 우리나라 곳곳에 호텔 건설의 물결이 거세기만 하다. 이처럼 증가된 호텔들로 인하여 명확한 관광객 유입 대책 또는 관광 인프라 구축 없이 시작된 호텔의 증가는 이제 호텔 간 경쟁의 심화로 이어져 객실점유율의 하락과 객실단가의 하락으로 이어져 매출에 마이너스의 영향을 미치고 있다. 호텔의 무분별한 신축에 대해 이제 심도있는 고민을 해야 할 시점을 맞고 있다. 또한 호텔의 지나친 공급은 각 호텔에 근무한 숙련된 인력의 부족을 만들어 내고 있다. 숙련된 인력들은 경력직이라는 타이틀로 새로운 호텔로 이직을 하고 그 공백은 메워지지 않고 있으며 특히 객실정비 업무를 담당하는 룸 메이드의 경우 그 상황이 매우 심각하여 객실을 정비할 인력 구하기가 점점 더 어려워지고 있는 게 현실이다.

2. 호텔업의 미래 전망

미래 숙박업 경영의 핵심은 정보통신기술(ICT)을 숙박업에 어떻게 결합시킬 것인가에 있다. 2008년 창립된 에어비앤비(Airbnb)는 ICT(information and communication technology)와 결합시켜 일반 가정주택을 숙박장소로 공급하고 있다.이러한 에어비앤비(Airbnb) 등의 공유경제는 안전의 문제에도 불구하고 급성장하여 점차적으로 기존호텔 등 전통적인 숙박시설의 위협요소가 될 것으로 보인다. 이러한 공유경제의 성장은 대체숙박시설의 증가와 숙박업의 경쟁과열에도 영향을 줄 것이다.

ICT 기술이 서비스에 접목되고 스마트폰이 대중화되면서 모바일(mobile) 환경을 활용해 보다 편리한 서비스가 제공되는 환경이 형성될 것이다. 호텔의 에너지관리, 공조시스템 관리 등 시설적인 면에서부터 예약, 체크인, 투숙, 정보제공, 지불까지 모바일 환경에서 가능하게 되고 있다. 키리스(keyless)란 키 없이 앱을 설치한 스마트폰을 가져다 대면 자동으로 문을 열 수 있는 시스템을 말한다. 체인호텔을 중심으로 고객이 직접 체크인을 하러 프런트데스크에 줄을 서서 기다리지 않고 본인의 휴대폰을 통한 인증 및 객실번호를 받아서 휴대폰으로 객실 문을 열 수 있는 시스템이 적용되기 시작했고 이러한 흐름은 몇 년이 지나지 않아 상당수의 호텔에서 도입되어 운영이 될 것이다.

또한 사물인터넷(IoT)이 호텔에 보급되어 호텔이용고객들은 다양한 정보를 바탕으로 시설 이용이 가능하게 되어 인적서비스에 의존하는 경향이 줄어들 것이다. 물론 이러한 환경구축과 개인정보 활용 등의 몇 가지 문제가 있지만 그 편리성으로 인해 현재 일부의 호텔에서 시도되고 있는 이러한 시도가 향후 오래지 않아 대다수의 호텔에서 일반화되리라 여겨진다. 여기에 더해 이제는 호텔 직원을 통한 체크인, 체크아웃도 필요없는 키오스크(Kiosk)가 호텔에 설치되면서 고객들은 호텔직원과 대면하지 않고 자동판매기와 같은 키오스크를 통해 체크인을 하여 객실배정, 키 발급, 정산 및 체크아웃이 가능하게 되었다.

이 장의 처음에 언급한 노마드(nomad)가 휴대폰, 노트북 등과 같은 첨단 디지털 장비를 휴대한 채 시공간의 제약없이 인터넷에 접속하여 필요한 정보를 찾고 생활을 영위해 가는 전자제품을 이용한 유목민인 디지털 노마드(digital nomad)로 변신해 가고 있다. 이에 따른 각종 숙박업 소유주와 경영자들은 혁신적인 의식변화와 관련 시스템 구축에 박차를 가해야 할 것이다.

토론주제

- 미국 호텔업의 발전은 숙박업에 어떤 기여를 했는가?
- 체인호텔의 발전과 성장은 호텔업에 어떤 영향을 주었는가?
- 한국호텔업의 발전과 경제발전의 상관관계는 어떠한가?
- 미래에 생겨날 수 있는 새로운 숙박업의 종류(형태)는 어떤 것이 있을까?
- 외부환경영향 변화와 호텔업 경영과는 상관관계가 있는가?
- IT 기술의 발전이 호텔업경영에 어떤 영향을 주는가?
- 비즈니스호텔의 증가 이유는 어디에 있는가?
- Kiosk와 같은 장비의 호텔 도입이 가져올 긍정적, 부정적 영향은 어떤 것이 있을까?

참|고|문|헌 〉〉〉

1) 자크 아탈리, 『호모노마드 유목하는 인간』, 지식하우스, 2005, p.79.

2) 김태영 · 김성길 · 김미경 · 권동극, 『현대관광학개론』, 백산출판사, 2001, p.225.

3) 이순구 · 박미선, 『호텔경영의 이해』, 대왕사, 2015, p.13.

4) 이순구 · 박미선,『호텔경영의 이해』, 대왕사 , 2015, p.230.

5) 양위주 · 장희정, 『관광학』, 형설출판사, 2001, p.150.

6) 김태영 · 김성길 · 김미경 · 권동극, 『현대관광학개론』, 백산출판사, 2001, p.226.

7) 이순구 · 박미선, 『호텔경영의 이해』, 대왕사, 2015, p.48.

8) 이순구 · 박미선, 『호텔경영의 이해』, 대왕사, 2015,p.50.

9) 이순구 · 박미선, 『호텔경영의 이해』, 대왕사, 2015, p.52.

10) 이순구 · 박미선, 『호텔경영의 이해』, 대왕사, 2015, p.53.

11) 이순구 · 박미선, 『호텔경영의 이해』, 대왕사, 2015, p.56.

12) 前田勇, 『현대관광총론』, 백산출판사, 2002, p.278.

13) 이정학, 『호텔경영의 이해』, 기문사, 2016, p.25.

14) John R. Walker , Introduction to Hospitality Management, Prentice Hall, 2004, p.133.

15) 김태영 · 김성길 · 김미경 · 권동극, 『현대관광학개론』, 백산출판사, 2001, p.233.

16) 이정학, 『호텔경영의 이해』, 기문사, 2016, p.44.

17) 정상만 외, 『비즈니스호텔 크리에이터』, 지식인, 2015, p.34.

18) 이정학, 『호텔경영의 이해』, 기문사, 2016, p.45.

19) John R. Walker, Introduction to Hospitality Management, Prentice Hall, 2004, p.5.

20) 고석면 · 김진수 · 박경호 · 박승영, 『호텔경영정보론』, 백산출판사, 2007, p.43.

21) 송대근 · 강용관, 『호텔객실서비스 실무』, 대왕사, 2014, p.150.

22) John R. Walker , Introduction to Hospitality Management, Prentice Hall, 2004, p.183.

읽을거리 **"객실 쓰레기를 하루 더 보관하는 서비스"**

객실에서 나온 쓰레기는 고객이 체크아웃한 후 하루 더 묵게 한다. 고객이 필요 없다고 버린 쓰레기라 하더라도 비행기에 오르고 나서 '아차' 하고 뒤늦게 중요한 메모였다는 것을 떠올리는 경우가 있다. 이렇게 실수로 버려지는 것조차 놓치지 않고 세심하게 관리하는 것이 바로 서비스업 종사자의 역할이다. 분실물 문의 전화를 받게 되면 쓰레기봉투를 열어서 모든 종업원들이 몇 번씩이고 뒤져서 찾곤 한다.

이것이 쓸데없는 작업일까? 신입사원 때는 솔직히 그런 생각도 들었다. 그러나 고객을 위한 맞춤 서비스에 있어서는 어떠한 타협도 있을 수 없다. 그리고 이러한 생각은 곧 자신감을 가져온다.

제국호텔 이노마루 이치로(犬丸一郎) 전 사장은 입버릇처럼 "100-1=0이다"는 말을 하곤 했는데, 이는 아무리 작고 사소한 것이라도 한 사람이 저지른 실수가 전체 평가로 이어진다는 경계의 당부였다.

'쓰레기를 하루 더 묵게 하는' 서비스는 이른바 역발상인데, 사소하지만 작은 서비스 하나가 전체 평가를 높이는 결과로 이어진다는 경험에서 기인한 것이다. '100-1=0' 이지만, 100에서 0.1 정도밖에 안 되는 지극히 사소한 것이라도 놓치지 않는 세심한 서비스를 통해 '역시 제국호텔이다' 라는 좋은 평판으로도 이어질 수 있는 것이다. 우리는 바로 그 점을 목표로 하고 있다.

고객을 만족시키기 위해서는 그러한 양면의 발상이 모두 필요한데, 즉 사소한 실수도 용납하지 않는 완벽한 서비스를 목표로 하면서 이면에 숨겨진 고객의 기대를 놓치지 않는 진정 세심한 서비스까지 해야 한다는 것이다. 단순히 실수를 하지 않는 것만으로는 '당연한', '그저 그런' 서비스에 그치고 만다. 그러므로 한 발 더 나아가 부가가치를 높이는 플러스알파의 서비스가 요구된다.

출처 : 川名幸夫(가와나 유키오), 『제국호텔 전통의 서비스』, 리드리드출판, 2010, pp.18~19.

제10장

관광과 마이스

학습목표

- ♣ MICE의 정의와 범위를 이해한다.
- ♣ MICE 산업의 개념, 특성, 시장구성을 이해한다.
- ♣ MICE 산업의 종류와 그 역할을 이해한다.
- ♣ MICE 산업 동향을 살펴보고 방향성을 탐구한다.
- ♣ 국내 MICE 산업의 문제점과 대책을 탐구한다.
- ♣ MICE 산업과 관광산업의 관련성을 이해한다.

제10장

관광과 마이스

제1절 마이스(MICE)의 개념

1. 마이스(MICE)의 정의

MICE라는 용어가 나타난 것은 1990년대 중반으로, MICE가 회의산업을 대표하는 용어로 쓰이기 시작한 국가는 호주, 싱가포르, 홍콩 등 아시아 · 태평양에 위치한 영연방 국가들이며, 2009년 하반기부터 미국 컨벤션산업계의 용어사전에 등장하였다.[1]

우리나라에서 MICE라는 용어가 등장하기 시작한 것은 2000년대 중반이다. 특히, 2008년 한국관광공사에서 시행한 "컨벤션통계 개선방안을 위한 연구용역"에서 "컨벤션산업을 단지 정부와 협회단체가 주최하는 국제회의뿐만 아니라 인센티브와 기업회의, 전시회를 포함하는 MICE 산업 관점에서 접근하는 세계적인 추세에 따라 국내 컨벤션산업 통계 역시 MICE 산업의 관점에서 산출되어야 한다.[2]"는 의견이 제시되었다. 한국관광공사는 이 제안에 근거하여 2008년 이전까지 조사, 분석해왔던 국제행사 개최현황을 2009년부터는 "MICE 산업통계 조사연구"로 변경 실시하고 있으며, 이후 우리나라에서 MICE라는 용어의 사용이 일반화되기 시작했다. 2010년에는 한국관광공사의 코리아컨벤션뷰로(Korea Convention Bureau)가 코리아마이스뷰로(Korea MICE Bureau)로 그 명칭이 변경되었으며, (사)한국컨벤션이벤트산업협회는 한국MICE협회로 그 명칭이 변경된 바 있다.

UNWTO는 2006년 "회의산업의 경제적 중요성 측정을 위한 연구(Measuring the Economic Importance of the Meeting Industry"를 수행하면서, MICE라는 용어에 대하여 다양한 조직에서 중복되고 상충되는 정의를 채택하고 있는 것을 인식하고 통일된 용어 정의를 위해 업계의 다양한 의견을 수렴하였다. 그 과정에서 MICE (Meetings, Incentives, Conventions, Exhibitions)가 업계에서는 가장 일반적으로 사용되는 용어이기는 하지만 이는 전체론적(holistic) 용어라기보다는 별개의 용어를 조합한 것(a collection of discrete parts)이라는 약점을 가짐을 지적하면서 Meeting이라는 용어가 MICE를 포괄하는 개념이므로 MICE라는 용어보다는 Meeting으로 사용할 것을 제안하였다. 또한, Meeting에 대한 기준 설정을 위한 요소로 목적(aims of meeting), 장소(meeting venue), 규모(meeting size), 기간(meeting duration)을 제시하였다.[3)]

미국의 CIC(Convention Industry Council)는 "미국경제에 대한 회의산업의 경제적 중요성(The Economic Significance of Meetings to the U.S. Economy)"을 분석하는 데 있어서 UNWTO의 권고에 기초하여 Meeting이라는 용어를 MICE를 포함하는 포괄적인 의미로 사용하면서, "회의(Meeting)는 계약된 장소에서 최소 4시간 이상 진행되는 10명 이상의 참가자가 모이는 것을 의미한다."고 정의하였다.[4)]

박의서 · 장태순 · 이창현은 "MICE를 회의를 뜻하는 Meetings, 인센티브를 뜻하는 Incentives, 회의 및 전시회의 복합 이벤트를 뜻하는 Conventions, 그리고 산업전시회(Trade Show) 및 대중전시회(Consumer Show)를 뜻하는 Exhibitions의 앞 글자를 합하여 만든 약어"[5)]로 정의하였으며, 한국관광공사는 MICE를 "Meetings(회의), Incentives Travel(포상여행), Conventions(컨벤션), Exhibitions/Events(전시/이벤트)의 약자"[6)]로 정의하고 있다.

[표 10-1] MICE에 대한 정의

구분	정의
박의서 · 장태순 · 이창현	회의를 뜻하는 Meetings, 인센티브를 뜻하는 Incentives, 회의 및 전시회의 복합 이벤트를 뜻하는 Conventions, 그리고 산업전시회(Trade Show) 및 대중전시회(Consumer Show)를 뜻하는 Exhibitions의 앞 글자를 합하여 만든 약어
한국관광공사	Meetings(회의), Incentives Travel(포상여행), Conventions(컨벤션), Exhibitions/Events(전시/이벤트)의 약자

MICE를 구성하는 요소인 M(Meetings), I(Incentives), C(Conventions), E(Exhibitions)는 "이해관계자인 개인들이 특정 목적을 위해 일정 기간 한 장소에 모이는 것"이라는 공통성을 가지고 있으므로, 개념적으로는 Meeting이라는 용어가 MICE의 모든 부분을 포함하는 포괄적인 용어로 볼 수 있을 것이다. 그러나 Meeting 산업의 발전과 더불어 MICE의 각 부문들의 중요성이 증대되었고, 이에 따라 Meeting이라는 단일 개념보다는 부문별 특성을 살릴 수 있는 MICE라는 용어가 널리 사용되고 있는 것으로 보인다.

따라서 MICE란 용어는 회의, 인센티브, 전시회 등 관련산업이 발전하고 또 다른 산업과의 융복합이 이루지면서 그 구성요소가 달라질 수도 있고, 전혀 다른 새로운 용어가 출현할 수도 있을 것이다.

지금까지의 논의를 정리해보면 MICE는 Meeting이라는 광의의 개념에 속하는 것으로 개별 부문이 가지는 중요성을 감안하여, Incentive, Convention, Exhibition으로 구분하고 이 구분에 해당되지 않는 부분을 협의의 개념인 Meeting으로 분류하고 있다고 보아진다.

[그림 10-1] MICE의 개념

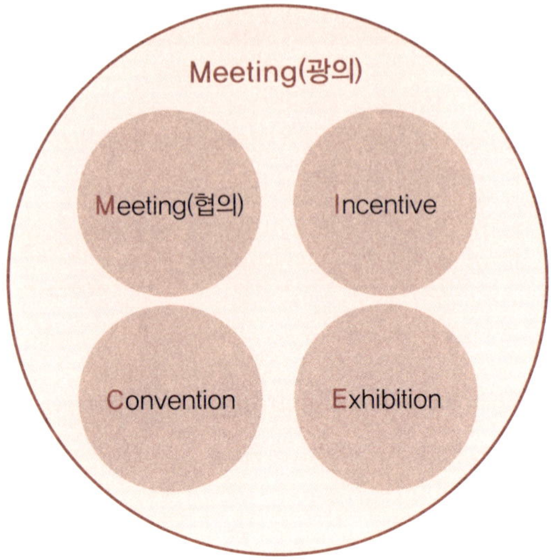

2. 마이스(MICE)의 범위

MICE에 대한 범위는 국가 및 단체에 따라 다양하게 사용되고 있으며, 회의(Meeting)를 컨벤션(Convention), 콩그레스(Congress), 컨퍼런스(Conference)를 포함하는 포괄적인 의미로 사용하기도 한다.[7]

M : Meetings

I : Incentives, Incentive Travel, Incentive Events, Incentive Meetings

C : Convention, Conference, Congress

E : Exhibition, Events

국제회의기획전문가 협회인 IAPCO(International Association of Professional Congress Organizers)는 MICE의 범위를 Meeting, Incentive, Conference, Exhibition으로 보고 각각에 대하여 온라인 사전에서 아래와 같이 정의하고 있다.[8]

❶ Meeting 협의하거나 특정 활동을 수행하기 위하여 다수의 사람들이 한 장소에 함께 모이는 것을 의미하는 포괄적인 용어이다. 개최빈도는 연차총회, 위원회 회의와 같이 정형화된 경우도 있고, 그렇지 않은 경우도 있다.

❷ **Incentive** 참여자들에게 실적에 대한 보상을 제공하는 프로그램의 일부로 개최되는 행사

❸ **Conference** 토론, 사실규명, 문제해결 및 협의를 위해 고안된 참여형 모임으로서 Congress과 비교하면 일반적으로 규모가 작고 정보교환을 촉진하는 특징이 있다. Conference는 특별한 개최빈도를 가지지는 않으며, 주로 특정 목적을 가지고 제한된 기간에 이루어진다.

❹ **Exhibition** 상품과 서비스가 진열되는 행사

미국의 CIC는 The Convenion Industry Council Manual에서 Meeting, Incentive Travel/Trip, Convention, Conference, Congress에 대하여 다음과 같이 정의하고 있다.[9)]

❶ **Meeting** 협의하거나 특정 활동을 수행하기 위하여 다수의 사람들이 한 장소에 함께 모이는 것을 의미하는 포괄적인 용어이다. 개최빈도는 연차총회, 위원회 회의와 같이 정형화된 경우도 있고, 그렇지 않은 경우도 있다.

❷ **Incentive Travel/Trip** 생산성을 촉진하기 위한 보상으로 제공되는 여행

❸ **Convention**

- 공동 목적을 위해 모이는 대표단, 대리인, 조직 회원들의 집회
- 특정 상황에 대한 정보를 제공하거나 참가자의 정책에 대한 동의를 확립하기 위하여 입법조직이나 사회적 또는 경제적 단체의 전체적이고 공식적인 회의이다. 일반적으로 제한적 기간에 정해진 목적을 가지고 이루어지며 개최빈도는 정해져 있지 않다.

❹ **Conference**

- 논의, 사실규명, 문제해결, 협의를 위한 참여형 회의이다.
- 만나서 견해를 교환하거나, 의사를 전달하거나, 토론을 열거나 또는 특정 문제에 대하여 어떤 분야의 의견을 발표하기 위하여 조직이 개최하는 행사이다. 개최하기 위한 관습, 지속성 또는 특정 기간이 요구되지는 않는다. 일반적으로 시간에 제한을 두지는 않지만, 특정 주제를 가지고 짧은 기간에 이루어진다. 컨퍼런스는 일반적으로 Congress나 Convention보다는 규모가 작다.

❺ **Congress**

- 일반적으로 특정 주제를 논의하기 위하여 대규모로 이루어지는 개인들의 정기적인 모임이다. Congress는 종종 수일간 개최되고 다수의 동시 세션이 개최된다. 개최주기는 통상적으로 시행단계에서 사전에 확정이 되며, 매년 또는 수년이 될 수도 있다. 대부분의 국제적 또는 세계적 Congress는 매년을 주기로 하는 경우가 많다.
- 선거권이 있는 조직의 대표단이나 대리인들이 참석하는 협회들의 회의
- 컨벤션에 대해 유럽에서 사용하는 용어

❻ **Exhibition** 홍보, 판매, 마케팅의 목적으로 상품이나 판촉 물품들을 진열하는 것

한국관광공사는 2009년 MICE 산업통계 조사연구를 최초로 시행하면서 MICE에 대한 정의와 분류에 대하여 아래와 같이 제시하였다.[10)]

❼ **Meeting** 아이디어 교환, 사회적 네트워크 형성, 토론, 정보교환, 사업 등을 목적으로 MICE 목적으로 설립된 유료시설을 사용하는 회의로서 최소 참가자를 10인 이상으로 하며 최소 반일(4시간) 이상 진행되는 모든 회의를 말한다.

❽ **Incentive** 회사에서 비용의 전체 또는 일부를 부담하는 조직원들의 성과에 대한 보상 및 동기를 부여하기 위한 순수 포상여행으로 상업용 숙박시설에 1박 이상 체류하는 것을 말하며, 참가자 국적에 따라 외국인이 10명 이상 참가하는 인센티브 트래블 및 인센티브 회의를 국제 Incentive로 본다.

❾ **Convention** 아이디어 교환, 사회적 네트워크 형성, 토론, 정보교환, 사업 등을 목적으로 MICE 목적으로 설립된 유료시설을 사용하는 회의로서 UIA(Union of International Association) 기준에 부합하는 정부/공공, 협회/학회, 기업회의를 말하며, Meeting보다는 규모가 크며 국제적인 성격을 띤 회의를 말한다.

❿ **Exhibition** 제품, 기술, 서비스를 특정장소인 전문 전시시설에서 1일 이상 판매, 홍보, 마케팅 등의 활동을 함으로써 유통업자, 무역업자, 소비자, 관련 종사자 및 전문가, 일반인 등을 대상으로 해당 기업 및 관련기관들이 정보를 교환하거나 거래 및 마케팅 활동을 하는 각종 전시회를 말한다.

제2절 MICE 산업의 의의

1. MICE 산업의 개념

산업이란 유사한 제품과 그 세부유형 또는 관련된 서비스를 제공하는 여러 기업을 총괄해서 말한다. 일반용어 사용에 있어서는 산업과 시장을 혼용하는 경우가 많은데 이 두 가지 개념의 의미는 분명히 다르다.[11] 시장의 초점은 소비자이지만 산업의 초점은 생산자이다. 즉, 시장은 대부분 소비자의 여러 특징 혹은 위치로 구분되지만 산업은 여러 소재와 기술 혹은 생산공정 기준으로 분류가 된다.

이런 맥락에서 보면 MICE 산업은 "MICE를 제공함에 있어 연관된 시설과 서비스를 제공하는 기업 혹은 산업들의 상호 작용의 총체적 활동[12]으로 "MICE 시설을 건립 · 운영하거나 MICE를 유치 · 기획 · 운영하고 이와 관련된 물품 및 장치의 제작 · 설치, MICE 공간의 설계 · 디자인과 이와 관련된 공사를 수행하거나 MICE와 관련된 용역 등을 제공하는 산업[13]이라 할 수 있다.

우리나라의 MICE와 관련된 법률인 전시산업발전법과 국제회의산업육성에 관한 법률에서는 전시산업과 국제회의산업에 대하여 규정하고 있다. 전시산업발전법에서는 "전시산업"을 전시시설을 건립 · 운영하거나 전시회 및 전시회 부대행사를 기획 · 개최 · 운영하고 이와 관련된 물품 및 장치를 제작 · 설치하거나 전시공간의 설계 · 디자인과 이와 관련된 공사를 수행하거나 전시회와 관련된 용역 등을 제공하는 산업으로 규정하고 있으며, 그 종류로 전시시설사업자, 전시주최사업자, 전시디자인설치사업자, 전시서비스사업자로 구분하고 있다. 또한 국제회의산업육성에 관한 법률에서는 "국제회의산업"을 국제회의의 유치와 개최에 필요한 국제회의시설, 서비스 등과 관련된 산업으로 규정하고 있다.

MICE 산업은 연관산업 간 상호 의존성이 매우 강하고 대규모 장치시설을 필요로 하며, 호텔, 쇼핑, 인쇄, 통신, 문화, 운송, 광고, 이벤트, 오락 등의 산업과 밀접하게 연계되어 있어 파급효과가 지대하다. 또한 지식 집약적이고 환경 친화적인 녹색산업일 뿐만 아니라 동 산업이 발전하면 무역업체의 국제마케팅이 국내에서 가능해져 비용 및 시간이 대폭 줄어드는 장점을 수반한다.[14]

Dwyer 등은 MICE를 향후 수십 년간 꾸준한 성장을 지속할 특수 목적 관광시장으로 예상한 바 있으며[15], MICE 산업의 역할은 세계 경제의 미래 성장에 있어서 점점 더 중요성이 증가하고 있는 요소로서, 지식과 직업적인 실행을 전파하는 핵심적인 부분이며, 서로 다른 지역과 문화 속에서 더 나은 이해와 관계를 증진시키는 핵심 요인이다. MICE 산업은 다음과 같은 긍정적인 효과를 가져 온다.[16]

- MICE 산업 그 자체만으로도 대규모 산업이며, 다른 산업을 지원하는 중요한 역할을 한다.
- MICE 산업은 투자, 무역, 통신과 기술의 발달을 촉진한다.
- MICE 산업은 지역사회에 교육적, 직업적 발전을 가져오며, 일자리를 창출하면서 노동력을 보유할 수 있게 한다.
- MICE 산업은 청정산업으로 환경의 질을 향상시킨다.
- MICE 산업은 다른 사업 부문을 촉진하고 지원한다.
- MICE 산업은 방문객의 소비지출 수준이 매우 높다.
- MICE 산업은 세계적인 전문기술을 유치한다.
- MICE 산업은 세계적으로 지식을 창조하고 확산시킨다.
- MICE 산업은 지역사회의 이미지를 제고한다.
- MICE 산업은 세계적인 이해와 협력을 촉진한다.

2. MICE 산업의 특성

가. MICE 산업은 MICE 개최를 위한 시설을 필요로 한다

MICE가 개최되기 위해서는 전시회를 개최하기 위한 전시시설, 각종 회의를 개최하기 위한 회의시설, 연회와 같은 부대행사를 위한 공간, 참가자의 식사를 위한 식당, 차량주차를 위한 주차장 등 다양한 시설이 필요하다. 특히, 수요가 집중되는 시기에는 중·소규모 행사들이 동시 다발적으로 개최되는 경우가 많으므로 대규모의 시설을 필요로 한다. 또한, MICE 산업이 발달하게 되면 기존에 개최되던 행사의 규모가 대형화되는 경향을 가지므로 건립된 시설들이 확충되는 경우가 많다. 세계적으로도 대형

MICE 시설의 경우 단계적인 확충을 거쳐 현재와 같은 대규모 시설을 운영하는 사례가 많다.

나. MICE 참가자를 위한 숙박시설을 필요로 한다

MICE가 개최될 경우 많은 외래방문객들이 참가하게 되므로 충분한 숙박시설을 갖추지 못할 경우 MICE 산업의 발전을 기대하기는 어렵다. 숙박시설 전체 숫자와 더불어 다양한 등급과 가격의 숙박시설이 준비되어야 한다. 특히, 해외 참가자들은 선진국뿐만 아니라 개발도상국 등 다양한 국가에서 참가하며, 학회 등의 행사에 참가하는 국내 참가자의 경우에도 교수에서 학생에 이르기까지 그 구성이 다양하므로 숙박시설의 다양성은 필수적이다. 특급호텔에서 중저가의 비즈니스호텔을 비롯하여 대학교의 기숙사, 기업체의 연수시설 등 다양한 숙박시설을 갖추는 것은 MICE 산업발달의 중요한 부분이라 할 수 있다.

다. MICE 산업은 개최지에 대한 접근성이 중요하다

기본적으로 MICE의 개최는 참가자들의 정주지에서의 이동을 수반한다. 따라서 항공망과 같이 참가자의 정주지와 MICE 개최지를 연결하는 교통망이 중요하다. 싱가포르, 홍콩, 프랑스의 파리, 독일의 프랑크푸르트, 미국의 라스베이거스 등 세계 유수의 MICE 도시들은 세계 주요국가의 도시를 연결하는 항공망이 구축되어 있어 국제적인 행사의 유치에 강점을 가지고 있다.

라. MICE 산업이 발달하기 위해서는 연관산업의 발달이 필수적이다

MICE 산업의 성장을 위해서는 MICE 시설이나 숙박시설뿐만 아니라 MICE 주최자, 참관객, 바이어, 참가업체 등을 대상으로 재화 및 서비스를 제공할 수 있는 연관산업이 동시에 성장되어야 한다. 훌륭한 MICE 시설과 접근성, 숙박시설을 갖추고 있더라도 개최되는 MICE를 성공적으로 수행하기 위한 다양한 지원 서비스 산업이 발달하지 못하면 MICE 산업의 발달을 기대하기 어렵다.

마. MICE산업은 연관산업 간의 상호의존성이 강한만큼 집중화 경향을 가진다

MICE산업은 기본적으로 연관산업 간에 상호 의존성이 강하기 때문에 MICE 시설이 위치한 지역을 중심으로 집중되는 경향을 가진다. MICE를 개최하기 위해서는 대규모 시설이 필요하고, 또 그러한 시설에서 MICE가 개최되는데 있어서는 숙박, 전시장치, 비품임대, MICE 주최자들이 인접해 있어야 소요시간을 단축하고 물류비용을 절감할 수 있을 뿐만 아니라 효율적인 행사지원이 가능하기 때문이다.

바. MICE 산업의 발달을 위해서는 공공부문과 민간부문의 유기적인 결합이 중요하다

MICE 산업이 발달하기 위해서는 기본적으로 MICE가 활발히 개최될 수 있어야 하며, 이를 위해서는 지역으로 MICE 행사를 유치하는 것과 아울러 지역특성을 고려한 MICE의 개발이 병행되어야 한다. MICE 행사의 유치를 위해서는 지방자치단체, 컨벤션뷰로, MICE 시설운영자, 지역 단체 및 유력인사 등의 협력이 수반되어야 한다. 또한, 행사 유치 못지않게 지역의 특성을 살린 MICE를 개발하는 것도 중요하다. MICE 산업이 발달한 도시를 보면 그 지역에 특화된 MICE를 개발하여 세계적인 MICE 도시로 발전한 경우가 많다.

3. MICE 산업의 시장구성

MICE 산업의 시장 역시 수요 측면과 공급 측면으로 구분하여 설명할 수 있다.

MICE 시장의 수요는 MICE 행사를 개최하는 정부, 협회, 기업 등 개최자와 행사에 참가하는 개인 또는 참가업체로 구성되며, 개최자는 인적 교류, 문제해결, 회원교육 등을 목적으로 MICE 행사를 개최하며, 참가자 또는 참가단체를 대행하여 구매자 역할을 수행한다. 참가자는 MICE의 최종구매자로 다양한 정부, 협회, 기업회의에 직접 참가하는 사람 또는 단체를 지칭한다.[17]

[표 10-2] **수요 측면에서 MICE 시장의 세분화**

구분	개최자	참가자(참가단체)
Meeting and Convention	정부	국가 정상, 관료
	협회(학회)	협회(기업) 회원, 학회 회원
	기업	기업 및 관계사 직원
Incentive Travel	기업의 보상관광	기업 직원
Exhibition	Trade Show : 산업박람회(B2B)	관련업체
	Public Show(B2C)	관련업체, 일반 소비자

출처 : 김종호, MICE산업 육성을 위한 선진화 방안 : 잠재성장률 2%P 제고를 위한 VIP 리포트, 현대경제연구원, 2010, 10(43), p.2.

협의의 관점에서 공급 측면은 MICE 서비스 공급자와 중개인으로 구분되고, 서비스 공급자는 국제회의기획업체, 전시 및 행사 대행업체, 회의 및 전시 시설업체를 포함한다. 광의의 관점에서 MICE 산업은 시설산업, 운영산업과 교통산업과 같은 후방산업들을 포함한다.

[표 10-3] **공급 측면에서의 MICE 산업의 범위**

구분		유형	설명
협의관점	MICE 서비스 공급자	국제회의 기획업체	다양한 공급자로부터 시설과 서비스를 구매하여 개최자에게 MICE 행사 서비스를 제공
		전시 및 행사 대행업체	
		회의 및 전시 시설업체	MICE 행사를 위한 전문 시설을 제공
	중개인	컨벤션뷰로, 여행사	MICE 공급업체를 MICE 공급자와 개최자에 연결
광의관점	후방산업	시설 산업	회의장소와 시설, 숙박장소 등을 제공하는 서비스
		운영산업	식음료산업, 오락산업, MICE 전후 관광서비스
		교통산업	행사지 접근을 위한 교통, 물품 수송 서비스

출처 : 김종호, MICE산업 육성을 위한 선진화 방안 : 잠재성장률 2%P 제고를 위한 VIP 리포트, 현대경제연구원, 2010, 10(43), p.2.

CIC는 회의산업의 경제적 중요성을 측정하는데 있어서 UNWTO에서 제시하는 공급 측면과 수요 측면으로 구분하고 있다. 공급 측면은 회의와 관련된 서비스를 제공하는 조직이나 사업체로 규정하고, 그 유형으로 시설, 개최지 마케팅 조직, 회의기획/주최자, 기타 회의에 대한 후원자 및 기부자를 들고 있다. 수요 측면은 회의에 참가하는 참가자로 정의하고 유형으로는 대표단, 전시참가업체, 연사, 미디어, 훈련가, 기타 참가 등을 들고 있다.[18)]

[표 10-4] MICE 산업 공급과 수요

구분	공급 측면	수요 측면
정의	• MICE 서비스를 제공하는 조직/기업 • 척도는 요금이나 수수료로 표현되는 수입, 비용, 고용과 같은 변수를 포함	• 회의 대표단과 전시참가업체/개인을 포함하는 회의 참가자, 연사/트레이너, 언론, 고객, 기타 참가자와 같은 기타 회의 참가자 • 척도는 회의산업, 관광산업, 기타 산업이 제공하는 특정 서비스에 대한 회의 참가자의 지출과 같은 변수를 포함 • 지출 데이터와 관련된 비경제적 변수는 참가자 수, 회의 기간, 호텔 및 기타 숙박시설의 숙박일수, 회의참석을 위한 여행거리, 여행 동반자 수를 포함
관여도	비참가자	참가자
유형	• 시설 • 개최지 마케팅 조직 (oestination marketing organizations) • 회의기획자/주최자 • 기타 회의 후원자/기부자	• 대표단 • 전시참가업체 • 기타 회의 참가자(연사/트레이너, 언론, 기타 참가자)

출처 : The Convention Industry Council, The Economic Significance of Meetings to the U.S. Economy; Interim Study Update for 2012, Executive Summary, 2014, p.23.

이상에서 살펴본 바와 같이 MICE 시장의 구성요소에 대해서도 다양한 의견이 있을 수 있으나, 큰 맥락에서 본다면 MICE 시장에서의 공급자는 MICE 주최자, MICE 시설, MICE 지원 서비스업 등으로 볼 수 있다. MICE 주최자는 정부, 공공기관, 학회, 협회, 각종 단체, 국제회의기획업체(PCO), 전시주최사업자(PEO), 기타 기업이 될 수 있다. 이 중 국제회의기획업체(PCO)나 전시주최사업자(PEO)는 타 주최자의 행사를 대행 운영하는 경우도 있으나, 소유권을 가진 행사를 직접 주최하는 경우 주최자로서의 기능을 한다. 또한, 수요자는 MICE 행사 참가자로서, 정부 및 공공기관의 관계자, 학회/협회/단체의 회원, 전시 참가 기관/업체 관계자, 전시회 바이어, 발표자(연사, 강사 등), 후원 및 협찬사 관계자, 공연(시연)자, 언론사 종사자와 일반대중이 될 수 있다. MICE 주최자는 공급자로서 수요자인 참가자에게 MICE 서비스를 제공함에 있어서 MICE 시설, 행사대행업체, 숙박시설 및 각종 지원서비스를 조달하여 MICE 서비스라는 상품을 조직하게 된다.

MICE 시장에 있어서는 직접적인 공급자 이외에도 중앙정부기관, 지방자치단체, 지역별 관광공사 및 컨벤션뷰로 등의 다양한 지원기관이 시장에서 지원기능을 담당하고 있다.

[그림 10-2] MICE산업의 공급자와 수요자

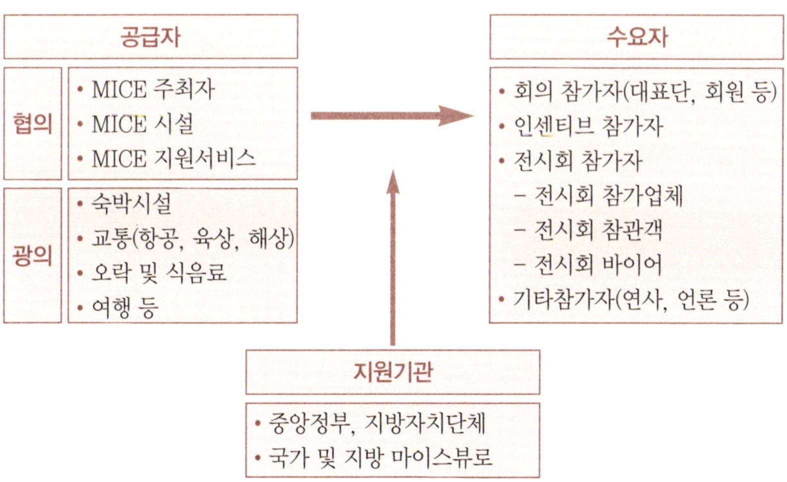

제3절 MICE 산업의 종류

UNWTO는 세계 여러 국가 및 관광 · MICE 관련 국제단체와의 논의 및 활용사례 분석을 통해 2008년 MICE의 개념 및 산업 범위를 정의하는 "Global Meetings Initiative Volume 1 : Basic Concepts and Definitions" 보고서를 발간하면서 아래 세 가지 활동을 MICE 산업의 주요사업 및 관련사업 대상으로 규정하였다.

- 콩그레스, 컨퍼런스, 컨벤션, 세미나, 전시회 및 박람회, 인센티브 등 MICE 행사 기획, 홍보, 마케팅, 영업 활동
- MICE 관련 활동에 참여하는 모든 주체가 이용하는 회의시설 및 숙박시설 제공 활동
- 관련 서비스, 기술설비, 식음료 등 MICE 행사 기획에 필요한 제반 서비스 제공 활동

MICE 산업에 대한 UNWTO의 표준안에 따르면 MICE 산업의 범주는 MICE 경제 활동을 주요사업으로 하는 핵심산업군(Core Meeting Industries)과 MICE 분야와 직간접적으로 연관된 사업을 대상으로 하는 확장산업군(Expanded Industries)으로 구분할 수 있다. 핵심산업군은 MICE에 특화된 서비스를 전문적으로 제공하는 1) 전시/회의주최업(specialized meetings organizers), 2) 컨벤션, 콩그레스 및 전시시설업(convention, congress, and exhibition centers), 3) 인센티브기획업 및 지역전문업(incentive houses and destination management companies), 4) 컨벤션뷰로 및 지방 마케팅조직(convention visitors bureau ; destination marketing organization) 등 4대 부문을 포함하고, 확장산업군은 회의참가자, 전시회참관객, MICE 행사주최자 등 MICE 관련 활동에 참여하는 모든 주체를 대상으로 재화 및 서비스를 제공하는 사업주체를 의미하며, 주로 숙박업체, 교통서비스업, 기술설비업, 식음서비스업, 연사중개업체, 부스장치업체, 지원서비스업체, 기타 제반 서비스를 포함한다.[19]

[표 10-5] MICE 산업 핵심산업군과 정의

핵심산업군	정의
전시/회의주최업	행사가 개최되는 시설의 인력들을 관리하거나 시설에 인력들을 제공하는 것을 포함 여부에 관계없이 무역전시회, 컨벤션, 컨퍼런스, 회의와 같은 행사를 조직, 촉진, 운영하는 데 종사하는 업
컨벤션, 콩그레스 및 전시시설업	전시장을 포함한 비주거목적의 건물과 같은 부동산을 구매, 판매, 임대 및 운영하는 데 종사하는 업
인센티브기획업 및 지역전문업	여행, 관광, 교통 및 숙박 서비스를 일반대중이나 상업적 고객에게 판매하는 데 주로 종사하는 기관 또는 교통, 숙박, 식사, 레크리에이션 또는 스포츠 활동과 같은 항목을 포함하는 여행을 알선하거나 조직하는 활동을 포함한 여행 운영 활동에 종사하는 기관
컨벤션 뷰로	특정 지역에서 정보 제공, 예약서비스 또는 회의활동의 촉진을 전문적으로 하는 조직

출처 : The Convention Industry Council, The Economic Significance of Meetings to the U.S. Economy: Interim Study Update for 2012, Executive Summary, 2014, p.18.

우리나라의 경우 MICE 산업에 대해서는 한국관광공사에서 MICE 산업통계 조사연구를 시행하고 있으며, 그 조사대상 업종으로 시설업, 국제회의 기획업, 전시 기획업, 인센티브 여행업으로 구분하고 있다. 전시산업 부문에 대해서는 전시산업진흥회에서 매년 국내 전시산업 통계를 조사 분석하고 있으며, 조사대상 업종으로 전시시설사업자, 전시주최사업자, 전시용역사업자, 전시디자인설치사업자로 구분하고 있다. 전시주최업, 국제회의기획업, 인센티브여행업은 MICE 주최업으로 볼 수 있으며, 전시용역사업자와 전시디자인설치사업자는 MICE 지원서비스에 해당하므로 본서에서는 MICE 산업의 종류를 MICE 주최업, MICE 시설업, MICE 지원서비스입으로 구분하여 살펴보고자 한다.

[그림 10-3] MICE산업의 종류

MICE 주최업

- 전시주최업
- 국제회의기획업
- 인센티브여행업

MICE 시설업

- 전문회의시설
- 준회의시설
- 호텔
- 휴양콘도미니엄
- 중소규모회의시설
- 전시시설

MICE 지원서비스업

- 전시디자인설치업
- 전기공사업
- 옥외광고업
- 건설폐기물 수집운반업
- 물류업
- 비품임대업
- 위생배관 설비업
- 전기통신업
- 등록업
- 가스설비업
- 경호경비업
- 인력공급업
- 카페트/파이텍스설치업
- 특수차량업
- 구조검토/무대설비장치업
- 식음료업 등

1. MICE 주최업

가. 전시주최업

전시주최업은 전시회를 기획 및 운영하는 사업으로 이러한 사업을 영위하는 기업이나 조직이 전시주최자이다. 전시주최자는 전시회의 기획, 참가업체 모집, 바이어 모집, 참관객 모집 등의 준비 업무, 전시회 현장 운영의 전반적인 업무를 수행한다.

전시주최자의 유형은 전문전시회사, 공공기관, 업종단체, 언론사 등으로 구분할 수 있다. 전시주최자 중에서 전시회 주최를 전문적으로 하는 조직이나 기업을 전문전시주최자(PEO, Professional Exhibition Organizer)라고 한다. 전문전시주최자의 경우 자체적으로 기획하여 소유권을 가진 전시회를 개최하기도 하고 다른 주최자의 전시회를 대행하는 경우도 있다. 국가나 지방자치단체, 각종 단체의 경우 전시회를 주최하는 데 있어서 전시회의 기획과 준비 및 운영과 관련된 업무 전체를 직접 수행하기에는 전문성과 효율성의 문제가 있을 수 있으므로 일반적으로 전문전시주최자를 선정하여 그 업무를 대행하도록 하고 있다.

나. 국제회의 기획업

대규모 관광수요를 유발하는 국제회의(세미나, 토론회, 전시회 등을 포함)의 계획, 준비, 진행 등의 업무를 위탁받아 대행하는 사업을 의미한다. 영어로는 PCO(Professional Convention 또는 Congress Organizer)라고 불린다. 국제회의 기획업체는 국제회의를 주최하는 기업, 공공기관, 협회, 학회, 정부 등의 주최자로부터 국제회의의 기획과 준비 및 운영과 관련된 업무를 위탁받아 대행하는 업무를 주업무로 한다.

다. 인센티브여행업

인센티브 여행업은 외국에서 국내로 오는(Inbound) 외국인 관광객이 10명 이상으로서 국내 숙박시설에서 1박 이상 체류하는 관광객을 대상으로 운송, 숙박시설 등의 제공을 위하여 그 시설의 이용 알선이나 계약 체결의 대리, 여행에 관한 안내, 그밖에 여행편의를 제공하는 사업을 의미한다.

2. MICE 시설업

우리나라에서는 국제회의산업 육성에 관한 법률과 전시산업발전법에서 MICE 시설에 대하여 법적인 규정을 하고 있는데, 국제회의산업 육성에 관한 법률에서는 "국제회의시설"을 국제회의의 개최에 필요한 회의시설, 전시시설 및 이와 관련된 부대시설 등으로 규정하고, 그 종류와 규모에 대하여는 동법 시행령에서 전문회의시설 · 준회의시설 · 전시시설 및 부대시설로 구분하고 있다.

가. 전문회의시설

2천 명 이상의 인원을 수용할 수 있는 대회의실과, 30명 이상의 인원을 수용할 수 있는 중 · 소회의실 10실 이상을 갖추고, 옥내와 옥외의 전시면적을 합쳐서 2천제곱미터 이상 확보하고 있는 시설이다.

나. 준회의시설

국제회의 개최에 필요한 회의실로 활용할 수 있는 호텔연회장 · 공연장 · 체육관 등의 시설로서 200명 이상의 인원을 수용할 수 있는 대회의실과 30명 이상의 인원을 수용할 수 있는 중 · 소회의실이 3실 이상이 있는 시설이다.

다. 전시시설

옥내와 옥외의 전시면적을 합쳐서 2천제곱미터 이상을 갖추고, 30명 이상의 인원을 수용할 수 있는 중 · 소회의실이 5실 이상 있는 시설이다.

라. 부대시설

국제회의 개최와 전시의 편의를 위하여 상기 "가" 및 "다"의 시설에 부속된 숙박시설 · 주차시설 · 음식점시설 · 휴식시설 · 판매시설 등이다.

한편, 한국관광공사의 MICE 산업 통계연구에서는 상기의 시설 이외에도 호텔, 휴양콘도미니엄, 중소규모 회의시설을 포함하고 있다.

가. 호텔

관광진흥법에 의거 호텔업으로 등록된 사업체 중 MICE 행사 관련 임대가 이루어지고 있는 시설

나. 휴양콘도미니엄업

관광진흥법에 의거 휴양콘도미니엄업으로 등록된 사업체 중 MICE 행사 관련 임대가 이루어지고 있는 시설

다. 중소규모회의시설

전문회의시설, 준회의시설, 호텔, 휴양콘도미니엄 분류기준에 부합되지 않지만, Meeting이나 Convention의 정의 및 기준에 부합되는 행사가 개최되는 시설로 그 종류로는 유스호스텔, 박물관, 문예회관, 연수원/수련원, 기차역 회의시설, 테크노파크,

상공회의소, 컨벤션시설 보유 대학교 등을 포함한다. 또한, 전시산업발전법은 전시시설사업자를 전시시설을 건립하거나 운영하는 사업자로 규정하고, 전시시설을 전시회 및 전시회 부대행사의 개최에 필요한 시설과 관련 부대시설로 규정하고 동법 시행령에서 그 종류와 규모를 아래와 같이 열거하고 있다.

가. 전시회 개최에 필요한 시설

전시회를 개최하기 위한 면적 2천 제곱미터 이상의 시설(옥내와 옥외 시설을 모두 포함한다)이다.

나. 전시회 부대행사의 개최에 필요한 시설

전시회 부대행사를 개최하기 위한 연회장, 공연시설, 상담회장 및 설명회장 등이다.

다. 관련 부대시설

상기 "가"과 "나"의 시설에 부수되는 숙박, 식품접객, 판매, 휴식 등을 위한 편의시설(전시회가 개최되는 전시장 내에서 한시적으로 운영되는 편의시설을 포함한다)이다.

3. MICE 지원서비스업

MICE 지원서비스업의 종류와 범위에는 다양한 사업들이 포함될 수 있으나 대표적인 사업들을 열거하면 아래와 같다.

가. 전시디자인설치업

전시회와 관련된 물품 및 장치를 제작 · 설치하거나 전시공간의 설계 · 디자인과 이와 관련된 공사를 수행하는 사업이다.

나. 전기공사업

전시회 준비를 위한 공간을 조성하기 위해서는 전등, 전열 등 전력을 필요로 한다. 전기공사업은 이러한 전기시설의 설계 및 시공을 수행하는 사업이다.

다. 옥외광고업

옥외광고업은 행사와 관련하여 반입 및 설치되는 홍보용 광고안내시설물의 설계 · 시공 및 관리, 기타 광고공사에 수반되는 허가 등의 업무를 수행하는 사업이다.

라. 물류업

MICE 시설에서 개최되는 행사를 위한 장비 및 물품 등의 운송, 통관 진행, 보세, 창고 보관, 해외 현지 파트너 협조 등을 수행하는 사업이다.

마. 비품임대업

행사에 필요한 집기 · 비품의 임대를 수행하는 사업으로 사무기기(컴퓨터, 팩스, 복사기, 기타 사무기기 등) 임대, 행사용품(천막, 파라솔, 의자, 강연대, 탁자, 무전기, 발전기, 이젤, 보면대 등) 임대, 각종 장비 및 기기(음향기기, 영상기기, 특수효과 장비, 무대, 기타 시스템 등) 임대를 행하는 사업이다.

바. 등록업

행사관계자의 출입을 통제하고 주최자, 참가업체, 참관객 등의 데이터를 효율적으로 관리하기 위한 등록시스템을 설치 및 운영하고, 참가자의 출입증을 발급 및 관리하는 사업이다.

사. 식음료업

MICE 행사의 개최에 있어서 행사의 성격에 따라 간단한 다과에서부터 귀빈용 식사에 이르기까지 다양한 식음료 서비스를 제공하는 사업이다.

이외에도 폐기물처리를 담당하는 건설폐기물 수집운반업, 급 · 배수 및 압축공기 배관 시공을 수행하는 위생배관설비업, IT(유무선 인터넷, 컴퓨터 하드웨어, 소프트웨어, 통신장비관련 서비스와 부품생산)관련 업무수행를 수행하는 전기통신업, 행사의 경비, 경호 및 안전관리 등의 업무를 수행하는 경비경호업, 행사의 원활한 진행을 위해 필요한 안내, 통역, 미화, 이벤트 진행, 행사현장 단기 인력 제공 및 관리, 주차 대행 등을 수행하는 인력공급업, 중량 물품의 상·하차 및 높은 곳의 작업을 위해 사용되는 특수차량을 지원하는 특수차량업 등을 비롯한 다양한 사업들이 MICE 사업을 지원하는 서비스업의 예이다.

제4절 MICE 산업 동향

1. 세계 MICE 산업 동향

MICE 산업 동향과 관련하여 UIA(Union of International Associations ; 국제협회연합)와 ICCA(International Congress and Convention Association ; 국제컨벤션협회)는 매년 전세계의 국가별, 도시별 국제회의 개최실적을 집계하여 발표하고 있으며, UFI(Union des Foires Internationales ; 세계전시연맹)는 전시산업과 관련된 동향에 대한 조사 분석을 시행하고 있다.

먼저 국제회의 부분을 살펴보면, 2015년도 세계 국제회의 개최건수는 UIA 기준 12,350건, ICCA기준 12,063건으로 발표되었다. UIA 기준 국제회의는 2014년(12,212건) 대비 1.1% 증가하였고, 2011년(10,743건) 대비 15.0% 성장하였다. 반면, ICCA 기준 국제회의는 2013년 가장 많이 개최된 이후 감소하는 추세를 보여주고 있다. 2015년은 2014년 대비 3.6%, 2013년 대비 7.7%나 감소하였고, 2011년과 비교해도 1.7% 감소한 것으로 나타났다. 글로벌 경제의 불안정성 확대로 인해 국제회의 역시 영향을 받고 있는 가운데, UIA 기준 국제회의는 최근의 환경변화에도 불구하고 정부 및 공공부분이 주도하는 회의 개최 증가로 인해 꾸준한 증가세를 보인 반면, 민간협회가 주최하는 국제회의인 ICCA 기준 회의는 최근의 시장변화에 보다 민감한 영향을 받으면서 성장세가 주춤하는 양상을 보여주고 있다.[20]

[표 10-6] UIA* 및 ICCA** 기준 세계 국제회의 개최 현황(2011년~2015년)

구분	2011년	2012년	2013년	2014년	2015년	증감률		2011년~2015년 연평균 성장률
						2014년~2015년	2011년~2015년	
UIA	10,743	10,498	11,135	12,212	12,350	1.1%	15.0%	3.7%
ICCA	12,267	12,869	13,067	12,518	12,063	-3.6%	-1.7%	-0.4%

출처 : 한국컨벤션전시산업연구원, 『Global MICE Insight』, Vol. 29, 2017, p.66.

한편, UFI는 2014년 발표한 'Global Exhibition Industry Statistics' 에서 2012년 개최된 전시회(500 평방미터 이상 규모)는 약 3만 1,000여 건으로 순전시면적은 1억 2,400만 평방미터, 전시참가업체는 440만 개사, 전시참관객은 2억 6천만 명에 이르는 것으로 추정하고 있다.

UFI의 회원사 중 전시회를 주최하는 회원사 188개사를 대상으로 과거 7개년도(2006년~2012년)에 개최한 전시회에 대한 조사 결과, 2006년 2,949건에서 2012년 3,461건으로 증가한 것으로 나타났다.[21] 7개년도 중 2009년과 2010년은 소폭 감소하였는데 이는 글로벌 경제위기의 영향에 따른 감소로 보인다.

[표 10-7] UFI 회원사(조사대상 188개사) 개최 전시회 건수(2006년~2012년)

구분	2006년	2007년	2008년	2009년	2010년	2011년	2012년
전시회(건)	2,949	3,216	3,299	3,212	3,181	3,305	3,461

출처 : UFI, 『Global Exhibition Industry Statistics』, 2014, p.29를 참고하여 재구성

* UIA 기준 국제회의는 A Type + B Type의 합계건수를 기준으로 발표
  - A Type : 국제기구가 주최(후원)하는 회의로, 참가자 수 50명 이상
  - B Type : 국제기구의 국내지부 혹은 국내 단체가 주최하는 회의로 참가국 수 5개 이상이고, 참가자 수 300명 이상(또는 전시회 동반), 외국인 참가자 비율 40% 이상이며, 회의기간이 3일 이상

** 국제기구가 주최(후원)하는 회의로 참가자 수 300명 이상, 외국인 참가자 비율 40% 이상, 참가국 5개국 이상, 행사기간이 3일 이상으로 3개국 이상을 순회하며 정기적으로 개최되는 회의

2011년 기준으로 5,000평방미터 이상의 실내전시장을 보유한 전시컨벤션센터는 전 세계적으로 1,197개에 이르고, 전시장 면적은 약 3,260만 평방미터에 달한다. 2006년 대비 전시장 숫자는 57개, 면적은 약 340만 평방미터가 증가한 것이다. 이 기간 중 전시장 면적이 증가한 국가는 중국, 미국, 스페인, 네덜란드, 한국 등이며, 특히 중국의 경우 2011년 전시장 면적이 약 475만 평방미터로 2006년 대비 48%가 증가한 것으로 나타났다.

지역별 전시컨벤션센터와 전시장 면적의 경우 유럽에 496개의 전시컨벤션센터가 소재하고 있으며, 전체 전시장 면적의 48% 차지하고 있다. 북미는 389개가 소재하고 전체 면적의 24%, 아시아/태평양은 184개가 소재하고 전체 면적의 20%를 차지하고 있다. 2006년과 비교할 경우 유럽과 북미지역의 점유율은 감소하고 있는 반면 아시아/태평양지역의 점유율은 증가한 것으로 나타나고 있다.

[표 10-8] **지역별 전시컨벤션센터 수량 및 전시장 면적(2011년 기준)**

구분	전시컨벤션센터(개)	전시장 면적			
		2006년		2011년	
		면적(백만㎡)	점유율	면적(백만㎡)	점유율
유럽	496	14.6	50%	15.6	48%
북미	389	7.5	26%	7.9	24%
아시아/태평양	184	4.8	16%	6.6	20%
중남미	70	1.3	4%	1.3	4%
중동	33	0.7	2%	0.8	2%
아프리카	25	0.5	2%	0.5	2%
합계	1,197	29.4	100%	32.7	100%

출처 : UFI, 『Global Exhibition Industry Statistics』, 2014, pp.5-6을 참고하여 재구성

이상에서 살펴본 바와 같이 세계의 MICE 산업은 글로벌 경제위기로 인해 다소 그 성장이 주춤했던 2010년 전후를 제외하고는 지속적인 성장세를 이어가고 있으나 성장 폭이 둔화되고 있다. 그럼에도 세계 각국에서는 MICE 산업의 중요성에 대한 인식

이 확산되면서 MICE 시설과 MICE 복합지구 또는 복합리조트를 비롯한 MICE 관련 인프라 확충에 나서고 있다. 그간 경쟁우위를 가지고 시장점유율이 상대적으로 높았던 유럽이나 북미의 경우 기존 시설에 대한 확충을 진행하고 있으며, 아시아/태평양 등 후발 주자들은 신규 시설의 확충을 통해 경쟁력을 강화하기 위해 노력하고 있다. 아울러, 시설 증대뿐만 아니라 다양한 MICE 행사의 유치와 국제전시회의 개최를 위해 국가적 차원에서 지원 정책을 펼쳐가고 있어 향후 MICE 유치와 전시회 개최와 관련한 국가 간 경쟁은 더욱 치열해질 것으로 예상된다.

2. 국내 MICE 산업 동향

가. 국내 MICE 개최 현황

한국관광공사는 2008년까지는 국제회의 개최실적만을 조사하다가 2009년부터 매년 국내MICE 개최현황에 대한 통계조사를 실시하고 있으며, MICE 산업의 규모에 대한 더 정확한 조사를 위하여 통계 조사방법에 대한 개선이 지속적으로 이루어지고 있는 실정이어서 MICE 개최 현황에 대한 장기 추세를 파악하기에는 한계가 존재한다. 따라서 국내 MICE 개최현황은 비교적 최근연도의 조사결과를 대상으로 살펴보고자 한다.

[표 10-9] MICE 개최 현황(2012년~2015년)

구분	2012년	2013년	2014년	2015년	2012년~2015년 증감률	2012년~2015년 연평균 증감률
Meeting	215,453	222,758	234,909	236,633	9.8%	3.3%
Incentive Tour	9,518	8,212	8,641	8,616	-9.5%	-3.2%
Convention	3,667	4,167	4,315	5,045	37.6%	12.5%
Exhibition***	577	619	709	805	39.5%	13.2%
합계	229,215	235,756	248,574	251,099	9.5%	3.2%

출처 : 한국관광공사, 『MICE 산업통계 조사연구』, 2012~2015를 참고하여 작성

*** Exhibition(전시회)에 대한 기준 및 조사대상의 차이로 [표 10-9]의 Exhibition 개최건수와 [표 10-12]의 전시회 개최건수는 차이를 보임.

- 한국관광공사 : 전시산업발전법에 의한 전시회로 무역전시회, 소비자전시회 및 혼합전시회(1일 이상)
- 한국전시산업진흥회 : 개최일자가 1일인 전시회는 제외

2015년 국내 개최 MICE는 총 251,099건으로 추정되고 있으며, 이중 Meeting이 가장 많은 236,633건, 다음으로 Incentive 8,616건, Convention 5,045건, Exhibition 805건으로 나타났다. Meeting은 2012년 대비 9.8%가 증가하였으며, Incentive는 9.5% 감소, Convention과 Exhibition은 각각 37.6%와 39.5%가 증가한 것으로 나타났다. Incentive는 지역별로 구분하지 않고 있어 [표 10-10]에서 나타내지 않았다.

[표 10-10] **지역별 MICE 개최 현황(2015년)**

구분	Meeting		Convention		Exhibition	
	건수	비중	건수	비중	건수	비중
서울	83,194	35.2%	1,899	37.6%	340	42.2%
부산	22,899	9.7%	602	11.9%	127	15.8%
대구	13,849	5.9%	203	4.0%	25	3.1%
인천	4,903	2.1%	103	2.0%	19	2.4%
광주	5,467	2.3%	91	1.8%	74	9.2%
대전	12,215	5.2%	209	4.1%	29	3.6%
울산	1,592	0.7%	14	0.3%	-	-
경기	23,082	9.8%	300	5.9%	116	14.4%
강원	15,377	6.5%	599	11.9%	-	-
충북	5,101	2.2%	61	1.2%	-	-
충남	10,885	4.6%	101	2.0%	-	-
전북	5,597	2.4%	152	3.0%	5	0.6%
전남	6,330	2.7%	284	5.6%	-	-
경북	12,233	5.2%	199	3.9%	18	2.2%
경남	6,870	2.9%	78	1.5%	39	4.8%
제주	7,039	3.0%	150	3.0%	13	1.6%
합계	236,633	100%	5,045	100%	805	100%

출처 : 한국관광공사, 『2015 MICE 산업통계 조사연구』, 2016, pp.99-313을 참고하여 작성

2015년 국내에서 개최된 Meeting 중 35.2%, Convention의 37.6%, Exhibition의 42.2%가 서울에서 개최되었으며, 지역을 인천과 경기로 확대한 수도권의 개최비중은 50% 전후에 이르고 있어 수도권 집중 현상이 심한 상황이다. 지방 중 Meeting, Convention, Exhibition 부문의 비중이 10%에 이르는 곳은 부산이 유일한 실정이다.

UIA 국제회의 개최 현황에 의하면, 2006년 이후 우리나라의 국제회의 개최건수와 개최순위는 지속적으로 상승하고 있다. 특히, 2013년에는 처음으로 세계순위 10위 이내에 진입하였다. 2015년의 경우 891건의 국제회의를 개최하여 개최건수가 전년대비 255건 증가하였으며 세계순위도 전년 4위에서 2위로 도약하였다.

[표 10-11] UIA 기준 국제회의 개최 현황(2006년~2015년)

연도	2006	2007	2008	2009	2010	2011	2012	2013	2014	2015
건수	185	268	293	347	464	469	563	635	636	891
세계순위	40	45	27	45	17	15	19	9	4	2

출처 : 한국관광공사, 『MICE 산업통계 조사연구』, 2009~2016 및 한국관광공사, 『국제회의 개최현황』, 2006~2008을 참고하여 작성

한국전시산업진흥회 기준 전시회의 경우, 2006년 이후 전시회 개최건수 및 규모가 꾸준하게 증가하다가 2011년 이후 증가세가 정체되고 있는 것으로 나타났다. 이는 전시산업이 성숙기로 진입하면서 성장속도가 둔화 되고 있을 뿐만 아니라 양적 성장에서 질적 성장으로 전환하려는 움직임 나타나고 있기 때문인 것으로 보인다.[22]

[표 10-12] 한국전시산업진흥회 기준 전시회 개최 현황(2006년~2015년)

연도	2006	2007	2008	2009	2010	2011	2012	2013	2014	2015
건수	353	354	409	422	479	552	560	569	570	567

출처 : 한국전시산업진흥회, 『국내전시산업통계』, 2007~2016을 참고하여 작성

나. MICE 시설 현황

한국관광공사가 실시하고 있는 국내 MICE 통계조사에서 모집단으로 활용하고 있는 MICE 시설은 2015년 기준 1,266개로서 이 중 전문회의시설이 14개이며, 준회의시설 171개, 중소규모회의시설 416개, 호텔 498개, 휴양콘도미니엄 167개이다.

[표 10-13] MICE 시설 현황(2015년)

구분	전문 회의시설	준회의시설	중소규모 회의시설	호텔	휴양 콘도미니엄	합계
서울	3	46	49	121	-	219
부산	1	13	13	34	3	64
대구	1	15	14	15	-	45
인천	1	6	12	27	1	47
광주	1	7	15	10	-	33
대전	1	5	10	10	-	26
울산	-	1	9	6	-	16
경기	1	27	64	31	13	136
강원	-	6	37	29	50	122
충북	-	5	24	15	8	52
충남	-	11	33	14	14	72
전북	1	9	18	20	4	52
전남	-	8	28	34	6	76
경북	2	6	43	33	14	98
경남	1	5	25	32	10	73
제주	1	1	22	67	44	135
합계	14	171	416	498	167	1,266

출처 : 한국관광공사, 『2015 MICE 산업통계 조사연구』, 2016, p.37을 참고하여 작성

전문회의시설인 전시컨벤션센터는 국내 최초로 코엑스가 1988년에 개장한 이후, 1990년대에 대전무역전시관과 SETEC이 개관하였다. 2000년대 초반부터 부산 BEXCO, 대구 EXCO을 비롯한 지방 전시컨벤션센터가 개관하였으며, 2010년대에는 기존 시설의 확충과 더불어 전북 군산, 경북 경주에도 신규 시설이 추가되었다. 1988년 코엑스 개장 당시 약 3만 6천 평방미터였던 국내 전시장 면적은 2015년 27만 5천 평방미터 이상으로 증가하였다.

[표 10-14] **주요 MICE 시설 현황(2015년)**

구분	전시장	건립연도(확충연도)	전시장		회의장	
			면적(m²)	점유율	면적(m²)	점유율
수도권	aT Center(서울)	2002	7,422	2.7%	1,610	2.2%
	COEX(서울)	1988	36,007	13.1%	11,568	16.2%
	KINTEX(경기)	2005(2011)	108,566	39.4%	13,303	18.6%
	송도컨벤시아	2008	8,416	3.1%	2,154	3.0%
	SETEC(서울)	1999	7,948	2.9%	816	1.1%
중부권	대전무역전시관	1995	4,200	1.5%	-	0.0%
	대전컨벤션센터	2008	2,520	0.9%	4,862	6.8%
영남권	BEXCO(부산)	2001(2012)	46,380	16.9%	8,723	12.2%
	CECO(경남 창원)	2005(2008)	7,827	2.8%	2,784	3.9%
	EXCO(대구)	2001(2011)	22,159	8.1%	5,134	7.2%
	GUMICO(경북 구미)	2010	3,402	1.2%	953	1.3%
	HICO(경북 경주)	2015	2,273	0.8%	5,137	7.2%
호남권	KDJ 센터(광주)	2005(2013)	12,027	4.4%	4,111	5.7%
	군산새만금컨벤션센터	2014	3,697	1.3%	2,512	3.5%
제주권	ICC JEJU	2003	2,395	0.9%	7,929	11.1%
합계			275,239	100%	71,596	100%

출처 : 한국전시산업진흥회, 『2014 국내전시산업통계』, 2015, pp.103-104 및 한국전시산업진흥회 홈페이지 자료(http://www.akei.or.kr/data/2015_showroom.pdf)를 참고하여 작성

2015년 기준 국내 전시장 면적의 61.2%는 서울을 비롯한 수도권 지역에 집중되어 있으며, 다음으로 부산, 대구 등 영남지역에 29.8%가 분포되어 있다.

현재 수원, 울산 등에 신규 시설의 건설이 진행되고 있으며, 다수의 지방자치단체에서 전시컨벤션센터의 건립을 계획하고 있어 전시컨벤션시설은 지속적으로 증가하겠지만 추진 중인 시설이 대규모 시설은 아니므로 그 증가폭은 크지 않을 것으로 전망된다.

제5절 국내 MICE 산업의 문제점과 대책

첫째, 지역 간 국제행사 유치경쟁이 심화되고 있다.

MICE 산업의 중요성에 대한 인식이 확산되면서 지방자치단체들이 경쟁적으로 전시컨벤션시설을 신설 및 확충하고, 지방 관광공사나 컨벤션뷰로와 같은 행사유치를 위한 전담조직을 운영하면서 국제행사 유치에 대한 경쟁이 심화되고 있다. 이러한 행사 유치 경쟁에 있어서 각종 행정적 지원뿐만 아니라 재정적인 지원이 수반되는 경우도 발생하고 있다. 행사 장소 임대료 할인이라든지 행사개최와 관련한 지방자치단체, 지역 관광공사 및 컨벤션뷰로의 보조금 지원 등이 대표적인 재정적인 지원 사례이다. 이러한 재정적 지원은 재원에 있어서 한계가 존재할 수밖에 없는 상황이므로 행사를 유치하고자 하는 지역 입장에서는 신중한 접근이 필요하다. 행사 개최와 관련한 숙박시설, 관광, MICE 지원서비스 등을 연계한 다양한 지원 시스템을 개발하여 제공함으로써 재정적 지원에서 벗어난 차별화된 서비스로 행사 유치 경쟁을 벌일 수 있어야 할 것이다.

둘째, 유사 전시회 증가에 따른 전시주최자 간의 경쟁이 심화되고 있다.

국내 전시회의 경우 특정 품목에 대한 집중화 경향이 나타나고 있다. 이로 인해 전시주최자가 전시회 참가업체를 모집하는데 있어서 서로 경쟁하게 되면서 마케팅 비용의 증가, 적정 참가비 수입 확보 곤란 등의 문제가 발생하고 있어 전시회의 수익성이 악화되는 문제를 초래하고 있다. 이러한 문제가 지속될 경우 수익성 악화에 따른 전시회의 부실화를 초래하게 되어 해당품목 전시회 전체가 정체되거나 경쟁력을 상실할 수도 있다.

이러한 문제를 해결하기 위해서는 전시회 인증제도를 통해 전시회의 품질을 검증하고 우수 전시회에 대한 지원을 통해 전시회뿐만 아니라 관련 산업분야도 성장할 수 있는 계기를 마련해야 할 것이다. 전시회 인증제도의 시행은 정부나 관계기관 주도보다는 민간 주도 즉, 관련 협회나 단체가 산하에 위원회와 같은 기구를 만들어 자율적으로 수행하는 것이 바람직할 것으로 보인다.

셋째, MICE 행사는 특정시기에 대한 선호현상이 강하게 존재한다.

MICE 행사의 많은 부분이 봄, 가을의 특정시기에 집중되고 있어 비수기와 성수기가 뚜렷이 나타나고 있다. 이러한 수요의 집중은 시설운영업체를 비롯한 MICE 관련 사업체의 운영에도 부정적 영향을 미치고 있다. 이러한 수요를 분산하기 위해서는 비수기 행사 개최를 독려할 수 있는 지원 방안이 추진되어야 할 것이다. 앞서 유치 경쟁 심화에 따른 마케팅 수단으로 언급된 바 있는 행정적 지원이나 재정적 지원의 경우 비수기 개최 행사에 대해서는 지원을 확대하는 것도 검토해 볼 수 있을 것이다.

국내 전시컨벤션센터의 경우 비수기 행사의 유치를 위하여 월별 할인이나 할증 제도를 도입하고 있으므로, 그 폭을 확대하는 것도 좋은 방안이 될 수 있을 것이며, 이때 숙박시설 등과 연계하여 비수기 행사에 대한 실질적인 혜택이 커질 수 있도록 하는 방안도 추진해 볼 수 있을 것이다.

넷째, MICE 관련 서비스산업에 대한 인식이 부족하다.

MICE 산업이 지식집약적 산업임에도 불구하고 전시주최자나 회의주최자가 제공하는 용역의 가치를 평가절하하는 경우가 많이 발생한다. 주최자가 각종 행사를 대행함에 있어서는 우선 행사의 전반적인 필요사항을 분석하고 고객의 요구를 감안하여 계획을 수립하게 된다. 계획이 수립되면 개최 장소, 숙박 시설 및 기타 지원서비스를 조달하여 행사를 준비하고 운영하게 된다. 이 경우 주최자는 계획의 수립과 준비 및 운영에 있어서 인력을 비롯한 많은 자원을 투입하게 된다. 이러한 투입 자원에 대한 보상은 행사와 관련된 직접경비인 인건비, 직접경비 이외의 간접비(일반관리비)와 기업이윤으로만 보상을 받게 된다. 그러나 행사에 대한 기획수수료나 대행수수료 등 성공적인 행사개최를 위한 노력은 인정받지 못하는 경우가 발생한다. 이런 구조에서는 주최자의 수익성을 기대하기 어려우며 기업의 지속 성장을 추구하기 어렵다. 주최자가 제공하는 용역에 대한 표준요율이 적용되고 이를 바탕으로 노력에 대한 보상이 이루어질 수 있는 구조가 정착되어야 할 것이다.

또한, MICE 관련 서비스산업에 대한 관심은 시설업과 주최업을 중심으로 초점이 맞추어져 있다. MICE 산업이 지속적으로 성장하기 위한 생태계가 조성되기 위해서는 시설업이나 주최업뿐만 아니라 전시디자인장치업 등 MICE를 둘러싸고 있는 모든 지원 서비스 업종이 동시에 발전할 수 있도록 인식의 전환이 필요하다.

다섯째, 지역 MICE 성장 정책이 국제행사 유치부문에 편중되어 있다.

MICE 참가 외래관광객의 소비지출액은 일반 외래관광객에 비해 상당히 높은 수준이며, 이에 따른 외화가득률이 높은 것도 사실이다. 그러나 국내 개최 MICE 행사에서 차지하는 국내행사의 비중이 월등히 높은 점을 감안한다면, 지역 입장에서는 국내행사의 유치에도 관심을 가질 필요가 있다. 우리나라는 그간 UIA나 ICCA가 발표하는 국제회의 개최순위를 중요한 정책목표로 설정하고 국제행사 유치를 위해 많은 노력을 들인 반면, 국내행사에 대한 규모와 실태를 파악하는데 미진한 부분이 있었다. 미국의 대표적인 MICE 도시인 라스베가스의 경우 국제회의 개최순위는 상위권에 들지 못하지만 세계 최고의 MICE 도시 중의 하나로 자리매김 하고 있다. 국내 참가자 위주로 구성되는 대형 학회, 기업행사, 정부행사의 유치를 통한 지역 MICE 산업의 내실 강화를 기할 필요가 있을 것이다.

여섯째, Incentive 행사의 특정국가 편중이 심하다.

최근에 국내에서 개최된 Incentive 행사의 상당부분이 중국과 태국에 집중되어 있다. 이러한 특정국가 편중 현상은 국제 정세에 변화가 있을 경우 그 변동 폭이 클 수밖에 없다. 이러한 변동에 대응하기 위해서는 현재 점유율이 높은 시장에 대한 시장유지 전략과 더불어 새로운 신규시장 개척에 힘을 쏟을 필요가 있을 것이다.

일곱째, 경제파급효과 극대화를 위한 다양한 관광상품이 부족하다.

MICE 행사 참여자의 행사 참석에 따른 지역경제 파급효과를 극대화하기 위해서는 참가자를 위한 다양한 관광상품 개발이 필요하다. MICE 참가자들이 쉽게 접근하고 즐길 수 있는 관광상품을 지속적으로 개발하고, MICE 유치단계에서부터 홍보가 될 수 있어야 할 것이다. 국제행사에 참가하는 외국인뿐만 아니라 전체 참가자의 많은 부분을 차지하는 내국인을 대상으로 한 관광상품을 지속적으로 개발하고 홍보할 필요가 있을 것이다. 이러한 연계상품의 개발은 기존에 존재하는 관광상품의 조합과 함께 복합리조트의 신설과 같은 새로운 상품의 개발이 병행되어야 할 것이다.

여덟째, MICE 관련 통계체계가 일원화되어 있지 않다.

국내 전시산업의 경우 한국전시산업진흥회가 매년 전시시설사업자, 전시주최사업자, 전시용역사업자, 전시디자인설치사업자를 대상으로 조사를 시행하여 통계를 작성 발표하고 있으며, MICE 전체부분에 대하여는 한국관광공사에서 매년 시설업, 국제회의 기획업, 전시 기획업, 인센티브 여행업을 대상으로 조사를 시행하여 통계를 작성 발표하고 있다. 그러나 두 통계자료는 조사대상 등에서 서로 상이한 부분이 있으며, 동일한 조사내용에 대하여 두 기관이 조사를 시행하는 중복이 발생하고 있다. 이러한 이원화된 통계 작성은 전시산업은 산업통상자원부가 주무부처이며, MICE는 문화체육관광부가 주무부처라는 점에서도 그 이유를 찾을 수 있다. 그럼에도 상호간의 협력을 통해 MICE에 관한 일관성 있는 조사 및 통계 작성 방안을 추진할 필요가 있을 것이다.

제6절 MICE 산업과 관광산업

MICE를 개최하거나 MICE에 참석하기 위해서는 주최자나 참가자들은 MICE가 개최되는 장소로 이동을 하는 여행이 수반되어야 한다. 또한, MICE 참가자들은 행사 참가 이외에도 행사 전후 및 기간 중에 개최지에 머물게 된다. 이런 과정에서 MICE 주최자와 참가자들은 일반적인 관광객들이 행하는 관광활동을 하게 된다. 행사참석을 위한 시간 이외에는 개최지의 시내 및 인근 관광을 즐긴다거나 쇼핑, 오락, 문화활동 등을 즐기게 되고 머무는 동안 숙박시설에서 숙박을 하는 것이다.

따라서 MICE 참가자나 주최자의 경우 직접적으로 MICE와 관련된 활동을 제외하면 일반 관광객과 유사한 관광활동에 의한 소비지출을 하게 되는 것이다.

한국관광공사의 조사에 따르면, 2007년 국내에서 개최된 국제회의 참가자의 1인당 평균소비액은 2,488달러로 같은 해의 외래객 1인당 지출액 1,273달러와 비교하면 1.95배 이상 높은 것으로 나타났다.

[표 10-15] 2007년 국내 국제회의 외국인 참가자의 평균 소비지출액(US$)

지출항목	1인당 지출비용(US$)	구성비(%)
숙박비	814	32.72
쇼핑비	412	16.56
식음료비	269	10.81
현지교통비	107	4.30
오락 관련지출	91	3.66
여행사 관련지출	108	4.34
문화 관련지출	66	2.65
운동관련 지출	75	3.01
기타비용	546	21.95
소 계	2,488	100.0

출처 : 한국관광공사, 『국제회의 경제적 파급효과 분석에 관한 연구』, 2008, p.79.

2012년 미국에서 개최된 MICE로 인한 경제파급효과 조사 결과, 여행관광분야의 직접생산효과가 8천650억 달러, MICE 분야의 직접생산효과가 2천8백억 달러였으며, 여행관광분야의 직접생산효과 중 MICE 분야가 기여한 부분은 1천3백억 달러로 나타났다. 즉, 전체 여행관광분야의 15%가 MICE로 인한 것이며, 이는 MICE 분야의 직접생산효과 중 약 46%에 해당한다.

[표 10-16] 미국 Meeting 산업 분야의 직접지출(2012년)

구분		직접지출(백만달러)	비중
여행 및 관광 상품 (Travel & Tourism Commodities)	숙박	39,315	46%
	식음서비스	29,832	
	항공교통	23,761	
	소매	8,235	
	유류	7,498	
	레크리에이션, 위락	7,034	
	차량 렌탈	6,258	
	여행 서비스 및 기타 관광상품	3,707	
	기타 교통수단	2,369	
	시내교통	1,577	
	철도 및 수상교통	600	
	소계	130,186	
회의 및 기타 상품 (Meeting & Other Commodities)	회의기획 및 운영	106,658	54%
	장소 대여	10,363	
	기타 회의 관련 상품	33,195	
	소계	150,216	
총계		280,402	100%

출처 : The Convention Industry Council, The Economic Significance of Meetings to the U.S. Economy; Interim Study Update for 2012, Executive Summary, 2014, p.5.

영국 통계청의 국가산업통계 분류체계(관광위성계정 포함)의 기준에 따라 직접부가가치(Direct Gross Value Added, GVA)를 산출한 결과, 2011년 영국 MICE 산업은 206억 파운드의 GVA 효과를 창출한 것으로 나타났다. 이 중 숙박 부문 37억 파운드, 식음서비스 부문 17억 파운드 등 관광산업 관련 분야에서 총 92억 파운드의 GVA를 창출하였고, 회의 특화산업분야에서는 행사 주최기관 34억 파운드, MICE 시설 22억 파운드, 기타 소비 관련 57억 파운드 등 총 114억 파운드의 GVA 효과를 창출하였다. 즉, MICE 산업으로 인한 GVA효과의 44.7%는 관광산업 관련 분야에서 창출된 것이다.

[표 10-17] 영국 MICE 산업 분야의 GVA 효과(2011년)

구분		GVA(백만 파운드)		비중
관광관련산업 (Tourism Related Industries)	숙박	3,788	9,233	44.7%
	식음서비스	1,671		
	철도교통	899		
	도로교통	700		
	수상교통	101		
	항공교통	692		
	교통수단렌탈	210		
	여행 및 관련 예약 중개업체	633		
	스포츠, 레크리에이션, 문화활동 등	588		
회의특화산업 (Meeting-Specific Industries)	주최기관	3,449	11,406	56.3%
	MICE 시설	2,220		
	기타 소비 관련	5,737		
총계		20,639		100%

출처 : 한국컨벤션전시연구원, 『Global MICE Insight』, Vol. 16, 2013, p.32.

이상에서 보는 바와 같이 MICE 산업은 지역경제 활성화에 많은 기여를 하게 되며, 특히 지역 관광산업의 활성화에 중요한 기여를 하고 있다. MICE 산업이 활성화되면 그 지역을 방문하는 외래객이 증가하게 되고 그 만큼 방문객이 관광관련 산업에 소비지출을 하게 되는 것이다.

MICE 산업의 활성화와 관광산업의 활성화는 같은 선상에 있다고 볼 수 있다. 관광산업이 발달하여 수용태세가 잘 이루어져있는 도시는 MICE 산업의 발전도가 상당히 높다. 마찬가지로 MICE 산업이 발달한 도시는 관광산업도 잘 발전되어 있다.

따라서 MICE 산업과 관광산업이 상호 유기적으로 연계되어 동시에 발전할 수 있는 구조를 만들어가는 것이 중요할 것이다. MICE 산업이 발달하기 위해서는 MICE 관련시설에 대한 투자만을 확대할 것이 아니라, MICE와 관련된 방문객의 욕구를 충족시켜 줄 수 있는 관광자원, 숙박시설, 문화공연 등의 다양한 부문들이 동시에 확대되어야 한다.

이런 측면에서 해외의 경우 MICE 시설을 중심으로 컨벤션센터, 전시시설, 숙박, 쇼핑, 문화, 위락 등의 시설을 집단화하여 집적의 경제화와 글로벌 경쟁력을 갖추어 가고 있다. 싱가포르의 SICEC(Singapore International Convention & Exhibition Centre)와 복합리조트인 Marina Bay Sands의 경우 특정 회의용 장소로서의 이미지가 아닌 공연, 문화, 쇼핑 등이 인접 지역에서 모두 이루어질 수 있는 공간으로 복합화하였다. 일본 도쿄 전시장(Tokyo Big Sight)의 경우도 도시 지역 내에서 국제박람회장을 중심으로 관광과 엔터테인먼트 시설 등을 집적화하여 새로운 관광 인프라를 구축하고 있다.[23)]

우리나라의 경우도 국제회의산업 육성에 관한 법률을 개정하여 국제회의 복합지구 지정을 위한 법적 기반을 마련하였으며, 지방자치단체에서도 복합리조트 유치를 위한 활발한 활동을 벌이는 등 MICE 산업의 경쟁력을 강화하고 관광산업과의 시너지 효과를 창출하기 위한 노력이 이루어지고 있다.

토론주제

- ♣ MICE의 정의와 범위는 어디까지인가?
- ♣ MICE 산업의 특성과 시장구성은 어떻게 이루어지는가?
- ♣ MICE 산업의 종류와 각각의 역할은 무엇인가?
- ♣ MICE 산업 국제, 국내 동향은 어떤가?
- ♣ 국내 MICE 산업의 문제점과 대책은 무엇인가?
- ♣ MICE 산업과 관광산업의 관련성은 어느 정도인가?

참고문헌 >>>

1) 박의서 · 장태순 · 이창현, 『MICE 산업론』, 학현사, 2010, p.17.

2) 한국관광공사, 『컨벤션통계 개선방안 연구용역』, 2008, p.36.

3) UNWTO, Measuring the Economic Importance of the Meeting Industry-Developing a Tourism Satellite Extension, 2006. pp.18-22.

4) The Convention Industry Council, The Economic Significance of Meetings to the U.S. Economy; Interim Study Update for 2012, Executive Summary. 2014, p.3.

5) 박의서 · 장태순 · 이창현, 『MICE 산업론』, 학현사, 2010, p.17.

6) http://k-mice.visitkorea.or.kr/convention_kor/guidehtml/mice01.jsp

7) Viviennne MaCabe et al., The Business and Management of Conventions, John Wiley & Sons Australia, 2000, p.2(한국관광공사, 전게서. 2008, p.9에서 재인용).

8) http://www.iapco.org/publications/on-line-dictionary/dictionary/

9) The Convention Industry Council, The Convention Industry Council Mannual(7th ed.), 2000.

10) 한국관광공사, 『MICE 산업통계조사연구』, 2009, pp.28-30.

11) Orvills C. Walker, Harper Boyd, Jr., Jhon Mulins, and Jean-Claud Larreche, Marketing Strategy: A Decision-Focused Approach, McGraw-Hill, 2003(한상만 · 하영원 · 장대련, 『경쟁우위마케팅전략』, 박영사, 2015, pp.83-84에서 재인용).

12) 박의서 · 장태순 · 이창현, 『MICE 산업론』, 학현사, 2010, p.17.

13) 한국문화관광연구원, 『MICE 산업 기본법 제정 연구』, 2010, p.109.

14) 최용민, G20 정상회의 개최를 계기로 본 MICE산업의 현 주소와 육성 전략, 『Trade Focus』, 한국무역협회 국제무역연구원, 2010, 9(5), pp.3-6.

15) Larry Dwyer, Nina Mistilis, Peter Forsyth and Prasada Rao, International Price Competitiveness of Australia's MICE Industry, International Journal of Tourism Research, 2001, Vol. 3, pp.123-139.

16) UNWTO, Global Rcport on the Meetings Industry, 2014, p.10.

17) 김종호, MICE산업 육성을 위한 선진화 방안, 『'잠재성장률 2%P 제고'를 위한 VIP 리포트』, 현대경제연구원, 2010, 10(43), p.2.

18) The Convention Industry Council, The Economic Significance of Meetings to the U.S. Economy; Interim Study Update for 2012, Executive Summary, 2014, p.23.

19) 한국전시컨벤션연구원, 『Global MICE Insight』, Vol. 16, 2013, pp.11-12.

20) 한국전시컨벤션연구원, 『Global MICE Insight』, Vol. 29, 2017, p.66.

21) UFI, 『Global Exhibition Industry Statistics』, 2014. (http://www.ufi.org/wp-content/uploads/2016/01/2014_exhibiton_industry_statistics_b.pdf)

22) 한국전시산업진흥회, 『2015 국내전시사업 통계 Review』, 2016. (http://www.akei.or.kr/data/2015_review2.pdf)

23) 한국한국문화관광연구원, 『MICE 시설과 인접지역의 복합화 추진 방안』, 2009, pp.50-53.

읽을거리 싱가포르 바꾼 마리나베이샌즈

침체된 경제 일으킨 '신의 한 수' GDP(국내총생산) 1.25%P 껑충

마리나베이샌즈가 세계적으로 주목받는 이유는 화려한 외관뿐만 아니라 싱가포르 관광산업과 경제에 새로운 변화를 가져다준 복합리조트(Integrated Resort)의 대표주자이기 때문이다. 최근 아시아 지역의 복합리조트 경쟁은 마리나베이샌즈(MBS) 이전과 이후로 확연히 갈린다고 해도 과언이 아닐 정도다.

2010년 4월 총면적 58만 1400㎡에 6조 원의 자금이 투입된 MBS가 위용을 드러냈다. 바로 그 직전까지 싱가포르의 상징물이었던 마리나베이 멀라이언상 맞은편이었다.

2,561개 객실을 갖춘 57층 규모의 호텔 3개 동, 1만 1000명을 수용할 수 있는 그랜드 볼룸과 250개의 회의실을 갖춘 컨벤션 센터, 250개의 명품 매장과 고든 램지 등 해외 유명 요리사들이 운영하는 레스토랑 80여 개가 입점한 쇼핑몰, 3800석 규모의 극장 2곳과 1만 명을 수용할 수 있는 야외 이벤트 플라자, 그리고 21개의 갤러리를 갖춘 아트사이언스 뮤지엄 등이 모여 MBS라는 메가 복합리조트를 완성했다. 총매출의 70%를 만들어내는 카지노 시설도 MBS의 면적의 3% 정도를 차지했다.

개장한 지 6년이 지난 MBS는 이제 마리나베이의 스카이라인은 물론, 싱가포르의 관광산업, 나아가 싱가포르 경제를 일으킨 '신의 한 수'로 평가받고 있다. 객실점유율도 주중에도 90%를 상회할 정도.

2009년 글로벌 금융위기로 경제성장률이 −0.8%로 곤두박질쳤던 싱가포르는 복합리조트가 오픈한 2010년 14.5%로 수직 반등했다. 관광산업의 성장이 결정적인 기여를 했다.

인접한 태국 · 인도네시아 여행의 환승지에 불과했던 싱가포르의 2015년 외국인 방문객은 1,520만 명으로 2009년 970만 명에 비해 57% 증가했다. 관광객 소비는 2015년 17조 9,000억 원으로 2009년보다 72% 증가했다. 이에 따라 국내총생산(GDP) 대비 관광산업 기여율도 2006년 19.7%에서 2015년 46.4%로 껑충 뛰었다.

일자리 창출과 관련, MBS는 현재 9,500여 명의 직원을 직접 고용했고, 6년 동안 싱가포르 전역에 4만 6000개 이상의 일자리를 제공한 것으로 분석됐다.

샌즈 관계자는 "경제학자들의 분석에 따르면 MBS는 싱가포르의 GDP를 약 1.25%포인트 상승시킨 것으로 조사됐다"며 "호텔, 컨벤션과 관련한 고급 인력이 싱가포르로 유입되는 효과를 거두고 있다"고 자부했다. 이와 관련, 최초의 '마이스형' 복합리조트를 표방하는 MBS는 싱가포르의 마이스 산업 발전에도 적잖은 기여를 했다. 2015년 싱가포르는 736건의 국제회의를 개최하며 브뤼셀(665건), 서울(494건)을 제치고 국제협회연합(UIA)에서 발표한 국제회의 유치 도시 1위로 선정됐다. MBS는 개장 이후부터 대규모의 국제회의를 신규로 유치했다. 2010년 이후 싱가포르에서 처음 개최한 마이스 행사는 약 550건에 이른다.

출처 : 부산일보, 2016.10.18

제11장

관광자원과 개발

제1절 관광자원
제2절 관광개발

학습목표

- ♣ 관광자원의 개념에 대해 이해한다.
- ♣ 관광자원의 유형(자연, 문화, 사회, 산업, 위락)에 대해 살펴본다.
- ♣ 관광개발의 개념에 대해 이해한다.
- ♣ 관광지, 관광단지, 관광특구 개발에 대해 살펴본다.

제11장

관광자원과 개발

관광경험의 제공을 위해서는 다양한 자원을 대상으로 한 개발과 이용이 필연적으로 요구된다. 관광자원은 자연자원, 문화자원, 사회자원, 산업자원, 위락자원 등 다양한 유형을 포함한다. 우리나라의 관광자원 개발은 관광지, 관광단지, 관광특구 등의 유형으로 진행된다. 이 장에서는 다양한 관광자원에 대해 학습하고, 관광개발의 유형, 관광개발을 위한 절차에 대해 알아본다.

제1절 관광자원

1. 관광자원의 이해

가. 관광자원의 개념

자원은 자연에 의해 주어진 것 또는 어떤 일에 이용되는 인적 · 물질적 근원의 총칭이다. Oriordan은 자원을 기술적 · 경제적 · 사회적 · 환경적 · 생태적 측면에서 사용 가능한 것으로 정의하였다.[1] 관광자원은 관광객의 욕구 및 필요를 충족시키고 관광행동을 유발시키는 목적물로서의 관광대상을 의미한다. 즉, 관광주체인 관광객을 유인할 수 있는 관광대상물로서 관광객체라고 할 수 있다. 관광자원은 교육적 · 위락적 ·

문화적 가치가 강조되며, 매력성과 유인성을 지니고 있는 자연적 · 인문적, 유형 · 무형의 소재를 포함한다.

나. 관광자원의 특성

관광자원의 특성으로는 매력성, 개발성, 다양성, 가치변화, 보존보호 등을 제시할 수 있다.[2] 첫째, 관광자원의 매력성은 관광객의 관광동기를 유발시키고 관광욕구를 충족시킴으로써 관광목적지로 유인할 수 있는 요인이 된다. 둘째, 관광자원의 개발성은 관광가치를 지니고 있는 자연적 자원을 개발하여 관광대상물이 되도록 한다. 셋째, 관광자원의 다양성은 생태계 내의 모든 자연적 · 인문적, 유형 · 무형의 소재를 포함으로써 자원의 범위가 다양함을 나타낸다. 넷째, 관광자원의 가치변화는 사회구조나 시대환경 등에 따라 관광자원의 가치가 달라질 수 있음을 의미하며, 과거에는 가치가 없었지만 기술발달이나 생활변화, 가치관의 변화에 따라 새로운 가치가 생겨나는 경우도 생긴다. 다섯째, 관광자원의 보존보호 특성은 관광자원이 보호되지 않으면 가치가 감소되거나 상실될 수 있으므로 보존보호를 위한 활동이 요구됨을 의미한다.

다. 관광자원의 가치

관광자원의 가치는 매력성, 접근성, 이미지, 관광시설, 기반시설 등에 의해 결정된다.[3] 첫째, 관광객을 특정자원으로 끌어들이는 유인력인 매력성은 독특성, 고유성, 체험성, 교육성, 유희성, 경관성 등의 요소를 포함한다. 독특성은 해당 관광자원만이 가지는 특성으로 다른 관광자원을 통해 경험할 수 없는 차별화된 경험을 제공하는 것을 말하며, 고유성은 본래부터 가지고 있는 고유한 성질을 얼마나 유지하고 있는가를 의미하는 것으로 해당 관광자원이 고유하다고 느낄 때 매력성은 증가하게 된다. 체험성은 단순한 관람형태가 아닌 오감을 통해 직접 경험할 수 있는 기회를 제공하는 정도를 말하며, 교육성은 관광자원이 새로운 지식이나 정보를 제공함으로써 지적 호기심을 충족시키는 역할을 하는 정도를 의미한다. 유희성은 관광자원이 관광객에게 즐거움을 제공하는 것이며, 경관성은 경치의 아름다움으로 전통적으로 경관성은 관광객을 유인하는 요인으로 인식되고 있다.

둘째, 접근성은 관광객이 얼마나 쉽게 관광자원까지 도달할 수 있는가를 의미하며, 물리적 접근성, 시간적 접근성, 비용적 접근성, 심리적 접근성을 포함한다. 최근에는 교통수단의 발달로 거리와 같은 물리적 접근성보다는 시간, 비용과 같은 경제적인 접근성이 중요하게 작용하고 있다. 또한 관광객이 심리적으로 인지하는 특정 자원에 대한 접근성은 물리적, 경제적 접근성과 다를 수 있으며, 관광자원의 가치를 결정하는 중요한 요소로 작용한다.

셋째, 이미지는 특정 관광자원에 대해 형성된 일련의 신념으로, 관광객이 관광에 참여하는데 중요한 역할을 한다. 관광객은 관광지를 선택함에 있어 관광자원 자체가 가지고 있는 개개 구체적인 속성보다는 대상 관광자원에 대한 전반적인 이미지를 활용하여 의사결정을 하게 된다. 따라서 관광지 관리 측면에서는 잠재 관광객의 욕구에 부합하는 이미지를 창출하는 것인 중요한 목표로 여겨지고 있다.

넷째, 관광시설은 그 자체가 관광대상물은 아니지만 관광객 활동에 필수적으로 요구되는 시설로써 숙박시설, 편의시설, 위락시설 등을 포함한다. 관광시설은 관광자원과 결합되어 전체적인 자원의 가치를 향상시키는 역할을 한다. 마지막으로 기반시설은 관광객에게 기본적인 편의를 제공하기 위해 필요한 시설로 교통, 전기, 통신, 상하수도, 의료시설 등이 해당된다. 이러한 기반시설은 관광객의 편리하고 쾌적한 관광경험을 위해 필수적인 시설로 간주된다.

2. 관광자원의 분류

가. 자연관광자원

자연관광자원은 지형, 지질, 식생, 야생동물, 기후 등에 의해 형성된 매력물로 산악, 동굴, 계곡, 해안, 강, 호수, 온천, 폭포 등을 포함한다. 우리나라의 경우 대표적인 자연관광자원은 자연공원법에 의해 지정된 자연공원으로 국립공원, 도립공원, 군립공원 등이 포함된다. 국립공원은 우리나라의 자연생태계나 자연 및 문화경관을 대표할 만한 지역으로 환경부 장관이 지정한 공원이다(자연공원법 제2조 및 제4조). 최초의 국립공원은 1967년에 지정된 지리산국립공원이며, 이후 1960년대 경주 등 3개소,

1970년대 설악산과 속리산 등 9개소, 1980년대 다도해해상 등 7개소, 2000년대 무등산 등 2개소가 지정되어 총 22개의 국립공원이 지정되어 있다.

[표 11-1] 국립공원 현황

공원명	위치	면적(km^2)	지정일자
지리산	전남 · 전북, 경남	483.022	1967.12.29
경주	경북	136.550	1968.12.31
계룡산	충남, 대전	65.335	1968.12.31
한려해상	전남, 경남	535.676	1968.12.31
설악산	강원	398.237	1970. 3.24
속리산	충북, 경북	274.766	1970. 3.24
한라산	제주	153.332	1970. 3.24
내장산	전남, 전북	80.708	1971.11.17
가야산	경남, 전북	76.256	1972.10.13
덕유산	전북, 경남	229.430	1975. 2. 1
오대산	강원	326.348	1975. 2. 1
주왕산	경북	105.595	1976. 3.30
태안해안	충남	377.019	1978.10.20
다도해상	전남	2,266.221	1981.12.23
북한산	서울, 경기	76.922	1983. 4. 2
치악산	강원	175.668	1984.12.31
월악산	충북, 경북	287.571	1984.12.31
소백산	충북, 경북	322.011	1987.12.14
변산반도	전북	153.934	1988. 6.11
월출산	전남	56.220	1988. 6.11
무등산	광주, 전남	75.425	2013. 3. 4
태백산	강원	70.052	2016. 8.22

출처 : 환경부, 2016.

도립공원은 특별시 · 광역시 · 특별자치시 · 도 및 특별자치도의 자연생태계나 경관을 대표할 만한 지역으로 특별시장 · 광역시장 · 특별자치시장 · 도지사 또는 특별자치도지사가 지정한 공원을 말한다(자연공원법 제2조 및 제4조). 최초의 도립공원은 1970년 경상북도 금오산도립공원이며, 1970년대 남한산성 등 12개소, 1980년대 팔공산 등 5개소, 1990년대 천관산 1개소, 2000년대 연인산 등 12개소가 지정되어 총 30개소의 도립공원이 전국에 분포하고 있다.

[표 11-2] **도립공원 현황**

공원명	위치	면적(km^2)	지정일자
금오산	경북 구미, 칠곡, 김천	37.290	1970. 6. 1
남한산성	경기 광주, 하남, 성남	35.166	1971. 3.17
모악산	전북 김재, 완주, 전주	43.309	1971.12. 2
덕산	충남 예산, 서산	19.859	1973. 3. 6
칠갑산	충남 청양	32.946	1973. 3. 6
대둔산	전북 완주, 충남 논산, 금산	59.933	1977. 3.23
낙산	강원 양양	8.682	1979. 6.22
마이산	전북 진안	17.221	1979.10.16
가지산	울산, 경남 양산, 밀양	104.354	1979.11. 5
조계산	전남 순천	27.250	1979.12.26
두륜산	전남 해남	33.390	1979.12.26
선운산	전북 고창	43.683	1979.12.27
팔공산	대구, 경북 칠곡, 군위, 경산, 영천	125.668	1980. 5.13
문경새재	경북 문경	5.494	1981. 6. 4
경포	강원 강릉	6.865	1982. 6.26
청량산	경북 봉화, 안동	49.470	1982. 8.21
연화산	경남 고성	22.260	1983. 9.29
천관산	전남 장흥	7.594	1998.10.13

공원명	위치	면적(km²)	지정일자
연인산	경기 가평	37.445	2005. 9.15
무안갯벌	전남 무안	37.123	2008. 6. 5
마라해양	제주도 서귀포시	49.755	2008. 9.19
성산일출해양	제주도 서귀포시	16.156	2008. 9.19
서귀포해양	제주도 서귀포시	19.540	2008. 9.19
추자	제주도 제주시	95.292	2008. 9.19
우도해양	제주도 제주시	25.863	2008. 9.19
수리산	경기 안양, 안산, 군포	6.963	2009. 7.16
제주곶자왈	제주도 서귀포시	1.547	2011.12.30
신안갯벌	전남 신안	144.000	2013.12.31
고복	세종특별자치시	1.949	2013. 1. 7
벌교갯벌	전라남도 보성군	23.068	2016. 1.28

출처 : 환경부, 2016.

군립공원은 시 · 군 및 자치구의 자연생태계나 자연 및 문화경관을 대표할 만한 지역으로 시장 · 군수 또는 자치구의 구청장이 지정한 공원이다(자연공원법 제2조 및 제4조). 1981년 전라북도 순창군의 강천산이 최초의 군립공원으로 지정된 이후, 1980년대 천마산 등 21개소, 1990년대 아미산 등 4개소, 2000년대 월성계곡 등 2개소가 추가되어 총 27개소의 군립공원이 지정되어 있다.

[표 11-3] **군립공원 현황**

공원명	위치	면적(km²)	지정일자
강천산	전북 순창군 팔덕면	15.800	1981. 1. 7
천마산	경기 남양주시 화도읍, 진천면, 호평면	12.461	1983. 8.29
보경사	경북 포항시 송라면	8.510	1983.10. 1
불영계곡	경북 울진군 울진읍, 서면, 근남면	25.140	1983.10. 5

공원명	위치	면적(km^2)	지정일자
덕구온천	경북 울진군 북면	6.060	1983.10. 5
상족암	경남 고성군 하일면, 하이면	5.106	1983.11.10
호구산	경남 남해군 이동면	2.839	1983.11.12
고소성	경남 하동군 악양면, 화개면	3.134	1983.11.14
봉명산	경남 사천시 곤양면, 곤명면	2.645	1983.11.14
거열산성	경남 거창군 거창읍, 마리면	3.271	1983.11.17
기백산	경남 함양군 안의면	2.013	1983.11.18
황매산	경남 합천군 대명면, 가회면	21.784	1983.11.18
웅석봉	경남 산청군 산청읍, 금서 · 삼장 · 단성	17.960	1983.11.23
신불산	울산 울주군 상북면, 삼남면	11.585	1983.12. 2
운문산	경북 청도군 운문면	16.173	1983.12.29
화왕산	경남 창녕군 창녕읍	31.283	1984. 1.11
구천계곡	경남 거제시 신현읍, 동부면	5.871	1984. 2. 4
입곡	경남 함안군 산인면	0.995	1985. 1.28
비슬산	대구 달성군 옥포면, 유가면	13.382	1986. 2.22
장안산	전북 장수군 장수읍	6.274	1986. 8.18
빙계계곡	경북 의성군 춘산면	0.880	1987. 9.25
아미산	강원 인제군 인제읍	3.160	1990. 2.23
명지산	경기 가평군 북면	14.027	1991.10. 9
방어산	경남 진주시 지수면	2.588	1993.12.16
대이리	강원 삼척시 신기면	3.660	1996.10.25
월성계곡	경남 거창군 북상면	0.650	2002. 4.25
병방산	강원 정선군 정선읍	0.500	2011. 9.30

출처 : 환경부, 2016.

나. 문화관광자원

문화관광자원은 인간의 생활양식과 문화가 오랜 시간을 거치면서 문화적 유산을 형성한 것으로, 그 지역만의 독특함과 고유한 특성으로 관광객을 유인하는 역할을 한다. 대표적인 문화관광자원으로는 문화재보호법에 의해 지정된 문화재가 있다. 문화재는 인위적이거나 자연적으로 형성된 국가적 · 민족적 또는 세계적 유산으로서 역사적 · 예술적 · 학술적 · 경관적 가치가 큰 것으로 유형문화재, 무형문화재, 기념물, 민속문화재로 분류된다(문화재보호법 제2조). 문화재는 문화재보호법 또는 시 · 도 문화재보호조례에 의해 보호되는 지정문화재와 법령으로 지정되지 않았지만 지속적인 보호보존이 필요한 비지정문화재로 구분된다. 지정문화재는 국가지정문화재, 시 · 도지정문화재, 문화재자료로 구분되고, 비지정문화재는 일반동산문화재와 매장문화재로 구분된다.

[표 11-4] **문화재 분류**

분류			정의
지정 문화재	국가 지정 문화재	국보	보물에 해당하는 문화재 중 인류문화의 견지에서 그 가치가 크고 유례가 드문 것 (서울숭례문, 훈민정음)
		보물	건조물 · 전적 · 서적 · 고문서 · 회화 · 조각 · 공예품 · 고고자료 · 무구 등의 유형문화재 중 중요한 것(서울흥인지문, 대동여지도)
		사적	기념물 중 유적 · 제사 · 신앙 · 정치 · 국방 · 산업 · 교통 · 토목 · 교육 · 사회사업 · 분묘 · 비 등으로서 중요한 것 (수원화성, 경주포석정지)
		명승	기념물 중 경승지로서 중요한 것 (명주 청학동 소금강, 여수 상백도 · 하백도 일원)
		천연 기념물	기념물 중 동물, 식물, 지질 · 광물로서 중요한 것 (대구 도동 측백나무 숲, 노랑부리백로)
		중요무형 문화재	여러 세대에 걸쳐 전승되어 온 무형의 문화적 유산 중 역사적, 학술적, 예술적, 기술적 가치가 있는 것, 지역 또는 한국의 전통문화로서 대표성을 지닌 것, 사회문화적 환경에 대응하여 세대 간의 전승을 통해 그 전형을 유지하고 있는 것(종묘제례악, 양주별산대놀이)
		중요 민속자료	의식주 · 생산 · 생업 · 교통 · 운수 · 통신 · 교역 · 사회생활 · 신앙 · 민속 · 예능 · 오락 · 유희 등으로서 중요한 것 (덕온공주당의, 안동하회마을)

분류			정의
지정 문화재	시 · 도 지정 문화재	유형 문화재	건조물, 전적, 서적, 고문서, 회화, 조각, 공예품 등 유형의 문화적 소산으로서 역사상 또는 예술상 가치가 큰 것과 이에 준하는 고고자료
		무형 문화재	여러 세대에 걸쳐 전승되어 온 무형의 문화적 유산 중 역사적, 학술적, 예술적, 기술적 가치가 있는 것, 지역 또는 한국의 전통문화로서 대표성을 지닌 것, 사회문화적 환경에 대응하여 세대 간의 전승을 통해 그 전형을 유지하고 있는 것
		기념물	패총 · 고분 · 성지 · 궁지 · 요지 · 유물포함층 등의 사적지로서 역사상, 학술상 가치가 큰 것. 경승지로서 예술상, 관람상 가치가 큰 것 및 동물, 식물, 광물, 동굴로서 학술상 가치가 큰 것
		민속자료	의식주 · 생업 · 신앙 · 연중행사 등에 관한 풍속 · 관습과 이에 사용되는 의복 · 기구 · 가옥 등으로서 국민생활의 추이를 이해함에 불가결한 것
	문화재자료		시 · 도지사가 시도지정문화재로 지정되지 아니한 문화재 중 향토문화보존상 필요하다고 인정하여 시 · 도 조례에 의하여 지정한 문화재
비지정 문화재	일반동산문화재		국외 수출 또는 반출 금지 규정이 준용되는 지정되지 아니한 문화재중 동산에 속하는 문화재를 지칭하며 전적 · 서적 · 판목 · 회화 · 조각 · 공예품 · 고고자료 및 민속문화재로서 역사상 · 예술상 보존가치가 있는 문화재
	매장문화재		토지 또는 수중에 매장되거나 분포되어 있는 유형의 문화재 건조물 등에 포장(包藏)되어 있는 유형의 문화재 지표 · 지중 · 수중 등에 생성 · 퇴적되어 있는 천연동굴 · 화석, 그 밖에 대통령령으로 정하는 지질학적인 가치가 큰 것

출처 : 문화재청, 2016.

다. 사회관광자원

기존의 관광자원 분류가 주로 자연 · 문화관광자원에 중점을 두었다면, 관광객들이 다양화된 관광행동을 지향하면서 사회 관광자원이 중요한 요소로 간주되기 시작하였다. 사회관광자원은 한 국가의 과거 생활상을 추적하고 현재 발전상을 이해하는데 필요한 자료로써 국민성과 민족성, 풍속과 인정, 역사와 전통, 각종 제도, 생활 속에 전승되어 온 모든 생활자료를 포함한다. 국민성과 민족성은 국민의 공통적 가치관, 행동양식, 고유한 기질을 의미하며, 우리나라는 불교와 유교를 바탕으로 예의 및 예절 등과 같은 값진 문화유산을 보유하고 있다. 풍속과 인정은 사회에 전해오는 생활 전반의 습관을 의미하며, 향토색이 풍부한 민속제전 또는 그 지역만의 전설 등은 매력적인 관광대상으로 주목받을 수 있다.

라. 산업관광자원

산업관광자원은 공업 · 상업 · 농업 · 어업 등 각종 산업경제와 관련한 시설이 관광객의 경험을 위한 견학 · 시찰 · 체험 자원으로 활용되는 것을 의미한다. 공업은 생산공정에서 기계로 자동화를 실현하는 산업으로, 우리나라의 대표적인 산업관광 대상은 포항종합제철, 울산현대조선, 수원삼성전자공장 등이 있다. 상업은 재화 및 서비스의 교환에 의해 생산자와 소비자 간에 존재하는 장소적 · 시간적 격리의 연결을 목적으로 하며, 상업관광 대상은 담양의 죽세공품시장, 강화도의 화문석시장, 금산의 인삼시장 등이 유명하다. 농업은 농작물 및 식물을 가꾸고, 가축 및 동물을 키워내는 유기적 생산업으로, 농업관광 대상은 농촌 관광휴양지에서의 농수산물 생산체험형, 농림수산물 채취형 등이 있다.

마. 위락관광자원

위락은 생활의 변화추구라는 인간의 기본적인 욕구를 충족시킨다는 측면에서 관광자원으로서의 비중이 높아지고 있다. 최근에는 관광 및 여가부문에 대한 수요가 다양화 · 고급화되고 있으며, 급속한 도시화 · 산업화로 인해 여러 형태의 위락 관광상품이 개발되고 있다. 대표적인 위락 관광자원은 테마파크, 카지노, 스포츠, 경마장, 승마장, 스키장, 야영장 등을 포함한다. 테마파크는 특정 주제를 중심으로 비일상적 공간의 창조를 목적으로 하며, 시설과 운영이 배타적이면서도 통일적으로 이루어지는 위락공원을 말한다. 대표적 테마공원으로 미국의 디즈니랜드, 일본의 하우스텐보스, 한국의 에버랜드 등이 있다. 카지노는 댄스 · 음악 등의 설비가 있는 오락장 또는 도박장으로, 세계 대부분의 주요 국가에서는 카지노산업을 합법화하여 첨단관광산업으로 장려함으로써 경제 활성화를 목적으로 하고 있다. 스포츠는 생활의 질을 변화시키는 중요한 요소로써 트레킹, 번지점프, 자동차경주, 초경량항공기 비행, 패러글라이딩 등이 부각되고 있는 종목이다.

제2절 관광개발

1. 관광개발의 이해

가. 관광개발의 개념

관광개발은 관광객의 욕구를 충족시킬 수 있는 각종 관광시설을 도입함으로써 관광객을 유치하고, 이를 통해 국가나 지역의 발전을 도모하는 체계적이고 계획된 일련의 과정을 의미한다. Pearce는 관광개발을 관광객의 욕구를 충족시키기 위해 관광관련 시설과 서비스를 공급 또는 강화하는 것으로 정의하였으며,[4] Lawson과 Baud-Bovy는 일정 공간을 대상으로 그것이 지니고 있는 인적 · 물적 자원의 잠재력을 최대한 개발함으로써 경제적 · 사회적 · 문화적 · 환경적 가치를 향상시켜 총체적 편익을 극대화하여 국가 또는 지역의 발전을 촉진하는 것으로 정의하였다.[5]

나. 관광개발의 목적

관광개발의 목적은 관광객 만족 증대, 지역경제 활성화, 지역민 삶의 질 향상, 국토의 효율적 이용 등을 포함한다.[6] 첫째, 관광개발은 다양화되는 관광객의 욕구를 충족시키기 위해 시설 및 서비스를 도입함으로써 새로운 관광경험을 제공하여 관광객의 만족도를 증대시키고자 하는 목적을 가진다. 둘째, 관광개발로 인한 관광객의 소비와 개발투자는 경제파급효과를 발생시킴으로써 지역경제의 활성화에 이바지한다. 셋째, 관광개발은 각종 기반시설, 사회시설, 문화시설, 공공시설 등의 설치를 유발하며, 이러한 시설은 지역민에게 여가의 기회를 제공하고 생활환경을 개선함으로써 궁극적으로는 지역민의 삶의 질을 향상시킨다. 넷째, 낙후 지역의 경우 관광개발이라는 수단을 통해 지역을 개발함으로써 국토의 효율적 이용을 도모하게 된다.

다. 관광개발의 요소

관광개발의 요소는 개발주체, 개발협력자, 개발대상지, 개발수요, 개발제도 및 규제, 이해집단 등으로 구성된다.[7] 관광개발의 주체는 개발에 대한 책임과 권한을 가지고 사업을 집행하는 개인 또는 단체를 의미한다. 경제적으로 투자를 하고 이익을 향유하는 반면, 손실과 위험을 감수하기도 한다. 공공부문은 국제수지 개선과 지역경제 활성화의 경제적 측면, 환경훼손을 방지하기 위한 환경적 측면, 소외계층을 포함한 다양한 계층에게 관광의 기회를 제공하려는 사회적 측면, 국가나 지역의 이미지 개선을 목적으로 하는 정치적 측면의 목적 달성을 위해 관광개발에 참여한다.

개발협력자는 관광분야 전문가뿐만 아니라 건축, 도시계획, 조경, 토목, 부동산, 마케팅, 재무, 법률, 경제, 문화, 환경 등의 다양한 분야에 전문성을 가진 전문가들로 구성된다. 관광개발과 관련된 활동이 점차 복잡해지는 추세이며, 이에 따라 개발자에게 요구되는 전문성 또한 증대되고 있다. 개발대상지는 관광개발의 일차적인 대상물인 토지를 의미하며, 개발대상지의 적합성 여부는 입지조건에 의해 결정된다. 입지조건은 부지와 위치의 측면으로 구분되는데, 부지는 지형, 지질 등 대상지의 물리적 여건을 말하며, 위치는 접근성, 기반시설 등 대상지의 주변요소 및 제도적 여건을 말한다.

관광개발수요는 관광시설 또는 관광서비스에 대한 수요를 의미하며, 관광개발수요는 성격에 따라 유효수요(실제화된 수요), 유예수요(구매능력은 있으나 구매욕구가 없는 수요), 잠재수요(구매욕구는 있으나 구매능력이 없는 상태)로 구분된다. 관광개발수요는 개발방향의 설정과 사업의 타당성에 결정적인 영향을 미친다. 개발제도 및 규제는 정부가 관련법률, 제도, 상위계획 등에 의한 행정계획을 만들어 적용하거나 인허가과정을 통해 규제하는 것을 말한다.

관광개발의 성공을 위해서는 해당 사업이 국가 및 지자체의 계획과 조화를 이루고 있는지에 대한 검토와 제약 여건에 대한 검토가 필요하다. 기본적으로 국토의 계획 및 이용에 관한 법률, 특정시설의 입지를 제한하는 농지법 등이 관광개발과 관련된 대표적인 제도로 볼 수 있다. 관광개발의 이해집단은 관광개발에 의해 영향을 받거나 관광개발에 관심을 가지고 있는 개인이나 집단으로 지역주민, 시민단체, 지역정부 등을 포함하며, 최근에는 이해관계자의 참여가 의무화되는 추세이다.

2. 관광개발의 유형

가. 관광자원에 의한 분류

관광개발은 관광자원에 의해 자연관광자원 개발형, 인문관광자원 개발형, 교통편 개발형, 지명도 개발형으로 분류된다. 자연관광자원 개발형은 자연을 최대한 활용하여 관광가치를 높이는 방법으로 산악, 해안, 온천 등의 자연조건을 이용해서 해수욕, 수상스키, 수중탐사 등 관련된 활동의 도입을 통해 이루어진다. 인문관광자원 개발형은 관습 · 풍습 · 유물 · 유적 등과 관련된 유형 · 무형의 인문자원을 관광자원으로 활용하는 형태이며, 기반시설로는 문화재, 민속자료, 기념물, 박물관, 미술관, 기타 문화시설의 조성이 필요하다. 교통편 개발형은 일상 생활권으로부터 관광목적지까지 이동하기 위해 반드시 필요한 교통 기반시설 및 관련시설의 개발과 연계된 관광개발로 고속도로의 인터체인지, 철도의 정착역, 도로 휴게소 등의 주변은 그 가치와 무관하게 관광개발이 이루어진다. 지명도 개발형은 특정 관광지의 관광자원 가치가 높다고 하더라고 잠재관광객들이 잘 알지 못하면 실제 관광행동으로 연결되지 않는 반면, 관광자원의 가치가 다소 낮다고 하더라도 잠재관광객들이 잘 알고 있는 관광지는 관광개발이 가능하게 되는 형태를 의미한다.

나. 개발주체에 의한 분류

관광개발은 개발을 주도하는 개발주체에 따라 공공주도형 개발, 민간주도형 개발, 합동참여형 개발로 분류된다. 공공주도형 개발은 국가, 지자체, 공공기관 등이 개발주체가 되어 토지를 매입하여 이루어지는 형태로, 영리성보다는 공익성을 우신으로 한 기반시설의 설치를 목적으로 한다. 이러한 개발방식은 개발이익의 사유화를 방지할 수 있다는 장점이 있는 반면, 사업추진 및 운영에 효율성이 저하되고 관광사업 환경에 신속하게 대응하지 못한다는 단점이 있다.

한국관광공사에 의한 관광단지개발, 지방자치단체가 주도하는 관광지개발사업이 이 유형에 해당된다. 민간주도형 개발은 개인 또는 민간기업이 개발주체가 되어 토지를 확보하여 관광시설 및 공간을 개발하는 형태로, 공익보다는 영리를 목적으로 한다.

이러한 개발방식은 관광수요 변화에 탄력적으로 대응할 수 있다는 장점이 있는 반면, 부동산 개발에 의한 이익을 독점할 수 있고 지역민과의 마찰이 발생할 수 있다는 단점이 있다. 합동참여형 방식은 공공기관과 민간이 공동으로 개발주체가 되어 개발하는 방식으로, 공공주도형 개발과 민간주도형 개발의 단점을 보완함으로써 공익성과 수익성의 균형을 확보할 수 있다는 장점이 있다.

다. 공간개발전략에 의한 분류

관광개발은 공간(지역)을 개발하는 유형에 따라 거점개발, 균형개발, 광역개발로 분류된다. 거점개발은 개발 잠재력이 높은 지역에 한정된 자원을 집중적으로 투자하여 개발의 효과가 주변지역으로 확산되도록 개발하는 방법을 말한다. 이는 개발의 효율성이 높다는 장점이 있는 반면, 지역 간 불균형과 역류효과를 초래할 수 있다는 단점이 있다. 균형개발은 경제활동 기반 확충이 미흡한 지역을 우선적으로 개발하여 낙후된 지역의 생활수준을 향상시킴으로써 개발의 형평성을 중요시하는 개발 방식을 말한다. 이는 지역 간의 통합을 도모할 수 있다는 장점이 있는 반면, 개발의 효율성이 높지 않다는 단점이 있다. 광역개발은 거점개발과 균형개발의 중간형태의 개발방식으로, 지역 내에서 거점 지역의 선정과 낙후 지역의 선정이 함께 연계됨으로써 상생발전을 이루도록 하는 개발방법을 말한다.

3. 관광지 및 관광단지의 개발

가. 관광개발기본계획 및 권역별 관광개발계획

1) 관광개발기본계획 수립

문화체육부장관은 관광자원을 효율적으로 개발하고 관리하기 위하여 전국을 대상으로 하여 관광개발기본계획(이하 "기본계획"이라 한다)을 수립하여야 한다(관광진흥법 제49조 1항). 제1차 기본계획(1992~2001년)은 5대 관광권, 24개 소관광권을 권역화하여 권역별 개발구상을 제시하였으나, 관광권역과 행정집행권역인 시 · 도가 일치하지 않아 기본계획과 권역계획의 구현 연계가 어렵다는 문제점이 지적되었다. 제2차 기본계획(2002~2011년)은 이를 개선하기 위해 행정권 중심의 관광권역인 16개 광역 지방자치단체를 기준으로 관광권역을 단순화하고, 시 · 도별 특성에 맞는 권역별 관광 개발기본방향을 설정하였다. 제3차 기본계획(2012~2021년)은 수도관광권(서울 · 경기 · 인천), 강원관광권, 충청관광권, 호남관광권, 대구 · 경북관광권, 부 · 울 · 경관광권, 제주관광권 7개 광역관광권인 관광개발권역을 설정하여 권역별 개발목표를 제시하였다. 또한 7개 권역을 기능적으로 연계 · 보완하는 백두대간 생태문화 관광벨트, 한반도 평화생태 관광벨트, 동해안 관광벨트, 서해안 관광벨트, 남해안 관광벨트, 강변생태문화 관광벨트 6개 초광역 관광벨트를 설정하였다. 관광기본계획에 관련된 사항은 다음과 같다.

가) 기본계획의 수립권자 및 수립시기

문화체육관광부장관이 10년마다 수립한다(관광진흥법 시행령 제42조).

나) 기본계획에 포함되어야 할 내용

❶ 전국의 관광여건과 관광동향에 관한 사항, ❷ 전국의 관광수요와 공급에 관한 사항, ❸ 관광자원 보호 · 개발 · 이용 · 관리 등에 관한 기본적인 사항, ❹ 관광권역의 설정에 관한 사항, ❺ 관광권역별 관광개발의 기본방향에 관한 사항, ❻ 그 밖에 관광개발에 관한 사항(관광진흥법 제49조 1항).

다) 기본계획의 수립

시 · 도지사가 기본계획의 수립에 필요한 관광 개발사업에 관한 요구서를 문화체육관광부장관에게 제출하여야 하고, 문화체육관광부장관은 이를 종합 · 조정하여 기본계획을 수립하고 공고하여야 한다(관광진흥법 제50조 1항). 문화체육관광부장관은 수립된 기본계획을 확정하여 공고하려면 관계 부처의 장과 협의하여야 한다(동법 제50조 2항). 문화체육관광부장관은 관계기관의 장에게 기본계획의 수립에 필요한 자료를 요구하거나 협조를 요청할 수 있고, 그 요구 또는 협조 요청을 받은 관계 기관의 장은 정당한 사유가 없으면 요청에 따라야 한다(동법 제50조 4항).

2) 권역별 관광개발계획 수립

시 · 도지사(특별자치도지사는 제외)는 기본계획에 따라 구분된 권역을 대상으로 하여 권역별 관광개발계획(이하 "권역계획"이라 한다)을 수립하여야 한다(관광진흥법 제49조 2항). 다만, 둘 이상의 시 · 도에 걸치는 지역이 하나의 권역계획에 포함되는 경우에는 관계되는 시 · 도지사와의 협의에 따라 수립하되, 협의가 성립되지 아니한 경우에는 문화체육관광부장관이 지정하는 시 · 도지사가 수립하여야 한다(동법 제51조 1항).

권역계획으로는 제1차 기본계획(1992~2001년)에 따른 제1차 권역계획(1992~1996년)과 제2차 권역계획(1997~2001년), 제2차 기본계획(2002~2011년)에 따른 제3차 권역계획(2002~2006년)과 제4차 권역계획(2007~2011년)이 시행 완료되었으며, 제3차 기본계획(2012~2021년)에 따른 제5차 권역계획(2012~2016년)이 시행되었다. 관광권역계획의 내용에 관한 사항은 다음과 같다.

가) 권역계획의 수립권자 및 수립시기

시 · 도지사(특별자치도지사는 제외)가 5년마다 수립한다(동법 시행령 제42조).

나) 권역계획에 포함되어야 할 내용

❶ 권역의 관광 여건과 관광 동향에 관한 사항, ❷ 권역의 관광 수요와 공급에 관한 사항, ❸ 관광자원의 보호 · 개발 · 이용 · 관리 등에 관한 사항, ❹ 관광지 및 관광단지의 조성 · 정비 · 보완 등에 관한 사항, ❺ 관광지 연계에 관한 사항, ❻ 관광사업의 추진에 관한 사항, ❼ 환경보전에 관한 사항, ❽ 그 밖에 그 권역의 관광자원의 개발, 관리 및 평가를 위하여 필요한 사항(동법 제49조 2항).

다) 권역계획의 수립

권역계획은 그 지역을 관할하는 시 · 도지사(특별자치도지사는 제외)가 수립하여야 한다. 시 · 도지사는 수립한 권역계획을 문화체육관광부장관의 조정과 관계 행정기관의 장과의 협의를 거쳐 확정하여야 한다. 이 경우 협의요청을 받은 관계 행정기관의 장은 특별한 사유가 없는 한 그 요청을 받은 날부터 30일 이내에 의견을 제시하여야 한다(동법 제51조 2항). 시 · 도지사는 권역계획이 확정되면 그 요지를 공고하여야 한다(동법 제51조 3항).

나. 관광지 등(관광지 및 관광단지)의 지정 및 개발

'관광지 등' 이란 관광지 및 관광단지를 말한다. 관광지는 자연적 또는 문화적 관광자원을 갖추고 관광객을 위한 기본적인 편의시설을 설치하는 지역으로 「관광진흥법」에 따라 지정된 곳을 말하며, 2016년 기준으로 전국에 총 227개소의 관광지가 지정되어 있다.

[표 11-5] **관광지 현황**

시 · 도	지정개소	관광지명
부산	5	기장도예촌, 용호씨사이드, 황령산, 태종대, 해운대
인천	2	마니산, 서포리
경기	13	대성, 산장, 수동, 소요산, 장흥, 용문산, 신륵사, 한탄강, 공릉, 임진각, 내리, 백운계곡, 산정호수
강원	40	대관령 어흘리, 등명, 연곡, 옥계, 주문진, 삼포 · 문암, 송지호, 화진포, 망상, 무릉계곡, 추암, 맹방, 삼척해수욕장, 장호, 초당, 속초해수욕장, 척산온천, 후곡약수, 오색, 고씨동굴, 마차탄광촌, 영월온천, 간현, 내설악용대, 방동약수, 오토테마파크, 아우라지, 화암, 고석정, 직탕, 구곡폭포, 청평사, 호반, 구문소, 미탄마하생태, 팔봉산, 홍천온천, 광덕계곡, 어답산, 유현문화
충북	22	괴강, 수옥정, 다리안, 온달, 천동, 구병산, 속리산레저, 늘머니과일랜드, 송호, 장계, 무극, KBS제천촬영장, 계산, 교리, 금월봉, 능강, 만남의광장, 제천온천, 능암온천, 세계무술공원, 충온온천, 충주호체험
충남	26	곰나루, 공주문화, 마곡사, 마곡온천, 난지도, 삽교호, 왜목마을, 대천해수욕장, 무창포해수욕장, 죽도, 서동요역사, 구드래, 간월도, 금강하구둑, 춘장대해수욕장, 신정호, 아산온천, 덕산온천, 예당, 용연저수지, 천안종합휴양, 태조산, 칠갑산도림온천, 만리포해수욕장, 안면도, 남당
전북	21	석정온천, 금강호, 은파, 김제온천, 벽골제, 남원, 모항, 변산해수욕장, 위도, 모악산, 금마, 미륵사지, 왕궁보석테마, 웅포, 사선대, 오수의견, 방화동, 내장산리조트, 백제가요정읍사, 마이산회봉, 운일암 반일암
전남	28	대구도요지, 도림사, 지리산온천, 나주호, 담양호, 회산연꽃방죽, 율포해수욕장, 한국차소리문화공원, 대광해수욕장, 불갑사, 마한문화공원, 성기동, 영산호 쌀문화테마공원, 영암 바둑테마파크, 신지명사십리, 장성호, 홍길동테마파크, 정남진 우산도-장재도, 녹진, 아리랑마을, 해신장보고, 회동, 사포, 땅끝, 우수영, 도곡온천, 운주사, 화순온천

시 · 도	지정개소	관광지명
경북	32	경산온천, 고령부례, 문경온천, 상리, 다덕약수, 오전약수, 경천대, 문장대온천, 회상나루, 안동하회, 예안현, 고래불, 장사해수욕장, 선바위, 문수, 영주부석사, 영주순흥, 풍기온천, 치산, 예천삼강, 예천포리, 울릉개척사, 울릉도, 백암온천, 성류굴, 의성탑산온천, 용암온천, 청도신화랑, 청도온천, 청송주왕산, 가산산성, 호미곶
경남	22	거가대교, 장목, 가조, 수승대, 당항포, 송정, 표충사, 사천비토, 실안, 산청전통한방휴양, 중산, 금서, 벽계, 오목내, 부곡온천, 마금산온천, 도남, 하동묵계(청학동), 농월정, 미숭산, 합천보조댐, 합천호
제주	16	돈내코, 미천굴, 용머리, 제주남원, 수망, 토산, 표선, 곽지, 금악 여성테마파크, 김녕해수욕장, 묘산봉, 오라, 제주돌문화공원, 함덕해안, 협재해안, 봉개휴양림

출처 : 문화체육관광부, 2016.

관광단지는 관광객의 다양한 관광 및 휴양을 위하여 각종 관광시설을 종합적으로 개발하는 관광거점지역으로 「관광진흥법」에 따라 지정된 곳을 말하며, 2016년 기준으로 전국에 총 38개소의 관광단지가 지정되어 있다.

[표 11-6] **관광단지 현황**

단지명	위치	개발주체
보문	경북 경주시 신평동, 천군동 일원	경북관광개발공사
중문	제주 서귀포시 중문동, 색달동 일원	한국관광공사
해남 오시아노	전남 해남군 화원면 주광리, 화봉리 일원	한국관광공사
감포	경북 경주시 감포읍, 대본리, 나정리 일원	경북관광개발공사
강동	울산 북구 산하동, 무룡동, 정자동 일원	미정
안동문화	경북 안동시 성곡동 일원	경북관광개발공사
동부산	부산 광역시 기장군 기장읍 시랑리 일원	부산도시공사
알펜시아	강원 평창군 도암면 수하리, 용산리 일원	강원개발공사
광주 어등산	광주 광산구 운수동 어등산 일원	광주도시공사
신화역사공원	제주 서귀포시 안덕면 서광리 일원	제주국제자유도시개발센터
여수경도 해양	전남 여수시 경호동 대경도 일원	전남개발공사
제주헬스케어타운	제주 서귀포시 동홍동 2032일원	제주국제자유도시개발센터

단지명	위치	개발주체
창원 구산해양	경남 창원시 마산합포구 구산면 구복 · 심리 일원	창원시
송도	인천 연수수 동춘동, 옥련동, 학익동 일원	인천도시공사
여수 화양	전남 여수시 화양면 장수리, 화동리, 안포리	일상해양산업주
원주 오크밸리	강원 원주시 지정면, 월송리 일원	한솔개발주식회사
김천 온천	경북 김천시 부항면 파천리 일원	주식회사우촌개발
휘닉스파크	강원 평창군 봉평면 면온리, 무이리, 진조리 일원	㈜보광
평창 용평	강원 평창군 도암면 용산리, 수하리 일원	㈜용평리조트
웰리 힐리파크	강원 횡성군 둔내면 두원리, 우용리, 조항리 일원	신안종합리조트㈜
홍천비발디파크	강원 홍천군 서면 팔봉리, 대곡리 일원	㈜대명레저산업
팜파스종합휴양	제주 서귀포시 표선면 3196-2번지 일원	남영산업㈜
고흥 우주해양	전남 고흥군 영남면 남열리 일원	㈜태인개발
무릉도원	강원 춘천시 동산면 조양리, 홍천군 북방면	㈜에이엠엘앤디
마우나오션	경북 경주시 양남면 신대리 일원	마우나오션개발㈜
신영	강원 춘천시 동산면 군자리 산224번지	신영종합개발(주)
설악 한화리조트	강원 속초시 장사동 11번지 외 101필지	㈜한화호텔앤드리조트
골드힐카운티리조트	충남 천안시 서북구 입장면 기로리 일원	㈜골드힐
성산포해양관광단지	제주 서귀포시 성산읍 고성리 127-2번지 일원	㈜보광제주, ㈜제주해양과학관
예래휴양형주거단지	제주 서귀포시 상예동 633-3번지 일원	㈜버자야제주리조트
고성 델피노골프 앤리조트	강원 고성 토성면 원암리 403-1번지 외 54필지	㈜대명레저산업
한원 춘천	강원 춘천 신동년 혈농리 산195번지 일원	㈜한원, ㈜한원개발
강화종합리조트	인천 강화군 길상면 선두리 산281-1번지 일원	㈜오션빌
평택호	경기 평택시 현덕면 권관리, 기산리, 대안리, 신왕리 일원	미정
록인제주 체류형복합관광단지	제주 서귀포시 표선면 가시리 622번지 일원	㈜록인제주
백제문화	충남 부여군 규암면 합정리, 신리, 호암리, 오수리 일원	㈜호텔롯데
원주 더네이쳐	강원 원주시 문막읍 궁촌리 산121번지 일원	㈜경인개발
양양 국제공항	강원 양양군 손양면 동호리 510-28번지 일원	㈜새서울레저

출처: 문화체육관광부, 2016.

가) 관광지 등의 지정권자

관광지 등은 시장 · 군수 · 구청장의 신청에 의하여 시 · 도지사가 지정한다. 다만, 특별자치도의 경우에는 특별자치도지사가 지정한다(동법 제52조 1항).

나) 관광지 등의 지정신청

관광지 등의 지정 및 지정 취소 또는 그 면적의 변경(이하 "지정 등"이라 한다)을 신청하려는 자는 관광지(관광단지)지정등신청서에 구비서류를 첨부하여 특별시장 · 광역시장 · 도지사에게 제출하여야 한다(동법 시행규칙 제 58조 1항).

다) 관광지 등의 지정

시 · 도지사는 관광지 등을 지정하려면 사전에 문화체육관광부장관 및 관계 행정기관의 장과 협의하여야 한다. 다만, 「국토의 계획 및 이용에 관한 법률」에 따라 계획관리지역으로 결정 · 고시된 지역을 관광지 등으로 지정하려는 경우에는 협의하지 아니한다. 이 경우에 협의요청을 받은 문화체육관광부장관 및 관계 행정기관의 장은 특별한 사유가 없는 한 그 요청을 받은 날부터 30일 이내에 의견을 제시하여야 한다(동법 제52조 2항).

4. 관광특구의 개발

가. 관광특구의 지정

1) 관광특구의 의의

관광특구란 외국인 관광객의 유치 및 촉진 등을 위하여 관광활동과 관련된 관계법령의 적용이 배제되거나 완화되고, 관광활동과 관련된 서비스 · 안내 체계 및 홍보 등 관광여건을 집중적으로 조성할 필요가 있는 지역으로 시장 · 군수 · 구청장의 신청(특별자치도의 경우는 제외)에 따라 시 · 도지사가 지정한 곳을 말한다(동법 제2조 11항).

[표 11-7] 관광특구 현황

시·도	특구명	지정지역	면적(km²)
서울(6)	명동·남대문·북창	명동, 회현동, 소공동, 무교동·다동 각 일부지역	0.87
	이태원	용산구 이태원동·한남동 일원	0.38
	동대문 패션타운	중구 광희동·을지로5~7가·신당1동 일원	0.58
	종로·청계	종로구 종로1가~6가·서린동·관철동·관수동·예지동 일원, 창신동 일부 지역(광화문 빌딩~숭인동 4거리)	0.54
	잠실	송파구 잠실동·신천동·석촌동·송파동·방이동	2.31
	강남 마이스	강남구 삼성동 무역센터 일대	0.19
부산(2)	해운대	해운대구 우동·중동·송정동·재송동 일원	6.22
	용두산·자갈치	중구 부평동·광복동·남포동 전지역, 중앙동·동광동·대청동·보수동 일부지역	0.38
인천(1)	월미	중구 신포동·연안동·신흥동·북성동·동인천동 일원	3.00
대전(1)	유성	유성구 봉명동·구암동·장대동·궁동·어은동·도룡동	5.86
경기(4)	동두천	동두천시 중앙동·보산동·소요동 일원	0.40
	평택시 송탄	평택시 서정동·신장1,2동·지산동·송북동 일원	0.49
	고양	고양시 일산 서구, 동구 일부 지역	3.94
	수원 화성	경기도 수원시 팔달구, 장안구 일대	1.83
강원(2)	설악	속초시·고성군 및 양양군 일부 지역	138.2
	대관령	강릉시·동해시·평창군·횡성군 일원	428.3
충북(3)	수안보온천	충주시 수안보면 온천리·안보리 일원	9.22
	속리산	보은군 내속리면 사내리·상판리·중판리·갈목리 일원	43.75
	단양	단양군 단양읍·매포읍 일원(2개읍 5개리)	4.45
충남(2)	아산시온천	아산시 음봉면 신수리 일원	3.71
	보령해수욕장	보령시 신흑동, 웅천읍 독산·관당리, 남포면 월전리 일원	2.52

시·도	특구명	지정지역	면적(km²)
전북(2)	무주 구천동	무주군 설천면·무풍면	7.61
	정읍 내장산	정읍시 내장지구·용산지구	3.45
전남(2)	구례	구례군 토지면·마산면·광의면·신동면 일부	78.02
	목포	북항·유달산·원도심·삼학도·갓바위·평화광장 일원	6.90
경북(3)	경주시	경주 시내지구·보문지구·불국지구	32.65
	백암온천	울진군 온정면 소태리 일원	1.74
	문경	문경시 문경읍·가은읍·마성면·농암면 일원	1.85
경남(2)	부곡온천	창녕군 부곡면 거문리·사창리 일원	4.82
	미륵도	통영시 미수 1, 2동·봉평동·도남동·산양읍 일원	32.90
제주(1)	제주도	제주도 전역 (부속도서 제외)	1,809.56

출처 : 문화체육관광부, 2016.

2) 관광특구의 지정요건 및 신청

관광특구의 지정요건 및 신청 절차는 다음과 같다.

가) 관광특구의 지정신청자 및 지정권자

관광특구는 관광지 등 또는 외국인 관광객이 주로 이용하는 지역 중에서 시장·군수·구청장의 신청(특별자치도는 제외)에 따라 시·도지사가 지정한다(동법 제70조 1항).

나) 관광특구의 지정요건

❶ 문화체육관광부장관이 고시하는 기준을 갖춘 통계전문기관의 통계결과 해당 지역의 최근 1년간 외국인 관광객 수가 10만 명(서울특별시는 50만 명) 이상일 것, ❷ 문화체육관광부령으로 정하는 바에 따라 관광안내시설, 공공편익시설 및 숙박시설 등이 갖추어져 외국인 관광객의 관광수요를 충족시킬 수 있는 지역일 것, ❸ 임야·농지·공업용지 또는 택지 등 관광활동과 직접적인 관련성이 없는 토지의 비율이 대통령령으로 정하는 기준을 초과하지 아니할 것, ❹ 제1호부터 제3호까지의 요건을 갖춘 지역이 서로 분리되어 있지 아니할 것(동법 제70조 1항).

다) 관광특구의 지정신청

관광특구의 지정 및 지정 취소 또는 그 면적의 변경(이하 이 조에서 “지정 등”이라 한다)을 신청하려는 시장 · 군수 · 구청장은 관광특구지정 등 신청서에 소정의 서류를 첨부하여 특별시장 · 광역시장 · 도지사에게 제출하여야 한다. 다만, 관광특구의 지정 취소 또는 그 면적 변경의 경우에는 그 취소 또는 변경과 관계되지 아니하는 사항에 대한 서류는 첨부하지 아니한다(동법 시행규칙 제64조 2항).

나. 관광특구의 진흥계획

1) 관광특구진흥계획의 수립 · 시행

가) 관광특구진흥계획의 수립

특별자치도지사 · 시장 · 군수 · 구청장은 관할 구역 내 관광특구를 방문하는 외국인 관광객의 유치 촉진 등을 위하여 관광특구진흥계획(이하 “진흥계획”이라 한다)을 수립하고 시행하여야 한다(동법 제71조 1항).

나) 진흥계획에 포함되어야 할 사항

❶ 외국인 관광객을 위한 관광편의시설의 개선에 관한 사항, ❷ 특색 있고 다양한 축제, 행사, 그 밖에 홍보에 관한 사항, ❸ 관광객 유치를 위한 제도개선에 관한 사항, ❹ 관광특구를 중심으로 주변지역과 연계한 관광코스의 개발에 관한 사항, ❺ 그 밖에 관광질서 확립 및 관광서비스 개선 등 관광객 유치를 위하여 필요한 사항(동법 시행령 제59조 2항).

다) 진흥계획의 타당성 검토

특별자치도지사 · 시장 · 군수 · 구청장은 수립된 진흥계획에 대하여 5년마다 그 타당성을 검토하고 진흥계획의 변경 등 필요한 조치를 하여야 한다(동법 시행령 제59조 3항).

2) 관광특구진흥계획의 집행상황 평가

가) 관광특구에 대한 평가

문화체육관광부장관 및 시 · 도지사는 대통령령으로 정하는 바에 따라 관광특구진흥계획의 집행 상황을 평가하고, 우수한 관광특구에 대하여는 필요한 지원을 할 수 있다(동법 제73조 1항). 시 · 도지사는 관광특구 지정 요건에 맞지 아니하거나 추진 실적이 미흡한 관광특구에 대하여는 대통령령으로 정하는 바에 따라 관광특구의 지정취소 · 면적조정 · 개선권고 등 필요한 조치를 할 수 있다(동법 제73조 2항).

나) 관광특구의 평가에 대한 조치

평가주기 및 평가방법 : 시 · 도지사가 진흥계획의 집행 상황을 연 1회 평가하여야 하며, 평가 시에는 관광 관련 학계 · 기관 및 단체의 전문가와 지역주민, 관광 관련 업계 종사자가 포함된 평가단을 구성하여 평가하여야 한다(동법 시행령 제60조 1항).

평가결과 보고 : 시 · 도지사가 평가 결과를 평가가 끝난 날부터 1개월 이내에 문화체육관광부장관에게 보고하여야 하며, 문화체육관광부장관은 시 · 도지사가 보고한 사항 외에 추가로 평가가 필요하다고 인정되면 진흥계획의 집행 상황을 직접 평가할 수 있다(동법 시행령 제60조 2항).

평가결과에 따른 지정취소 및 개선권고 : 시 · 도지사가 진흥계획의 집행 상황에 대한 평가에 따라 조치를 할 수 있다. ❶ 관광특구의 지정요건에 3년 연속 미달하여 개선될 여지가 없다고 판단되는 경우에는 관광특구 지정 취소, ❷ 진흥계획의 추진실적이 미흡한 관광특구로서 제3호에 따라 개선권고를 3회 이상 이행하지 아니한 경우에는 관광특구 지정 취소, ❸ 진흥계획의 추진실적이 미흡한 관광특구에 대하여는 지정 면적의 조정 또는 투자 및 사업계획 등의 개선 권고 등의 조치를 할 수 있다(동법 시행령 제60조 3항).

3) 관광특구에 대한 지원

가) 관광특구의 진흥을 위한 지원

국가나 지방자치단체는 관광특구를 방문하는 외국인 관광객의 관광 활동을 위한 편의 증진 등 관광특구 진흥을 위하여 필요한 지원을 할 수 있다(동법 제72조 1항).

나) 관광진흥개발기금의 지원

문화체육관광부장관은 관광특구를 방문하는 관광객의 편리한 관광 활동을 위하여 관광특구 안의 문화 · 체육 · 숙박 · 상가시설로서 관광객 유치를 위하여 특히 필요하다고 인정되는 시설에 대하여 「관광진흥개발기금법」에 따라 관광진흥개발기금을 대여하거나 보조할 수 있다(동법 제72조 2항).

5. 관광개발의 영향

가. 관광개발의 경제적 영향

관광개발로 인해 관광객들이 해당 관광지를 방문하여 소비지출이 발생하게 되면 지역 내 산업의 매출액 증가, 고용기회의 창출 등 지역경제 활성화에 기여하게 된다. 지역의 경제적 효과는 지역 간 소득격차 해소, 지역민의 생활수준을 향상시키는 기회를 제공하는 긍정적인 영향이 나타난다. 반면 관광지에서 관광수요의 증가는 지역의 물가 상승으로 인플레이션을 유발시키며, 개발이 이루어진 관광지는 비관광지에 비해 부동산 가격이 상승한다. 이외에도 관광지의 공해, 소음, 오염, 경관훼손을 개선하기 위한 환경처리 비용이 발생함으로써 부정적인 영향이 나타나기도 한다.

나. 관광개발의 사회 · 문화적 영향

사회적 측면에서는 관광객과 지역민의 상호교류를 통해 지역민의 견문 및 시야가 확대되고 지역에 대한 지역민의 자긍심이 구축되는 반면, 특정 지역의 집중적인 개발 및 투자로 인한 불균형적인 개발은 지역 간의 갈등을 조성할 수 있다. 문화적 측면에서는 지역문화의 발전, 역사적 유물의 보존, 현대 건축양식의 도입 등의 장점이 있지만, 관광개발로 인해 많은 관광객들의 방문으로 인한 혼잡, 지역 고유문화의 소멸, 문화재 훼손 등의 단점도 나타난다.

다. 관광개발의 환경적 영향

관광개발은 불가피하게 환경의 질적 변화를 초래하게 되며, 관광개발의 환경적 영향은 긍정적 측면과 부정적 측면을 내포한다. 긍정적인 영향으로는 물리적 환경의 개선, 사적지의 보전과 관리, 자연환경 보호에 대한 관심 등으로 볼 수 있으며, 부정적인 영향으로는 생태계 파괴, 주변 환경과의 부조화, 환경공해의 발생, 무분별한 관광개발로 인한 관광지의 혼잡 등이 있다.

토론주제

- ♣ 우리나라의 성공적인 관광자원개발 사례는 어떤 것들이 있는가?
- ♣ 관광자원개발이 성공하기 위한 조건은 무엇인가?

참|고|문|헌 >>>

1) T. Oriordan, Perspectives on Resource Management, London: Pion, 1971, p.4.

2) 최기종,『관광학개론』, 백산출판사, 2014, pp.131-132.

3) A. J. Burkart and S. Medlik, Tourism: Past, Present and Future, 2nd ed., Heinemenn, 1982.

4) D. Pearce, Tourist Development(2nd ed.), New York, 1989.

5) F. Lawson and M. Baud-Bovy, Tourism and Recreation Development(2nd ed.), London: Architectural Press, 1998.

6) 이석호 · 장호찬 · 허진 · 김대관 · 김철원 · 박민경 · 오미숙 · 함성필 · 황영현,『관광학개론』, 한국방송통신대학교출판부, 2010, pp.276-277.

7) 이석호 · 장호찬 · 허진 · 김대관 · 김철원 · 박민경 · 오미숙 · 함성필 · 황영현,『관광학개론』, 한국방송통신대학교출판부, pp.280-283.

읽을거리 관광자원개발 사례

1967년 멕시코 정부는 휴양지 개발을 위한 타당성 조사에서 멕시코 유카탄 반도에 위치한 칸쿤(Cancun)을 가장 적합한 지역으로 선정하였고, 1974년 멕시코 대통령은 미국인 사업가의 휴양지 개발 의견을 수용하여 전담개발기구를 설립하였다. 1975년 관광지 개발을 시작하여 1980년대 미국식 리조트를 조성하였다. 칸쿤의 휴양지 개발은 미국 관광객의 유치를 목적으로 하였으며, 칸쿤을 방문하는 외국인 관광객의 대부분은 미국인 관광객이 차지하고 있다. 칸쿤은 쾌적한 기후 및 해양 경관 그리고 고대 유적지 등 관광지로서의 경쟁력을 갖추고 있으며, 휴양 시설을 조성하여 문화 · 휴양을 아우르는 관광상품을 제공하고 있다.

2000년대 싱가포르 정부는 서비스업 성장의 필요성에 따라 관광산업의 육성을 위한 방안을 모색하였으며, 해외 관광객 유치와 새로운 경제성장 동력을 마련하기 위한 목적으로 센토사 섬(Sentosa Island)에 복합리조트 개발을 추진하였다. 복합리조트 개장으로 인해 외국인 관광객이 급증하였으며, 관광산업을 통해 창출되는 고용효과 또한 증가하였다. 싱가포르 복합리조트의 성공요인은 내 · 외국인의 출입을 허용하여 카지노 사업을 운영하였으며, 특히 대형 카지노 호텔 및 리조트 운영 경험을 가진 해외 자본의 투자로 단기간 내에 성과를 창출할 수 있었다.

출처 : 저자가 인터넷 자료를 바탕으로 작성함

제12장

관광과 환경

학습목표

- ♣ 관광이 환경에 미치는 영향에 대해 살펴본다.
- ♣ 관광환경의 관리를 위한 전략 및 기법을 이해한다.
- ♣ 지속가능한 관광의 개념에 대해 이해한다.

제12장

관광과 환경

관광객의 관광지 방문과 관광객 유치를 위한 개발은 인간을 둘러싼 환경의 변화를 야기한다. 관광자원의 관리와 관광지의 개발은 관광으로 인한 부정적인 영향을 최소화하려는 다양한 접근을 필수적으로 요구하게 되었으며, 부정적인 환경의 변화를 최소화하기 위한 새로운 형태의 관광이 나타나게 되는 계기가 되었다. 이 장에서는 관광이 환경에 미치는 영향에 대해 알아보고, 관광환경의 관리를 위해 제안된 개념, 관광의 부정적 영향을 최소화하기 위해 나타나고 있는 새로운 형태의 관광에 대해 학습한다.

제1절 관광이 환경에 미치는 영향

1. 관광의 환경적 영향

관광이 자연환경에 미치는 긍정적인 영향은 관광자원의 보존 및 개발, 자연환경의 정비, 관광제반시설의 확충 등이 있다.[1] 관광은 기존의 자연환경자원을 보존, 보호하면서 관광자원의 개발을 통해 방치된 관광자원을 활성화하는 긍정적인 영향을 미친다. 관광객을 유치하기 위한 관광자원의 정비 등 활동은 자연경관이 효과적으로 정비되고, 조성되는 효과를 가져온다. 관광객이 이용하는 제반시설의 편의 확대를 위해 물리적 환경과 공공환경이 정화되고 시설이 확충되는 긍정적인 변화가 야기된다. 낙동강 하구의 을숙도 철새 도래지는 많은 방문객으로 인해 갈대밭 훼손 등 생태계가 파괴되는 현상이 나타났지만, 최근에는 생태자원에 대한 관심이 증가하면서 생태탐방로 및 생태학습장, 생태계 복원사업을 추진함으로써 자원보존의 중요한 모델이 되었다.[2)]

관광이 환경에 미치는 부정적인 영향은 생태계 파괴, 자연환경 훼손, 환경오염 등으로 나타난다. 예를 들면, 지리산 국립공원의 정상부에 위치한 주자창시설, 도로시설, 골프장시설을 포함하는 대단위 리조트시설은 자연환경에 치명적인 손상을 주고 있다. 자연의 무분별한 이용은 생태계의 질서를 파괴하여 종의 멸종 및 서식지 파괴와 같은 돌이킬 수 없는 변화를 야기하기도 한다. 따라서 관광개발은 보존적 개발의 기조가 유지될 필요가 있다. 경제적 이익만을 추구하는 개발은 자연환경을 훼손시키므로 해당 당국의 적절한 통제가 필요하다. 관광개발 및 무분별한 관광객 이용은 다양한 형태의 환경오염 문제를 야기하며, 개발과 이용에 있어 나타날 수 있는 환경오염에 대한 고려가 반드시 필요하며, 환경오염을 방지하기 위한 다양한 제도적, 기술적 접근이 요구된다.

2. 친환경적 관광개발

친환경적 관광개발의 방향은 관광자원의 보호 · 보존 · 보전, 조화와 공평한 개발, 관광객의 인식제고가 요구된다. 첫째, 관광개발의 선행조건은 최대한으로 관광자원을 보호 · 보존 · 보전해야 한다. 보호는 관광자원이 더 이상 훼손되지 않도록 막는 것, 보존은 관광자원을 보호하고 유지하는 것, 보전은 관광자원을 보호하고 유지하여 후세까지 물려주기 위함을 의미한다. 둘째, 조화와 공평한 개발은 지역을 특색을 살리면서 지역의 사회적 · 문화적 · 생태적 · 환경적 조화를 이루어야 한다. 그리고 관광개발로 인한 경제적 혜택은 모든 지역민들에게 균등하게 배분되어야 한다. 셋째, 관광객의 인식제고는 관광객은 관광을 누릴 수 있는 자유만 있는 것이 아니라 환경을 보호하고 지역민의 생활양식을 존중할 의무도 주어지는 것이다.

제2절 관광환경의 관리

1. 수용력의 개념

수용력은 일정규모의 서식환경에서 동 · 식물 개체군이 속한 서식환경이 훼손되지 않는 가운데 생존할 수 있는 최대 개체군 밀도를 의미한다.[3] 수용력 개념은 생물학 분야에서 주어진 서식환경에서 생물군집이 증가할 때 환경의 저항을 받게 되고 일정한 수준의 군집 규모에 도달하면 평형상태를 지속한다는 사실에서 발견되었다. 이후 산림과 관련된 토지생산력에 대한 생태계 관리 개념으로 확대되면서 환경을 포함하는 다양한 분야에 적용되었다. 수용력의 개념은 산업의 발달로 인해 관광 및 여가활동이 증대하면서 그 요구가 증대되는 관광휴양지 관리 또는 휴양림 관리의 기본 원리로 도입되기 시작하였다.

관광 수용력은 일정한 관광지 내에 수용할 수 있는 관광객의 최대 인원수를 의미하며, 일반적으로 물리적 수용력, 사회심리적 수용력, 생태적 수용력으로 구분한다.[4] 물리적 수용력은 특정 공간 내에 입장하거나 그 공간 내에서 통제할 수 있는 최대 인원 또는 시설물의 최적 공간규모로써 관광활동의 공간적 한계를 의미한다. 예를 들면, 단위면적당 사람 수와 밀도, 화장실 · 주차장 · 야영장 등의 시설 이용객 수, 각종 시설의 점유율, 탐방객과 관리요원의 비율 등이 지표가 된다. 사회심리적 수용력은 인간이 행동하는데 필요한 육체적 · 정신적 공간량을 의미하며, 사람과 사람이 부딪치지 않는 정도를 나타내는 안전성 용량과 만족스러운 행동을 할 수 있는 쾌적성 용량을 포함한다. 사회심리적 수용력은 이용객 수, 이용밀도, 혼잡도, 조우횟수, 조우빈도 등이 지표가 된다. 생태적 수용력은 자연생태계의 본질적인 메커니즘을 파괴하지 않는 범위에서 관광활동을 흡수하고 회복할 수 있는 수준을 의미한다. 이러한 생태적 수용력을 나타내기 위해 동식물의 비율, 개체 수, 토양침식 및 토양답압 정도 등의 자연요소의 내성을 나타내는 특성이 그 지표로 이용된다.

관광지 적정수용력은 관광자원을 적절하게 보호하고 동시에 이용객을 만족시키면서 일정 기간 동안 관광자원이 감당할 수 있는 관광이용량을 의미한다.[5] 세계관광기구(WTO)는 관광지 적정수용력 측정기준을 물리적 환경, 경제적 환경, 사회문화적 환경, 기반시설 환경으로 구분하고, 이를 관광지 환경 측면과 관광 이미지 및 관광객 만족도 측면에서 고찰하였다.

[표 12-1] WTO 관광수용력 측정기준

측정기준	관광지 환경 측면	관광 이미지 및 관광객 만족도 측면
물리적 환경	• 혼잡과 가시적 환경에 대한 영향 • 생태계가 유지되는 수준 • 육지/해양의 야생동물과 식물보호 • 대기, 수질, 소음공해의 허용치	• 관광지 청결 • 지나친 혼잡 없음 • 아름다운 경관 및 건축환경 • 생태계와 동식물계 보존
경제적 환경	• 적정한 경제적 이익창출의 규모 • 지역사회에 적합한 고용규모	• 관광객 비용
사회 문화적 환경	• 생활양식과 활동에 해가 되지 않는 관광개발 규모 • 지역문화 보존에 도움되는 관광수준	• 지역사회 및 문화에 대한 관심 • 예술, 민속축제, 문화행사의 질 • 지역민 친절
기반시설 환경	• 교통시설 및 서비스의 적정유용량 • 상하수도, 전력, 통신시설의 적정규모 • 공공안전 관련 지역사회 시설 · 서비스 적정유용량	• 교통시설 및 서비스 적정 수준 • 상하수도, 전력, 통신시설 적정 수준 • 기타시설 및 서비스 적정 수준

출처 : 저자가 재구성함

한편 Mathieson과 Wall은 관광지 적정수용력 측정기준을 관광객 특성과 관광지 및 지역사회 특성으로 구분하였다.[6] 관광객 특성으로는 관광객의 사회경제적 특성, 관광객 밀도, 체재기간, 관광활동의 유형, 관광객 만족수준을 제시하였으며, 관광지 및 지역사회 특성으로는 지역환경의 특성, 경제구조와 경제개발, 사회구조와 조직, 정치적 구조와 조직, 관광개발의 수준을 제시하였다.

2. 환경관리 전략과 기법

대부분의 관광지는 수용력을 직접적으로 적용하기보다는 수용력의 개념을 받아들이면서 대안적 전략을 개발하여 이용하고 있다. 대안적 환경관리 전략으로는 허용변화한계(LAV : limits to acceptable change), 방문객 영향관리(VIM : visitor impact management), 방문객 경험과 자원보호(VERP : visitor experience and resource protection) 등이 있다. 허용변화한계(LAV)는 미국산림청과 레크리에이션 학자들이 개발한 모형으로, 관광활동에 대한 선호와 환경조건에 따른 최적의 이용수준을 설정한다. 기존의 수용력 개념은 단순히 이용객 수를 제시한 반면, 허용변화한계는 이용결과에 따른 변화의 수준에 초점을 두고 있다. 허용변화한계 모형은 얼마만큼의 변화가 적절한 수준인지 또는 얼마만큼의 변화를 허용할 것인지를 고려함으로써 이에 대한 객관적인 관리방안을 마련한다. 허용변화한계 구성요소는 목표된 자원과 사회적 환경의 표준상태에 대한 정의, 현재의 환경상태와 목적상태 사이의 차이 규명, 목적상태의 환경을 만들기 위해 필요한 관리행동의 정의, 관리효율성에 대한 지속적인 평가를 포함한다.

방문객 영향관리(VIM)는 국립공원보전협회에서 개발한 모형으로, 방문객들의 영향을 어떻게 효율적으로 관리할 것인가에 관심을 가진다. 방문객들의 영향이 다양하게 나타나고, 그 영향은 이용의 양과 밀접한 관계가 있다고 전제한다. 방문객 영향관리 모형은 문제 상황을 파악하고, 수용 불가능한 방문객의 영향이 발생하는 원인이나 정도를 규명하여, 이들 영향을 완화시킬 수 있는 관리전략을 수립한다. 방문객 경험과 자원보호(VERP)는 미국국립공원관리청에서 개발한 모형으로, 관리목표와 단위공원의 목적을 충족시킬 수 있는 자원 및 사회환경이 유지가능한 범위 내에서의 이용수준 및 이용형태를 결정하는 것을 의미한다. 허용변화한계와 방문객 영향관리 모형은 소규모 지역을 대상으로 하여 주로 이용에 따른 영향과 관리에 관심을 가지는 반면, 방문객 경험과 자원보호 모형은 광역적 지역을 대상으로 하여 이용객의 경험과 환경관리를 동시에 고려한다.

제3절 지속가능한 관광

1. 지속가능한 관광의 개념

지속가능성의 개념은 1960년대 자연환경 파괴 및 환경오염 문제가 심각해지면서 자연자원의 보존과 관리의 측면에서 등장하게 되었다. 1987년 브룬트란트 보고서(Brundtland Report)에서 지속가능성의 개념이 본격적으로 사용되었고, 1992년 유엔환경개발회의에서 지속가능한 개발에 대한 지침이 제시되었다. 지속가능성의 개념은 관광분야에도 적용되었으며, 1993년 세계관광기구(WTO)는 지속가능한 관광을 미래 세대를 위한 관광기회를 보호하고 증진시키는 동시에 현 세대의 관광객 및 지역사회의 욕구를 충족시키는 것으로 문화의 온전성, 생태적 과정, 생물 다양성, 생명부양체계를 유지하는 동시에 경제적 · 사회적 · 심미적 욕구가 충족될 수 있도록 모든 자원을 관리하는 것으로 정의하였다.[7] 지속가능한 관광은 자연적 · 역사적 · 문화적 측면에서 다양한 원칙이 제시되고 있다.[8]

[표 12-2] 지속가능한 관광의 원칙

① 관광으로 자연과 조화롭고, 건강하고, 생산적인 삶을 영위할 수 있어야 한다. ② 관광은 지구 생태계의 보존, 보호, 회복에 기여해야 한다. ③ 관광은 지속가능한 생산, 소비패턴에 기초해야 한다. ④ 관광, 개발, 환경보호, 평화는 상호관계를 맺고 있어야 한다. ⑤ 관광산업에 영향을 주는 무역보호주의는 철폐되어야 한다. ⑥ 환경보호는 관광개발 과정에서 절대 요소로 여겨져야 한다. ⑦ 관광개발 문제는 지역수준에서의 의사결정과정과 시민의 참여로 이루어져야 한다. ⑧ 정부는 관광지와 관광객에 영향을 주는 자연재해를 경고해야 한다. ⑨ 관광은 여성과 원주민에게 고용의 기회를 제공해야 한다. ⑩ 관광개발은 문화, 지역민, 문화에 대한 인식이 포함되어야 한다. ⑪ 환경보전국제법은 관광산업에 적용되어야 한다.

출처 : WTO, 1997.

지속가능한 관광의 반대 개념이라고 할 수 있는 대중관광은 전통적인 관광의 형태로써 대량의 인원이 참여하는 표준화 및 패키지화된 관광을 의미한다. 대중관광은 관광으로 인한 수익이 지역 외부로 누출되는 구조를 가지기 쉽고, 지역의 정체성 및 문화의 진정성이 상실되기도 하며, 환경오염 및 파괴 등의 폐해를 야기한다. 대중관광의 문제점을 극복하기 위한 방안으로 도입한 지속가능한 관광은 관광지의 경제적 · 사회적 · 문화적 · 환경적 지속성을 중요시한다. 경제적 지속성은 관광으로 발생한 수익을 지역에 환원함으로써 경제적 편익이 지역경제 전반에 확산되도록 하는 것을 의미한다. 사회문화적 지속성은 관광객, 지역사회, 관광자원 간의 갈등 및 마찰을 줄이고 관광객과 지역민의 교류를 통해 조화로운 관계를 추구하는 것이며, 환경적 지속성은 관광자원에 대한 영향을 최소화하여 미래 세대의 자원 이용의 기회를 보존하는 것을 말한다.

생태관광, 농촌관광, 지역사회관광 등은 지속가능한 관광의 개념을 실현할 수 있는 실행대안으로 평가받고 있다. 생태관광은 자연관광의 한 형태로 지역민의 삶의 질을 증진시키고 환경을 보존하는 책임있는 관광을 의미한다.[9] 기본적으로 관광의 부정적인 영향을 최소화하고, 환경의 중요성을 인지하며, 지역의 정치 · 경제 · 사회 분위기에 민감하게 반응할 수 있어야 한다. 생태관광의 주요 활동은 야생조류 관찰, 야생화 탐구 및 사진촬영 행위, 삼림욕, 오지탐험, 갯벌탐사뿐만 아니라 환경교육이나 해설 프로그램을 포함한다. 이를 통해 환경에 대한 새로운 태도를 가질 수 있는 기회를 제공하고, 환경문제와 관련된 사고와 생활방식이 환경친화적인 방향으로 변화할 수 있도록 하는 것이다. 특히 관광으로 인해 발생하는 경제적 편익이 대상 자원의 보전에 우선적으로 투입되도록 하여, 생태자원의 훼손을 방지하는 것을 중요한 목적으로 두고 있다. 순천만은 2002년부터 훼손된 습지를 복원함으로써 흑두루미, 재두루미 등 230여 종의 철새, 120여 종의 식물, 300여 종의 물 밑 바닥에 사는 저서식물이 서식하는 생태관광 대표 명소로 변모하였다. 창녕 우포늪은 국내 최대의 내륙습지이자 최고의 원시 자연늪으로 1,500여 종의 동식물이 서식하고 있는 생태관광지로 주목받고 있다. 2008년 창원 람사르협약 당사국 총회를 계기로 탐방객이 급격히 증가하였고, 최근에도 매년 80만 명 이상이 방문하고 있다. 생태관광의 활성화 방안으로 자연자원 및 생태자원을 탐방할 수 있도록 생태탐방로를 조성이 활발하게 이루어졌으며, 북한산 국립공원 독립유공자 묘역길(3km), 안동 퇴계마을(3km), 봉화군 청량산길(4km) 등이 그 대표적인 예이다.

농촌관광은 농촌의 자연경관과 전통문화, 생활과 산업을 매개로 한 도시민과 농촌 주민 간 체류형 교류활동을 의미한다.[10] 도시민에게는 휴식 및 휴양과 새로운 체험 공간을 제공하고 농촌에는 농산물 판매, 가공, 숙박음식물 서비스 등을 통해 소득원을 제공한다. 유럽에서는 1950년대부터 정부가 정책적으로 농촌관광을 육성하였으며, 영국, 독일, 프랑스는 B&B(Bed and Breakfast) 형태의 농가민박을 제공함으로써 부가적인 소득을 창출하여 왔다. 우리나라의 농촌관광은 1984년 12개의 관광농업개발 시범지구를 시작으로 하여, 2002년부터 농촌관광 마을사업을 본격적으로 추진한 결과, 2011년에는 전국에 1,700여 개의 농촌관광 마을이 조성되었다. 농촌관광 사례로 경상북도는 농촌관광의 새로운 비즈니스 모델로 팜파티(Farm Party) 전문가를 육성하고 있다. 팜파티는 농촌체험관광에 파티를 결합한 농가 기획형 행사로써, 팜파티 전문가에게 팜파티 기획 및 실행기법 등의 교육을 실시하고 교육을 받은 지역민은 도시 소비자를 초청하여 지역에서 생산된 농산물을 활용한 먹거리, 공연, 체험을 제공함으로써 관광을 매개로 한 도농 간의 교류를 통해 농촌경제를 활성화하고자 함을 목적으로 하고 있다.

지역사회관광은 커뮤니티 비즈니스와 유사한 개념으로 이해할 수 있다. 지역사회관광은 지역이 직면한 문제에 대해 지역민이 주체가 되어 지역 내 자원을 활용하여 관광 비즈니스 형태로 해결하는 것을 의미한다.[11] 기본적으로 지역에 기반을 두고 생활하는 지역민이 주체적으로 참여하는 지역민 참여형으로 진행되는 관광이며, 지역의 유휴자원 및 보유자원 등 지역의 자원에 대한 재평가를 통해 지역자원을 재생 및 발굴하는 지역자원 활용성 증대활동과 비즈니스 활동을 통해 발생한 수익을 지역으로 환원하는 지역 환원형 수익구조를 가진다. 정책적으로는 행정안전부의 마을기업 사업, 고용노동부의 지역형 예비사회적기업이 추진 중에 있으며, 이들 사업은 지역의 자원 및 인력을 활용하여 지역공동체 활성화를 목표로 하고 있다. 지역사회관광 사례로 원주의 신화마을은 신화마을영농조합법인 임원들이 공동 출자금을 확보하여 2009년

신화마을네트워크사업단을 설립하였다. 지역 활성화를 위한 방안으로 예술인과 지역민이 협력하여 신화를 테마로 한 마을과 마을의 네트워크를 통해 브랜드가치를 높이고자 하였다. 지역의 현안 문제를 해결하기 위해 문화, 관광, 교육 등이 어우러진 생활문화공동체 만들기 사업을 추진함으로써 수익의 다양화를 위해 노력하고 있다.

2. 지속가능한 관광의 전략

앞서 살펴본 생태관광, 농촌관광, 지역사회관광과 같은 대안관광에 대한 수요는 관광분야에서 빠르게 성장할 것으로 예측하고 있다. 지속가능한 관광이 성장하기 위해서는 관광객, 지역민, 정부 및 지자체, 산업체 등 각 분야에서의 전략적 역할이 요구된다. 첫째, 지속가능한 관광에 대한 관광객들의 인식을 향상시켜야 한다. 지역 차원에서의 홍보는 한계가 있으므로 정부 및 지자체 또는 기업의 사회공헌활동 차원에서 대중매체, 인쇄매체, 인터넷 등 다양한 정보원을 활용하여 해당 관광에 대한 인식을 확산시키기 위한 노력이 필요하다. 또한 지속가능한 관광의 성공사례 및 모범관행을 발굴하여 홍보함으로써 지속가능한 관광의 가능성에 대한 관광객들의 기대를 높여야 한다. 환경부는 생태관광에 대한 대중들의 인식을 향상시키기 위해 생태관광 체험수기 및 사진공모전을 진행하였으며, 생태관광에 관심이 있는 대학생을 대상으로 '관광 영리더스 클럽' 을 운영하고 있고, 그 외에도 소셜네트워크서비스(SNS)를 통해 다양한 이벤트를 추진하기도 하였다.

관광객의 욕구를 충족시킬 수 있는 다양한 관광상품 및 프로그램이 개발되어야 한다. 자연 · 문화 · 역사를 대상으로 지역의 우수한 자원을 발굴함으로써 고객맞춤형 관광상품 및 프로그램을 개발할 수 있다. 국립생태원은 서천군, 코레일과 함께 서천군 생태관광 열차를 운영하여 국립생태원 방문객들이 금강하구, 갈대숲, 한산모시박물관 등을 체험할 수 있는 '체류형 생태관광 루트' 를 개발하였다. 셋째, 지역민의 역량강화를 위한 교육 및 훈련이 마련되어 실시되어야 한다. 생태관광, 농촌관광, 지역사회관광 등은 지역에 기반한 관광으로 지역민이 주도적으로 운영할 수 있어야 한다. 하지만 농촌 및 지역단위의 마을은 대부분이 장년층 및 노년층으로 구성되어 있으므로 전문성을 갖춘 인적자원의 부족이 가장 시급한 문제라고 할 수 있다. 이러한 문제점을 극복하기 위한 방안으로 정부 및 지자체 차원에서는 전문인력 또는 경영지원을 실시하고 있지만, 근본적으로는 자체적인 해결방안이 강구되어야 한다. 따라서 지역민을 대상으로 해당 관광을 운영하기 위한 교육과정을 개설함으로써 인력을 양성하여야 한다. 정부 및 지자체 차원에서 제도와 정책이 정비되어야 한다. 지속가능한 관광에 대한 인증제 또는 지속적인 평가가 이루어져야 한다. 생태관광의 경우, 생태관광 인증제를 도입함으로써 관광객에게는 높은 품질의 관광상품을 차별적으로 선택할 수 있는 기회를 제공하며, 관광사업자에게는 환경보호에 기여할 수 있는 계기를 제공하게 된다. 생태관광 인증제는 우수한 품질을 갖춘 여행상품, 여행지, 숙박업소 등에 공인된 생태관광 인증마크를 부여하는 제도를 의미한다.

토론주제

- ♣ 관광지에서 실제 적용할 수 있는 지속가능한 관광의 실천방안은 어떤 것들이 있는가?
- ♣ 해외의 지속가능한 관광의 사례를 찾아 분석해 보고 시사점은 어떤 것들이 있는가?

참|고|문|헌 >>>

1) 이연택, 『관광학』, 백산출판사, 2015, p.211.

2) 이석호 · 장호찬 · 허진 · 김대관 · 김철원 · 박민경 · 오미숙 · 함성필 · 황영현, 『관광학개론』, 한국방송통신대학교출판부, 2010, p.335.

3) 김성일 · 박석희 엮음, 『지속가능한 관광』, 일신사, 2001, pp.265-296.

4) A. M. O' Reilly, Tourism carrying capacity: Concept and issues, Tourism Management, 1986, 7(4), pp.254-258.

5) R. W. Douglass, Forest Recreation(3rd ed.), Pergamon Press, 1982.

6) A. Mathieson and G. Wall, Tourism: Economic, Physical and Social Impacts, Longman, 1982, pp.22-23.

7) World Tourism Organization(WTO), Sustainable Tourism Development: Guide for Local Planners, Madrid: WTO, 1993.

8) World Tourism Organization(WTO), Tourism 2000 Building a Sustainable Future for Asia-Pacific, Madrid: WTO, 1997.

9) 생태관광협회(http://www.ecotourism.or.kr)

10) 농림부(http://www.mafra.go.kr)

11) M. Fitton, Does Our Community Want Tourism? Examples from South Wales, In Price, M. F.(ed.). People and Tourism in Fragile Environments. Chichester: John Wiley and Sons, 1996.

제13장

관광정보

학습목표

- ♣ 관광객의 관광정보 이용목적을 이해한다.
- ♣ 관광산업이 정보집약적인 산업인 이유를 이해한다.
- ♣ 다양한 관광산업분야에서 관광정보 제공 및 이용을 위해 정보시스템을 어떻게 이용하는지 이해한다.
- ♣ 인터넷과 모바일 정보기술의 발전에 따른 관광정보 활용 변화를 이해한다.

제13장

관광정보

인간은 의식적인 노력이든 무의식적인 반응이든 매 순간 정보를 활용하여 의사결정을 내린다. 다양한 정보 및 보다 정확한 정보 활용은 의사결정의 성과를 결정짓는 중요한 요소가 된다. 관광서비스의 소비자인 관광객과 관광서비스 제공자인 다양한 관광산업 주체는 여러 가지 목적을 위하여 정보를 생성하고 소비하며, 정확한 정보, 유용한 정보를 제공하고 활용하기 위한 다양한 전략을 이용하게 된다. 이 장에서는 관광정보의 개념에 대해 알아보고, 관광객과 관광산업 주체들이 어떻게 정보를 활용하고 정보를 통하여 유기적으로 연결되는지 이해하고자 한다. 그리고 다양한 관광산업 분야에서 효율적인 정보활용을 위해 개발된 정보시스템에 대해 알아본다.

제1절 관광정보

1. 정보의 개념

관광정보가 무엇인가를 이해하기 위해서는 우선 정보의 개념에 대해 살펴볼 필요가 있다. 정보(information)의 개념에 대해 인터넷 용어사전 사이트인 Search.com에서는 "그 수용자에게 특별한 상황하에서 의미를 가지는 자극"으로 정의하고 있다. 정보는 단순한 사실 혹은 정리된 사실, 사실로부터 도출된 일반적인 원칙을 모두 포함하며, 어떤 사실이 정보로 인정되기 위해서는 그 정보를 수용하는 사람에게 의미가 있어야 한다. 따라서 동일한 사실 혹은 원칙이라 하더라도 상황에 따라 정보로 인정될 수도, 그렇지 않을 수도 있는 것이다. 정보를 바라보는 시각은 정리된 자료(processed data)로서의 정보와, 불확실성의 반대 개념(opposite of uncertainty)으로서의 정보로 크게 나누어 볼 수 있다.[1] 정리된 자료로 정보를 정의하는 시각은 일상생활에서 정보와 유사한 개념으로 사용하고 있는 자료(data) 혹은 지식(knowledge) 등의 개념으로부터 정보의 개념을 구분한다. 즉, 저장되어 있는 단순한 사실(fact)은 자료로 구분하고, 이러한 자료가 편집, 분석, 재구성 등 일련의 정리과정을 통하여 보다 의미 있는 형태로 전환된 상태를 정보로 정의하는 것이다. 정보가 축적되고 일반화되어 보편적인 원칙 수준에 도달하면 지식으로 정의된다. 정보를 바라보는 두 번째 시각은 정보 이용의 목적에 초점을 둔 시각으로, 정보 이용의 목적이 궁극적으로 의사결정과정에 내재된 불확실성을 줄이고자 하는 데 있다는 것을 의미한다. 대부분의 의사결정은 미래시점의 결과를 추구하기 위한 것이고, 따라서 어느 정도의 불확실성을 수반하는데 의사결정자들은 정보를 확보함으로써 이런 불확실성을 줄일 수 있게 되는 것이다.

정보의 이용은 자원(resource)으로서의 정보, 자산(asset)으로서의 정보 그리고 상품(commodity)으로서의 정보로 구분하여 이해할 수 있다. 먼저 정보는 생산품의 품질을 향상시키기 위해 또는 생산비용을 줄이기 위해 이용될 수 있다는 의미에서 물품 및 서비스의 생산을 위해 투입되는 자원으로서의 기능을 수행한다. 또 생성된 정보가 사라지지 않고 축적되어 개인이나 혹은 회사의 재산으로서의 역할을 하는 경우 이러한 정보는 이용에 따라 그 효용성이 사라지는 자원이 아닌 자산으로서의 기능을 하게 된다. 마지막으로 정보는 그 자체로 상품의 역할을 하기도 하는데, 컨설팅 프로젝트의 결과 도출된 정보가 발주처에 전달되고 발주처는 그 정보에 대해 지불하는 경우가 대표적인 예이다.

정보의 생산과 활용은 비용을 수반한다. 정보 생산과 관련된 비용은 정보의 수집(acquiring), 정리(processing), 저장(storing), 재생(retrieval) 그리고 전달(communication) 과정에서 발생한다.[2] 정보는 개인의 기억이나 친분이 있는 다른 사람 등 비공식적인 원천을 통하여 획득되기도 하고, 보다 체계적으로 수집된 자료를 통하여 획득되기도 한다. 체계적인 수집 자료는 특히 컴퓨터에 기반을 둔 시스템에 의해 획득되는 경우가 많으며, 이 경우 자료 수집체계를 구축하기 위한 비용이 수반된다. 비공식적인 정보원을 활용하여 수집된 정보는 공식적인 정보원을 통한 정보보다 체계적이지 않은 경우가 많으며, 정보 수집을 위해 수반되는 비용도 비교적 낮은 편이다. 정보 수집을 위한 체계(예 : 대형 할인점의 스캐너)를 구축하는 경우에는 수반되는 비용이 높아지는 반면, 보다 체계적이고 표준화된 자료의 축적이 가능하며 자료 수집 후 진행되는 일련의 처리, 저장과정이 수월하게 진행될 수 있다는 장점을 가진다.

수집된 정보는 저장되기 전에 편집, 요약, 분석 등 일련의 정리과정을 거치며 이러한 정리과정을 위한 인적, 소프트웨어, 하드웨어 측면에서 비용을 수반하게 된다. 정보의 정리과정은 수집된 자료의 저장 전 단계뿐만 아니라 저장된 자료의 재생을 위해서 요구되는 과정이기도 하다. 정리과정을 거친 자료는 바로 이용되기도 하지만 많은 경우 미래의 이용을 위해 저장되며, 이러한 자료 및 정보의 저장은 물리적인 공간을 위한 비용뿐만 아니라 저장장치 및 소프트웨어 등과 관련된 비용을 수반한다. 저장된 정보는 필요에 의해 재생되며, 원래 형식으로 재생되는 경우보다는 축약된 보고서 및 의사결정을 위해 가공된 형태로 재생되는 경우가 많다. 이렇듯 저장된 정보를 필요한 형태로 가공하여 재생시키기 위한 정리과정에도 비용이 수반되는 것이다. 정보는 당사자 혹은 해당 회사 내에서 이용되는 경우뿐만 아니라 여러 가지 매체를 통한 공유 및 전달을 통하여 그 이용의 폭이 넓어진다. 정보의 전달 및 공유는 다양한 통신매체의 개발 및 이용을 요구하게 되며, 이 과정에서 비용이 발생하는 것이다.

2. 관광정보의 개념

관광정보는 관광서비스의 생산 및 소비를 위해 생성되고 소비되는 정보이다. 앞에서 언급된 정보의 개념을 적용하면 관광정보(tourism information)란 "관광서비스의 생산과 소비과정에서 나타나는 불확실성을 줄이기 위해 생산되고 활용되는 정리된 자료"라고 정의할 수 있다. 관광정보의 역할을 이해하기 위해서는 관광서비스의 공급자와 소비자가 관광정보를 이용하는 이유를 알아야 한다. 우선 관광서비스의 소비자인 관광객이 관광정보를 이용하는 궁극적인 목적은 만족스러운 관광경험을 추구하기 위함이다. 관광서비스의 소비과정은 시간적, 금전적인 비용을 수반하며, 관광객은 자신이 투입한 시간과 돈의 가치에 상응하는 관광경험을 갖고자 한다. 다른 물품이나 서비스의 소비과정과 유사하게 관광관련 의사결정에는 불확실성이 내재되어 있으며, 관광객은 이러한 불확실성을 줄여 여행 도중에 나타날 수 있는 부정적인 사건의 확률을 최소화함으로써 기대했던 수준의 관광경험을 향유하고자 다양한 정보를 활용하는 것이다. 관광서비스 공급자의 입장에서는 관광 소비자가 자신들이 제공하는 서비스를 선택하도록 유도하기 위해 자신들의 서비스에 대한 정보를 제공하게 되며, 유관 산업간 원활한 협조를 위해 정보의 공유를 추구하고, 사업의 효율성을 추구하기 위해서도 많은 정보를 생성하고 활용하게 된다.

관광산업은 정보 집약적인 산업으로 관광분야에서 정보의 중요성은 관광서비스의 일반적인 특징에서 비롯된다. 관광서비스는 유형의 물품을 대상으로 하기보다는 서비스를 중심으로 하는 무형성(intangibility)의 특성을 갖는다.[3] 관광객은 관광과 관련된 의사결정을 위해서 어떤 서비스가 어떻게 제공될 것인가에 대해 일정 정도의 기대를 요구하게 되고, 이러한 기대는 무형적인 서비스에 대한 정보를 통하여 형성된다. 관광서비스 공급자의 입장에서도 자신들이 제공하는 무형적인 서비스를 유형화시켜 인식시키기 위한 다양한 노력을 기울여야 하며, 이런 무형적인 서비스의 유형화는 정보의 제공을 통해 이루어진다.

관광서비스는 서비스의 생산과 소비가 동시에 이루어져 소비자가 생산과 소비과정의 일부분이 된다는 비분리성(inseparability)의 특징과 소비자가 서비스가 제공되는 장소로 이동해야 서비스의 소비가 가능해진다는 공간이동(spatial move)의 특징을 갖는다.[4] 비분리성과 공간이동의 특성은 잠재관광객이 대상 서비스를 구매 전에 경험해 보는 것이 불가능함을 의미한다. 관광객은 관광서비스를 구매하기 전에 그 서비스를 구매했을 때 자신들이 누릴 편익에 대해 알고자 하며, 관광서비스 제공자의 입장에서는 동일한 혹은 유사한 서비스를 제공하는 많은 업체 중 자신들을 부각시키기 위해 관광객들이 구매 전에 자신들이 제공하는 서비스에 대해 보다 확신을 가질 수 있도록 노력하게 되는 것이다. 관광객의 의사결정 판단기준은 관광서비스 제공자들이 제공하는 정보 혹은 다른 소비자들의 평가 정보에 의해 이루어진다.

관광분야에서 정보의 중요성을 부각시키는 또 다른 관광서비스의 특징은 개인의 관광경험이 여러 가지 경험이 복합적으로 결합되어 형성된다는 상호의존성(interdependence)[5]이다. 관광객의 관광경험은 사전준비단계를 비롯하여, 목적지로의 이동, 목적지에서의 활동, 집으로의 이동, 사후평가 및 공유단계를 아우르며, 각각의 단계에서 교통, 숙박, 식당, 관광매력물 등 다양한 산업분야의 서비스 소비를 요구하게 된다. 즉, 관광객의 관광경험은 어느 특정산업분야의 서비스만을 의미하는 것이 아니며, 다양한 산업분야에서 제공되는 일련의 서비스가 복합적으로 나타나는 것이다. 이러한 이유 때문에 관광산업은 '우산산업(umbrella industry)' 이라고도 알려져 있다. 만족스러운 관광경험은 다양한 산업으로부터 제공되는 원활한 서비스를 통해 가능하며, 이와 같은 산업분야별 서비스의 연결은 정보를 매개로 가능해지는 것이다.

3. 관광정보의 분류

관광정보는 갱신주기, 이용시점, 정보제공 주체에 따라 정태정보와 동태정보, 여행 전 정보와 여행 중 정보, 공공정보와 일반정보로 구분된다. 먼저 관광정보는 갱신주기를 기준으로 정태정보와 동태정보로 구분할 수 있다. 정태정보란 갱신주기가 매우 길거나 변화하지 않는 정보를 의미하며, 관광지의 위치정보, 주소, 지도 등과 같은 정보를 포함한다. 정태정보는 갱신주기가 매우 길기 때문에 즉각적인 수정이 요구되지 않아 인쇄물이나 CD 등의 매체를 통하여 배포되기 쉽다. 반면 동태정보는 일간, 주간, 연간 혹은 비주기적으로 갱신이 요구되는 정보로 날씨, 그 달의 관광정보, 축제정보, 특별 할인 정보, 이벤트, 서비스의 이용가능 여부 등의 정보를 포함한다. 동태정보는 갱신이 자주 요구되는 정보이기 때문에 한 번 인쇄되면 수정이 어려운 인쇄물이나 CD 등의 매체보다는 실시간 수정이 쉬운 온라인 매체를 통해 배포되기 쉽다([표 13-1] 참조).

[표 13-1] 관광정보의 분류

분류기준	구분	특성
갱신주기	정태정보	갱신주기가 아주 길거나 변하지 않는 정보 (예: 위치, 주소, 지도 등)
	동태정보	주기적, 비주기적으로 갱신이 요구되는 정보 (예: 날씨, 이벤트, 서비스 이용 가능 여부 등)
이용시점	여행 전 정보	여행 시작 전에 여행을 계획하기 위해 이용하는 정보 (예: 숙박, 여행 경로, 요금 등)
	여행 중 정보	여행을 시작한 후 이용하는 정보로 현지에서 이용가능한 정보 매체를 통해 제공 (예 : 새로운 관광매력물, 음식점 등)
정보제공 주체	공공정보	공공기관에 의해 제공되는 정보, 상대적으로 객관적인 정보를 제공
	일반정보	개인 혹은 관련 기업에 의해 제공되는 정보, 특정상품 및 브랜드의 판매촉진을 위한 정보

관광정보는 또한 이용되는 시점에 따라 여행 전(pre-trip) 정보와 여행 중(on-trip) 정보로 구분할 수 있다. 여행 전 정보는 관광객이 여행을 계획하기 위해 이용하는 정보를 의미하며 시점상 여행을 시작하기 전까지 활용하는 정보를 말한다. 반면 여행 중 정보는 관광객이 여행을 시작한 후의 시점에서 이용하게 되는 정보를 의미하며, 관광객이 여행 전 정보를 활용하여 수립한 계획과 현지 상황과의 차이로 인해 나타나는 계획의 수정을 위해 활용하는 정보를 말한다. 여행 중 정보는 그 특성상 현지에서 활용 가능한 키오스크(kiosk), 모바일 등의 매체를 통해 전달된다.

한편 관광정보는 정보의 제공 주체에 따라 공공정보와 일반정보로 구분할 수 있다. 공공정보는 지자체 혹은 관광목적지 관리주체와 같은 공공기관에 의해 생산된 정보를 의미하는데, 주로 관광목적지 중심의 정보가 제공되며, 특정상품의 홍보보다는 객관적인 정보를 제공하는 경향을 갖는다. 반면 일반정보는 개인이나 관광서비스 공급회사에 의해 제공되는 정보를 의미하며, 주로 특정상품이나 브랜드에 초점을 두고 그 상품의 판매촉진을 위한 정보를 제공하는 특징을 갖는다.

제2절 관광정보의 이용

1. 관광객의 정보이용

관광객은 만족스러운 관광경험을 얻기 위해 다양한 시점에 다양한 정보를 탐색하고 이러한 정보를 바탕으로 자신들의 관광경험과 관련된 일련의 의사결정을 내리게 된다. 관광객의 정보이용에 대한 이해는 관광객들의 정보이용 시점, 이용하고자 하는 정보의 종류 그리고 무엇을 위해 정보를 이용하는지에 대한 접근이 요구된다.

관광객의 정보이용 시점에 대한 접근은 우선 일반적인 재화나 서비스 소비자의 정보이용 시점에 대한 이해를 요구한다. 소비자는 어떤 물품이나 서비스의 필요성을 인식하게 되면, 그 물품이나 서비스의 소비와 관련된 의사결정을 내리기 위해 정보를 탐색하여 평가하고 구매하는 과정을 거치며, 구매 후에는 실제 구매경험에 대한 평가를 하게 된다. 특히 정보탐색과 관련하여 소비자는 먼저 자신의 기억으로부터 관련되는 정보를 탐색하는 내부정보탐색(internal information search)과정을 거치며, 만일 이 단계에서 충분한 정보를 획득했다고 판단되는 경우에는 평가와 선택의 과정을 거친다. 그러나 내부정보탐색과정에서 획득된 정보가 의사결정을 위해 충분하지 않다고 판단되면 자신의 기억 외 정보원천을 통한 외부정보탐색(external information search)과정을 거쳐 정보를 획득하고 의사결정을 내린다. 정보탐색의 정도는 의사결정에 내재된 위험도나 관여도 또는 의사결정자의 특성에 따라 차이가 난다.[6]

관광객이 관광정보를 찾기 위해 활용하는 외부정보의 원천은 구전, 인쇄매체, 대중매체, 인터넷 등으로 크게 구분할 수 있다. 구전은 가족이나 친지, 친구의 평가 및 추천을 의미하며, 인쇄매체는 홍보책자, 전단지 및 신문, 잡지 기사 등을 포함하고, 대중매체는 TV, 라디오 등 매스미디어를 의미한다. 인터넷은 가장 중요한 관광정보 원천으로 대두되고 있는데 이는 급격한 인터넷 인구의 증가, 시간 · 공간적인 제약의 극복 등의 결과로 해석될 수 있다. 여러 가지 관광정보 원천 중 관광관련 의사결정을 위해 영향력이 있는 정보 원천으로 구전을 제시하고 있다. 이는 정보원이 제품을 홍보하기 위한 목적을 가진 집단, 개인이 아닌 자신의 지인을 통해 제공되는 정보라는 측면에서 가장 신뢰할 수 있는 정보원으로 인식하고 있기 때문이다. 인터넷의 보급으로 기존의 관광정보 원천이 인터넷으로 대체될 것이라는 기대감과는 달리 인터넷은 관광정보를 탐색하기 위한 새로운 영향력 있는 정보원으로 추가되고 기존의 정보 원천도 여전히 활발하게 이용되는 추세를 보이고 있다.

관광객의 정보이용은 그 시점별로 여행 전, 여행 중, 여행 후로 구분할 수 있다. 이 구분은 실제 관광을 위한 여행이 시작되는 시점과 끝나는 시점을 기준으로 한 것으로, 실제 여행이 시작되기 전까지의 정보이용, 실제 여행이 시작된 시점에서부터 여행으로부터 집으로 돌아온 시점 이전까지 활용된 정보, 그리고 집으로 돌아온 후 이용하게 되는 정보를 의미한다. 관광에 대한 욕구를 지각한 잠재관광객은 자신의 기억이나 외부정보원을 활용하여 실제 관광활동과 관련된 다양한 의사결정을 위하여 정보를 탐색하고 획득하게 된다. 여행 전 관광정보의 활용은 여행의 계획, 기대 형성, 의사결정, 예약 등 일련의 구매행동을 위해 이루어진다.[7] 여행 전 정보의 활용 정도는 관광객의 목적지 친숙 정도, 국내 · 외국 목적지 여부, 동반자 유형, 관광객 자신의 관여도 및 개인 특성 등에 따라 달라진다([그림 13-1 참조]).

[그림 13-1] **관광객의 시점별 정보이용 목적**

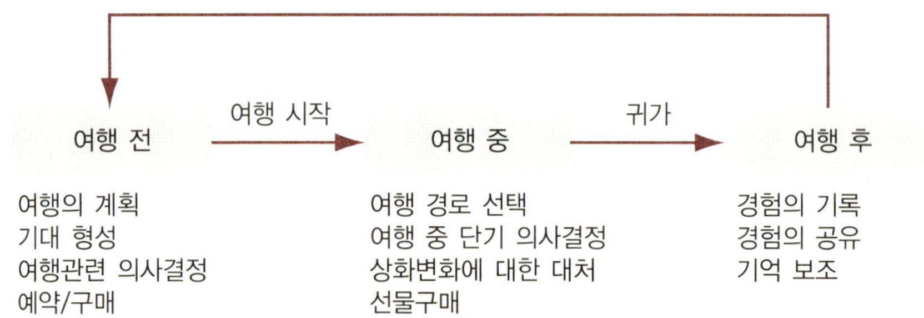

여행 중 정보이용과 관련하여 관광소비는 그 구매과정이 일반 재화의 구매과정보다 상대적으로 길다는 특징을 갖는다. 관광소비는 목적지로의 이동과 목적지 내에서의 활동기간을 포함하며, 목적지 내에서의 체류기간이 길어질 수 있다는 의미에서 일반적인 재화의 구매를 위한 상점으로의 이동, 매장에서의 구매과정보다는 소비과정이

일반적으로 더 길다. 또한 관광경험은 어느 특정상품의 구매가 아닌 다양한 서비스상품의 소비가 복합적으로 나타난다는 의미에서도 소비과정에서 목적지 내에서의 정보 이용의 중요성이 일반 재화의 소비상황보다는 더 중요하게 부각됨을 알 수 있다. 관광정보의 구분에서 여행 전 정보와 여행 중 정보로 구분하는 근거도 이런 이유에서 비롯된다. 여행 중 관광정보는 여행 순서의 결정이나 단기적인 의사결정, 기대하지 못한 상황변화에 대한 대처 등의 목적을 달성하기 위해 활용된다. 여행 후 정보의 활용은 실제로 정보의 활용이라는 측면보다는 정보의 생성 측면을 말한다. 즉, 여행에서 돌아온 관광객들은 경험을 기록으로 남겨 자신의 기억을 회고하고자 하며, 그 경험을 지인이나 다른 사람들과 공유하기 위해 정보를 생성한다. 이러한 여행 후 정보는 다시 다른 관광객들이 이용하는 정보원으로서의 역할을 하게 된다.

[그림 13-2] 목적지 의사결정 수준에 따른 관광정보 탐색

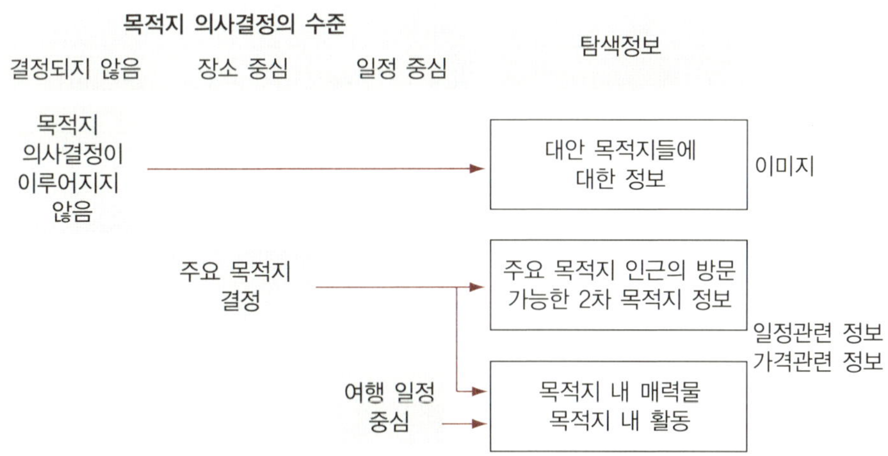

관광객이 요구하는 정보는 의사결정의 시점, 특히 방문목적지가 결정되었는가의 여부에 따라 차이가 난다. 관광 의사결정과 관련된 많은 의사결정 중 목적지의 결정은 전체적인 여행관련 의사결정의 틀을 제공하여 다른 여행관련 의사결정에 영향을 미친다는 의미에서 가장 중요한 의사결정 중 하나로 인정된다.[8] 잠재관광객이 어디를 방문할 것인가가 결정되지 않은 경우에는 주로 대안 목적지에 대한 정보를 중심으로 탐

색이 이루어지며, 최종 목적지의 결정이라는 목적을 달성하기 위해 필요한 정보를 수집한다. 이 경우 주로 대안 목적지의 이미지 정보에 영향을 받게 된다([그림 13-2 참조]). 잠재관광객이 주요 목적지에 대한 결정을 하고 난 후에는 목적지로의 이동 및 그 이동과정에서 방문할 수 있는 추가적인 방문지에 대한 정보나 결정된 목적지 내에서 방문하고자 하는 매력물, 참여하고자 하는 활동 등 여행 일정과 관련된 정보와 각 활동에 수반되는 가격정보를 중심으로 정보의 탐색이 이루어진다.

2. 관광산업 간 정보 흐름

정보 집약적인 산업으로서의 관광산업을 이해하기 위해서는 관광서비스의 소비주체인 관광객의 정보 요구, 활용과정과 더불어 관광서비스의 공급자 간 정보의 생성과 공유에 대한 이해가 요구된다. 관광서비스의 공급 및 소비의 주체는 크게 관광객, 관광서비스 공급자, 관광서비스 공급자와 관광객을 연결하는 관광중개업자, 관광객, 관광서비스 공급자 그리고 관광중개업자의 관계를 감독하는 비정부/정부기관과 관광정보의 컨설팅 업무를 제공하는 시장조사 회사 및 연구기관 등으로 크게 구별할 수 있다([그림 13-3 참조]).

[그림 13-3] 단순화된 관광산업의 구조

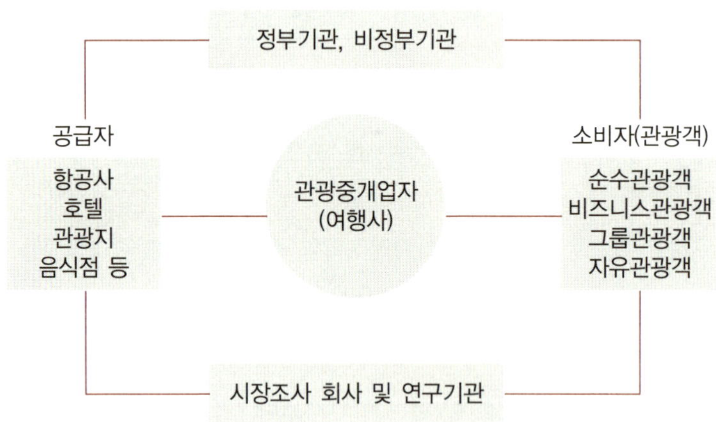

관광서비스 공급자는 호텔, 항공사, 렌터카회사, 관광지 등 관광관련 서비스를 직접 제공하는 회사를 아우르며, 이들 회사는 관광소비활동의 발생에 따라 많은 양의 정보를 생산하고, 업무의 효율성을 위한 자체적인 정보의 활용뿐만 아니라 서로 다른 업종 간에도 정보를 적극적으로 공유하게 된다.[9]

관광서비스를 제공하는 개별 회사들은 업무의 효율성 제고를 위해 회계정보나 고객정보를 생성하고 마케팅정보, 판매촉진정보를 부서 간에 공유한다. 관광객의 관광경험이 개개 서비스 업종만의 서비스로 충족되지 않고 다양한 서비스의 소비가 복합적으로 구성되는 특징으로 말미암아 서로 각기 다른 서비스를 함께 묶어서 제공하는 이른바 공동판매(joint sale)를 추구하게 되는데 특정 항공사 서비스와 호텔 서비스를 연결하는 에어텔이나 특정 호텔에 머무는 경우 주변 관광지의 입장료 할인, 렌터카회사 요금 할인 등의 서비스를 제공하는 것이 이러한 예라 할 수 있다. 서로 다른 업종 간의 서비스 공유는 결국 고객정보와 같은 필수적인 정보의 전달 및 공유를 통해 가능해진다. 여행사 및 관광객과의 관계에서도 관광서비스 공급자는 제공하는 서비스의 이용 가능성, 가격, 관광지 정보 등 여행사 및 관광객의 요구를 충족시키기 위한 정보를 제공하게 된다.

여행사로 대표되는 관광중개업은 관광객의 요구를 관광서비스 공급자와 연결시켜 주는 역할을 한다. 여행사는 여행상품 개발 및 제공, 가이드 서비스 제공과 같은 핵심적인 역할을 수행하기 위해서 교통, 숙박, 관광시설 등 일련의 여행소재 및 서비스를 조합하는 과정을 거치며, 이 과정은 결국 활용 가능한 서비스 정보의 재조합, 조정, 배열 등을 통한 새로운 정보의 생성과정으로 이해할 수 있다. 새롭게 생성된 여행상품에 대한 정보는 적절한 전달 경로를 통해 최종 소비자인 관광객에게 전달되어야 한다. 관광중개업은 패키지 여행상품의 개발 및 모객의 역할을 담당하는 도/소매 여행업(travel agency), 실제 관광객을 대상으로 서비스 제공 및 가이드를 제공하는 투어 오퍼레이터, 특별한 관광서비스 활동의 제공에 초점을 두는 특별 유통조직(speciality channellers) 등으로 구분될 수 있으며, 원활한 서비스의 제공을 위해서는 이들 조직 사이에도 고객정보, 서비스 정보에 대한 공유가 필수적으로 요구되고 있다.

관광관련 정부조직이나 비정부조직은 관광객과 관광중개업자, 관광서비스 공급자의 관계를 감독하는 기능을 수행하며, 궁극적으로 양질의 관광경험을 제공하기 위해 다양한 정보를 생성, 보급하게 된다. 이들 기관에서 생성하는 대표적인 정보는 관광목적지 정보, 개개 공급자나 소비자 수준에서 생성하기 힘든 통계자료와 제도 및 규약으로 대표되는 법률정보를 들 수 있다. 시장조사 회사 및 연구기관은 소비자의 의견 조사를 통해 시장동향, 소비자 성향 등의 정보를 서비스 공급자에게 제공하는 역할을 한다.

제3절 관광정보시스템

관광산업은 다양한 산업분야를 포함하며, 각 산업분야는 관광정보의 효율적인 활용을 위해 각자의 정보시스템을 개발, 이용하고 있다. 여기에서는 관광산업에 포함되는 대표적인 산업분야에서 활용되고 있는 정보시스템에 대해 알아보고자 한다.

1. 항공사

항공산업은 여행산업의 발전에 지대한 영향을 미치고 있는 분야로, 공공성을 강조하여 정부의 규제 및 간섭을 받는 산업분야로 특히 그 영역이 국내뿐만 아니라 국제적이라는 특성을 갖는다. 항공산업은 안전이 매우 중시되는 산업분야이며, 기술적인 측면에서 매우 빠른 성장을 보이는 특징이 있다. 항공사의 본질적인 서비스는 고객이나 물품을 한 공간에서 다른 공간으로 이동시키는 것으로 서비스의 다양화 등 차별화 노력에도 불구하고 가장 기본적인 핵심 서비스는 매우 동질적이라는 특징을 갖는다.[10)]

항공산업분야에서 이용되는 정보시스템은 다양하지만 폭증하는 항공수요의 효율적인 처리를 위해 개발된 CRS(computerized reservation system)가 그 핵심이라고 할 수 있다. 제2차 세계대전 중 급속히 발전한 항공기술분야는 전쟁 후 민간 항공산업 발전의 틀을 마련하게 된다. 초기의 항공예약은 이용하는 사람의 수가 제한되어 수작업에 의한 탐색(searching), 전화(calling), 예약(booking)의 과정을 거쳐 이루어졌다.[11] 급증하는 항공수요를 감당하기 위해서는 전산화된 예약시스템의 개발이 요구되었으며, 1953년 아메리칸항공사(American Airline)는 IBM사와 항공사 예약, 발권, 스케줄 조정, 좌석 조회 그리고 승객명단기록(passenger name record, PNR) 관리에 필요한 시스템 개발을 위한 협력관계를 시작하였고, 수년 간의 노력 결과 SABRE(semi-automated business and research environment)를 개발하여, CRS의 발전을 위한 중요한 이정표를 세우게 된다. 1964년 IBM사는 모든 항공사에 이용할 수 있는 예약시스템 PARS(programmed airline reservation system)을 개발하여 보급하게 된다.

이처럼 1970년대까지 CRS는 주로 항공사 내부 사용을 목적으로 개발되어 이용되었다. 1978년 제정된 항공규제완화법(airline deregulation act)으로 인한 새로운 항공사들의 등장과 치열해진 경쟁 등 여건 변화는 예약시스템 이용 범위를 항공사를 넘어 실제 예약을 수행하는 여행사에 제공함으로써 전략적 우위를 차지하기 위한 방안으로 이용하는 대리점 예약시스템 단계를 유도하게 된다. 유럽 및 아시아 지역 등에서도 다양한 예약시스템이 개발되었으며, 전략적 우위 확보를 위한 광역화와 통합화 과정을 거치게 된다. 이러한 통합화 과정에서 예약시스템의 활용은 두 가지 방향으로 나가게 된다.

개발된 예약시스템을 전략적 우위를 확보하기 위한 방향으로 이용하고자 하는 항공사는 그 예약시스템의 활용을 개발한 항공사에 국한하지 않고 다수의 항공사에 정보를 제공하는 방향으로 발전시켜 나갔으며, 예약시스템의 본래 기능에 중점을 둔 항공사는 예약시스템을 개발한 항공사 위주로 운영을 한다. 전자의 항공사를 벤더(vender)항공사로, 후자의 경우를 논벤더(non-vender)항공사로 지칭하며, 벤더항공사의 CRS는 GDS로 발전되고, 벤더항공사에 가입된 컴퓨터 예약시스템은 본래의 의미인 CRS로 불리게 되었다.

CRS 개발의 주요 목적은 컴퓨터시스템을 통한 항공권 예약기능이지만 CRS를 통한 체계적인 예약관리가 가능해짐에 따라 이들 정보를 활용한 수익관리(yield management), 마케팅(marketing), 관광정보 제공(information providing) 등의 부가적인 기능의 수행이 가능해졌다. CRS의 주요 기능은 항공권의 예약기능이다. 컴퓨터 시스템을 이용하여 항공권 예약을 위해 필요한 개인정보, 요구되는 좌석정보 등을 체계적으로 관리하고, 빈번하게 발생하는 변경사항에 즉각적으로 대처할 수 있도록 해준다. CRS를 통한 예약관리는 적정한 할인요금의 산출 및 빈 좌석과의 최적 결합을 통해 수입 극대화를 추구할 수 있도록 한다. CRS는 또한 여행사의 업무를 지원하는 기능을 갖추고, 고객관리나 손익계산, 청구서 발행 등의 기능을 제공함으로써 마케팅적인 기능을 수행한다. 마지막으로 컴퓨터시스템을 통하여 관광지의 기상정보, 외환시세 등 관광객들이 궁금해하는 다양한 정보를 제공하여 소비자의 궁금증을 실시간으로 해결해 줄 수 있는 기능을 한다.

우리나라의 국적 항공사에서 이용하고 있는 CRS는 대한항공의 TOPAS와 아시아나항공의 ABACUS를 들 수 있다. 대한항공은 자체 CRS 개발을 추구하여, 1975년 칼코스 원(KALCOS-I), 1979년 칼코스 투(KALCOS-II)를 운영하였다. 1983년에 TOPAS(total passenger service)로 확장 운영하여 현재에 이르고 있으며, 한진정보통신이 관리, 운영하고 있다. 반면, 아시아나항공은 기존에 개발된 범용 시스템을 도입하여 이용하고 있으며, 아시아나 아바쿠스정보주식회사에 의해 운영되고 있다. CRS의 태동이 항공사의 원활한 예약 및 이를 바탕으로 한 사업의 효율성 추구라는 목적에서 비롯되었지만 현재 CRS 및 GDS(global distribution system)의 개발 및 운영은 정보의 네트워크화 및 정보의 시스템화가 항공사 본래의 사업 규모보다 더 큰 독자적인 사업영역으로 발전될 수 있음을 잘 보여 주고 있다.

2. 호텔

호텔업은 고객에게 숙박 및 식음료, 부대 서비스를 제공하는 서비스업으로 높은 초기 투자비용이 필요하고 인적 서비스에 크게 의존하는 특성을 지닌다. 호텔업의 구성은 약간의 차이는 있지만 크게 객실관리, 식음료, 부대시설관리 및 관리부서로 구분할 수 있다. 호텔정보시스템(HIS, hotel information system)은 호텔 업무를 수행하기 위해 필요한 정보를 생성하고 공유하기 위한 시스템으로, 업무의 효율성을 달성하고 고객에게 만족스러운 경험을 제공하며 호텔 업무의 표준화를 통하여 인적 자원의 효율적인 운용을 추구하고, 나아가서는 호텔의 홍보 및 마케팅 수단의 역할을 수행한다.

호텔정보시스템은 그 도입형태에 따라 호텔 자체에서 개발한 시스템을 이용하는 인하우스시스템(in-house system), 소프트웨어회사에서 개발한 프로그램을 이용하는 패키지시스템(package system), 그리고 외부 업체에 부분 및 전체 관리를 맡기는 아웃소스시스템(out-source system)으로 구분할 수 있다.[12] 호텔정보시스템을 묘사하는 총괄적인 단어로 자산관리시스템(property management system, PMS)을 이용하기도 하는데, PMS는 호텔업의 정보처리과정의 핵심기능을 다루는 중앙컴퓨팅 기술을 의미한다.[13]

호텔정보시스템에 대한 이해는 호텔 내부적인 측면에서의 관점과 호텔 간 정보시스템의 연결이라는 측면에서 바라볼 수 있다. 호텔에서 이용되는 정보시스템은 크게 프런트오피스시스템(FOS, front office system), 인터페이스시스템(IS, interface system), 백오피스시스템(BOS, back office system)으로 구분할 수 있다. 프런트오피스시스템은 호텔업의 기본적인 숙박기능을 지원하기 위한 시스템으로 객실의 체크인/아웃, 고객계정, 객실관리 보고서 작성 등의 기능을 지원한다. 인터페이스시스템은 고객의 호텔 투숙 후 활동이 자동적으로 PMS로 전달될 수 있도록 하는 시스템으로 고객의 전화기록, 미니바, 식음료 매장에서의 업장관리시스템(point of system), 룸서비스 등 일련의 고객활동에 대한 기록이 객실관리시스템과 관리업무시스템으로 자동 전달되도록 고안된 시스템이다. 백오피스시스템은 일반관리업무를 지원하는 시스템으로 고객관리, 연회고객관리, 인사관리, 자재관리, 업무분석 등의 기능을 수행한다. 호텔정보시스템 구성의 핵심은 다양한 정보시스템이 서로 연결되어 고객의 체크인 시점으로부터 체크아웃 시점까지 발생한 비용 청구대상 활동이 체계적으로 정리되고, 아울러 이러한 기록이 호텔의 운영/관리를 위한 자료로 변환되어 경영의사결정을 위한 정보로 전환될 수 있도록 하는 것이다.

호텔 간 혹은 호텔과 여행사와의 정보시스템 연결이라는 측면은 특히 호텔 예약시스템과 관련이 있다. 초기 항공사에서 개발된 예약시스템을 호텔에 적용하려던 시도는 많은 난관에 부딪혔다. 항공 좌석과 비교하면 호텔 객실은 가격이 다양하고, 각 객실의 부대시설이 다양하여 예약시스템에서 항공권 좌석을 묘사하기 위해 제공되는 공간이 호텔 객실을 표현하기 위한 공간으로는 부족한 한계를 나타냈기 때문이다. 이러한 호텔 예약시스템은 규모가 큰 체인호텔에서 그 요구가 높았으며, 1965년 Holiday Inn에서 개발한 Holidex CRS를 최초로 운영하게 되었다. 특히 체인호텔에서 개발된 예약시스템의 경우 개개 단위 호텔이 각자의 예약시스템을 운영하기보다는 중앙예약사무소(CRO, central reservation office)를 통하여 모든 체인호텔의 예약이 가능하도록 디자인되었으며, 이를 위해서는 개개 단위 호텔의 요금, 특별할인 요금, 객실의 예약가능 여부 등이 실시간으로 갱신되는 시스템 구축이 요구되었다. 여행사를 통한 호텔 예약의 경우 호텔의 예약시스템에 대한 직접적인 접속권한을 부여하여 여행사에 처리시간 지연 등 일련의 문제들이 발생하지 않도록 하는 방향으로 발전하였다. 특히 여행사의 호텔 예약시스템 접근은 호텔 예약시스템이 여행사에서 활용하는 GDS에 연결되어 활용되고 있다. 다양한 GDS에 호텔 예약시스템을 연결하는 과정에서 각 GDS에서 요구하는 시스템 요구사항을 모두 갖추기 어렵다는 현실적인 어려움으로 인해 그 기능을 대행해 주는 전환회사(switching company)가 등장하기에 이르렀다.[14)]

3. 여행사

여행업은 관광객을 위한 여러 가지 서비스를 알선하거나 정보를 제공하는 사업을 말하며, 관광을 위해 준비해야 할 사항들에 대한 알선업무, 여권이나 비자 등 관광을 위한 행정업무의 대리 및 정보 제공, 여행상품의 개발 및 판매기능 등을 수행한다.[15)] 우리나라의 경우 관광진흥법에 의해 여행업은 국외여행업, 국내여행업 그리고 일반여행업으로 구분하고 있다. 여행업은 중소 규모인 경우가 많고, 인적 서비스 중심 산업이며, 사업의 진입이 비교적 용이하여 경쟁이 치열하다는 특징을 가지고 있다.

여행업에서 이용하는 정보시스템은 크게 예약시스템, 고객정보시스템, 관광정보시스템, 경영시스템으로 구분할 수 있다. 예약시스템은 여행사의 기본 업무 중 하나인 관광객들이 소비하고자 하는 서비스의 알선업무를 위한 시스템을 말하며, 항공권의 예약, 숙박시설의 예약, 기타 관광관련 시설의 예약업무를 지원하는 시스템이다. 항공사에서 개발된 CRS가 발전되어 광역화된 GDS가 여행사에서 가장 보편적으로 이용하는 예약시스템이다. 여행사 업무를 포괄하는 예약시스템인 GDS의 기능을 살펴보면, 항공업무와 관련하여 항공정보, 일정, 가격 등 비행정보에 대한 예약기능과 아울러 고객의 요구사항을 처리하는 고객정보 관리기능, 발권 및 일정 등의 출력기능을 기본으로 하고 있다. GDS는 이외에도 호텔, 기타 운송수단의 예약기능, 외환업무, 기상정보 및 국제통관업무에 관한 정보 제공, 여행관련 기구와의 연결기능, 목적지 정보 제공 등 다양한 기능을 수행한다.

여행사가 어떤 GDS를 이용할 것인가의 문제는 각 GDS 사용과 관련된 계약사항과 아울러 호환성, 교육제공 등 일련의 고려사항에 의해 결정된다. 고객정보시스템은 여행사 고객의 개인 취향, 요구사항, 소비성향 등의 정보를 관리할 수 있도록 하는 시스템을 말하며, 관광정보시스템은 관광객의 정보요구에 부응하기 위해 제공하는 일반적인 목적지 정보 제공과 아울러 새로운 여행상품의 기획, 개발을 위한 시스템을 말한다. 경영시스템은 예약시스템을 통한 예약정보, 마케팅정보, 고객지원정보를 바탕으로 판매 계획/분석, 매출수익 관리, 거래선/영업점 관리, 기타 정보 관리의 기능을 수행하기 위한 시스템을 총칭한다.

여행업의 제반 여건은 여러 측면에서 큰 변화를 겪고 있다. 이러한 변화로 말미암아 여행업의 주요 기능이 여행 알선에서 여행상품 개발 및 여행상품 마케팅으로 발전해 왔으며,[16] 여행사 업무의 본질적인 변화를 요구하고 있는 상황이다. 여행업의 변화를 유발하는 제반 여건의 변화로는 관광시장의 변화와 관광서비스 공급자와의 관계 변화를 들 수 있다.[17] 과거의 업장 방문 중심의 소비자층은 인터넷 등 새로운 정보매체를 활용한 소비자층으로 급속하게 변화하고 있어 이에 따른 여행업의 변화를 요구하고 있으며, 개별관광의 부각, 여성/노년층 소비자의 증가, 관광상품에 대한 기호 변화 등 일련의 변화는 여행사의 운영 초점이 단체관광을 목표로 한 여행업 운영뿐만 아니라 새로운 고객층을 대상으로 한 개별화된 서비스 제공으로의 변화에도 맞추어져야 함을 의미하고 있다.

특히 인터넷과 같은 정보기술의 발달로 관광소비자의 요구를 충족시키기 위한 물리적인 공간이 요구되지 않는 환경이 조성됨에 따라 물리적인 공간을 갖추지 않고 온라인상에서 필요한 서비스를 제공하는 사이버 여행업이 출현하게 되었다. 인터넷과 같은 새로운 정보기술을 통하여 관광서비스 공급자가 관광중개업의 매개 없이 관광객과 직접적으로 연결될 수 있게 되었으며, 관광서비스 공급자의 직접 판매가 급격히 증가하는 결과를 야기하였다. 이러한 변화는 항공사 및 호텔 등 관광서비스 공급자의 여행사에 대한 수임료 인하라는 압박으로 나타나고 있으며, 궁극적으로 관광중개업이라는 여행업의 취지 기반이 약해지는 결과를 초래해 여행사 업무의 본질에 대한 변화를 요구하고 있다.

4. 관광목적지 관리조직

관광목적지 관리조직은 관광목적지의 홍보, 마케팅, 관리를 담당하는 기관으로, 우리나라는 지방자치단체의 관광관련 부서 및 관광공사 형태의 조직이 그 기능을 담당하며, 미국은 각 도시나 지방자치단체의 CVB(convention and visitors bureau)라는 조직에서, 유럽에서는 도시관광조직(city tourism organization)이 담당하고 있다. 관광목적지 관리조직의 기능은 대상지 내의 다양한 관광산업체의 이해관계를 조정하고, 대상 관광목적지의 공동 마케팅을 추구하며, 대상지에서 제공할 수 있는 관광경험의 품질을 유지 또는 향상시키기 위한 활동을 전개하는 것이다.[18]

특정 관광목적지에 있는 다양한 관광업체의 영업이익 추구는 관광객의 대상지 방문을 전제로 하고 있지만, 개별 업체가 관광목적지를 홍보하고 관광객의 대상지 선택을 유도하기 위한 활동을 전개하기에는 한계를 갖고 있다. 특히 관광목적지 내의 유사업종의 관광업체들은 서로 경쟁관계에 있으면서도 일단 관광객들이 그 목적지를 찾도록 만들어야 된다는 점에서는 상호 협력관계를 형성해야 하는 협력-경쟁(co-opetition)의 딜레마적인 관계를 갖는다. 관광목적지 관리조직은 관광산업의 협력-경쟁 관계 중 협력적인 측면의 역할을 기획하고 수행하는 독특하면서도 중요한 역할을 하는 조직이다.

관광목적지 관리조직은 규모 면에서 대부분 중소 규모이며, 특정 관광목적지의 관리 및 이해조정이라는 공공적인 성격의 역할을 수행함과 동시에 목적지 홍보 및 판매촉진을 위해서는 일반 기업에서 이루어지는 일반적인 홍보, 판매촉진을 위한 활동도 수행해야 하는 특성을 갖는다.

관광목적지 관리조직에서 활용하는 정보시스템은 정보 제공의 수혜 대상자에 따라 크게 관광객을 위한 지역정보시스템과 지역 내 관광산업체 경영을 지원하기 위한 시스템으로 구분할 수 있다. 관광객을 위한 지역정보시스템은 목적지의 브랜드 형성 및 마케팅 목적으로 관광객에게 목적지의 일반정보를 제공하는 시스템을 말하며, 최종 소비자를 대상으로 하는 시스템이라는 측면에서 BtoC(business to consumer)시스템으로 이해될 수 있다. 반면 목적지 내 관광산업체 경영을 지원하기 위한 시스템은 지역 내 관광산업체 간 이해관계를 조정하고, 상호 협력적인 마케팅, 홍보사업을 유도하기 위한 시스템으로, 벤치마킹을 위한 시스템 제공, 지역 관광산업체 통계의 생성 및 보고서 제공 등이 그 적용 기술의 예로서 BtoB(business to business)시스템으로 이해될 수 있다.

제4절 정보기술과 관광정보

관광객의 관광정보 이용과 관광산업체의 관광정보 제공은 인터넷으로 대표되는 정보기술의 발전에 의해 많은 변화를 겪게 되었다. 1980년대 후반부터 일반인들의 이용이 가능하게 된 인터넷은 모든 분야의 정보 이용에 큰 변화를 초래하였으며 가히 정보혁명이라고 지칭될 만큼의 변화를 가져왔다. 이러한 변화는 관광분야에서도 광범위하게 나타났다.

관광정보의 생성, 전달, 이용에서 인터넷이 가져온 대표적인 변화는 정보이용의 시공간적 제한 극복, 정보이용의 비용 감소, 정보전달의 상호작용, 관광객의 자의적인 정보 통제, 그리고 정보과부하를 들 수 있다.[19] 인터넷의 등장은 전통적인 정보전달 매체가 가지고 있었던 관광정보의 이용과 활용의 시간적, 공간적인 제한을 제거하였다. 관광객은 언제, 어디서든지 자신들이 필요한 정보를 다양한 매체를 통해 검색하고 활용할 수 있게 되었다. 인터넷 환경하에서 관광객들은 매우 낮은 비용으로 정보를 활용할 수 있다. 이러한 환경변화는 관광객들이 이전보다 훨씬 많은 정보를 가지고 구매와 관련된 의사결정을 할 수 있는 여건을 제공하고 있다. 인터넷은 기존 정보매체에 비해 상호작용에 기반한 정보매체이며 일대일 의사전달 뿐 아니라, 일대 다수, 다수대 다수의 상호작용이 가능한 정보매체이다. 이러한 상호작용은 사람대 사람 간 의사소통 뿐 아니라, 사람대 기계, 기계대 사람, 그리고 기계대 기계 간의 상호작용을 포함한다. 기존의 매체에 비해 인터넷을 통한 정보의 전달은 정보소비자인 관광객에게 정보의 탐색과 활용에서 더 많은 통제권을 부여한다. 관광객은 어떤 사이트를 방문할 것인지, 특정 사이트에서 어떤 페이지를 읽을 것인지, 얼마나 오랫동안 그 사이트에 머무를 것인지를 능동적으로 결정할 수 있게 되었다. 인터넷을 통한 관광정보의 전달은 관광객이 그 어느때보다 많은 정보를 접할 수 있는 기회를 제공하였으며, 많은 경우 너무 많은 정보에 노출되는 정보과부하의 상태를 야기한다. 따라서 정보과부하상태를 감당할 수 있는 수준으로 정제해주는 정보검색 엔진의 도움이 필요한 상황이 되는 것이다.

정보기술은 하루가 다르게 발전하고 있으며, 이러한 발전은 초창기 인터넷이 제공한 정보환경을 넘어 새로운 여건과 사업기회를 제공하고 있다. 관광객의 정보이용과 관광산업에 큰 영향을 미치는 정보기술의 발전은 모바일 기술, SNS, 빅데이터 기술 등을 그 예로 들 수 있다. 모바일 기술은 인터넷의 특징으로 여겨져 왔던 장소와 시간에 구애받지 않고 정보를 획득할 수 있는 여건을 더욱 더 강화시켰으며, 이제 관광객은 여행 전, 여행 후 정보를 이용하고 생성하는 단계를 넘어, 여행 중에도 어디서든 정보를 공유하고, 활용할 수 있게 되었다, 카카오톡, 페이스북, 트위터로 대표되는 SNS의 등장은 정보 중심의 관광정보 탐색이 관계중심의 정보탐색으로 진화하게 되는 계기가 되었으며, 관광객이 인터넷의 바다에서 접할 수 있는 무궁무진한 정보에만 의존하는 것이 아니라, 그들이 형성해온 관계에 기반하여 신뢰할 수 있는 정보를 선별하여 이용할 수 있게 되었음을 의미한다. 빅데이터 기술은 관광객의 정보이용 행동 뿐 아니라, 구매행동, 구전 행동 등 거의 모든 행동이 기록될 수 있는 여건이 정보기술의 발전으로 마련됨에 따라, 생성된 거대한 데이터를 이용하여 최적의 정보 혹은 대안을 제시할 수 있는 기술이 탄생되었음을 의미한다. 과거 경영자의 직관, 불완전한 자료에 기반한 의사결정이 무궁무진한 자료와 인공지능과 같은 의사결정 엔진에 의해 보다 더 정확하게 예측됨에 따라 궁극적으로 새로운 사업모델이 나타나고 있다.

정보기술의 발전에 따라 나타나고 있는 새로운 사업기회 및 사회적 변화의 예는 O2O(online to offline)와 스마트관광을 들 수 있다. O2O는 새로운 고객에 대한 파악을 이메일이나 SNS와 같은 온라인의 정보를 통해 획득하고, 온라인에서 가능해진 다양한 기술을 응용하여 오프라인에서 실제 상품 및 서비스를 판매하는 모델을 의미한다. 외국을 방문하는 관광객들이 많이 이용하는 Uber와 AirBnB는 O2O 모델의 전형으로 알려져 있다. 정보기술을 활용하여 도시거주민의 생활환경을 개선하는 스마트시티의 개념에서 출발한 스마트 관광은 관광지내 생활환경과 관광객들의 요구에 부응하는 관광정보환경을 제공함으로써 보다 편리하고, 만족스러운 관광지 경험을 제공하자는 취지이며, 개발되고 있는 정보기술이 종합되어 관광지에 적용된다는 의미에서 많은 지역과 국가에서 관심을 가지고 추진하고 있다. 이처럼 정보기술의 발전은 관광서비스의 범위 확장을 유도하고 있으며, 미래 관광산업의 추이를 가늠하기 위해서는 정보기술의 발전 방향에 대한 고찰이 필수적으로 요구되고 있다.

이 장에서는 관광정보의 개념과 분류, 관광객의 정보활용, 다양한 관광산업분야의 정보 활용, 그리고 정보기술의 발전에 따른 관광분야의 변화에 대해 살펴보았다. 관광객은 비교적 고가의 관광상품 소비를 만족스러운 경험으로 만들기 위해 관련정보를 적극적으로 활용한다. 서비스 공급자, 관광중개업자, 정부기관 및 비정부기관으로 대별되는 다양한 관광산업분야는 관광객들에게 유용한 정보를 제공하기 위해 그리고 관광객의 행동 자료를 적극적으로 활용하여 보다 나은 서비스를 제공하기 위해 정보기술을 적극적으로 활용하고 있다. 정보기술의 발전은 관광객과 관광산업체가 정보를 활용하는 방식에 큰 변화를 가져오고 있으며, 이러한 변화는 궁극적으로 관광산업의 변화를 초래하고 있다. 관광객과 관광산업의 정보이용 패턴에 대한 예측은 미래 관광산업을 준비하기 위해 필수적으로 요구되는 분야이다. 관광정보의 이용과 제공에서 나타나는 변화에 대한 관심은 미래 관광산업분야를 선도하기 위한 중요한 요소가 될 것이다.

토론주제

- ♣ 관광산업이 정보집약적인 산업으로 이해되는 이유는 무엇인가?
- ♣ 관광객 및 관광산업분야의 관광정보 이용에 영향을 미치는 정보기술의 발전에는 어떤 기술들이 있는가?
- ♣ 정보기술의 발전에 따라 나타날 수 있는 관광정보 이용의 변화는 어떤 것들이 있는가?

참|고|문|헌 ›››

1) S. R. Gordon and J. R. Gordon, Information Systems: A Management Approach, New York: The Dryden Press, 1996, pp. 4-5.

2) S. R. Gordon and J. R. Gordon, Information Systems: A Management Approach, New York: The Dryden Press, 1996, pp. 8-10.

3) Y. Reisinger, Unique Characteristics of Tourism, Hospitality, and Leisure Services. In Kandampully, J., Mok, C., and Sparks, B.(Eds.), Service Quality Management in Hospitality, Tourism, and Leisure, New York: The Howorth Hospitality Press, 2001, pp.15-49.

4) Y. Reisinger, Unique Characteristics of Tourism, Hospitality, and Leisure Services. In Kandampully, J., Mok, C., and Sparks, B.(Eds.), Service Quality Management in Hospitality, Tourism, and Leisure, New York: The Howorth Hospitality Press, 2001, pp.15-49.

5) Y. Reisinger, Unique Characteristics of Tourism, Hospitality, and Leisure Services. In Kandampully, J., Mok, C., and Sparks, B.(Eds.), Service Quality Management in Hospitality, Tourism, and Leisure, New York: The Howorth Hospitality Press, 2001, pp.15-49.

6) J. C. Crott, Consumer Decision Making and Prepurchage Information Search. In Pizam, A., and Yoel Masfeld(eds.), Consumer Behavior in Travel and Tourism, Binghamton, New York: The Harworth Hospitality Press, 1999, pp.149-168.
U. Dholakia and R. P. Bagozzi, Consumer Behavior in Digital Environments. In Wind, J., & Mahajan, V.(eds.), Digital Marketing: Global Strategies from the World's Leading Experts, New York: John Wiley & Sons, Inc, 2001, pp.163-200.

7) D. R. Fesenmaier, U. Gretzel, Y H. Hwang, and Y. Wang, Travel and Tourism. In Bidgoli, H.(ed.), The Internet Encyclopedia(Vol. 3), New York: John Wiley & Sons, Inc, 2003, pp.459-475.

8) Y-H. Hwang, U. Gretzel, and D. R. Fesenmaier, Behavioral Foundations for Human-centric Travel Decision-aid Systems, In Karl W., Andrew J. Frew and Martin Hitz(eds.), Information and Communication Technologies in Tourism 2002: The proceedings of the international conference of ENTER 2002. Innsbruck, Austria, 2002, pp.356-365.

9) P. J. Sheldon, Tourism Information Technology, New York: CABI Publishing, 1997, pp. 2-5.

10) P. O'Connor, Electronic Information Distribution in Tourism and Hospitality, New York: CABI Publishing, 1999.

11) R. M. Emmer, C. Tauck, S. Wilkinson and R. G. Moore, Marketing hotels using global distribution system, Cornell Hotel and Restaurant Administration Quarterly, 1993, 34(6), pp.80-89.

12) 김천중, 『관광정보시스템: 관광사업과 정보통신기술』(제2판), 서울: 대왕사, 2000, pp. 168-169.

13) P. J. Sheldon, Tourism Information Technology, New York: CABI Publishing, 1997, pp. 110-119.

14) P. O'Connor, Electronic Information Distribution in Tourism and Hospitality, New York: CABI Publishing, 1999.

15) P. J. Sheldon, Tourism Information Technology, New York: CABI Publishing, 1997, pp. 42-43.

16) 김천중, 『관광정보시스템: 관광사업과 정보통신기술』(제2판), 서울: 대왕사, 2000, pp. 115-120.

17) P. J. Sheldon, Tourism Information Technology, New York: CABI Publishing, 1997, pp. 66-67.

18) Y. Wang, Collaborative destination marketing: Roles and strategies of convention and visitors bureaus, Journal of Vacation Marketing, 2008, 14(3), pp. 191-209.

19) Y.-H. Hwang, U. Gretzel, Z. Xiang, and D. R. Fesenmaier. Information search for travel decisions, 2006. In D. R. Fesenmaier, H. Werthner, and K. Wober (Eds.), Destination Recommendation System: Behavioral Foundations and Applications Cambridge, MA: CABI Publishing, 2006, pp.3-16.

읽을거리 "부산, 첨단기술로 '스마트 관광시대' 연다"

부산 관광이 첨단 정보통신기술(ICT)을 접목해 한층 똑똑해지고 편리해진다.

부산시는 관광객의 요구와 여행 상황에 맞는 맞춤형 관광서비스를 위해 '스마트 관광'을 강화한다고 밝혔다.

스마트 관광이란 관광과 ICT의 융합을 기반으로, 전통적인 관광 의미에 인터넷 기반의 스마트폰과 데이터 환경이 결합된 개념이다. 부산시는 먼저 체험형 스마트 관광서비스를 위해 비콘 서비스를 도입, 올해 시범운영을 거쳐 내년부터 본격 시행한다. 근거리 무선통신장치(비콘)를 부산 전역 관광지에 300개를 설치해 스마트폰 앱으로 관광정보나 관광추천코스, 할인쿠폰 등을 한.영.중.일 4개 국어로 제공한다.

가상현실을 이용해 길을 안내하거나 미리 목적지를 영상을 통해 가보는 뚜벅이 길안내 서비스도 제공한다. 해운대나 기장 방면의 시티투어버스 좌석에 스마트패스 화면을 달아 영상과 음성으로 코스별 안내, 관광지 정보를 제공하는 무인관광 해설사 서비스도 내년부터 실시한다.

VR을 이용한 관광지 체험 프로그램도 늘린다. 부산시는 현재 태종대 전망대, 벡스코, 아쿠아리움 등 7곳의 VR체험존에서 VR로 관광지 정보를 제공하고 게임을 하는 체험 프로그램을 운영하고 있다. 내년에는 감천문화마을에 하늘마루 멀티체험관을 열고 가상현실과 증강현실(AR)로 다채로운 영상을 즐길 수 있도록 할 계획이다.

건물 외벽에 다양한 콘텐츠 영상을 투사해 영상을 보여주는 미디어파사드를 더베이101, 아쿠아리움, 렛츠런파크 일루미아 등에서 운영하고 있으며, 올 연말에는 용두산 공원 부산타워에도 용이 승천하는 형상의 미디어파사드를 만든다. 이와 함께 부산시는 새로 업그레이드된 부산관광카드를 발행해 관광객들에게 대중교통 이용, 주요 관광지 할인, 쇼핑 할인 등의 혜택을 제공한다. 부산관광카드는 부산 지역 1000여 곳에서 판매되며 1000원부터 50만 원까지 자율충전을 할 수 있다. 부산 관광카드가 활성화되면 카드 사용내역 분석을 통해 빅데이터에 기반을 둔 관광정책 수립.결정에도 도움이 될 전망이다. 현재 전포카페거리 등 시내 주요 관광지 8곳에서 운영하는 관광지 무료 와이파이 서비스도 내년에는 8곳을 추가해 확대 운영하기로 했다.

스마트 관광 홍보도 강화한다. 부산 관광홈페이지와 부산투어 앱, 페이스북, 트위터, 블로그, 인스타그램 등 9개 사회관계망서비스(SNS) 매체를 운영, 4개 국어로 부산 관광 온라인 정보를 제공한다. 내년에는 부산시와 관광공사에서 따로 운영하고 있는 관광 홈페이지를 통합 개편해 최신 트랜드를 반영하고 서비스를 하나로 묶을 계획이다.

부산시 관계자는 "급변하는 관광산업에 스마트폰과 다양한 ICT기술을 연계해 관광객들이 보다 편리하고 알찬 관광을 즐길 수 있도록 노력하겠다"고 말했다.

출처 : 파이낸셜뉴스 기사(2017. 9. 4)를 바탕으로 작성함

제14장

관광정책

제1절 정책의 개념 및 종류와 유형
제2절 관광정책의 개념 및 과정
제3절 국민관광정책
제4절 국제관광정책
제5절 우리나라의 관광정책

학습목표

- ♣ 정책의 개념 · 특성 · 구성요소를 학습한다.
- ♣ 관광정책의 개념과 관광정책 과정의 단계를 학습한다.
- ♣ 국민관광정책과 국제관광정책의 정의와 특성을 학습한다.
- ♣ 우리나라의 관광정책 목표와 관광 진흥 시책을 학습한다.

제14장

관광정책

제1절 정책의 개념 및 종류와 유형

1. 정책의 개념

'정책(policy)'이란 무엇인가에 대하여 학자들 간에 정책을 바라보는 관점이 매우 다양하여 통일을 보지 못하고 있다.

Lasswel은 "문제 해결을 위해 사회 변화를 전제한 정부의 활동"이라고 정의하고, Easton은 "정책이란 희소한 사회적 가치의 권위적 배분"으로, Lasswel과 Kaplan은 "정책이란 목적, 가치, 전략을 포함한 큰 규모의 계획"으로, Dye는 "정책이란 정부가 하기로 또는 하지 않기로 결정한 모든 것"이라고 정의하고 있다고 류지성은 정리하고 있다.[1] 또한 Anderson은 정책을 "문제나 관심사를 해결하기 위하여 활동가나 다수의 활동가들이 결정하는 목표지향적인 활동"으로,[2] Peters는 정책을 "시민의 생활에 영향을 미치는 정부 활동의 총체"라고 정의[3]하였다.

한국 정책학자들의 개념 정의를 살펴보면, 유훈은 "정책이란 대부분의 사회 구성원과 관련 있는 시급한 문제들을 권위적으로 해결함으로써 생활의 질과 공익을 향상하고자 하는 정부 및 공공기관의 미래 지향적인 활동 지침 또는 활동 목표"라 한다.[4] 류지성은 "정책은 공공문제의 해결, 계획된 정부 활동, 권위적인 정부의 결정, 정책목표를 성취시키기 위한 전략 등을 포함한 개념이며, 공적으로 인지된 문제 해결을 위한 정부의 지속적인 의사결정"으로, 남궁근은 정책을 "정책문제를 해결하고, 정책목표를 달성하기 위해 정부가 의도적으로 선택한 일정한 행동 경로 또는 무결정"으로, 정정길 · 최종원 · 이시원 · 정금준 · 정광호는 "정책은 바람직한 사회 상태를 이룩하려는 정책목표와 이를 달성하기 위해 필요한 정책수단에 대하여 권위 있는 정부기관이 공식적으로 결정한 기본방침"[5]이라고 정의한다.

국내 · 외 학자들의 정책에 대한 개념을 종합해 보면 '정책이란 바람직한 사회 상태를 이루기 위하여 정부가 권위적으로 결정한 미래지향적인 활동 목표 및 이의 달성을 위한 활동' 이라고 정의할 수 있다.

2. 정책의 특징

정책은 다음과 같은 성격을 지니고 있다.[6]

가. 목적지향성

정책은 정책주체가 의도하는 것을 실현시키기 위하여 선택한 행동의 지침이기 때문에 그것은 정책주체의 목적의지를 반영하고, 그러한 목적의지를 실현시키려는 성격 즉, 목적지향성을 가진다.

나. 행동지향성

정책은 정책주체의 목적의지를 실천적인 행동을 통하여 실현시키려고 하는 노력의 표현이다. 그러므로 정책은 실천적 행동을 유발시키는 명백한 성향 즉, 행동지향성을 지닌다. 정책의 행동지향적인 성격 때문에 정책은 현실적으로 동원할 수 있는 자원의 한계 안에서 능률적인 행동을 합리적으로 기획하고 실현하려고 하는 경향이 있다.

다. 변화지향성

정책은 불만족스러운 현실과 문제시되는 상황을 좀 더 바람직한 상황으로 개선하고 실현시키려고 하는 의지의 표현이다. 그러므로 정책은 변화를 유발시키는 강력한 성향 즉, 변화지향성을 가진다.

라. 미래지향성

정책은 바람직한 미래의 상을 실현시키려고 하는 의지의 표현이다. 정책의 내용 속에 포함되는 행동이 일어나는 시점은 현재이지만, 정책이 의도하는 변화가 이루어질 수 있는 시점은 미래이다. 그러므로 정책은 미래를 설계하고 구축하는 성질 즉, 미래지향성을 가진다.

마. 정치적 연관성

정책은 정치적 연관성 안에서 형성 · 집행되고 평가된다. 특히 정책은 가치나 이익을 강제적으로 배분하는 성질 즉, 가치의 강제배분성은 모든 사람에게 이익과 손해를 균등하게 배분하기보다는 항상 차별적으로 불균등하게 배분하는 성질 즉, 부분이익 선택성을 지니기 때문에 정치적으로 대단히 민감하고, 복잡한 갈등을 일으킨다. 사람들이 정책에 대하여 요구하는 것, 그리고 정책이 가져 오게 될 결과에 대한 평가에 따라서 찬성과 반대의 정치적 관계가 형성되는 것이다. 현실의 정책은 이러한 정치적 관계를 통하여 정치적 합의의 표현 또는 그것의 전제로 채택된 것이다. 그러므로 정책은 항상 협상과 타협 또는 권력적 작용과 연관된 성향 즉, 정치적 연관성을 지닌다.

바. 공익지향성

정책은 비록 여러 사람들에게 이익과 손해를 차별적으로 배분하는 성격을 가지고 있기는 하지만, 정도의 차이는 있으나 모든 정책은 공익을 실현시키고자 하는 성향을 가진다. 국민이 정책의 정당성을 인정하고 정책 내용의 실현을 위한 강제성을 인정하는 것은 주로 이러한 정책의 공익지향성에 근거하는 것이다.

3. 정책의 구성 요소

정책을 구성하는 요소로는 정책의도, 정책목표, 정책제안, 정책수단, 의사결정, 정책효과, 정책대상집단 등이 있다.[7)]

가. 정책의도

'정책의도(policy intentions)'는 정책목표와 구별된다. 정책의도는 정책집행을 통해 성취하고자 하는 '실질적 목적(true purposes)'이다. 예를 들어, 많은 정책전문가, 언론인들이 언급하고 있듯이, 미국의 이라크에 대한 군사적 개입의 '정책적 의도'는 중동 지역에서 기득권 유지를 통한 석유 자원의 안정적 확보라고 한다. 물론 미국 정부의 입장에서 이라크에 대한 군사적 개입은 이라크 국민을 독재정권으로부터 해방시켜 이라크 국민에 의한 민주적 국가의 수립과 더불어 중동 지역의 평화와 안정에 기여하기 위한 것이라고 '정책목표'를 설명하고 있다.

나. 정책목표

'정책목표(policy goals)'란 정책을 통해 성취하고자 공식화 과정을 거쳐 문서로 표명된 정책 산출을 뜻한다. 여기서 공식화 과정이란 정부에 의해 발의된 정책이 입법부에 의해 비준되는 것을 의미하며, 이것은 정부의 행정 업무 수행 즉, 정책집행의 포괄적 지침이 된다. 따라서 앞서 언급한 정책의도와는 구별된다.

다. 정책제안

'정책제안(policy proposals)'은 정책의 중요한 구성요소가 된다. 정책제안이란 정책목표를 성취시키기 위한 구체적 수단을 정책결정 집단에게 추천하는 것을 말한다. 일반적으로 정책제안은 '정책대안(policy alternatives)'의 검토와 비교를 통해 최선의 문제 해결 방안을 찾아내는 것이고, 유사한 개념으로 '정책주장'이 있다. '정책주장'은 정책이 추구하는 가치에 대한 옳고 그름, 좋고 나쁨과 같은 가치 판단이며, 특정 정책을 좋거나 옳다고 주장하는 근거는 '객관적인 문제 분석', '직관적인 통찰력',

'실용적 동기' 등이 된다. '정책제안'이나 '정책주장'이 타당하려면, 논리적이며, 체계적이고 비판적이어야 한다.

라. 정책수단

'정책수단(policy instruments)'이란 정책목표를 성취시키고자 구체화되고 세분화된 실행계획이며, 이것은 프로그램이나 프로젝트의 형태를 띠게 되고, 세분화된 정책수단들은 우선순위에 의해 집행된다.

마. 의사결정

'의사결정(decisions-making)'은 정책을 구성하는 중요한 요소로서 정책목표를 성취시키기 위한 구체적인 대안을 최종 결정하는 것이다. 일반적으로 의사결정은 목표를 달성하기 위해 채택될 구체적 정책대안들의 탐색과정에서 나타나게 되는 다양한 정책수단들의 비교 검토 과정을 거쳐 목표달성을 위한 최선의 방법을 최종적으로 결정하는 행위이다.

바. 정책효과

'정책효과(policy effects)'란 프로그램의 '영향(impacts)'이다. 정책효과는 결정된 정책을 집행해 나타난 결괴이므로 '의도한 결과'와 '의도한 않은 결과' 혹은 '본질적 효과', '부수적 효과' 등으로 나눌 수 있다. 모든 정책은 '의도한 결과' 즉 정책목표를 성취시킬 것이 기대되지만 우리가 알다시피 정책은 늘 의도한 결과만을 초래하지 않는다. 따라서 정책은 얼마나 '의도한 결과'를 초래했는지를 평가를 통해 측정하며, '의도하지 않은 결과'는 정책의 수정 · 보완의 대상이 된다.

사. 정책대상집단

'정책대상집단(policy target groups)'은 특정 정책에 의해 영향을 받는 부류의 집단이나 사람을 말한다. 일반적으로 정책목표가 설정되면 정책수단이 결정되며, 이 과정에서 정책대상집단이 구체적으로 명시되기 마련이다. 정책대상집단은 특정 정책의 집행에 영향을 받는 만큼 정책 전개되는 모든 과정에 매우 민감할 뿐 아니라 정치적 영향력을 행사해 자신들의 이해관계를 극대화하려 한다.

정책대상집단은 크게 정책 수혜집단과 정책에 의해 불이익을 감수해야만 하는 집단으로 나누어 볼 수 있다. 정책이 성공적으로 의도한 결과를 초래하기 위해서는 정책대상집단의 호응이 절대적으로 필요하다.

제2절 관광정책의 개념 및 과정

1. 관광정책의 개념과 성격

관광정책 개념은 관광의 개념과 정책 개념을 종합하여 정의할 수 있는데 '권위 있는 공공기관이 관광문제 해결이나 관광 분야 전체의 공익을 달성하기 위하여 정치적 · 행정적 과정을 거치거나 당위성에 입각하여 공식적으로 결정한 장래의 행동지침' 이라고 정의할 수 있다.

이처럼 관광정책은 달성하고자 하는 목표를 세우고 이를 달성하기 위한 계획을 수립하며, 가장 바람직한 대안 선택을 하는 목표지향적인 성격을 가지고 있다. 또한 관광정책은 공공적인 성격을 갖고 있기 때문에 정책결정의 절차와 방법에 있어 공식적인 결정권을 갖게 되며, 가치분배에 있어 권위를 가진다. 그리고 관광정책은 관광에 관한 현안 문제를 해결하고자 하는 접근을 시도하고 환경 변화에 대응하는 환경 대응적 특성을 가지는 등 실제적인 성격을 가지고 있다.

관광산업이 그 자체로서 융합적 성격의 사업이자 타 산업의 융복합의 촉매산업으로서의 특징을 가지고 있기 때문에 관광정책의 영역도 시대의 변화에 따라 재조정되어야 한다. 관광 1.0시대의 관광정책은 관광수용태세 개선이라는 기능적 정책에 초점을 두었고, 이후 관광정책(관광 2.0시대)은 산업규모가 커지고 확대되면서 관광수용태세의 범위가 확장되므로 인하여 점차 산업적 관점에서 관광숙박업을 위시한 핵심

관광산업을 대상으로 한 정책이 강조되게 되었다. 관광산업의 영역이 점차 확대되고 몇몇 관광업종을 대상으로 한 관광진흥정책의 한계상황에 직면하면서 관광 3.0시대에는 핵심관광산업 등 직접적 관광산업뿐만 아니라 간접적인 관광산업도 중요해지면서 연계 관광산업이 관광정책의 주요 대상으로 등장하게 되었다. 최근 관광산업은 융합시대(관광 4.0시대)를 맞아 다양한 분야의 접목이 강조되면서 융합발전패러다임으로 전환되고 있으며, 이에 따라 관광정책의 영역과 범위에 부합하는 새로운 정책기능 재편이 요구되고 있다.[8)]

2. 관광정책의 유형

정책은 여러 가지 기준에 따라 다양하게 분류되는데 국방 · 외교 · 교육 · 관광정책 등 실질적 분류가 있는가 하면, Lowi식의 배분정책 · 규제정책 · 재분배정책 · 구성정책 등의 분류가 있고,[9)] Bormann은 관광정책에는 선전 이외에도 조직에 관한 문제, 사회적 의미를 가진 문제, 행정상의 문제가 포함되며, 그것은 대외정책과 대내정책으로 구별해야 한다고 주장하고 있고, 스페인의 Arrillage는 관광정책을 그 대상 · 범위 · 지역 · 수단 · 방법 등에 따라 분류하고 있는[10)] 등 많은 학자들이 각기 학문적 주관에 따라 관광정책 유형을 달리 분류하고 있다.

가. 실질적 · 기능적 분류

가장 상식적으로 알려진 정책의 분류는 정부조직이 담당하는 기능별 분류로서 국방 · 외교 · 교육 · 관광 · 산업 · 농업 · 교통 · 보건 · 노동정책 등이다. 행정부에는 각각 이들을 담당하는 부처가 있게 되고 국회의 상임위원회도 이러한 기능별로 조직이 되어 있다.

나. Lowi의 분류

많은 학자들이 정책 분류를 하였는데 그 중에서 Lowi의 분류가 가장 중요하고 많은 영향을 미쳤으므로 이를 중심으로 보기로 한다.

1) 배분정책(distributive policy)

배분정책은 국민들에게 권리나 이익, 또는 재화나 서비스를 배분(distributive)하는 내용을 지닌 정책이다. 이는 19세기 미국의 국유지불하정책, 하천 · 항만사업, 연구개발사업, 군수품 구매 등의 내용을 지닌 정책이다. 우리나라의 경우 정부에 의한 고속도로, 비행장, 항만시설 등의 사회간접자본 구축, 기업에 대한 보조금 · 융자금 지원, 국공립학교를 통한 교육서비스 제공, 박물관이나 미술관 건립 등이 모두 여기에 포함된다. 이처럼 배분정책은 정부가 적극적으로 국민들이 필요로 하는 재화와 서비스를 산출 · 제공하는 것을 그 내용으로 한다.[11]

2) 규제정책(regulatory policy)

규제정책은 개인이나 일부 집단에 대해 재산권 행사나 행동의 자유를 구속 · 억제하여 반사적으로 다른 사람들을 보호하려는 정책으로 기업 간의 불공정 경쟁 및 과대광고의 규제 등이 구체적인 예가 된다.

규제정책의 특징을 보면 첫째, 정책의 불응자에게 강제력을 행사한다. 둘째, 규제정책은 국민 개개인의 권리나 자유를 제한하기 때문에 반드시 국민의 대표기관인 의회의 의결을 얻도록 하고 있다. 즉, 법률의 형태를 취하도록 하는 것이 원칙이다. 세 번째 특징은 정책으로부터 혜택을 보는 자와 피해를 보는 자(피규제자)를 정책 결정시에 선택한다는 점이다. 그래서 양자 간의 갈등이 심각하게 된다. 근로자를 보호하기 위해서 기업주를 규제하는 것이 그 예이다.[12]

3) 재분배정책(redistributive policy)

재분배정책은 고소득층으로부터 저소득층으로의 소득이전을 목적으로 하는 정책으로, 누진세에 의하여 고소득층으로부터 보다 많은 조세를 징수하여 저소득층에게 사회보장지출을 하여 소득의 재분배를 도모하는 정책을 대표적인 예로 들 수 있다. 이러한 좁은 의미의 재분배정책에서 한 걸음 더 나아가 소득분배의 실질적인 변경을 주된 목적으로 하여 실시되는 정책들도 넓은 의미의 재분배정책이라고 볼 수 있다.[13]

4) 구성정책(constitutional policy)

정부 운영과 관련한 정책이 대표적인 것이다. 선거구의 조정, 정부의 새로운 기구나 조직의 설립, 공직자 보수와 군인 퇴직연금에 관한 정책 등을 모두 여기에 포함시키고 있다.[14]

3. 관광정책의 과정

1) 관광정책 과정의 성격

정책과정은 정책대상이나 정책문제 및 정책체계에 따라서 특징이 달라지고, 정책과정은 정책결정기관의 제도적 위치에 따라 상이하게 나타나게 되는데, 입법부 · 사법부 · 행정부 혹은 중앙정부 · 지방정부에 따라서 많은 차이가 발생하게 된다. 즉 정책과정에서 형성되는 유형에 따라서 외교정책, 교육정책, 국방정책, 복지정책, 외환정책, 출입국관리정책, 외국인 투자유치정책, 교통정책, 환경정책, 문화정책, 보건정책 등으로 다양하게 분류할 수가 있다. 관광 부문과 직접적으로 관련되는 것을 관광정책이라고 하는 것처럼 정책과정의 범주 속에서 그 영역을 설정할 수가 있으며, 이러한 정책은 일련의 과정을 통해서 순환이 된다.[15]

2) 관광정책 과정의 단계

관광정책은 관광목표를 달성하기 위해서 인간 활동을 기초로 하여 단계적인 과정을 거치면서 형성되고, 결정되며, 집행과 평가 후 종결되는 과정을 거치게 되는데, 이를 관광정책과정이라고 한다.

관광정책과정은 분석상 구별이 가능한 기능적 활동이 순차적인 행동 유형에 의해 관광정책 의제설정, 관광정책결정, 관광정책집행, 관광정책평가, 관광정책종결 단계라는 과정을 통해 진행되고, 각 단계가 서로 연결되는 정책순환이라고 할 수 있다.

3) 관광정책 의제설정

각종 개인이나 집단의 요구가 정부에 의해 정책문제로 채택되어 공식적으로 표명되어 가는 과정을 정책의제설정 또는 정책의제형성 과정이라 부른다.

관광정책 의제설정이란 관광과 관련된 문제를 정부에서 해결하기 위하여 정부가 문제의 심각성을 인정하여 주된 문제로서 채택하는 과정을 말한다. 따라서 정부가 관광정책의 추진과 문제의 심각성을 고려하여 관광정책에 관한 문제를 채택하는 것으로서 의제설정은 관광소비자 보호정책 강화, 관광비지니스 체제 전환, 특화관광상품 개발 활동 등이 정책 방향으로 제시될 수 있다.

관광정책 의제설정은 문제 해결의 첫 번째 단계이므로 문제 해결의 지지집단과 반대집단이 처음으로 등장하여 논쟁을 시작하는 단계이다. 이러한 논쟁은 정책결정 단계, 정책집행 단계, 정책평가 단계까지 지속적으로 이루어진다.

4) 관광정책결정

정책결정과정이란 정책의제설정 과정을 통해 탐색된 정책대안들 가운데 특정 정책대안이 정부의 공식기관이나 정책결정자들에 의해 최종적으로 '승인(approve)', '가감(modify)', 혹은 '거부(reject)'되는 것과 관련된 일련의 행위를 말한다. 정책결정은 일반적으로 입법부에 의해 법이 제정되거나, 정부의 행정명령과 같은 형태를 갖추게 된다.[16)]

관광정책결정을 Y. Dror의 입장에서 정의하면 관광과 관련된 다양한 인자들이 상이한 작용을 하는 복잡한 동태적인 과정으로서 주로 정부기관에 의해서 장래의 관광활동 지침을 결정하는 것을 의미하며, 이러한 지침은 최선의 가능한 방법을 통한 관광부문에 공익 달성을 목적으로 하는 것이라 할 수 있다.

한편, 관광정책결정에는 다음과 같은 특징이 존재한다.[17)]

❶ 참여자가 매우 다양하다.

❷ 동태적인 과정이다.

❸ 관광정책결정의 전 단계로서 관광정책 설정 단계가 매우 중요하다.

❹ 의사결정의 일종이다.

❺ 관광 문제 해결을 위한 공식적 목표와 수단을 개발하는 과정이다.

❻ 행동지향적이다.

❼ 미래지향적이다.

❽ 궁극적인 목표는 공익의 달성에 있다.

5) 관광정책집행

정책집행은 정책의 내용을 실현시키는 과정을 의미한다. 정책의 내용은 정책목표와 정책수단으로 이루어지는데, 정책의 내용을 실현시킨다는 것의 핵심은 정책수단을 실현시키는 것이다. 하지만, 정책수단이 실현되더라도 정책목표가 반드시 달성되는 것은 아니다. 정책수단이 실현되었는데도(즉, 정책집행이 이루어졌는데도) 정책목표가 달성되지 않은 경우는 정책목표와 수단 사이에 처음부터 인과관계가 존재하지 않았거나 정책집행 과정상의 잘못으로 정책효과가 나타나지 않은 경우에 해당된다.[18]

관광정책집행 과정은 많은 사람과 조직이 관계되고 정책결정 과정 · 정책평가 과정과 상호작용하는 복합적 성격, 정책 자체가 현 실정에 알맞도록 수정되어야 한다는 상호적응성, 법률 제정을 비롯하여 지침개발 · 자원배분 · 평가를 거치는 순환적 특성을 가지고 있다.

관광정책집행은 실질적으로 정책을 결정하거나 수정한다고 볼 수 있다. 따라서 정책결정과 정책집행은 엄격히 구분될 수 없고 불가분의 관계에 있으며, 결정된 정책이 집행 과정에서 대폭적인 수정을 받게 된다. 이러한 요인은 정책의 구체성과 명확성의 결여, 정책 적용 기준의 상호 모호성, 상호 모순되는 지시 · 능력의 한계, 정책집행에 필요한 인원 · 예산 · 권한이나 기타 통제 수단을 충분히 확보하지 못한 행정 자원의 부적절성 등이 원인으로 작용하게 된다.

결정된 관광정책을 집행하기 위해서는 대략 ❶ 관광정책 지침의 작성, ❷ 관광자원의 확보, ❸ 실현 활동, ❹ 감시와 감독의 4단계를 거치게 된다.

6) 관광정책평가

정책평가는 정책목표를 성취한 정도를 가늠하는 것이며, 평가의 대상은 산출, 결과, 영향, 성과 등이다. 정책 산출이란 정책형성 과정을 거쳐 최종 결정된 정책을 말하며, 정책결과, 영향, 성과는 상호 교환해 사용할 수 있는 개념들로 의도한 목표를 성취한 정도를 뜻한다. 일반적으로 정책평가란 정책이 초래한 결과, 성과, 영향을 측정해 정책이 의도한 목표의 성취 여부는 물론 그 목표가 추구하는 가치의 적정성까지 포함한다. 정책평가의 기준은 능률성, 효과성, 적정성, 형평성, 반응성, 적절성 등이며, 정책평가의 기능은 정책평가에 대한 정보 제공, 정책이 추구하는 가치의 명료화와 가치에 대한 비판, 정책 문제를 분석하는 방법의 세련화 등이다.[19]

관광정책평가란 바람직한 관광 현상을 만들기 위한 정부 개입의 과정, 정부 개입에 의하여 산출되는 산출물 및 그 결과들의 장점, 유용성, 가치 등을 관광정책의 집행 과정과 집행이 이루어진 후에 사회과학적인 방법을 포함한 다양한 방법으로 정밀하게 검토하여 미래의 관광정책 및 집행에 반영하려는 회고적 작업 또는 활용이라고 할 수 있다.

7) 관광정책종결

정책종결은 정부의 특정 기능, 프로그램, 정책, 조직 등에 대한 계획적인 중단이다. 정책종결은 정책 과정의 마지막 단계이며, 인지된 정책 문제를 해결하는 마지막 과정인 동시에, 합리적 의사결정 과정이다. 또한 정책종결 단계는 새로운 정책 과정이 시작되는 단계이기도 하다.[20]

관광정책종결은 관광정책의 특정 목표와 이를 실현하기 위한 실행적 · 실질적 관광정책수단 등을 완전히 폐지하거나 소멸시키고, 이들을 대체할 새로운 관광정책을 더 이상 마련하지 않는 것을 의미한다. 일반적으로 관광정책종결은 관광정책에 대한 평가 결과 처음에 제기된 관광 정책문제를 완전히 해결하였다고 판단될 때, 또는 관광정책결정 당시부터 1회용으로 예정되어 있었거나, 혹은 문제를 더욱 악화시키거나, 역기능적이거나 현실적으로 맞지 않고 불필요한 것으로 판단될 때 이루어진다.

제3절 국민관광정책

1. 국민관광의 정의

국민관광이란 ❶ 자국민의 건전한 여가활동을 유도하여 국민의 정서를 함양하고 근로자의 재생산의욕을 고취함으로써 국민생활환경을 개선하고 국민 누구나가 관광욕구를 충족할 수 있도록 편리하고 저렴한 관광여건을 제공하여 주는 정책적이며 사회적인 의미를 가지는 것, ❷ 국민이 자기의 일상 생활권을 벗어나서 다른 지역의 자연 · 문화 · 풍물 · 사회 · 산업 등을 감상, 유람하거나 지식 · 체험 · 휴양 · 행사 참여 등으로 정신적 · 육체적 고무를 위하여 생활의 변화를 추구하려는 레크리에이션 목적의 이동활동, ❸ 국민관광은 가계소득 중 잉여가 발생하고 여가가 주어질 때 또는 정책적 제도적 지원 혜택으로 여가비용과 여가가 충족될 때 노동의욕 재고취와 궁극적인 국민복지 증대를 위해 국민 스스로가 주거지의 오락과 관광활동에 자발적 또는 제도적으로 참여해가는 대중문화 속의 사회현상과 문화현상의 복합현상이라고 정의를 내리고 있다.[21]

이를 종합하면 국민관광이란 국민이 일상 생활권을 벗어나 정신적 · 육체적 욕구를 충족시키기 위하여 직업적 이동 행위가 아닌 자발적인 여가 또는 레저행위를 하기 위한 이동 활동으로 정의할 수 있다. 따라서 국민관광은 현대인에게 상실된 자아를 회복시켜주고 국민 상호 간의 사회적 연대감 강화와 바람직한 사회를 이루는 데 역할을 할 뿐 아니라 국민관광환경을 개선함으로써 국민의 삶의 질을 향상시켜 국민복지에 기여하기 때문에 정책적이며 사회복지적인 의의를 가지고 있다 하겠다.

2. 국민관광정책의 발원

제2차 세계대전 이후의 관광현상은 여가의 증대, 소득의 증가와 교육수준의 향상에 힘입어 대량화 · 대중화로 특징지을 수 있으며(mass tourism), 모든 국가는 국민복지증진이란 국가 의지로 국민관광의 발전을 도모하고 있다.

우리나라에서도 자연발생적으로 증가일로에 있는 국민의 국내여행량의 대처방안으로 국민관광정책이 실시된 것은 관광기본법이 제정된 1975년 중반부터라고 하겠다. 특히 근대산업사회의 발전과정에서 근로청소년과 직장인의 건전한 여가대책으로 시작된 우리나라의 국민관광은 휴가를 비롯한 국민의 국내 이동현상에 대처하고 새로운 생산의욕과 국민정서함양이라는 교육, 교양, 여가를 내용으로 하는 복지적 사회개발영역으로 다루어지게 되었다.[22]

3. 복지관광

가. 복지관광의 등장 배경

1) 역사적 배경

1930년대 중반 아시아에서는 중 · 일전쟁, 유럽에서는 이탈리아와 독일의 군국주의가 팽배하여 제2차 세계대전 전야의 무거운 국제 긴장이 감돌고 있었다. 이 당시 독일의 파시스트들은 군수산업에 종사하고 있는 노동자들의 노동생산성을 높이기 위해 「단체위안여행」을 의도적으로 실시하였으며 여기에 소위 「즐거움에 따라 생기는 힘」(Kraft dura Freude)이란 표어를 표방하게 되었다.

이와 같은 단체위안여행에 대해서 당시 스위스 관광연맹총재인 에흐런스퍼르거르(Fritz Ehrensperger)는 강제적 단체여행이 가진 비인간적 위험성을 통찰하고 스위스 국민 중 여행에 참여 못하는 계층이 강제가 아니고 자유의사에 따라 여행할 수 있는 방법론을 모색하였다.

1937년 에흐런스퍼르거르는 스위스 노동조합의장이 되면서부터 국회의원과 유지들의 협력을 받아 관광비참여계층의 자유로운 여행을 위해서 정부가 참여하도록 강력히 영향력을 행사하게 되었다. 이와 같은 과정에서 스위스 가렌대학의 Hunziker는 이론적 근거를 확립키 위해 노력하였고, 1939년 6월 스위스 여행금고협동조합이 창설되었고, 스위스 정부는 특별입법취지를 취하게 되었다. 이 조치에 의해 당시 3년간 5만 프랑을 그 후 계속해서 스위스관광협회를 통한 금액보조를 통하여 관광의사가 있음에도 불구하고 참여 못하는 계층에 대한 자유로운 관광 활동을 하게 하는 계기를 조성하게 되었으며, 이것이 복지관광의 최초의 출현이라고 볼 수 있다.[23]

2) 관광현상의 발생 과정

관광현상의 발전과정에서 분석하면 대중관광의 등장과 복지관광은 깊은 관계가 있는 것으로 판단된다. 제2차 세계대전 후 대형 점보제트기의 출현은 국제 간의 이동을 보다 용이하게 하였으며, 공업화와 도시화의 진전으로 인한 일탈형관광객(anomic tourism)의 출현, 가처분소득의 증대, 소비유형의 변화, 여가의 증대, 도로교통 조건의 발달, 여성의 사회참여와 여권의 신장, 현대인의 위락심리의 변화, 매스컴의 발달

등은 대중관광 수요증대에 큰 요인으로 나타나게 되었다. 여기서 관광은 부유계층이나 지배계층의 특권이 아니라 사회 전 계층이 참여하는 현대인 생활의 일부로 받아들여지게 된 것이다.

따라서 기업주는 유급휴가와 포상관광(incentive tour)을 제도화했고, 국가는 저소득층의 관광 참여 방안에 대한 정책적 지원방안을 마련하게 되었다. 이는 사회변화의 영향 아래 관광현상은 크게 변화하여 대중관광에 참여 못한 계층에 대한 대안적 방법으로서 복지관광이 등장하게 된 것이지만, 어디까지나 관광현상 변화에 대해 정책의 뒷받침으로 보아야 하며, 이런 관점에서 복지관광의 등장은 대중관광 발전에 의한 새로운 관광현상의 발생으로 보아야 할 것이다.[24]

나. 복지관광의 특성

복지관광은 경제적인 사정이나 신체상의 이유 및 시간상의 이유 등으로 관광행위에 참여하지 못하는 계층의 사람들에게 관광의 참뜻을 이해시켜 건전한 삶의 가치관을 형성케 하는 교육적 차원의 관광기회 제공과 제도로서 관광에 참여케 하는 계층을 위해서 국가 · 지방자치단체 · 공기업 · 민간단체 · 학교단체 · 노동조합 등에서 관광시설을 확충하고 관광지를 개발하며, 관광교통수단과 휴가 및 관광비용에 대한 보조를 실시함으로써 관광의 기회를 제공하는 관광현상이다. 동시에 국내관광의 참여계층에 대한 관광여건을 개선시켜 보다 양질의 관광을 하게 하는 정책적 노력이 뒷받침되는 20세기 말의 관광현상이다. 따라서 복지관광은 초기단계에는 국내관광 참여계층에 대해서는 관광여건 개선 지향형이지만, 후기단계에 가면 해외여행(outbound) 비참여계층에 대해서도 제도적 보완 등으로 참여를 가능케 하는 특징이 있다고 판단된다.[25]

다. 복지관광의 목적

관광이 추구하는 목적은 국제관광이 주로 국제적 효과들을 극대화시키기 위하여 이루어지는 반면에, 국내관광은 내국인의 교육 · 교양 · 휴식 · 정서함양 등에 큰 목적을 두고 있다.

여기서 복지관광 비참여계층의 참여기회 제공과 국내관광 비참여계층의 관광여건을 개선시킴으로써 관광측면에서 본 사회적 단층현상을 제거하고, 참여지향적인 사회 풍토를 조성함으로써 인간생활의 질을 높여 복지향상에 기여함에 궁극적 목적이 있다. 따라서 복지관광은 개인의 건강증진과 지적 향상 및 심신수련을 가능케 함으로써 국가의 생산성(productivity)을 증가시키는 효과도 가져 오게 한다.[26)]

라. 복지관광 지원

관광이 생활의 질을 높일 수 있는 기본권의 하나로 자리매김 되어 양적 · 질적 향상이 이루어지고 있음에도 불구하고 사회 · 경제적 여건이 미흡하여 관광을 향유할 수 없는 소외계층이 있다.

우리나라는 장애인 · 노인 · 저소득층 등 사회적 취약계층을 대상으로 여행경비를 보조하거나 장애가 있는 국민들을 위하여 기획여행을 실시하는 등 다양한 복지관광 사업을 실시하고 있다.

정부의 복지관광 사업 중 가장 대표적인 여행바우처 사업은 사업 시행 초기에는 여행을 가기 어려운 저소득 근로자 및 자영업자를 위해 정부가 쿠폰 또는 카드를 수혜자에게 지급하는 형태로 국내 여행경비의 30%를 부담해주는 제도로, 근로자들의 복지를 향상시키고 국내관광산업을 활성화시키기 위해 2005년부터 시행되었다.

여행바우처 사업은 2013년도에 '바우처(Voucher)'라는 용어를 우리말로 순화하여 '이용권'으로 변경하고, 2014년도부터는 문화 · 여행이용권 및 스포츠관람권이 통합된 '통합문화이용권' 사업으로 변경하여 한국관광공사가 시행하던 것을 한국예술문화위원회로 이관되었다.

1. 국제관광정책의 정의

국제관광이란 국경을 넘는 관광행동과 그 현상을 가리킨다. 국가 단위로 본다면 외국인 관광객을 국내로 맞아들이는 국제관광, 자국민을 외국으로 관광을 내보내는 국제관광이 있으나 각국은 국제여행수지를 중요시하기 때문에 외국인 관광객을 국내로 맞아들이는 국제관광의 진흥을 위하여 노력하고 있다. 국제관광정책이란 국제관광 진흥을 위한 사회 및 경제 활동에 공적으로 개입하는 각국 정부의 모든 시책의 총체이며, 계속적이고 반복적인 과정이라 할 수 있다.

2. 국제관광정책의 특성

국제관광은 거시적인 관광현상에서 일어나는 현상이므로 국제관광정책은 다음과 같은 특성이 있다.

첫째, 정책의 목표에 있어서 외래 관광 진흥정책에 높은 우선순위를 부여한다. 국제관광의 경제적 의의에 따라 경제정책의 한 수단으로 인식되고 있다.

둘째, 정책환경이 다양성과 복잡성을 지니고 있어 국제정세, 세계경제 등의 정책환경이 수시로 변화되고 있다.

셋째, 적응적 정책으로서 특징이 있다. 각국은 정책의 환경적 변수에 민감하게 반응하는 동시에 이에 적응할 수 있는 정책수단을 강구한다.[27]

3. 국제관광정책의 대상

가. 인바운드 관광(inbound tourism)정책

보다 질 좋은 관광 상품을 보다 저렴한 가격으로의 관광서비스를 제공하여 외국인 관광객을 보다 많이 유치하여 관광욕구를 충족시켜주고 국가의 경제적 이익을 꾀하여 국민경제에 기여하기 위해 취해지는 정책이다. 국제관광정책은 인바운드 관광정책을 말하며 인바운드 관광정책은 자국의 산업, 사회, 문화 등 모든 상황을 자랑하기 위하여 취해지고 있지만 실제 목적은 경제적 이익에 있다.

나. 아웃바운드 관광(outbound tourism)정책

아웃바운드 관광정책이란 자국민의 국외여행에 관한 정책이다. 국민의 외국여행은 국제수지의 적자 요인이 되기 때문에 국가경제에 나쁜 영향을 미치기도 하지만 자국민의 외국여행에 의해 외화의 수요를 높이고 자국 통화의 가치를 낮추어 수출산업의 활황 등에 기여하는 이점도 있다.

아웃바운드 관광은 국민소득이 높은 국가에서 저소득국가로 이동하는 경향으로 인하여 국제적으로 소득재분배 효과가 있고, 관광목적지 국가의 관광 관련 산업을 진흥시켜 고용증대를 가져와 간접적인 경제원조 효과도 있다. 또한 국제친선이나 민간외교가 촉진되어 국제 간 상호이해의 증진을 도모할 수 있다.

제5절 우리나라의 관광정책

정책은 법령 제정으로 완성되고 제도로 구체화된다. 우리나라에서 현재 관광과 직접적으로 관련을 맺고 시행 중에 있는 관광법규(협의의)에는 관광기본법, 관광진흥법, 관광진흥개발기금법, 국제회의산업 육성에 관한 법률, 한국관광공사법 등이 있다.

1. 우리나라의 관광정책 목표

관광법규에서도 기본적이면서 중심이 되는 법규일 뿐 아니라 관광 진흥에서 일반 법률과는 다른 기본법 특유의 성격을 가지고 있는 관광기본법의 제정 목적이 우리나라 관광정책의 목표라 할 수 있다.

관광기본법 제1조(목적)는 국제친선을 증진하고 국민경제와 국민 복지를 향상시키며 건전한 국민관광의 발전을 도모하는 것을 목적으로 한다고 규정하고 있다.

가. 국제친선의 증진

국제친선이란 자국민과 다른 나라의 국민 사이에 관광교류를 통한 상호협력, 우호증진, 유대 관계를 조성함으로써 결과적으로 세계평화에 이바지하는 것을 말한다. 따라서 관광은 이동을 통하여 새로운 세계를 이해할 수 있고 평화를 수행할 수 있는 촉진제 역할을 한다. 이는 1996년 유엔에서 "관광은 평화에 이르는 여권(Tourism Passport to Peace)"이라고 규정한 데에서도 잘 나타나고 있다.

나. 국민경제 및 국민복지 향상

관광은 필연적으로 경제적인 소비를 수반한다. 관광객의 경제적인 행위는 국가적인 차원에서 볼 때 국제수지의 개성효과는 물론 승수효과로 인한 국민소득창출 효과, 고용창출 효과 등 국민경제에 미치는 영향이 막대하다.

또한 관광문화의 정착과 관광에 참여하지 못하는 청소년, 저소득층, 근로자, 노약자, 신체장애인 등 비 참여계층에게 관광의 기회를 제공하여 삶의 질을 향상시키고 행복을 느낄 수 있도록 권리를 보장하자는 것이 국민복지관광의 향상이다.

다. 건전한 국민관광 발전

국민관광이란 내국인의 국내관광과 내국인의 국외관광을 포함하는 개념이다.

건전한 국민관광이라 함은 관광이 일부 특권층의 전유물이 아니라 신분과 연령에 구애받지 않고 모든 국민이 즐길 수 있는 여가의 권리로서 인정해 주어야 한다는 것이 국민관광의 본질이다.

건전한 국민관광이 발전하기 위해서는 관광문화 정착이 필요하다. 따라서 건전한 관광은 관광 질서의 유지, 퇴폐관광의 일소, 관광도덕의 고양과 벌칙의 강화, 해외관광에 대한 올바른 정보 제공 및 건전한 여가활동의 진작 등을 통하여 이루어질 수 있을 것이다.

2. 우리나라의 관광진흥 시책

가. 외국관광객의 유치

정부는 외국 관광객의 유치를 촉진하기 위하여 해외 홍보를 강화하고 출입국 절차를 개선하며 그밖에 필요한 시책을 강구하여야 한다(관광기본법 제7조).

해외홍보라 함은 외국의 관광시장에 대하여 자기나라의 관광대상, 관광시설, 관광매력 등을 전파하여 관광의욕을 유발시키고 관광동기를 부여할 수 있는 각종의 촉진활동을 말한다. 관광 진흥을 위해 실제 전개되고 있는 해외홍보활동에는 해외 브랜드 마케팅 커뮤니케이션 실시, 지역별 시장 개척 활동, 관광유치단 파견 및 관광교역전 개최, 언론인 · 여행업자 방한 초청 · 지원, 수학여행단 유치 활동, 홍보간행물 발간 및 영상 · 홍보 시각물 제작, 테마시장 개척, 관광 관련 국제기구와의 협력증진 등이 있다.

세계 모든 국가를 출 · 입국하고자 할 때에는 일반적으로 세관(Customs), 출입국심사(Immigration), 검역(Quarantine)이라는 일정한 과정을 거치는데 이를 C. I. Q 라고 한다. 이러한 과정은 외국관광객에게 있어서는 매우 번잡하고 불편한 것이기 때문에 각국에서는 외국관광객의 유치를 위하여 대폭적으로 간소화하고 있는 추세이다.

또한 외국관광객의 유치를 위하여는 관광인프라 개선 및 확충, 관광편의시설 등을 확충하여야 하며, 이와 함께 안내체계, 볼거리, 먹을거리, 살거리, 즐길거리, 관광지 서비스 개선 등에 노력하여야 한다.

나. 시설의 개선

정부는 관광객이 이용할 숙박 · 교통 · 휴식시설 등의 개선 및 확충을 위하여 필요한 시책을 강구하여야 한다(관광기본법 제8조).

숙박 · 교통 · 휴식시설 등은 관광객이 필수적으로 이용하는 시설인데 이를 개선하고 확충하는 임무를 정부에 부여하고 있다. 여기서 시설이라 함은 숙박 · 교통 · 휴식시설에 국한 되는 것이 아니라 관광객이 이용하는 모든 시설물을 포함한다고 할 수 있고, 개선은 시설의 질적 향상과 함께 양적 확대를 꾀하는 시책을 포함한다고 하겠다.

다. 관광자원의 보호 등

정부는 관광자원을 보호하고 개발하는 데에 필요한 시책을 강구하여야 한다(관광기본법 제9조).

관광동기를 유발하고 관광객의 욕구를 충적시켜주는 유형 · 무형의 모든 대상물인 관광자원을 현상이 파괴되지 않도록 잘 보전하고 관광자원의 가치를 새롭게 증진시키는 것이 필요하다. 정부는 관광자원을 보호하고 개발하여야 하는 의무를 지니고 있다.

라. 관광사업의 지도 육성

정부는 관광사업을 육성하기 위하여 관광사업을 지도 · 감독하고 그밖에 필요한 시책을 강구하여야 한다(관광기본법 제10조).

관광사업은 국가의 이미지를 고양하는 사업이기 때문에 영리사업의 차원을 넘어 공익성이 강조되는 사업이므로 관광사업의 건전한 육성을 위하여 정부의 지도와 감독이 필요하다. 관광사업의 육성은 법률적인 규제뿐만 아니라 행정지도와 감독 그리고 필요한 시책을 강구함으로써 가능한 것이다.

마. 관광 종사자의 자질 향상

정부는 관광에 종사하는 자의 자질을 향상시키기 위하여 교육훈련과 그 밖에 필요한 시책을 강구하여야 한다(관광기본법 제11조).

관광 종사자는 최일선에서 관광객에게 직접적인 대면 서비스를 제공하는 민간외교관이자 관광산업의 허리 역할을 하는 중요한 기능을 수행하고 있다. 그러므로 유능한 관광 종사자를 양성하고 관광 종사자의 자질을 향상시키는 것은 관광 진흥을 위하여 매우 중요한 일인 것이다.

바. 관광지의 지정 및 개발

정부는 관광에 적합한 지역을 관광지로 지정하여 필요한 개발을 하여야 한다(관광기본법 제12조).

관광지는 자연 또는 문화적 관광자원을 갖추고 관광객을 위한 기본적인 편의시설을 설치하여 관광객이 관광활동을 하는데 불편함이 없도록 조성된 곳을 말한다. 관광지를 지정함에 있어 관광에 적합한 곳으로 한정하고, 개발대상지역도 지정된 관광지로 한정하고 있다.

사. 국민관광의 발전

정부는 관광에 대한 국민의 이해를 촉구하여 건전한 국민관광을 발전시키는 데에 필요한 시책을 강구하여야 한다(관광기본법 제13조).

국민관광이란 관광을 통하여 국민들의 건전한 정서함양과 여가선용을 계도하는 한편 국민에게 관광여건을 조성하고, 관광지와 관광시설 등을 개발하고 정비하여 이들을 저렴한 가격으로 국민 모두가 이용할 수 있도록 하는 것이다. 따라서 정부는 불건전한 관광형태의 근절과 건전한 국민관광발전을 위하여 관광에 대한 국민의 이해를 촉구하고 건전한 국민관광을 발전시키는 데 필요한 조치를 취하도록 하고 있다.

토론주제

- ♣ 우리나라 복지관광정책의 변화와 확대 방안은 무엇인가?
- ♣ 우리나라 관광정책의 추진 현황의 문제점과 개선 방안은 어떤 것들이 있는가?
- ♣ 우리나라의 관광정책 관련 기구의 종류와 역할에 대하여 알아보고 문제점은 없는가?

참|고|문|헌 ›››

1) 류지성,『정책학』, 서울 : 대명문화사, 2007, p. 39.

2) 심원섭, 미래 관광환경 변화 전망과 신관광정책 방향, 한국문화관광연구원, 2012, p. 15.

3) 남궁근,『정책학』, 경기도:법문사, 2012, p. 15.

4) 류지성,『정책학』, 서울:대명문화사, 2007, p. 39.

5) 정정길 · 최종원 · 이시원 · 정준금 · 정광호,『정책학원론』, 서울:대명출판사, 2014, p. 35.

6) 고석면 · 이재섭 · 이재곤,『관광정책론』, 서울 : 대왕사, 2008, pp. 100-102.

7) 류지성,『정책학』, 서울 : 대명문화사, 2007, pp. 40-44.

8) 심원섭, 미래 관광환경 변화 전망과 신관광정책 방향, 한국문화관광연구원, 2012, p. 18.

9) 정정길 · 최종원 · 이시원 · 정준금 · 정광호,『정책학원론』, 서울:대명출판사, 2014, p. 54.

10) 고석면 · 이재섭 · 이재곤,『관광정책론』, 서울 : 대왕사, 2008, p. 115.

11) 정정길 · 최종원 · 이시원 · 정준금 · 정광호,『정책학원론』, 서울:대명출판사, 2014, pp. 55-56.

12) 정정길 · 최종원 · 이시원 · 정준금 · 정광호,『정책학원론』, 서울:대명출판사, 2014, p. 56.

13) 정정길 · 최종원 · 이시원 · 정준금 · 정광호,『정책학원론』, 서울:대명출판사, 2014, p. 59.

14) 정정길 · 최종원 · 이시원 · 정준금 · 정광호,『정책학원론』, 서울:대명출판사, 2014, p. 60.

15) 고석면 · 이재섭 · 이재곤, 전게서, 2008, pp. 123-124.

16) 류지성,『정책학』, 서울:대명문화사, p. 301.

17) 김광근(2008),『관광정책론』, 서울:대왕사, 2007, pp. 182-184.

18) 정정길 · 최종원 · 이시원 · 정준금 · 정광호,『정책학원론』, 서울:대명출판사, 2014, p. 511.

19) 류지성,『정책학』, 서울:대명문화사, 2007, p. 476.

20) 류지성,『정책학』, 서울:대명문화사, 2007, p. 562.

21) 강의묵, 한국의 국민관광 정책의 개선방안에 관한 연구, 단국대학교 경영대학원 석사학위논문, 1997, p. 4.

22) 권순,『관광정책론』, 서울:백산출판사, 2009, p. 282.

23) 권순,『관광정책론』, 서울:백산출판사, 2009, pp. 300-301.

24) 이장춘,『관광정책학』, 서울:대왕사, 2008, p.354.

25) 이장춘,『관광정책학』, 서울:대왕사, 2008, pp. 356-357.

26) 이장춘,『관광정책학』, 서울:대왕사, 2008, p. 363.

27) 권순,『관광정책론』, 서울:백산출판사, 2009, pp. 116-117.

제15장

관광학연구의 진화 및 미래

제1절 관광학의 성격

제2절 개별응용학문연구와 종합학문연구와의 조화 필요

학습목표

- ♣ 관광학의 개별응용학문, 종합학문연구의 필요성을 이해한다.
- ♣ 위의 2가지 학문관련 연구자들의 연구결과를 이해한다.
- ♣ 관광학의 최근 연구의 주된 흐름을 알아본다.
- ♣ 금후 새로운 관광학문연구방법 흐름을 알아본다.

제15장

관광학연구의 진화 및 미래

제1절 관광학의 성격

1. 관광학 연구의 목적

관광학, 관광론 어떤 명칭으로 불러도 그 속에는 언제나 실천적 의식과 결부되어 왔다고 할 수 있다. 이것은 관광 특히, 국제관광이 한 나라에 가져다주는 경제적 이익을 강하게 인식하고, 경제적 이익 증대를 위한 여러 가지 정책들을 수립한 것이 관광론에 부과된 과제가 되어왔다. 그로 인해 관광론의 성격은 순수한 사유(思惟)만으로 그치는 것이 아닌 오히려 실증적인 것으로 인식되어 왔다.[1)]

최근에는 관광이라는 사회현상이 가진 사회적 의의도 과거에 비해 훨씬 그 중요성이 더해가고 있다. 그러나, 관광론의 역할은 본질적으로 변한 건 아니다. 지금도 관광론은 관광현상을 한층 더 건전하게 발달시키기 위한 제반 정책탐색을 위한 기본적 이해 연구이고, 그 의식은 단순히 지적 유희가 아닌 실천적이다. 그 실증(實證)을 통해 과학적 · 객관적이 되어야 함을 뜻한다. 여기서 이론과 학문의 사전적 의미를 살펴보고 넘어가도록 하자.

이론(理論)은 개개의 사물이나 현상을 일정한 원리와 법칙에 따라 통일적으로 설명할 수 있는 보편적인 지식체계로, 학문(學問)은 일정한 이론에 따라 체계화된 지식으로 정의내리고 있다. 관광론 혹은 관광학으로 연구자들에 따라 다르게 부르지만, 일반적으로 관광론이라 할 때는 체계 정비가 불충분한 관광학으로, 관광학은 순수이론으로 보는 견해도 있지만 관광론에 정책론을 포함한 보다 큰 범주라는 견해도 있다.[2)]

어느 입장을 취하더라도 그것이 가진 실천적 의식은 같다.

2. 관광학의 성격

관광 연구는 화석(化石)의 연구가 아니다. 산이 거기에 있으니까 오르는 것도 아니다. 관광이 가진 현대적 의의가 매우 커져가고 있고, 그 결과 연구가 필요하게 되었다. 관광은 유람에 지나지 않고 그렇게 중요하게 인식되지 않았던 시대도 있었지만, 오늘날 관광은 관광객 개인의 건전한 육체 보존과 정신건강을 위해서, 그리고 세계평화를 위해서도 필요한 생활요건이 되고 있다.

이 같은 시대적 배경을 바탕으로 한 관광연구에는 무엇보다 자연과학적 방법대신 인식방법이 우선인 이해적 방법(理解的 方法)을 추구해야만 한다. 여기서 이해적 방법이란 실증연구(實證硏究)가 파악하지 못한 부분을 다룬다. 즉, 인간의 내면에 자리 잡고 있는 행위의 동기를 좀 더 복잡한 수준에서 연구하려는 것으로, 이해적 방법의 기본은 감정-이입이다. 행위자에 대한 감정적인 맥락을 포착하려고 하는 행위자 입장이 되어보는 동정적 참여(sympathetic participation)를 통해 행위의 의미를 이해하려는 시도이다.[3)] 이처럼 이해는 동정적인 성찰에 의한 추론(inference)에 의존하기 때문에 객관적인 타당성 확보가 중요과제로 남는다. 따라서 이해적 방법은 과학적인 분석틀이라기보다는 예비적인 탐구나 가설을 세우는 역할을 담당한다.

다시 말해서 이해가 되지 않는다고 해도 사실(fact)은 사실대로 받아들여야 하며 객관적 타당성은 관찰이나 실험, 비교연구, 통계적인 자료에 의해 가능하다. 이해는 비사회적(혹은 비문화적)인 것인 물리적, 신체적 증상이나 동물적인 행위를 이해하는 것과 문화적 배경이나 상황과 관련된 인간행위를 이해하는 것으로 나누는데, 관광연구는 연구자들의 사회문화적 배경에 대한 이해가 전제되어야 한다. 초기 관광관련연구에서 이탈리아와 독일 연구자들이 관광현상을 보는 관점이 달랐다. 이탈리아의 경우는 관광통계를 효과적으로 추정하기 위해 관광연구가 실증적으로 이루어졌다면 독일은 관광관련 학문체계 즉, 관광학에서 다루어야 할 범위를 확립하려는 데서부터 출발하였다.

3. 관광학연구의 효용

관광학은 실제 유용한 것인가? Hunziker는 관광학과 그 응용이라는 논문가운데서 관광학연구의 장점을 다음과 같이 제시하고 있다.[4]

❶ 관광학은 관광이 가지고 있는 고도로 다양한 본질의 이해에 기여하고

❷ 관광학은 관광직업교육에 유익한 관광직업교육론의 구축에 도움을 주며

❸ 관광학은 경제정책상, 혹은 경영정책상의 제 문제 해결에 도움을 준다고 한다.

Hunziker는 지금까지의 관광학이 통계학 · 지리학(입지론) · 경제학 · 경영학 등의 분석방법론을 이용하면서 성과를 거두어 왔다는 평가와 동시에 이 이후에도 이 같은 방향을 따라 관광학의 발전을 기대할 수 있을 것으로 보고 있다. 당면 과제는 사적부문(private sector)과 공적부문(public sector)과의 접점에 있는 환경문제를 들면서 이와 관련된 연구의 중요성과 긴급성을 강조하고 있다.

제2절 개별응용학문연구와 종합학문연구와의 조화 필요

1. 개별응용학문

가. Angelo Mariotti 학설

관광현상에 관한 최초의 연구라 할 수 있는 관광통계연구가 이탈리아에서 시작된 것과 마찬가지로 관광전반에 관한 연구도 이탈리아 연구자에 의해 시작되었다. 로마대학 정치학부 관광경제 담당 전임강사인 Mariotti가 1927년에 『관광경제강의』를 출

간하고 이듬해 1928년에 계속해서 제2권을 발간하게 된다. 이 책이 관광전반에 관한 포괄적인 최초의 저작이라는 점에서 획기적인 것이었다.[5)]

여기서 Mariotti 학설을 소개하면 우선 그 전체의 구성 목차를 살펴보면 다음과 같다.

Ⅰ. 서론
Ⅱ. 이탈리아 관광 사정
Ⅲ. 관광통계 [이상은 1927년 제1권의 내용임]
Ⅳ. 선전
Ⅴ. 통신
Ⅵ. 직업교육
Ⅶ. 호텔산업
Ⅷ. 지역개발과 요양 · 체제 및 관광지
Ⅸ. 여행대리점
Ⅹ. 관광흡인중심지이론 [이상은 1928년에 발간된 제2권의 내용임]

그런데 Mariotti는 본래 이탈리아어에서는 존재하지 않았던 「관광」이라는 단어를 단순히 「외국인이동」으로 생각하고, 외국인 인동으로 인한 이탈리아 경제에 점하는 의의와 그 학문적 연구의 필요성을 강조하는 데서부터 출발하였다. 외국인 이동에 직간접 제 관계를 「관광경제」로 불렀다. 경제활동의 중요한 한 형태로 관광활동에 경제적인 제 원리를 적용하려고 했다. Mariotti교수는 결코 새로운 과학의 탄생이라는 것보다는 「관광경제」를 조직적으로 연구하려한데 불과하다. 따라서 그의 저서 어디에서도 「관광이란 무엇인가」하는 개념규정을 하지 않고 있다. 관광이란 용어를 주어진 것으로 받아들였고, 관광객이란 용어를 이탈리아 및 제 외국의 정부가 그랬던 것처럼 통계 목적에 한정하여 사용했고, 관광객의 이동을 「관광」으로 인식했다. 이 같은 연구방법은 독일에서의 관광연구 접근법과는 대조를 이룬다.

독일학자 Glücksmann과 Bormann은 「관광이란 무엇인가」하는 개념규정부터 시작하여 관광을 연구하는 「관광론」은 어떤 과학에 속하며, 어떤 방법을 사용하여 접근할 것인가 하는 경험이나 실증에 의하지 않고 순수한 사유만으로 인식에 도달하려는 선험적 연구였다.

2. 종합학문연구

가. Robert Glücksmann 학설

제1차 세계대전 후 유럽이 부흥하기 위해서 미국의 달러를 필요로 하게 되어, 그 획득수단의 하나로 국제관광을 촉진했던 것은 다 알고 있는 사실이다. 이탈리아 Mariotti 교수의 연구도 그와 같은 배경으로 하고 있지만, 독일의 경우도 마찬가지였다. 거기서 Glücksmann과 Bormann 등의 연구가 이루어지게 된다.

Glücksmann은 1930년대 베를린 상과대학 부속「관광 연구소」소장으로 있으면서 연구를 진행하였다. 그 가운데서도 가장 중심이 되는 책은『일반관광론』이였다. 이 책의 목차를 보면 아래와 같다.

Ⅰ. 기초론
Ⅱ. 관광의 경제적 작용
  (a) 상업 및 국제수지
  (b) 직접적 관광 산업
  (c) 간접적 관광 산업
Ⅲ. 관광의 사회적 작용
  (a) 관광 입지
  (b) 관광 조직
Ⅳ. 관광 촉진 수단
  (a) 관광 정책
  (b) 선 전

Glücksmann은 관광 개념을「체재지에 일시적으로 체재하고 있는 사람과 그 지역사람들 간의 제관계의 총체」로 정의하고 있다. 이 개념규정은 그 당시 다른 것과 비교하더라도, 오늘날의 것과 비교하더라도 부족함이 없을 정도로 간결하지만 그 규정하는 내용의 폭이 너무 넓다. 여기서는 동기도, 체재기간도, 그리고 소비재원에 대해서도 전혀 설명이 없다. Glücksmann의 관광론에 대한 사상은 그의 주요저서보다도 1930년의 논문「관광의 과학적 접근」이 있는데 이용할 수가 없어 Bormann의『관광론』(1931年)을 통해 인용해보고자 한다.[6)]

요약하면, Glücksmann은 지리학 · 광천치료학 · 기후학 · 의학 · 심리학 · 국민경제학 · 사회학 및 경영경제학 등의 제 학문분야를 관광론에 포함시키고 있다. 이들 제학문의 특정 부분을 관광론의 범주에 포함시키게 되면, 관광학의 영역은 극히 넓어지게 될 것이다. 분명한 것은 이들 학문이 관광 및 관광론에 있어서 의의가 있고, 역으로 관광도 관계된 학문들에 대해 의의를 가지고 있다. 그러나 제학문 모두가 대등한 의의를 가지지는 않는다. 특히 Glücksmann이 지적하고 있는 심리학을 관광론에서 다루는 것은 당면의 목적이 아니라고 생각했다. 어떻든 간에 Bormann은 이 같은 비판을 하였지만, Glücksmann이 관광론 중에 서로 다른 많은 학문을 포함하려 한 것은 가치 있는 것으로 평가했다. Glücksmann의 사고체계는 Mariotti 교수의 견해와는 대조적이라 할 수 있다. 鹽田正志(しおたまさし)는 이 2가지 접근법에 대해, Glücksmann의 입장을 종합문화과학으로서 이를 「위로부터의 관광학」으로, Mariotti의 경우는 개별과학을 이용하여 관광을 연구하려고 한 응용학으로 생각하여 이것을 「아래로부터의 관광학」이라 불렀다.[7]

「위로부터의 관광학」은 종합문화과학으로 경영학 · 사회학 · 통계학 · 경제학 · 법학 · 심리학 · 조경학 · 기타의 학문이 어우러져 관광학이 구성됨을 의미하고, 「아래로부터의 관광학」은 경영학 · 경제학 · 법학 · 사회학 · 심리학 · 조경학 · 기타의 학문에서 관광현상을 규명하기 위해 필요한 부분의 이론만으로 구성하여 관광학이 독립과학임을 의미한다.

위로부터, 아래로부터의 관광학 어느 것이든 분명한 것은 Mariotti와 Glücksmann의 관광학연구가 원류라 할 수 있으므로, 오늘날 관광학을 연구하는 연구자들에게도 시사 하는 바가 크다.

나. Jafar Jafari와 그의 동료들의 학설

1980년대 들어와서도 관광학 관련된 연구는 계속되어 왔는데, 1981년에 Jafari와 Ritchie는 관광교육체계의 문제점과 전망에서 관광학연구의 학문 접근법의 선택이라는 모형을 제시하게 되는데, 그들은 관광학 관련 학문분야로 경제학 · 심리학 · 인류학 · 정치학 · 지리학 · 생태학 · 농업 · 공원과 레크리에이션 · 도시와 지역계획 · 마케팅 · 법학 · 경영학 · 교통 · 호텔과 식당경영 · 교육이 필요하다는 주장을 한다.[8] 이는

Glücksmann의 위로부터의 관광학 즉, 종합문화과학과 맥락을 같이한다고 볼 수 있다. 그리고 Jafari는 1990년대 중반까지의 관광학 연구발달과정을 4단계로 제시하고 있다. 첫 번째 단계는 지지단계(the adovocacy platform)로 1960년대 경제학자들이 주도하였다. 두 번째 단계는 경계단계(the cautionary platform)로 1970년대 관광의 경제적 영향뿐만 아니고 부정적 영향 특히 환경문제를 강조하기 시작했다. 세 번째 단계는 응용단계(the adaptancy platform)로 대량관광(mass tourism)에 따른 대안관광들에 대해 관심을 보이기 시작했다. 네 번째 단계는 지식체계단계(the knowledge platform)로 관광에 대한 보다 성숙된 연구가 이루어지고 있고 초기의 부분적인 연구체계보다는 보다 포괄적인 이해를 시도하고 있다는 주장을 한다. 이 같은 맥락에서 Graburn과 Jafari는 하나의 단일한 학문으로 관광을 이해하고 다룰 수는 없고 관련 학문 영역들이 서로 교차되고 다수의 개별학문들로부터 접근이 이루어지는 다학제적 관점(multidisciplinary approach)에서 사고하고 체계를 구성할때만이 연구가 가능하게끔 되었다는 주장을 한다.[9]

결론적으로 관광학이 개별응용학문으로 정체성을 확립해 가면서도 역사적, 문화적, 시대적 상황을 반영한 종합학문으로 조화로운 연구가 관건이다. 그리고 관광학 연구의 외연확대(外延擴大) 차원에서, 연구의 출발점이라 할 수 있는 인간에게 있어 여행이란, 관광이란 무엇인가 하는 본질을 다룬 문학작품의 작가들을 관광학문의 장으로 초대하여 그들의 세계를 이해하는 계기 마련도 필요하다. 왜냐하면 서양은 고대로부터 기행문학이 발달하여 독자들로 하여금 여행의 본질 내지는 가치를 인식시키는데 큰 기여를 해왔다. 이런 과정을 통해 관광학 연구자들은 또 다른 학문적 견해를 가지는 계기가 될 것이다.

덧붙여 현행의 관광연구는 대량관광 현실에 대응해온 게 사실이다. 새로운 관광연구에서는 지속가능관광(sustainable tourism)을 바탕으로한 구상과 실천 관련한 대안제시가 급선무이다. 지속가능관광이 탄생하게 된 배경인 근대에서 탈근대로라는 포스트모더니즘에 관한 연구도 동시에 이루어져야 할 것이다. 새로운 관광학문의 연구방법으로는 지금까지 대학 및 연구소와 같은 학술전문기관으로부터 생산된 근대지식생산양식(mode 1)에서 학자, 실무가, 정치가, 행정가, 또한 관광객과 지역주민 등이 참여하여 지식을 생산하는 이른바 탈근대적 지식생산양식(mode 2) 체계 구축이 필요할 것이다.[10]

토론주제

♣ 관광학을 개별응용학문과 종합학문으로 접근했을 때 장점, 단점은 무엇인가?

♣ 새로운 관광학 연구 방법 체제 구축에 관련 집단의 범위가 확대되는 데 따른 장·단점은 무엇이 있는가?

참|고|문|헌 ›››

1) 鹽田正志, 『觀光學硏究 I』, 日本: 學術選書, 1987, p. 115.
2) 鹽田正志, 『觀光學硏究 I』, 日本:學術選書, 1987, p.116.
3) 김왕배, 사회과학 방법론의 쟁점(1)-실증주의와 이해적 방법의 고찰-, 연세사회학, 제14호, 1994. pp. 327-332.
4) 鹽田正志, 『觀光學硏究 I』, 日本: 學術選書, pp. 116-117에서 재인용
5) 鹽田正志, 『觀光學硏究 I』, 日本: 學術選書, pp. 55-56.
6) 鹽田正志, 『觀光學硏究 I』, 日本: 學術選書, pp. 58-59.
7) 鹽田正志, 『觀光學硏究 I』, 日本: 學術選書, pp. 60-61.
8) Jafar Jafari and J. R. Brent Ritchie, Toward a framework for tourism education-Problems and prospects-, Annals of Tourism Research, Vol. Ⅷ, No. 1, 1981, pp. 22-24.
9) N. Graburn and Jafar Jafari, Introduction: Tourism and the social sciences, Annals of Tourism Research, 1991, Vol. 18, pp. 1-11 및 John Tribe and David Airey, Developments in Tourism Research, New York: ELSEVIER, 2007, pp. 3-4.
10) 山上 徹 · 堀野正人 編著, 『現代觀光へのアプローチ』, 日本: 白桃書房, 2003, p.222에서 재인용

찾아보기 >>>

【ㅈ】

저|자|소|개 〉〉〉 (가나다 순임)

■고한익
현) 동아대학교 국제관광학과 외래교수

■김도훈
현) 동아대학교 융합교양대학 조교수

■김민형
현) 동아대학교 국제관광학과 강사

■김영태
현) 시타딘 해운대호텔 판촉팀장

■김희진
현) 동아대학교 국제관광학과 강사

■이도헌
현) (주)벡스코 마이스사업팀장

■정선자
현) 동의대학교 국제관광경영학과 겸임교수

■조명환
현) 동아대학교 국제관광학과 교수

■조장현
현) 동아대학교 국제관광학과 외래교수

■최규환
현) 동아대학교 국제관광학과 교수

■황영현
현) 동아대학교 국제관광학과 교수

처음 만난 관광학

2017년 2월 28일 초　　판 발행
2018년 2월 28일 2판 1쇄 발행
2019년 2월 28일 2판 2쇄 발행

저　자 조명환 · 최규환 · 황영현 · 김도훈 · 고한익 · 정선자
김희진 · 김민형 · 조장현 · 이도헌 · 김영태

저자와의
협의하에
인지생략

발행인 한 인 환
발행처 도서출판 **기 문 사**
등　록 1978. 8. 9. NO. 6-0637
주　소 서울시 동대문구 안암로 50-1(용두동) 홍신빌딩 3층
전　화 02) 2265-7214 / 922-8662~8663
팩　스 02) 922-8772

homepage : www.kimoonsa.co.kr
e-mail : book@kimoonsa.co.kr

ISBN : 978-89-7723-774-2　93980

정가 : 25,000원